建设工程总承包合同纠纷裁判指引

GUIDELINES ON DECIDING CONSTRUCTION GENERAL CONTRACTING DISPUTES

常设中国建设工程法律论坛第十工作组 / 著

法律出版社 LAW PRESS·CHINA

常设论坛第十工作组成员

姓　名	工作单位	职　务
召集人		
汤　雷	上海市锦天城（南京）律师事务所	高级合伙人
曹文衔	北京市天同（南京）律师事务所	高级顾问
成　员（以姓氏拼音为序）		
边　缘	江西志谦律师事务所	主任
陈　杰	北京大成（济南）律师事务所	高级合伙人
陈　旻	北京市长安律师事务所	合伙人
陈鸣飞	中国移动通信集团设计院有限公司	信息建筑业务部专家
陈晓波	浙江京衡律师事务所	高级合伙人
陈鑫范	浙江西湖律师事务所	执行主任
樊奇娟	深圳国际仲裁院案管一处	副处长
李　恒	山东众成清泰（济南）律师事务所	副主任
李树祯	中国国际经济贸易仲裁委员会国际案件处	案件经办人
李　馨	北京市中伦律师事务所	合伙人
刘思俣	北京市中伦（上海）律师事务所	资深律师
曲笑飞	北京国枫（上海）律师事务所	合伙人
孙宁连	上海市建纬（南京）律师事务所	副主任
孙　巍	北京市中伦律师事务所	合伙人
檀中文	中航勘察设计研究院有限公司	总法律顾问
王登山	北京大成律师事务所	高级合伙人
王　璐	中国国际经济贸易仲裁委员会国际案件处	案件经办人
徐　丹	北京国枫（上海）律师事务所	律师
徐寅哲	上海市建纬律师事务所	合伙人
徐志远	中国石油化工集团有限公司	法律首席专家
杨唐全	上海汉盛律师事务所	高级合伙人
余艳霞	中国石油化工集团有限公司	企改和法律部专家
袁海兵	广西工建律师事务所	管委会主任
张　炯	北京市中伦律师事务所	合伙人
张　宁	中国建筑第八工程局有限公司	合约法务部副总经理
张晓霞	北京天驰君泰律师事务所	合伙人
朱永超	马鞍山仲裁委员会立案督察部	部长
秘　书		
程绍阳	北京市天同（南京）律师事务所	

常设论坛第三届主席会议成员

（按轮值顺序排序）

姓　名	主席会议任职	工作单位	职　务
陆春玮	轮值主席	上海仲裁委员会	副秘书长
王唯骏	轮值主席	上海国际经济贸易仲裁委员会/上海国际仲裁中心	副秘书长
张光宏	轮值主席	宁波仲裁委员会	副主任、秘书长
李　明	副主席	最高人民法院中国应用法学研究所	研究员
赵　健	副主席	中国国际经济贸易仲裁委员会	仲裁院副院长
陈福勇	副主席	北京仲裁委员会/北京国际仲裁中心	副秘书长
安　欣	副主席	深圳国际仲裁院	副院长
常宏磊	副主席	石家庄仲裁委员会	副秘书长
王天喜	副主席	广州仲裁委员会	副主任

常设论坛专家咨询委员会委员

（除特别注明外按姓名首字母排序）

姓　名	工作单位	职　务
Michael E. Schneider（联席主席）	瑞士仲裁协会	荣誉主席
	瑞士 LALIVE 律师事务所	创始合伙人
辛正郁（联席主席）	北京市天同律师事务所	高级合伙人
Alexis Mourre	国际商会仲裁院	主席
Anthony Houghton SC	香港德辅大律师事务所	资深大律师
Jakob Ragnwaldh	斯德哥尔摩商会仲裁院	副主席
	瑞典MannheimerSwartling律师事务所	合伙人
Jeremy Nicholson QC	英国 4 Pump Court 出庭律师事务所	御用大律师
John Bishop	仲裁事务所（Arbitration Chambers）	独立仲裁员
Mohamed S. Abdel Wahab	国际商会仲裁院	副主席
	埃及Zulficar& Partners 律师事务所	创始合伙人
Nikolaus Pitkowitz	维也纳国际仲裁中心	副主席
	奥地利 Graf &Pitkowitz Rechtsanwälte GmbH律师事务所	创始合伙人
Sarah Grimmer	香港国际仲裁中心	秘书长
Sir Vivian Ramsey	新加坡国际商事法庭	法官
Stavros Brekoulakis	英国伦敦玛丽女王大学	教授
Tony Dymond	美国德普律师事务所	合伙人

常设论坛秘书长会议成员

姓　名	秘书长会议任职	工作单位	职　务
孙　巍	秘书长	北京市中伦律师事务所	合伙人
贾　珅	秘书长	中国贸促会新疆维吾尔自治区委员会	法律部副部长
张皓亮	副秘书长	北京仲裁委员会/北京国际仲裁中心	业务拓展及国际案件处处长
曹　铁	副秘书长	深圳国际仲裁院	国际合作与发展处副处长
游奕清	副秘书长	石家庄仲裁委员会	业务一部副部长
江　岚	副秘书长	广州仲裁委员会	办公室主任
龚　骏	副秘书长	上海仲裁委员会	仲裁三部副部长、国际航运仲裁院副院长
徐之和	副秘书长	上海国际经济贸易仲裁委员会/上海国际仲裁中心	研究信息部副部长
黄震宇	副秘书长	宁波仲裁委员会	审理处处长

序　言

常设中国建设工程法律论坛第十工作组成立于2019年10月，调研题目为《建设工程总承包合同纠纷裁判指引》（以下简称《指引》）。《指引》以裁判指引条文加释义的形式系统梳理工程总承包合同纠纷中的常见问题，提出裁判思路和处理方法建议，旨在为法官、仲裁员提供参考。

近年来，工程总承包模式在中国蓬勃发展，不仅成为交通、水利、能源、化工、港口、机场等建设领域工程承发包的主流交易模式，在传统上认为不宜采用工程总承包模式的房屋建筑与市政基础设施等领域也逐渐采用此模式。

尽管应用领域日益拓展，但工程总承包模式目前在国内仍面临适用制度缺失的困境，尤其是缺乏司法与仲裁裁判可资援引的基本规则。《最高人民法院关于审理建设工程施工合同纠纷案件适用法律问题的解释》《最高人民法院关于审理建设工程施工合同纠纷案件适用法律问题的解释（二）》均系针对施工合同纠纷制定，不应直接适用于各类工程总承包合同纠纷。但十几年来，各地司法机关在审理各类建设工程施工合同纠纷案件过程中所形成的裁判思路，仍是对建设工程施工合同司法解释进行“再解释”，其所确立的基本规则及价值取向已深入人心。实际施工人、无效合同结算、黑白合同、送审价、垫资等耳熟能详的概念成为我们思考和分析相关领域法律问题时无法绕开的背景，但实务中对这些制度在工程总承包合同纠纷中继续适用的合理性则不无疑问。

为厘清工程总承包和施工总承包的区别，明确工程总承包合同的界定与识别要素，为司法与仲裁实践中日益增加的工程总承包合同纠纷提供裁判指引，激发广大建设工程法律执业者的思考与讨论，第十工作组撰写了本《指引》。《指引》全书近40万字，包括80个条文，按照导论、主体、缔约特别程序——招投标、工程总承包合同的效力、价款、优先受偿权、质量、工期、争议解决程序等九个主题归类列章。每一条文均包括“条文题目”“条文内容”“条文主旨”“理解与适用”等四个部分。其中,“条文题目”以高度凝练的语句归纳出该条指引所要解决的法律问题,便于读者搜索;“条文内容”按照司法解释的表述习惯,对工程总承包合同纠纷裁判思路提供指引;“条文主旨”是对条文内容的具象化描述;“理解与适用”则对条文内容适用过程中需注意的问题进行说明,对条文形成的法律依据和工作组研讨过程中的不同观点作了介绍,并在梳理归纳和比较分析不同观点的基础上,阐明第十工作组对争议问题的立场及理由。同时,全书采取学理论证与实证分析相结合的方法,对条文的理解与适用进行研析,为司法实务中可能出现的相关疑难问题提供解决路径。需要说明的是,囿于时间和篇幅所限,《指引》所适用的“工程总承包”仅限为由工程总承包单位对工程全面负责的“设计、采购、施工”或“设计、施工”承包模式,即承包人的承包范围至少同时包括设计和施工。

第十工作组自 2019 年 10 月成立以来,先后在上海、南昌、济南等地召开了十二次工作例会。即便在 2020 年受新冠肺炎疫情影响无法召开现场会议的特殊情况下,工作组仍然利用网络平台召开了十余次成员大会及组长会议,持续深入调研,不断完善文稿。

“清泉潺潺,端赖源头活水”。丰富多样的工程总承包交易模式和纷繁复杂的司法与仲裁实践为工作组的调研提供了鲜活样本,但同时也是《指引》应正视和梳理的问题。《指引》内容涉及诸多长期以来尚未达成共识的理论问题和颇具前沿性的法律热点问题,既是对法学研究成果的归纳总结,也是对实践需求的反馈。针对实践中的疑难复杂问题或尚未形成定论的学术争鸣,《指引》特将不同观点予以列明,以呈现司法裁判和实务解读的多样性和丰富性,并为读者带来更多启发和思考。因时间和能力有限,相信《指引》仍有进一步完善的空间。欢迎广大读者提出宝贵建议,我们将虚心接受并再行完善和修订。

《指引》的成稿仰赖第十工作组专业造诣深厚的前法官、律师、企业法务专家、仲裁员、仲裁机构代表的无私奉献。在此,我们隆重介绍第十工作组全体成员,他们是:

召集人:

汤　雷　上海市锦天城(南京)律师事务所高级合伙人

曹文衔　北京市天同(南京)律师事务所高级顾问

成　员（以姓氏拼音为序）：

边　缘　江西志谦律师事务所主任

陈　杰　北京大成（济南）律师事务所高级合伙人

陈　旻　北京市长安律师事务所合伙人

陈鸣飞　中国移动通信集团设计院有限公司信息建筑业务部专家

陈晓波　浙江京衡律师事务所高级合伙人

陈鑫范　浙江西湖律师事务所执行主任

樊奇娟　深圳国际仲裁院案管一处副处长

李　恒　山东众成清泰（济南）律师事务所副主任

李树祯　中国国际经济贸易仲裁委员会国际案件处案件经办人

李　馨　北京市中伦律师事务所合伙人

刘思俣　北京市中伦（上海）律师事务所资深律师

曲笑飞　北京国枫（上海）律师事务所合伙人

孙宁连　上海市建纬（南京）律师事务所副主任

孙　巍　北京市中伦律师事务所合伙人

檀中文　中航勘察设计研究院有限公司总法律顾问

王登山　北京大成律师事务所高级合伙人

王　璐　中国国际经济贸易仲裁委员会国际案件处案件经办人

徐　丹　北京国枫（上海）律师事务所律师

徐寅哲　上海市建纬律师事务所合伙人

徐志远　中国石油化工集团有限公司法律首席专家

杨唐全　上海汉盛律师事务所高级合伙人

余艳霞　中国石油化工集团集团有限公司企改和法律部专家

袁海兵　广西工建律师事务所管委会主任

张　炯　北京市中伦律师事务所合伙人

张　宁　中国建筑第八工程局有限公司合约法务部副总经理

张晓霞　北京天驰君泰律师事务所合伙人

朱永超　马鞍山仲裁委员会立案督察部部长

秘　书：

程绍阳　北京市天同（南京）律师事务所

第十工作组下设四个工作小组,每个小组的组长都肩负凝聚共识、鼓舞士气、落实任务、协调分工、保障质量等重任。他们是:陈鑫范、朱永超、曲笑飞、张晓霞、檀中文。

需要特别指出的是,除前述第十工作组全体成员之外,还有众多辅助工作人员参与了《指引》调研工作,慷慨无私地付出大量精力和时间,在此对包娱缦、陈素素、代光娜、韩艺、郝军彪、何溪滢、胡家宁、赖成武、李国林、梁俏、罗明峰、吕菁、吕岩、潘韦虹、孙傲、唐雨辰、陶鸿、王林帅、王文昊、王子越、项平、颜佳欣、游千里、于文菊、占珺、张文靖、赵荣、赵颍夫、周苗苗等同仁致以衷心和真诚的感谢。

此外,还要感谢常设论坛的成员、观察员和建设工程法律界的众多同仁对第十工作组给予的热情帮助和真诚鼓励。感谢中国国际经济贸易仲裁委员会、北京仲裁委员会、上海仲裁委员会、深圳国际仲裁院、台州仲裁委员会等为调研提供案例素材,感谢中国建筑学会工程法律专业委员会主任委员高印立老师、江苏省人民检察院罗有才检察员、浙江省宁波市北仑区人民法院周利明法官等对《指引》提出的宝贵意见与建议。感谢江西省律师协会、南昌仲裁委员会、上海汉盛律师事务所、北京大成(济南)律师事务所为召开工作组会议提供的有力支持与保障。第十工作组成果凝聚着工作组成员和无数行业同仁的智慧、汗水与情怀。法律之路漫漫,我们将始终心怀感激,坚定前行!

孙　巍

常设中国建设工程法律论坛秘书长

《中国建设工程法律评论》主编

2020 年 10 月 11 日

全称、简称对照表

一、法律

全　　称	简　　称
《中华人民共和国民法典》	《民法典》
《中华人民共和国刑法》	《刑法》
《中华人民共和国民法通则》	《民法通则》
《中华人民共和国民法总则》	《民法总则》
《中华人民共和国建筑法》	《建筑法》
《中华人民共和国城乡规划法》	《城乡规划法》
《中华人民共和国合同法》	《合同法》
《中华人民共和国物权法》	《物权法》
《中华人民共和国招标投标法》	《招标投标法》
《中华人民共和国民事诉讼法》	《民事诉讼法》
《中华人民共和国土地管理法》	《土地管理法》
《中华人民共和国城市房地产管理法》	《城市房地产管理法》
《中华人民共和国侵权责任法》	《侵权责任法》
《中华人民共和国安全生产法》	《安全生产法》
《中华人民共和国产品质量法》	《产品质量法》
《中华人民共和国劳动法》	《劳动法》
《中华人民共和国劳动合同法》	《劳动合同法》
《中华人民共和国标准化法》	《标准化法》
《中华人民共和国审计法》	《审计法》

二、行政法规、规章

全　　称	简　　称
《中华人民共和国建设工程质量管理条例》	《建设工程质量管理条例》
《中华人民共和国招标投标法实施条例》	《招标投标法实施条例》
《房屋建筑和市政基础设施项目工程总承包管理办法》	《房建市政工程总承包管理办法》
《房屋建筑和市政基础设施项目工程总承包管理办法(征求意见稿)》	《房建市政工程总承包管理办法意见稿》
《公路工程设计施工总承包管理办法》	《公路工程总承包管理办法》
《工程建设项目招标范围和规模标准规定》	计委3号令
《必须招标的基础设施和公用事业项目范围规定》	《必招基础设施和公用事业项目范围规定》
《建设工程质量保证金管理办法》	《工程质保金管理办法》
《建设工程价款结算暂行办法》	《工程价款结算办法》
《房屋建筑工程质量保修办法》	《工程质量保修办法》
《建筑工程施工发包与承包计价管理办法》	《施工计价管理办法》
《房屋建筑和市政基础设施工程竣工验收备案管理办法》	《工程竣工验收备案管理办法》
《房屋建筑和市政基础设施工程竣工验收规定》	《工程竣工验收规定》
《房屋建筑和市政基础设施工程施工分包管理办法》	《房建市政分包办法》
《建筑工程施工发包与承包违法行为认定查处管理办法》	《施工违法行为认定查处办法》
《建筑业企业资质管理规定》	《建筑企业资质规定》

三、司法解释、各地法院裁判指导意见

全　　称	简　　称
《最高人民法院关于审理建设工程施工合同纠纷案件适用法律问题的解释》	《建设工程司法解释》

续表

全　　称	简　　称
《最高人民法院关于适用〈中华人民共和国民事诉讼法〉的解释》	《民诉法解释》
《最高人民法院关于适用〈中华人民共和国合同法〉若干问题的解释（一）》	《合同法解释（一）》
《最高人民法院关于适用〈中华人民共和国合同法〉若干问题的解释（二）》	《合同法解释（二）》
《最高人民法院关于审理涉及国有土地使用权合同纠纷案件适用法律问题的解释》	《国有土地使用权司法解释》
《最高人民法院关于审理商品房买卖合同纠纷案件适用法律若干问题的解释》	《商品房买卖司法解释》
2019 年《最高人民法院关于民事诉讼证据的若干规定》	《新证据规定》
《最高人民法院关于审理民事案件适用诉讼时效制度若干问题的规定》	《诉讼时效规定》
《最高人民法院关于适用〈中华人民共和国民法总则〉诉讼时效制度若干问题的解释》	最高院《适用三年时效的解释》
《最高人民法院关于审理建设工程施工合同纠纷案件适用法律问题的解释（二）》	《建设工程司法解释（二）》
《最高人民法院关于建设工程价款优先受偿权问题的批复》	最高院《优先权批复》
《最高人民法院经济审判庭关于建筑工程承包合同纠纷中工期问题的电话答复》	最高院《工期答复》
《最高人民法院关于建设工程承包合同案件中双方当事人已确认的工程决算价款与审计部门审计的工程决算价款不一致时如何适用法律问题的电话答复意见》	最高院《关于政府审计的答复（2001）》
《最高人民法院关于装修装饰工程款是否享有合同法第二百八十六条规定的优先受偿权的函复》	最高院《装饰装修工程优先权函复》

续表

全　　称	简　　称
《最高人民法院关于如何理解和适用〈最高人民法院关于审理建设工程施工合同纠纷案件适用法律问题的解释〉第二十条的复函》	最高院《关于解释第二十条适用问题的复函》
《最高人民法院关于人民法院在审理建设工程施工合同纠纷案件中如何认定财政评审中心出具的审核结论问题的答复》	最高院《关于政府审计的答复(2008)》
《最高人民法院〈关于对人民法院调解书中未写明建设工程款有优先受偿权应如何适用法律问题的请示〉的复函》	最高院(2007)执他字第11号文
《第八次全国法院民事商事审判工作会议(民事部分)纪要》	《八民会纪要》
2019年《全国法院民商事审判工作会议纪要》	《九民会纪要》
2011年《全国民事审判工作会议纪要》	《2011全国民事审判纪要》
2015年《全国民事审判工作会议纪要》	《2015全国民事审判纪要》
《北京市高级人民法院关于审理建设工程施工合同纠纷案件若干疑难问题的解答》	北京高院《解答》
《江苏省高级人民法院关于审理建设工程施工合同纠纷案件若干问题的意见》(2008)	江苏高院《意见》
《江苏省高级人民法院建设工程施工合同案件审理指南》(2010)	江苏高院《指南》
《江苏省高级人民法院2009年审判工作座谈会纪要》(2009)	江苏高院《纪要》
《江苏省高级人民法院民一庭建设工程施工合同纠纷案件司法鉴定操作规程》(2015)	江苏高院《鉴定规程》
《江苏省高级人民法院全省民事审判工作例会会议纪要》(2015)	江苏高院《2015年审判工作纪要》
《江苏省高级人民法院、江苏省住房和城乡建设厅关于建立化解建设工程合同纠纷案件联动机制的意见》	江苏高院、住建厅《联动意见》

续表

全　称	简　称
《江苏省高级人民法院关于审理建设工程施工合同纠纷案件若干问题的解答》	江苏高院《解答》
《浙江省高级人民法院民事审判第一庭关于审理建设工程施工合同纠纷案件若干疑难问题的解答》	浙江高院《解答》
《浙江省高级人民法院执行局执行中处理建设工程价款优先受偿权有关问题的解答》	浙江高院《优先权解答》
《四川省高级人民法院关于审理建设工程施工合同纠纷案件若干疑难问题的解答》(2015)	四川高院《解答》
《四川省高级人民法院关于审理涉及招投标建设工程合同纠纷案件的有关问题的意见》(2010)	四川高院《意见》
《重庆市高级人民法院关于建设工程造价鉴定若干问题的解答》(2016)	重庆高院《鉴定解答》
《重庆市高级人民法院关于对最高人民法院〈关于建设工程价款优先受偿权问题的批复〉应如何理解的意见》(2003)	重庆高院《优先权意见》
《重庆市高级人民法院民一庭关于当前民事审判疑难问题的解答》(2014)	重庆高院《解答》
《重庆市高级人民法院印发〈关于审理和执行涉及“四久工程”纠纷案件若干问题的意见〉的通知》(2003)	重庆高院《“四久工程”意见》
重庆市高级人民法院关于当前民事审判若干法律问题的指导意见》(2007)	重庆高院《指导意见》
《安徽省高级人民法院关于审理建设工程施工合同纠纷意见案件适用法律问题的指导意见》(2009)	安徽高院《意见》
《安徽省高级人民法院关于审理建设工程施工合同纠纷案件适用法律问题的指导意见(二)》(2014)	安徽高院《意见(二)》

续表

全　称	简　称
《山东省高级人民法院2005年全省民事审判工作座谈会纪要》	山东高院《2005审判工作纪要》
《山东省高级人民法院2008年全省民事审判工作会议纪要》	山东高院《2008审判工作纪要》
《山东省高级人民法院2011年全省民事审判工作会议纪要》	山东高院《2011审判工作纪要》
《山东省高级人民法院关于审理建筑工程承包合同纠纷案件若干问题的意见》(1998)	山东高院《意见》
《广东省高级人民法院关于在审判工作中如何适用〈合同法〉第286条的指导意见》(2004)	广东高院《适用286条意见》
《广东省高级人民法院关于审理建设工程施工合同纠纷案件若干问题的意见》(2006)	广东高院《2006意见》
《广东省高级人民法院关于审理建设工程施工合同纠纷案件若干问题的指导意见》(2011)	广东高院《2011意见》
《广东省高级人民法院2012年全省民事审判工作会议纪要》(2012)	广东高院《2012审判工作纪要》
《广东省高级人民法院关于审理建设工程合同纠纷案件疑难问题的解答》(2017)	广东高院《解答》
《江西省高级人民法院2004年全省法院民事审判工作座谈会纪要》(2004)	江西高院《2004审判工作纪要》
《福建省高级人民法院关于审理建设工程施工合同纠纷案件疑难问题的解答》(2007)	福建高院《解答》
《湖北省高级人民法院2013年民事审判工作座谈会会议纪要》(2013)	湖北高院《2013审判工作纪要》
《河北省高级人民法院建设工程施工合同案件审理指南》(2018)	河北高院《指南》
《天津仲裁委员会建设工程施工合同纠纷案件仲裁指引》	天津仲裁委《仲裁指引》

续表

全　　称	简　　称
《深圳市中级人民法院关于建设工程合同若干问题的指导意见》	深圳中院《意见》
《深圳仲裁委关于审理建设工程施工合同案件若干问题的意见》	深圳仲裁委《意见》

四、其他

全　　称	简　　称
《建筑工程施工质量验收统一标准（GB 50300－2013）》	《质量验收统一标准》
《建设工程工程量清单计价规范（GB 50500－2013）》	《2013 版清单计价规范》
《建设工程施工合同（示范文本）（GF－2017－0201）》	《2017 版施工合同示范文本》
《建筑工程设计文件编制深度规定（2016 版）》	《2016 版工程设计深度规定》
《房屋建筑和市政基础设施项目工程总承包计价计量规范（征求意见稿）》	《工程总承包计价计量规范意见稿》
《建设项目工程总承包合同示范文本（试行）》（GF－2011－0216）	《工程总承包合同示范文本》
《建设工程造价鉴定规范》	《工程造价鉴定规范》
FIDIC《施工合同条件》	FIDIC 红皮书
FIDIC《生产设备和设计—施工合同条件》	FIDIC 黄皮书
FIDIC《设计采购施工（EPC）/交钥匙工程合同条件》	FIDIC 银皮书
最高人民法院	最高院
高级人民法院	高院
中级人民法院	中院
仲裁委员会	仲裁委
住房和城乡建设部/厅/局	住建部/厅/局
住房和城乡建设管理委员会	住建委
建设行政主管部门、建设主管部门	建设主管部门
国家发展和改革委员会	国家发展改革委

目　录

导　论

第一节　工程总承包的概念

2019 年 12 月 23 日，住建部与国家发展和改革委员会联合发布了《房建市政工程总承包管理办法》（建市规〔2019〕12 号），其第 3 条规定："本办法所称工程总承包，是指承包单位按照与建设单位签订的合同，对工程设计、采购、施工或者设计、施工等阶段实行总承包，并对工程的质量、安全、工期和造价等全面负责的工程建设组织实施方式。"该定义是国家规范层面关于工程总承包概念最新的定义，不仅适用于房屋建筑和市政基础设施领域，对其他领域的建设工程也具有重要的参考意义。

事实上，早在改革开放初期，我国就已经出现了工程总承包模式。1982 年 6 月 8 日，原化工部印发《关于改革现行基本建设管理体制，试行以设计为主体的工程总承包制的意见》，被认为是我国推行工程总承包模式的开始。[①] 1984 年，《国务院关于改革建筑业和基本建设管理体制若干问题的暂行规定》（国发〔1984〕3 号）就工程总承包的内容作出描述，"工程承包公司接受建设项目主管部门（或建设单位）的委托，或投标中标，对项目建设的可行性研究、勘察设计、设备选购、材料订货、工程施工、生产准备直到竣工投产实行全过程的总承包，或部分承包。"1992 年，原建设部颁布实施了《工程总承包企业资质管理暂行规定（试行）》，对工程总承包进行资质管理。但上述文件均未对工程总承包的概念进行明确定义。1997 年颁布的《建筑法》虽然在条文中使用了"工程总承包"一词，但其含义也并不明确。

直至 2003 年，《建设部关于培育发展工程总承包和工程项目管理企业的指

---

① 荣世立：《改革开放 40 年我国工程总承包发展回顾与思考》，载《中国勘察设计》2018 年第 12 期。

导意见》(建市〔2003〕30号)才首次以部委文件的形式对工程总承包作出定义,认为:"工程总承包是指从事工程总承包的企业受业主委托,按照合同约定对工程项目的勘察、设计、采购、施工、试运行(竣工验收)等实行全过程或若干阶段的承包。"其后,《工程总承包合同示范文本》则在其"说明"部分将工程总承包定义为"承包人受发包人委托,按照合同约定对工程建设项目的设计、采购、施工(含竣工试验)、试运行等实施阶段实行全过程或若干阶段的工程承包",将勘察排除在外。与此类似,《建设项目工程总承包管理规范》(GB/T 50358-2017)第2.0.1条将工程总承包定义为:"依据合同约定对建设项目的设计、采购、施工和试运行实行全过程或若干阶段的承包。"上述定义均以工程建设项目的"全过程或若干阶段的承包"来定义工程总承包。

此外,原铁道部建设管理司于2006年12月颁布的《铁路建设项目工程总承包办法》将铁路建设项目工程总承包定义为工程总承包单位按照合同约定,对施工图设计、物资设备采购、工程实施实行全过程承包,对工程的质量、安全、工期、投资、环保负责的建设组织方式;交通运输部于2015年6月颁布的《公路工程总承包管理办法》将公路工程设计施工总承包定义为将公路工程的施工图勘察设计、工程施工等工程内容由总承包单位统一实施的承发包方式。

考察工程总承包概念在我国演变的过程,可以发现《房建市政工程总承包管理办法》对工程总承包的定义与此前各项文件的定义有着显著的不同,具体表现在两个方面:一是该定义取消了"全过程或若干阶段承包"的表述,只列举了"设计、采购、施工"和"设计、施工"两种具体的承包模式;二是该定义强调了工程总承包单位对工程的"全面负责"。《房建市政工程总承包管理办法》的定义是建设行政主管部门对工程总承包的认识不断深化的结果。

本《指引》所称的工程总承包范围将限定为由工程总承包单位对工程全面负责的"设计、采购、施工"或"设计、施工"承包模式,即承包人的承包范围至少同时包括设计和施工。

第二节 工程总承包与EPC、DB概念的辨析

《关于改革现行基本建设管理体制,试行以设计为主体的工程总承包制的意见》称其"研究了国外以工程公司的管理体制组织工程建设的具体方法,吸取了我们同国外工程公司进行合作设计的经验"。住建部《关于进一步推进工程

总承包发展的若干意见》(建市〔2016〕93 号)更明确指出,工程总承包是国际通行的建设项目组织实施方式,大力推进工程总承包,除了有利于提高工程建设水平,促进企业做优做强,推动产业转型升级,还有利于服务于“一带一路”战略实施。因此,中国的工程总承包是对国际通行的承包模式的借鉴,特别是在概念上与所谓 EPC 模式和 DB 模式存在关联性,对此有予以考察的必要。

一、工程总承包与 EPC

EPC(Engineering Procurement Construction)如其名称所示,是由承包商负责设计、采购和施工的承包模式。国际咨询工程师联合会(Fédération Internationale Des Ingénieurs Conseils,FIDIC)发布的《设计采购施工(EPC)/交钥匙工程合同条件》(Conditions of Contract for EPC/Turnkey Projects,即银皮书)被认为反映和规范了典型的 EPC 模式。基于 FIDIC 对中国的重要影响,国内在讨论所谓 EPC 模式的时候,也基本上以银皮书为依据。而根据 FIDIC 的起草意图,银皮书并非适用于所有项目,1999 版银皮书即在“前言”(Forward)中对其适用范围作出说明:

可适用于以交钥匙方式提供加工或动力设备、工厂或类似设施项目或其他类型开发项目。这种方式,(i)项目的最终价格和要求的工期具有更大程度的确定性,(ii)由承包商承担项目的设计和实施(execution)的全部职责,雇主介入很少。交钥匙工程的通常情况是,由承包商进行全部设计、采购和施工(EPC),提供一个配备完善的设施,(“转动钥匙”时)即可运行。

并且,1999 版银皮书在其“第一版序言”(Introductory Note to First Edition)中对其适用范围进一步作出反向说明。2017 版银皮书的“说明”(Notes)对 1999 版的反向说明稍作修正,其内容如下:

本《设计采购施工(EPC)/交钥匙工程》条件不适用于下列情况:

· 如果投标人没有足够时间或资料以仔细研究和核查雇主要求,或进行他们的设计、风险评估和估算;

· 如果建设内容涉及相当数量的地下工程,或投标人不能调查的区域内的工程,除非规定特殊条款对未知状况予以说明;

· 如果雇主要严密监督或控制承包商的工作,或要审核大部分施工图纸;

FIDIC 建议,上述情况下由承包商(或以其名义)设计的工程,虽然不适合使用银皮书,但可以采用第二版《生产设备和设计—施工合同条件》(Conditions of Contract for PLANT and Design - Build,即黄皮书)。

如果我们比较银皮书和黄皮书,会发现二者在对雇主和承包商的风险分配上存在明显的区别。不可预见的物质条件,以及雇主要求的错误、失误或其他缺陷等风险在银皮书下由承包商承担,而在黄皮书下则由雇主承担。此外,与风险分配相对应,黄皮书中存在的业主工程师这一角色在银皮书中被取消了,承包商对于工程建设的自主性也得以最大化。事实上,风险分配的设置正是FIDIC银皮书的基因,1999版银皮书的"第一版序言"(Introductory Note to First Edition)中对此已有说明,即建设市场需要一种极端重视最终价格和竣工日期确定性的合同文本,为了获得这种确定性,雇主愿意支付更多的价款。在这种价值取向下,显然需要承包商承担更多的合同风险。相反,2017版黄皮书则在"说明"(Notes)中表示,黄皮书在其发布的近二十年间被广泛使用,特别因其在承包商负责设计和施工,并且可能提供生产设备的项目中平衡雇主和承包商的风险而受到认可。

就适用范围而言,与银皮书相同,1999版黄皮书也在"前言"(Forward)中对此作出说明:

推荐用于电气和(或)机械设备供货,以及建筑或工程的设计和实施。这种合同的通常情况是,由承包商按照雇主要求,设计和提供生产设备和(或)其他工程,可以包括土木、机械、电气和(或)构筑物的任何组合。

可见,无论是银皮书还是黄皮书,均符合工程总承包的定义。并且,黄皮书项下的承包范围除了设计和施工以外,也有可能包括采购。因此,在FIDIC合同条件的背景下谈EPC,重点并不在于承包商的承包范围,而在于雇主和承包商之间的风险分配。如果以银皮书作为EPC的典型合同文本,则所谓的EPC模式只能是工程总承包中雇主风险最小而承包商风险最大的一种模式。另外,即使不以银皮书作为EPC的典型合同文本,而将所有包括设计、采购和施工的承包模式都泛称为EPC,那么由于仅包括设计和施工的承包模式也属于工程总承包,所以EPC也只能是工程总承包的一种模式而已。因此,无论是以银皮书还是以承包范围来定义EPC,EPC都不等同于工程总承包,EPC应是工程总承包的下位概念。

二、工程总承包与DB

和EPC概念的流行受到FIDIC银皮书的直接影响不同,DB概念的应用更加普遍和广泛，英国合同审定联合会（JCT）、美国建筑师协会（AIA）和美国设计建造学会（DBIA）等组织都发布了 DB 性质的示范合同文本。尽管没有统一的定义，但一般认为 DB 模式的内涵在于负责施工的承包商也同时负责设计，至于采购以及其他工作则可以为该模式所兼容。如 FIDIC《设计—建造和交钥匙合同条件》（Conditions of Contract for Design – Build and Turnkey，即橘皮书）的前言（Forward）就说明，根据 Design – Build 合同的一般规定，承包商应按照雇主的要求，负责工程的设计与提供，有可能是土木、机械、电气工程以及建筑工程的任何组合。因此，以承包商工作是否包括采购来区分 DB 和 EPC 是不妥当的。无论是将 EPC 限定为雇主风险最小化的银皮书模式，还是更宽泛地以之称谓所有包括设计、采购和施工的承包模式，EPC 都应被视为 DB 模式的一种特殊形式。由此我们再来考察《房建市政工程总承包管理办法》的工程总承包定义，可以发现其列举的“设计、采购、施工”和“设计、施工”两种承包模式都可以看作是 DB 模式的具体类型。

当然，由于 DB 概念的使用没有统一的规范，所以在 EPC 概念流行之后，也有人将包括设计、采购和施工的承包模式或银皮书模式称为 EPC，而将只包括设计和施工的承包模式称为 DB，或者将类似于黄皮书那样存在业主工程师、雇主权力较大的承包模式称为 DB 或传统 DB，以便与 EPC 相区别。另外，在具体的工程实践中，对于概念的表述往往并不精准，EPC 和 DB 存在混用的情况。特别是大量以 EPC 为名的合同并未采用银皮书，其合同内容也不符合银皮书的权利结构、风险分配，乃至价格形式。比如，在雇主优势地位的情况下，有可能在约定固定总价并由承包商承担大部分风险的同时，还设置了工程师并且规定了严格的图纸审查，导致所谓 EPC 模式区别其他 DB 模式的特殊性并不能得到体现。基于这种现实，有学者认为，EPC 和 DB 在用语上不能严格区分，甚至是可以相互置换的概念。

从上述分析可以看出，虽然在国际上存在诸多 DB 模式和 EPC 模式的示范合同文本，但实践中对 EPC 和 DB 概念的使用并不统一。而对于中国工程总承包而言，建设行政主管部门从监管的角度出发，必须对工程总承包予以明确的定义，才能保证相关规范的正确执行。由于《房建市政工程总承包管理办法》并未将工程总承包与国际上特定的承包模式相对应，也没有确定工程总承包的译名，所以中国工程总承包不宜与国外既有概念相混淆，而应依据《房建市政工程总承包管理办法》第 3 条的定义及国内有效的其他规范性文件而具有独立而特定的内涵。我国的建设行政管理和工程实践虽然可以借鉴 FIDIC 银皮书和黄皮书等示范合同文本的相关内容，但必须以国内建设工程市场的需要和国内制度规范的要求为根本，才能符合我国推行工程总承包模式的目的，实现国际经验的本土化。对于工程总承包相关纠纷解决与裁判而言，也必须以国内有效的法律法规等规范性文件和当事人的具体合同约定为依据，不能简单地以国外特定示范合同文本的内容作为行业惯例适用。

第三节　工程总承包的规范和政策

工程总承包除适用《建筑法》《建设工程质量管理条例》《建设工程勘察设计管理条例》等一般性的法律法规外，还应适用工程总承包的专门规范与政策，主要包括：

一、《房建市政工程总承包管理办法》

在经过两次征求意见之后，住建部与国家发展改革委于 2019 年 12 月联合发布了《房建市政工程总承包管理办法》（建市规〔2019〕12 号），该办法共二十八条，对工程总承包活动作出了较为全面的规范。除了前述对工程总承包的定义之外，《房建市政工程总承包管理办法》还对实践中争议较大的若干重点问题作出了明确规定，包括：

1. 工程总承包单位应具备双资质。《房建市政工程总承包管理办法》第 10 条规定，工程总承包单位应当同时具有与工程规模相适应的工程设计资质和施工资质，或者由具有相应资质的设计单位和施工单位组成联合体。同时，为促进工程企业的发展以适应工程总承包的需求，其第 12 条还允许满足条件的设计单位申请取得施工资质、施工单位申请取得工程设计资质。

2. 工程项目应根据其性质符合相应的发包条件。《房建市政工程总承包管理办法》第 7 条规定，建设单位应当在发包前完成项目审批、核准或者备案程序。采用工程总承包方式的企业投资项目，应当在核准或者备案后进行工程总承包项目发包。采用工程总承包方式的政府投资项目，原则上应当在初步设计审批完成后进行工程总承包项目发包。

3. 利益冲突影响工程总承包单位的资格。《房建市政工程总承包管理办法》第 11 条规定，工程总承包单位不得是工程总承包项目的代建单位、项目管理单位、监理单位、造价咨询单位、招标代理单位。且政府投资项目的项目建议书、可行性研究报告、初步设计文件编制单位及其评估单位，除非其相关工作成果由招标人公开，一般不得成为该项目的工程总承包单位。

4. 工程总承包应合理确定价格形式。《房建市政工程总承包管理办法》并不要求工程总承包都采用固定总价，其第16条规定，企业投资项目的工程总承包宜采用总价合同，政府投资项目的工程总承包应当合理确定合同价格形式。采用总价合同的，除合同约定可以调整的情形外，合同总价一般不予调整。

需要注意的是，《房建市政工程总承包管理办法》在性质上属于行政规范性文件，对违反《房建市政工程总承包管理办法》而产生的合同效力问题，法院和仲裁机构应根据法律、行政法规的规定予以甄别和判断。

二、国务院及部委发布的其他规范和政策文件

为推行工程总承包，国务院及部委先后发布了若干政策文件，主要包括《国务院办公厅关于促进建筑业持续健康发展的意见》(国办发〔2017〕19号)和住建部《关于进一步推进工程总承包发展的若干意见》(建市〔2016〕3号)等。这些文件在《房建市政工程总承包管理办法》实施后，仍然具有一定的参考意义。特别是针对《房建市政工程总承包管理办法》实施前进行招投标或签约的工程，法院和仲裁机构应依据当时有效的政策文件，而不能依据《房建市政工程总承包管理办法》判断其合规性。

另外，对于交通基础设施建设而言，相关主管部门也另行出台了管理规范。如前述交通运输部于2015年6月颁布的《公路工程设计施工总承包管理办法》，适用于公路新建、改建、扩建工程和独立桥梁、隧道的设计施工总承包。原铁道部建设管理司于2006年12月颁布的《铁路建设项目工程总承包办法》(铁建设〔2006〕221号)，适用于采用成熟技术的铁路大中型建设项目。由于《房建市政工程总承包管理办法》仅适用于房屋建筑和市政基础设施项目工程总承包活动，所以《房建市政工程总承包管理办法》实施后，上述管理规范在其适用范围内仍继续有效。

三、地方规范和政策文件

在《房建市政工程总承包管理办法》出台之前，为对已经推广的工程总承包活动进行有效的管理，很多地方政府及政府部门都出台了相应的管理规范，主

要包括以下层次:

1. 在关于建筑业改革发展的综合性文件中以专项条款的形式对工程总承包加以规范。如浙江省人民政府办公厅于 2017 年 8 月发布《关于加快建筑业改革与发展的实施意见》(浙政办发〔2017〕89 号),提出要加快推行工程总承包,装配式建筑原则上应采用工程总承包模式,政府投资工程应带头推行工程总承包;并对工程总承包的发包条件、工程总承包单位的资质等问题作出具体规定。

2. 制定专门的工程总承包规范性文件。如上海市住房和城乡建设管理委员会于 2016 年 12 月颁布《上海市工程总承包试点项目管理办法》(沪建建管〔2016〕1151 号),对工程总承包的定义、适用范围、发包条件、承包人资格、招标投标等问题作出了较为全面的规定。此外,部分地方政府部门还专门针对政府投资项目工程总承包制定专门规范,如杭州市江干区住房和城乡建设局和杭州市江干区公共资源交易管委会办公室于 2016 年 9 月颁布了《江干区政府投资项目工程总承包实施办法》;或为特定类型的项目工程总承包制定专门规范,如宁波市水利局于 2015 年 11 月颁布了《宁波市水利建设项目工程总承包指导意见》(甬水建〔2015〕104 号)。

3. 针对工程总承包的招标投标等专门问题制定规定性文件。如上海市住房和城乡建设管理委员会于 2018 年 12 月发布《上海市工程总承包招标评标办法》(沪建建管〔2018〕808 号);江苏省建设工程招标投标办公室于 2018 年 2 月发布《江苏省房屋建筑和市政基础设施项目工程总承包招标投标导则》(苏建招办〔2018〕3 号)。

随着《房建市政工程总承包管理办法》的实施,地方规范和政策文件中的违反《房建市政工程总承包管理办法》的内容应不再适用,有的文件可能会进行相应的修订。

第四节 工程总承包的国内合同示范文本

从工程总承包模式推行以来,国家部委和地方政府已经制定了若干工程总承包合同示范文本,主要包括:

一、住建部《工程总承包合同示范文本》

2011 年 9 月 7 日，住建部和国家工商行政管理总局以建市〔2011〕139 号文联合发布了《工程总承包合同示范文本》。《工程总承包合同示范文本》由合同协议书、通用条款和专用条款三部分组成，其通用条款共 20 条。

《工程总承包合同示范文本》在“说明”中明确其适用于建设项目工程总承包承发包方式，并将“工程总承包”定义为：承包人受发包人委托，按照合同约定对工程建设项目的设计、采购、施工（含竣工试验）、试运行等实施阶段，实行全过程或若干阶段的工程承包。为此，在《工程总承包合同示范文本》的条款设置中，将“技术与设计、工程物资、施工、竣工试验、工程接收、竣工后试验”等工程建设实施阶段相关工作内容皆分别作为一条独立条款，发包人可根据发包建设项目实施阶段的具体内容和要求，确定对相关建设实施阶段和工作内容的取舍。另外，《工程总承包合同示范文本》为总价合同，其通用条款第 14.1.1 项规定：“本合同为总价合同，除根据第 13 条变更和合同价格的调整，以及合同中其它相关增减金额的约定进行调整外，合同价格不做调整。”

虽然《工程总承包合同示范文本》并非强制性使用文本，但在建设工程实践中获得了广泛的应用。《房建市政工程总承包管理办法》第 9 条第 3 款也规定，推荐使用由住建部会同有关部门制定的工程总承包合同示范文本。

2020 年 5 月 28 日，住建部建筑市场监管司发布了《关于征求建设项目工程总承包合同示范文本（征求意见稿）意见的函》（建司局函市〔2020〕119 号），该示范文本的征求意见稿对《工程总承包合同示范文本》作出了实质性的修改，其正式颁布必将对工程总承包的实践产生重要的影响。

二、九部委《标准设计施工总承包招标文件》（2012 年版）“合同条款及格式”

2011 年 12 月 20 日，国家发展改革委、工业和信息化部、财政部、住建部、交通运输部、铁道部、水利部、广电总局、中国民用航空局九部委联合发布《关于印发简明标准施工招标文件和标准设计施工总承包招标文件的通知》（发改法规〔2011〕3018 号），并在该通知中明确《标准设计施工总承包招标文件》适用于设计施工一体化的总承包招标，而该《标准设计施工总承包招标文件》的第四章即为“合同条款及格式”。

《标准设计施工总承包招标文件》的“合同条款及格式”包括了通用合同条款、专用合同条款，和作为合同附件格式的合同协议书和履约担保格式，其通用合同条款共24条，包括：一般约定、发包人义务、监理人、承包人、设计、材料和工程设备、施工设备和临时设施、交通运输、测量放线、安全、治安保卫和环境保护、开始工作和竣工、暂停工作、工程质量、试验和检验、变更、价格调整、合同价格与支付、竣工试验和竣工验收、缺陷责任与保修责任、保险、不可抗力、违约、索赔、争议的解决。

《标准设计施工总承包招标文件》的通用合同条款具有以下特点：

1. 适用于设计施工总承包的各种情形。例如，承包人的承包范围可以是下列的任何一种情形：(1)部分设计＋建设工程实施；(2)全部设计＋建设工程实施；(3)部分设计＋设备采购＋建设工程实施；(4)全部设计＋设备采购＋建设工程实施。即适用于设计施工、EPC或交钥匙等各种称谓类型的设计施工总承包情形。

2. 监理人作为合同管理人。监理人有狭义的监理概念（如施工阶段的强制性监理）和广义的监理概念（如FIDIC工程师作为合同管理人）。《标准设计施工合同条件》采纳了国际上通行的广义监理人的概念，即监理人为合同管理人（Contract Administrator），代表业主对整个工程项目的设计和施工进行合同管理（Contract Administration）。

3. 设置A、B条款。根据风险划分不同，设置了A、B条款。当事人可根据自己工程项目的特点，选择相应的A条款或B条款。

4. 发包人享有著作权。除专用合同条款另有约定外，承包人完成的设计工作成果和建造完成的建筑物，除署名权以外的著作权以及建筑物形象使用收益等其他知识产权均归发包人享有。

5. 设计和施工的主体、关键性工作不得分包。承包人不得将设计和施工的主体、关键性工作分包给第三人。除专用合同条款另有约定外，未经发包人同意，承包人也不得将非主体，非关键性工作分包给第三人。

6. 总价合同及支付分解表。合同价格为总价合同[①],与此相应的支付依据采用支付分解表。

7. 变更基于改变要求指示。变更作为对承包人设计必须遵守的改变的要求发出指示,而不是发包人对改变设计的指示。

8. 多元化争议解决。除了仲裁和诉讼这两种传统的争议解决机制外,《标准设计施工合同条件》还考虑了其他替代争议解决的可能性,如争议评审、友好协商。[②]

和前述《工程总承包合同示范文本》的专用条款提供了可供填写的示范条款不同,《标准设计施工总承包招标文件》的专用合同条款仅有“专用合同条款”这一标题,具体的内容完全交由有关行业主管部门和招标人补充。根据上述发改法规〔2011〕3018 号通知,国务院有关行业主管部门可根据本行业招标特点和管理需要,对《标准设计施工总承包招标文件》中的“专用合同条款”“发包人要求”“发包人提供的资料和条件”作出具体规定。其中,“专用合同条款”可对“通用合同条款”进行补充、细化,但除“通用合同条款”明确规定可以作出不同约定外,“专用合同条款”补充和细化的内容不得与“通用合同条款”相抵触,否则抵触内容无效。而招标人或者招标代理机构可根据招标项目的具体特点和实际需要,在“专用合同条款”中对“通用合同条款”进行补充、细化和修改,但不得违反法律、行政法规的强制性规定,以及平等、自愿、公平和诚实信用原则,否则相关内容无效。

《招标投标法实施条例》第 15 条第 4 款规定:编制依法必须进行招标的项目的资格预审文件和招标文件,应当使用国务院发展改革部门会同有关行政监督部门制定的标准文本。因此,《标准设计施工总承包招标文件》具有规范上的强制性,但事实上该合同文本在工程总承包实践中并未获得普遍的应用。

三、地方性示范文本

除了国务院部委制定的工程总承包合同示范文本外,部分省份也出台了标

---

① 在总价合同的原则下,该通用合同条款也兼容单价的约定,其第 17.1 款合同价格规定:合同约定工程的某部分按照实际完成的工程量进行支付的,应按照专用合同条款的约定进行计量和估价,并据此调整合同价格。

② 邱闯:《中华人民共和国标准设计施工总承包招标文件(2012 年版)合同条件使用指南》,中国建筑工业出版社 2012 年版,第 5 ~6 页。

准招标文件，主要包括：

1.《广西壮族自治区房屋建筑和市政基础设施工程总承包标准招标文件(2017年版)》。2017年9月26日，广西壮族自治区住房和城乡建设厅发布《广西壮族自治区房屋建筑和市政基础设施工程总承包标准招标文件(2017年版)》，适用于广西壮族自治区行政区域内依法必须进行招标的房屋建筑和市政基础设施工程的工程总承包项目，其第四章为“合同条款及格式”，系根据前述住建部《工程总承包合同示范文本》修改而成。2019年11月15日，广西壮族自治区住房和城乡建设厅发文对《广西壮族自治区房屋建筑和市政基础设施工程总承包标准招标文件(2017年版)》有关内容进行修订，但其中“合同条款及格式”部分未作修订。

2.《浙江省重点工程建设项目EPC总承包招标文件示范文本(征求意见稿)》。2018年9月11日，浙江省招标投标办公室发布《关于〈浙江省重点建设工程EPC总承包招标文件示范文本〉征求意见的通知》(浙招标函〔2018〕11号)，该征求意见稿的第四章为“合同条款及格式”，包括合同协议书、通用合同条款、专用合同条款和合同附件格式四个部分，但除了含履约保函和预付款担保的“合同附件格式”外，其他部分仅列明标题，并作出说明：协议书、通用合同条款的内容同住建部《工程总承包合同示范文本》的相应部分，专用合同条款内容则根据《工程总承包合同示范文本》的专用合同条款由招标人补充。

3.《安徽省水利建设项目工程总承包招标文件示范文本(2019年版)》。2019年4月29日，安徽省水利厅发布《安徽省水利建设项目工程总承包招标文件示范文本(2019年版)》，该示范文本的第四章为“合同条款及格式”，系根据前述九部委《标准设计施工总承包招标文件》(2012年版)“合同条款及格式”修改而成，适用于安徽省水利工程勘测、设计、采购、施工全过程的工程总承包招标，分类打捆方式总承包的小型水利工程参考使用。

4.《福建省房屋建筑和市政基础设施项目标准工程总承包招标文件(2019年版征求意见稿)》。2019年11月25日，福建省住房和城乡建设厅发布《关于征求〈福建省房屋建筑和市政基础设施项目标准工程总承包招标文件(2019年版征求意见稿)〉意见的函》，该征求意见稿的第四章为“合同条款及格式”，该合同示范文本系根据前述九部委《标准设计施工总承包招标文件》(2012年版)“合同条款及格式”修改而成，其中比较重要的修改包括：用咨询人的概念取代了监理人的概念，以此容纳了全过程工程咨询的应用；在专用合同条款部分提供了可供填写的示范条款;以及以附件的形式明确发包人供应的材料设备。就整个招标文件而言,最引人注目的是其采用了模拟清单,将计价模式分为三种:采用模拟清单招标且总价包干的模式,采用模拟清单招标且单价包干模式及采用限额设计招标且标后模拟清单模式。

此外,深圳市住建局于2018年9月18日发布了《建设工程设计采购施工(EPC)总承包合同(示范文本)》(SFL-2017-01);温州市建设工程招标投标协会于2019年11月28日发布了《温州市建筑和市政公用项目工程总承包(EPC)招标文件示范文本(2019年版)》。

第五节 工程总承包和施工总承包的区别

《民法典》第791条第1款规定:"发包人可以与总承包人订立建设工程合同,也可以分别与勘察人、设计人、施工人订立勘察、设计、施工承包合同……"《建筑法》第24条第2款规定:"建筑工程的发包单位可以将建筑工程的勘察、设计、施工、设备采购一并发包给一个工程总承包单位,也可以将建筑工程勘察、设计、施工、设备采购的一项或者多项发包给一个工程总承包单位……"而所谓施工总承包即针对施工这项工程内容的总承包,是指发包单位将建筑工程的施工任务,包括土建施工和有关设备、设施安装调试的施工任务,全部发包给一家具备相应的施工总承包资质的承包单位,由该施工总承包单位对工程施工的全过程向建设单位负责,直至工程竣工,向建设单位交付经验收符合设计要求的建筑工程的承发包方式。①

由于长期以来施工总承包是我国建设工程市场主流的工程组织实施方式,其承包模式已为人们所熟知,相关的裁判规则也较为成熟,因此在施工总承包的知识背景下,注意工程总承包与施工总承包的区别,是理解工程总承包这一新兴承包模式的关键所在。具体而言,二者主要存在以下区别:

一、概念内涵

施工总承包是仅仅对施工这一项工程内容的承包,其之所以称为总承包,

---

① 全国人大常委会法制工作委员会编:《中华人民共和国建筑法释义》,法律出版社1998年版,第86页。

是指由一个施工单位负责工程的全部施工内容。施工总承包的承包范围不包括设计,而是根据设计单位的设计进行施工,也就是通常所说的“按图施工”。对于工程总承包而言,无论其有着如何多样的具体表现形式,但承包人同时负责设计和施工,或者说由施工单位负责设计,是其应有的内涵。因此,工程总承包与施工总承包在概念上存在明显的差别。

二、资质要求

我国在建设工程领域执行严格的资质管理制度。《建筑法》第13条即规定:“从事建筑活动的建筑施工企业、勘察单位、设计单位和工程监理单位,按照其拥有的注册资本、专业技术人员、技术装备和已完成的建筑工程业绩等资质条件,划分为不同的资质等级,经资质审查合格,取得相应等级的资质证书后,方可在其资质等级许可的范围内从事建筑活动。”根据《建筑业企业资质等级标准》(建市〔2014〕159号),我国的施工总承包资质分为建筑工程施工总承包、公路工程施工总承包、铁路工程施工总承包等12个类别,一般分为4个等级(特级、一级、二级、三级),施工总承包单位只能在其资质允许的范围内承包相应的工程。

从上述《建筑法》第13条的规定可以看出,其并未对工程总承包单位的资质问题作出规定。事实上,虽然建设行政主管部门曾经对工程总承包资质作出过一些尝试,但目前尚未建立有效的工程总承包资质管理制度。《房建市政工程总承包管理办法》第10条规定:“工程总承包单位应当同时具有与工程规模相适应的工程设计资质和施工资质,或者由具有相应资质的设计单位和施工单位组成联合体。”第12条则鼓励设计单位申请取得施工资质,并鼓励施工单位申请取得工程设计资质。这意味着主管部门决定在现有施工资质和设计资质的框架内解决工程总承包的资质问题。由于《房建市政工程总承包管理办法》对工程总承包提出了设计资质和施工资质的“双资质”要求,这意味着和施工总承包相比,工程总承包的资质要求更高。详见本书第3.1条。

三、风险分配与价格形式

如前所述,工程总承包的风险分配根据合同的不同约定而存在多样性,并不能一概而论。但一般认为,和施工总承包相比,在工程总承包模式下,由于承包人负责设计,将因此承担更多的风险。如在雇主风险最小化的银皮书模式中,除合同另有规定外,承包商不仅要承担与承包商设计相关的风险,而且还要承担雇主要求错误的风险。2017 版银皮书第 5.1 款即规定,承包商应被视为,在基准日期前已仔细审查了雇主要求(包括设计标准和计算,如果有)。承包商应负责工程的设计,并在除合同列明雇主应负责的部分外,对雇主要求(包括设计标准和计算)的正确性负责。承包商从雇主或其他方面收到任何数据或资料,不应解除承包商对设计和工程施工承担的职责。

《房建市政工程总承包管理办法》第 15 条第 2 款规定:"建设单位承担的风险主要包括:(一)主要工程材料、设备、人工价格与招标时基期价相比,波动幅度超过合同约定幅度的部分;(二)因国家法律法规政策变化引起的合同价格的变化;(三)不可预见的地质条件造成的工程费用和工期的变化;(四)因建设单位原因产生的工程费用和工期的变化;(五)不可抗力造成的工程费用和工期的变化。"该款规定中第(1)项价格波动风险和第(3)项不可预见地质条件风险在银皮书模式下均由承包人承担,而第 15 条第 1 款还规定:"建设单位和工程总承包单位应当加强风险管理,合理分担风险。"因此,可以认为主管部门的政策导向仍然注重发包人与承包人之间的风险平衡,其所推广的工程总承包不等同于银皮书模式。当然,《房建市政工程总承包管理办法》的上述规定并非强制性规定,其第 15 条第 3 款明确具体风险分担内容由双方在合同中约定,对于个案而言,双方权利义务和风险分配仍需通过合同约定来确定。详见本书导论部分第六节。

与风险分配直接相关的是价格形式。施工总承包模式下,由于是按图施工,一般适宜采用单价形式,而工程总承包则一般被认为适宜采取总价形式。在银皮书模式下,和发包人风险最小化相对应的是价格最大限度的确定性,即比较严格的固定总价模式。黄皮书则规定,如果工程的任何部分是按照提供的数量或已完成的工作进行支付,计量和估价应按专用条件中的规定进行。也就是说,在以总价为基础的原则下,黄皮书可以视需要应用单价以及工程量清单,比银皮书更具弹性。就我国而言,虽然前述《工程总承包合同示范文本》和九部委《标准设计施工总承包招标文件》(2012 年版)"合同条款及格式"两个示范合同文本都以总价为原则,但在建设工程实践中也存在采用单价形式的工程总承包项目,而具体采用何种价格形式本应根据项目的具体情况由当事人协商确定,属于合同自由的范围。基于这种现实,关于工程总承包的价格形式,《房建市政工程总承包管理办法》只能作出原则性的规定,其第 16 条规定:"企业投资项目的工程总承包宜采用总价合同,政府投资项目的工程总承包应当合理确定合同价格形式。采用总价合同的,除合同约定可以调整的情形外,合同总价一般不予调整。”

四、法律关系与法律规范

《民法典》设置建设工程合同专章,其第788条第1款规定:“建设工程合同是承包人进行工程建设,发包人支付价款的合同。”多数观点认为,工程总承包合同和施工总承包合同均属于建设工程合同。详见本书导论部分第六节。但由于二者的承包范围不同,发包人与承包人的法律关系也有所区别,施工总承包是单纯的施工合同法律关系,而工程总承包除了施工合同法律关系之外,还存在设计合同法律关系。根据最高院《民事案件案由规定》(法〔2011〕42号),建设工程施工合同纠纷和建设工程设计合同纠纷均属于建设工程合同纠纷项下的四级案由。施工总承包模式下的纠纷属于建设工程施工合同纠纷,但工程总承包并没有对应的特定案由,其是否应适用建设工程合同纠纷三级案由,在实务中仍然存在争议。详见《指引》第8.1条。

基于建设工程领域施工总承包模式的长期实践,不仅各级行政主管部门出台了大量的行政规范性文件,人民法院也形成了较为成熟的裁判规范。如最高院先后针对建设工程施工合同颁布了《建设工程司法解释》和《建设工程司法解释(二)》。因行政主管部门针对施工总承包的行政规范性文件以及人民法院关于建设工程施工合同形成的裁判规则,对于工程总承包不具有当然的适用性。法院和仲裁机构在裁判时需要注意对工程总承包相关规范予以甄别,在工程总承包规范缺位而施工总承包相关规范足以参考的情况下,可以在自由裁量的范围内谨慎参考适用。详见本书导论部分第七节。

需要注意的是,我国的建设工程相关制度规范主要是基于传统上设计与施工分离的建设工程实践而确立的,部分内容与工程总承包模式存在直接的冲突。如《建筑法》第29条第3款规定,禁止分包单位将其承包的工程再分包;《建设工程质量管理条例》第78条也将分包单位的再分包列为违法分包的类型。但国际通行的工程总承包模式将施工或设计整体分包并由分包单位将部分工作再分包是常见的做法,上述法律法规的规定在事实上构成中国工程总承包模式多样化发展的制度障碍。在《房建市政工程总承包管理办法》出台前,部分地方政府部门的规范性文件对该问题存在一些变通性的做法,如《上海市工程总承包试点项目管理办法》第 10 条允许工程总承包单位将工程的全部设计或者全部施工业务以“再发包”的名义交由具备相应资质条件的设计单位、施工总承包单位实施。虽然《房建市政工程总承包管理办法》第 10 条通过要求工程总承包单位具备设计和施工双资质的方式对将施工或设计整体分包的做法采取了否定的态度，但并不能据此规制在《房建市政工程总承包管理办法》生效前的工程总承包活动。另外，建设工程法律规范也正在发展变化中，对《建筑法》新一轮的修订工作已经启动，新法对工程总承包快速发展的现实如何回应值得期待。因此，裁判者对于工程总承包规范还需要注意其时效性，需要考察个案中时间与空间的制度环境。

第六节　工程总承包合同的界定与识别要素

工程总承包合同性质的界定，不仅关涉合同履行地及纠纷管辖地的选择，更关涉纠纷案由的确定及合同效力的评价。实践中，常见名为“工程总承包合同”但实为买卖合同、承揽合同或技术服务合同的情况，反之，名为“买卖合同”、“承揽合同”或“技术服务合同”但实为工程总承包合同的现象亦不罕见。最高院《关于经济合同的名称与内容不一致时如何确定管辖权问题的批复》规定：“当事人签订的经济合同虽具有明确、规范的名称，但合同约定的权利义务内容与名称不一致的，应当以该合同约定的权利义务内容确定合同的性质，从而确定合同的履行地和法院的管辖权。”同理，裁判者不能拘泥于总承包项目所签订合同的名称，也应当依据该合同约定的主要权利义务内容来审慎确定合同的性质及纠纷案由，从而确定合同主体的资质要求，进而解决因此引发的合同效力争议。

那么，如何识别工程总承包合同与买卖合同或承揽合同之间的实质性差异？具体就总承包合同效力问题而言，其判断标准是此类项目中的“总承包人”或“出卖人”是否需要具备建设工程勘察、设计或施工资质。

一、工程总承包合同与买卖合同

建设工程合同与买卖合同不难区分。依《民法典》第 595 条之规定，买卖合同是出卖人转移标的物的所有权于买受人，买受人支付价款的合同。而依《民法典》第 788 条之规定，建设工程合同是承包人进行工程建设，发包人支付价款的合同。仅从交易对象即标的物类型即足以区分:后者的交易对象在签订合同时即已存在,旨在转移标的物的所有权;前者的交易对象在签订合同时尚不存在,旨在按发包人要求完成工程建设方可移交。

但工程总承包合同与买卖合同之间的界限并非泾渭分明。工程总承包合同虽属于建设工程合同,[①]但其中包含的"采购"部分占比通常较大,在能源、化工、环保、智能化、安防等总承包项目中占比均超过半数,而在一些特殊的机电设备EPC项目中甚至占合同总价90%以上。据了解,近年来华为、海康威视、大华等高科技设备制造业头部企业实施总承包项目已蔚然成风,中车集团等大型装备制造业也已成总承包项目中的大户,而传统的工程勘察设计院、施工企业则逐渐丧失在该领域的优势地位。

司法实践中,存在名为买卖合同实为工程总承包合同的例子。德阳中院(2015)德民三终字第165号案中,法院认为,双方签订的是《工业品买卖合同》,约定由承包方按双方同时签订的《技术协议》约定的标准向发包人提供并安装四套无功补偿成套设备,该工程实为交钥匙工程,即EPC(设计—采购—施工总承包模式)合同的一种表现形式,在此基础上工程质量司法鉴定意见认为,承包人不具备本工程项目中设计、安装施工和总包的资质,且存在没有提供符合规程的经过审核批准的施工设计图纸、未按照双方确认的无功补偿回路一次接线草图施工、施工质量管控不到位等问题;而业主方在确定合同承包方时没有认真审查其资质,且存在未足够尽到设备进场验收责任、在施工过程中没有安排工程监理、未审查工程图纸等问题。泰州中院在(2016)苏12民终1146号案中认为,就双方签订的《输煤系统技改EPC统包合同》,承包人认为应属买卖合同,发包人答辩认为该合同是承揽合同,但法院认为案涉合同属于EPC工程总承包合同,承包人需要具备实施该建设工程的必要资质。

---

① 在我国的立法中,建设工程合同包括工程勘察、设计、施工合同。《民法典》第791条规定:"发包人可以与总承包人订立建设工程合同,也可以分别与勘察人、设计人、施工人订立勘察、设计、施工承包合同。"可见,中国的合同法建设工程分则下已为工程总承包预留了必要空间,国际上同样普遍将EPC工程总承包合同视为建设工程合同。以欧洲私法原则、定义与示范规则:共同参考框架草案(欧洲民法典草案)第Ⅳ.C.-3:101条为例,一方面,明确规定该章适用于"建筑人按照顾客提供的设计图样,承担房屋或其他不可移动的建筑物的建造",即施工总承包模式;另一方面,规定该章准用于"建筑人按照自己提供的设计图样,承担房屋或其他不可移动的建筑物的建造、对既有房屋或其他不可移动的建筑物进行实质性改动或者建造动产或无体物的服务合同",此处即指包含勘察、设计在内的工程总承包模式。

值得注意的是，即使在将工程总承包合同定性为买卖合同的情况下，并非对出卖人的资质条件不作任何要求。最高人民法院在(2015)民申字第2955号案中认为，总包方在与业主方签订《60万吨/年电石项目石灰窑装置EPC总承包合同》后，又以意向协议书的方式将其中的设备采购、安装部分转由分包方实施，分包方因无法提供相应的工程资质，故主张其与总包方之间系买卖合同关系，但最高院认为，设备采购人提供的《质量管理体系认证证书》认证覆盖范围仅为"密闭炉净化、除尘设备设计、制造和服务"及"环保除尘设备的生产和服务"且其经营范围中无热电阻、耐火材料、低压开关柜、罗茨风机等设备材料，也不具备相应的资质条件，并因此认定协议书无效。

二、工程总承包合同与承揽合同

依《民法典》第770条之规定，承揽合同是承揽人按照定作人的要求完成工作，交付工作成果，定作人给付报酬的合同。承揽包括加工、定作、修理、复制、测试、检验等工作。建设工程合同属于特殊的承揽合同，《民法典》第808条规定："本章没有规定的，适用承揽合同的有关规定。"建设工程合同与承揽合同本不易区分，工程总承包合同与承揽合同则更难区分。从司法机关确定的案由分布情况来看，将工程总承包合同纠纷确定为承揽合同纠纷约占半数。① 在司法实践中，有些法院倾向于按照合同总价中工程造价的比例来认定合同性质，但在多数案件中，双方的纠纷起因于工程款结算环节，在结算金额尚未确定的情况下很难认定工程造价的准确比例。

山西高院在(2017)晋民初45号案中认为，双方合同约定，总承包人采用EPC方式总承包发包人某风电场一期工程，本工程为交钥匙工程，其承包范围包含工程的设计、采购、施工、试运行等项目验收合格并交付前的全部阶段，同时约定，如果争议不能协商解决，则双方可向太原市中级人民法院提起诉讼。因项目所在地为山东省威海市，且争议标的近4亿元，故总承包人在山西高院起诉后，发包人提出管辖权异议要求移交山东高院受理。涉案EPC总承包合同表现出建设工程合同特有的特征，故裁定管辖权异议成立。该案裁定书中关于EPC工程总承包合同的定性方法值得借鉴：

---

① 仅以利用建筑物屋面设置光伏电站的EPC合同纠纷为例，在笔者查询的10个案例中，法院确定为承揽合同纠纷的5个，确定为建设工程施工合同纠纷的3个，确定为建设工程合同纠纷的2个。

1. 从承包范围和合同标的物的属性来看，承包商的工作范围为合同规定范围内的工程监理、工程勘测、设计、设备制造、设备及材料采购、运输、土建工程、设备安装、设备调试、设备监造、质量检测等内容。

2. 合同目的是完成涉案风电场一期工程建设并通过竣工验收和投产运行，确保按期并网发电，即合同约定的项目范围及于电力工程基础建设项目整体，属于电力基础设施建设，该电力基础设施直接建设于土地上，系土地上的建筑物及其他附着物，建设成果具有不动产的属性。

3. 从承包方式和合同价款的约定来看，承包商负责涉案风电场项目一期工程的建设，工程合同采取设计、采购、施工一体化的 EPC 模式，承包方式超出一般的设备承揽，更符合建设工程的总承包模式。

4. 合同中约定工程暂定总价为 39,525 万元，风电场建成投产后根据实际情况进行工程决算，作为最终合同价款。工程价款的约定符合建设工程合同中工程价款预决算的基本特征，而不符合加工、定作等普通承揽合同的一般特征。

5. 从工程的质量管理和验收标准及程序来看，合同中明确约定诉争工程的设计、施工、验收等必须遵循国家关于电力、土建、安装等领域的强制性规范，验收程序也必须遵守国家的强制性规定，并实行强制监理制度，而非仅依据定作人的要求即可完成工作成果的验收和交付。

6. 从涉案 33 台风力发电机组的履行情况来看，业主方提供了 33 台风力发电机组的技术规范要求，工程总承包人认为使用 TZ 87 - 1500 型风力发电机组符合业主方的项目要求，选择该机型用于本案工程建设，TZ 87 - 1500 型风力发电机系按国标参数制造的通用产品，且总承包人使用和安装的部分风力发电机组的出厂日期早于合同签订日期，不符合承揽合同履行的基本特征。

在认定为“承揽合同”的案例中，如承揽项目本身有相应的资质要求，则承揽人仍需要具备相应的资质条件。藁城法院在(2016)冀 0109 民初 2643 号案中认为，被告承揽的光伏电站工程包含有整个光伏发电安装、调试，但被告的工商信息并未登记电力工程施工承包资质，被告也未提供证据证明，故其不具备电力工程施工承包资质，双方所签的 6MWP 光伏农业大棚工程合同违反了《承装(修、试)电力设施许可证管理办法》的有关规定，故该合同是无效合同；四川高院在(2016)川民终 884 号案中认为，业主(第三人)与总承包人(原告)签订的 EPC 合同因总承包人无资质应认定无效，而总承包人将承包范围内的 1#、2# 工业硅矿热电炉筑炉修复施工分包给没有资质的被告同样也是无效的，各方应根据过错比例就工程质量损失承担相应的责任。

但值得注意的是,司法实践中也存在不少相反的案例。上海一中院在(2015)沪一中民四(商)终字第1834号案中认为,本案中的资质要求系源于招标文件中的规定,在投标人不具备资质的情况下招标人仍让其中标,应视为双方已通过自己的实际行动对招标文件作出了变更,因此并未违反《招标投标法》第31条的规定;且该规定应系管理型规定而非效力性规定,即使违反该条规定合同也并非无效。况且,《涉案项目EPC总承包A标段商务合同》及其附件、《技术协议》均已实际履行,业主也没有提供证据证明其在履行过程中曾对对方的资质提出过异议,故双方当事人已通过实际履行行为认可了合同的效力。另外,广州中院在(2019)粤01民终8290号案中认为,本案所涉的"屋顶分布式光伏发电项目"工程,是在原已建好并通水通电的大楼顶上布设光伏发电设备设施,并不属于建设工程的范畴,案涉《EPC服务合同》属于承揽合同而非建设工程合同,故不能依照最高院《建设工程司法解释》第1条规定认定合同无效;而且,《合同法》第52条[①]第5项规定:"违反法律、行政法规的强制性规定,合同无效。"但上述《承装(修、试)电力设施许可证管理办法》《分布式光伏发电项目暂行管理办法》并非属于法律和行政法规的范畴。

三、总承包合同中建设工程内容的范围及识别

如何识别总承包合同是否属于建设工程合同,以及如何识别承包范围有无建设工程内容?裁判者需要了解建设工程的范围及种类。所谓建设工程,是指为人类生活、生产提供物质技术基础的各类建(构)筑物和工程设施。《建设工程质量管理条例》第2条规定:"本条例所称建设工程,是指土木工程、建筑工程、线路管道和设备安装工程及装修工程。"

建设工程按照自然属性可分为建筑工程、土木工程和机电工程三类。其中,建筑工程是指通过对各类房屋建筑及其附属设施的建造和与其配套的线路、管道、设备的安装活动所形成的工程实体。建筑工程按照使用性质可分为民用建筑工程、工业建筑工程、构筑物工程及其他建筑工程;按照组成结构可分为地基与基础工程、主体结构工程、建筑屋面工程、建筑装饰装修工程和室外建

---

① 内容同《民法典》第153条之规定,即:"违反法律、行政法规的强制性规定的民事法律行为无效。但是,该强制性规定不导致该民事法律行为无效的除外。违背公序良俗的民事法律行为无效。"

筑工程;按照空间位置可分为地下工程、地上工程、水下工程、水上工程。土木工程是指除房屋建筑以外,为新建、改建或扩建各类工程的建筑物、构筑物和相关配套设施等所进行的勘察、规划、设计、施工、安装和维护等各项技术工作及其完成的工程实体。土木工程可分为道路工程、轨道交通工程、桥梁涵洞工程、隧道工程、水工工程、矿山工程、架线与管沟工程、其他土木工程。机电工程可分为机械设备工程、静置设备与工艺金属结构工程、电气工程、自动化控制仪表工程、建筑智能化工程、管道工程、消防工程、净化工程、通风与空调工程、设备及管道防腐蚀与绝热工程、工业炉工程、电子通信及广电工程。

然而,仅通过文义判断并不易准确界定工程总承包范围中是否包含建设工程内容以及建设工程内容占比多大,通常需要借助于专业技术意见方可作出判断,但在案件尚未委托司法鉴定之前裁判者很难得到足以信赖的专业技术意见。为解决纠纷、解决前期所面临的合同定性问题,建议裁判者主动审查案涉工程总承包项目的报批、报建手续,或积极征求项目所在地建设行政主管部门的意见。

四、建设工程的报批报建

建设工程的报批报建系行业惯称,通常认为包括固定资产投资项目审批与工程建设项目审批两个阶段在内,前者俗称"报批",后者则俗称"报建"。

从会计角度来看,建设工程当然属于固定资产,①包含建设工程内容的 EPC 项目的投资审批程序应适用国家关于固定资产投资项目的相关管理规定。因建设工程与固定投资项目在概念外延上的高度重合,通常可将 EPC 项目是否完成固定投资项目审批、核准或备案作为判断项目是否属于建设工程的首要因素。关于固定资产的投资审批,需要区分政府投资项目与企业投资项目分别适用《政府投资条例》《企业投资项目核准和备案管理条例》。所谓政府投资项目,是指政府在中国境内使用预算安排的资金进行固定资产投资建设活动,包括新建、扩建、改建、技术改造等;政府采取直接投资方式、资本金注入方式投资的项目(以下统称政府投资项目),项目单位应当编制项目建议书、可行性研究

① 所谓固定资产,是指企业为生产产品、提供劳务、出租或者经营管理而持有的、使用时间超过 12 个月的,价值达到一定标准的非货币性资产,包括房屋、建筑物、机器、机械、运输工具以及其他与生产经营活动有关的设备、器具、工具等。

报告、初步设计，按照政府投资管理权限和规定的程序，报投资主管部门或者其他有关部门审批；政府投资项目未经审批不得擅自开工建设。而企业投资项目，是指企业在中国境内投资建设的固定资产投资项目；对关系国家安全、涉及全国重大生产力布局、战略性资源开发和重大公共利益等项目，实行核准管理（具体项目范围以及核准机关、核准权限依照政府核准的投资项目目录执行），其他企业项目则实行备案管理，实行备案管理的项目按照属地原则备案；企业投资项目未经核准或备案不得开工建设。实践中，工程总承包项目应经固定投资项目审批、核准或备案但未完成相关手续的“先上车后买票”现象并不罕见，裁判者不能简单地以项目未经审批、核准或备案即作出 EPC 项目中不包含建设工程内容的结论，需要进一步依照相关管理性公法规范判断该 EPC 项目是否需要经过审批、核准或备案。

包含建设工程内容的工程总承包项目在经过投资审批、核准或备案后，尚须经过工程建设项目审批方可实施。按照国务院办公厅《关于全面开展工程建设项目审批制度改革的实施意见》（国办发〔2019〕11 号）的规定，从审批阶段角度可将工程建设项目审批流程主要划分为立项用地规划许可、工程建设许可、施工许可、竣工验收四个阶段。其中，立项用地规划许可阶段主要包括项目审批核准、选址意见书核发、用地预审、用地规划许可证核发等；工程建设许可阶段主要包括设计方案审查、建设工程规划许可证核发等；施工许可阶段主要包括设计审核确认、施工许可证核发等；竣工验收阶段主要包括规划、土地、消防、人防、档案等验收及竣工验收备案等（以上流程主要针对房屋建筑和城市基础设施等工程，不包括特殊工程和交通、水利、能源等领域的重大工程）。国务院授权地级及以上地方人民政府分别制定政府投资、社会投资等不同类型工程的审批流程图，同时可结合实际，根据工程建设项目类型、投资类别、规模大小等，进一步梳理合并审批流程。在建设工程实施过程中，以上审批流程可涉及或形成各类权利证书、许可证书、评估评价文件及其他书面意见，均可作为裁判者判断工程总承包项目中是否包含建设工程内容的证据。当然，工程建设项目应批未批的“先上车后买票”现象亦不罕见，裁判者不能简单地以工程建设项目未经审批即作出工程总承包项目中不包含建设工程内容的结论，需要进一步依照相关管理性公法规范判断该工程总承包项目是否需要经过工程建设审批。

关于工程总承包合同是否属于建设工程合同的判断，不仅需要裁判者具备相关的专业技术知识背景或可靠的专家意见资源，更需要准确把握管理性公法规范及项目所在地的政策尺度。裁判者遇到类似争议问题时,积极主动地征求项目所在地建设行政主管部门的意见最为妥当,以避免出现错误或矛盾结论。

五、结论

1. 工程总承包合同的承包范围中不包含建设工程设计或施工内容,或虽有少量建设工程勘察、设计或施工内容但按其工程规模依法不需要报批报建的,应根据合同标的、履行方式、款项结算、风险分配等主要权利义务内容审慎确定合同性质及纠纷案由;

2. 名为"工程总承包合同"但实为买卖合同或承揽合同的,该"工程总承包人"通常并不需要具备建设工程勘察、设计或施工资质,但合同范围内包含有部分建设工程勘察、设计或施工内容且按工程规模应需要报批报建的除外;

3. 在确定工程总承包合同性质时,若问题涉及专业知识或行政裁量的,则建议裁判者主动征求项目所在地建设行政主管机关的意见或从相关管理性公法规范中寻求建设行政主管机关的"可能"(或"应当")意见,避免因其自身缺乏专业知识或不熟悉政策尺度而导致错误或矛盾结论;

4. 在确定总承包合同属于建设工程合同的前提下,纠纷案由应确定为建设工程合同纠纷,适用不动产所在地专属管辖,总承包人应具备相应的工程勘察、设计或施工资质;

5. 在确定总承包合同不属于建设工程合同的前提下,可综合考虑合同标的、履行方式、款项结算、风险分配等主要权利义务内容对合同性质作出审慎、妥当的判断,纠纷案由可确定为买卖合同、承揽合同或合同纠纷;

6. 买卖合同中的出卖人或承揽合同中的承揽人,通常不需要具备工程勘察、设计或施工资质,但合同范围中包含有建设工程勘察、设计或施工内容且按工程规模应需要报批报建的除外。

第七节 建设工程司法解释对工程总承包纠纷的适用性分析

近年来,工程总承包模式在政府的大力推动下逐渐蓬勃发展,不仅早已成为交通、水利、能源、化工、港口、机场等建设领域工程承发包的主流交易模式,甚至在一度被认为不适宜采用工程总承包模式的房屋建筑与市政基础设施领域，包括EPC与DB在内的工程总承包模式也逐渐被普遍接受。

目前，工程总承包模式在国内所面临的最大困境在于制度的缺失，特别是司法裁判可资援引的基本规则尚处于草创、摸索阶段。《建设工程司法解释》《建设工程司法解释（二）》均系针对施工合同纠纷制定，当然不可能直接适用于各类工程总承包合同纠纷。但是，建设工程施工合同司法解释经由十几年间全国各地司法机关每年成千上万件纠纷案件的司法适用，以及全国各地各级司法机关的“再解释”，其确立的基本规则及价值取向已深入人心，实际施工人、无效合同结算、黑白合同、送审价、垫资等耳熟能详的概念均已成为我们考虑相关领域法律问题时无法绕开的背景。

不难预见，在最高院针对工程总承包合同纠纷专门制定司法解释之前，我们将不得不长期地继续在施工合同司法解释的语境下讨论工程总承包问题、处理工程总承包纠纷。

1. 施工合同中的常见顽症，在工程总承包模式中一样也不会少；建设工程司法解释针对施工合同纠纷所开出的大多数药方，对工程总承包纠纷仍然是适用的，至少包括以下几方面：

（1）因总承包人无资质、超越资质等级、借用资质或因违反招标投标法强制性规定，工程总承包合同无效；

（2）工程总承包模式难以杜绝借用资质、非法转包、违法分包等违法行为，各类实际施工人仍会活跃在工程总承包实施的各个环节，且将在纠纷处理中扮演重要角色；

（3）工程总承包合同无效但工程经竣工验收合格的，仍可参照总承包合同的约定支付工程价款，对于因签订、履行该无效合同所遭受的损失，仍可参照合同约定的质量标准、建设工期、工程价款支付时间等内容确定损失大小并结合双方过错程度、过错与损失之间的因果关系等因素作出裁判；

（4）2019年4月住建部虽已通知取消合同备案制度①，且工程招投标的范

---

① 详见住建部建法规〔2019〕第3号规定：为推进工程建设项目审批制度改革，决定对部分文件予以修改，现通知如下：一、修改《建筑工程方案设计招标投标管理办法》（建市〔2008〕63号）删除第十八条中“招标人和招标代理机构应将加盖单位公章的招标公告或投标邀请函及招标文件，报项目所在地建设主管部门备案”。二、修改《住房城乡建设部关于进一步加强建筑市场监管工作的意见》（建市〔2011〕86号）删除“（八）推行合同备案制度。合同双方要按照有关规定，将合同报项目所在地建设主管部门备案。工程项目的规模标准、使用功能、结构形式、基础处理等方面发生重大变更的，合同双方要及时签订变更协议并报送原备案机关备案。在解决合同争议时，应当以备案合同为依据”。

围及规模标准也一改再改，但工程建设领域泛滥的黑白合同现象不可能立即消失，若当事人签订的工程总承包合同与招标文件、投标文件、中标通知书载明的工程范围、建设工期、工程质量、工程价款不一致的，裁判者仍需审慎判断以何为结算工程价款的依据；

(5)工程总承包合同的竣工结算，仍可适用送审价规则，即“超过约定期限不予答复则视为认可”；

(6)工程总承包的竣工日期认定、欠付工程款利息计算、质量保修责任等，仍可沿用施工合同的既有裁判规则。

2. 由于工程总承包模式的特殊性，建工司法解释中的诸多裁判规则不宜照搬，试举以下几例：

(1)建设工程规划审批手续与工程总承包合同效力之间的关系，需要重新审视。在传统的施工总承包模式下，发包的流程是：先由发包人对建设工程项目的设计进行招投标，确定设计承包主体后，发包人才可以提交建设工程项目设计方案向城市规划行政主管部门申领建设工程规划许可证；城市规划行政主管部门对建设工程的设计方案审定通过后，才予以核发建设工程规划许可证；之后发包人才编制施工招标文件，确定工程项目的施工承包人，并签订《建设工程施工合同》。由此可知，在施工总承包模式中，是出具设计方案、申领建设工程规划许可证在前，签订建设工程施工合同在后，因此法律可以以未取得建设工程规划许可证作为建设工程施工合同的无效事由。但是，在工程总承包模式下，承包人应对建设工程项目的设计、采购、施工的全部阶段实行总承包，在签订《建设项目工程总承包合同》之后，承包人才能开始项目设计工作或对项目设计进行分包；而根据建设工程规划许可证的申领要求，申请人必须要提交项目设计方案并经城市规划行政主管部门审核通过后才能获得建设工程规划许可证，即在工程总承包模式下，是签订工程总承包合同在前，提供设计方案、申领建设工程规划许可证在后，此时若机械适用《建设工程司法解释(二)》第2条第1款的规定认定未取得建设工程规划许可证的工程总承包合同无效的，则不符合工程总承包的实际运作情况。

(2)垫资行为的效力及垫资利息的处理，需要重新审视。垫资现象在工程总承包模式可能更为严重，特别是在业主选择 PPP + EPC 或 F + EPC 模式的目的即在于解决项目融资问题，垫资利息可适当高于中国人民银行发布的同期同类贷款利率。在目前的审判实践中，通常区分垫资施工期间的利息与垫资施工结束后未及时返还的利息，前者不得突破央行基准利率，但后者按照工程欠款处理。2020 年 8 月 18 日最高人民法院审判委员会第 1809 次会议通过的最高人民法院《关于修改〈关于审理民间借贷案件适用法律若干问题的规定〉的决定》，以中国人民银行授权全国银行间同业拆借中心每月 20 日发布的一年期贷款市场报价利率（LPR）的 4 倍为标准确定民间借贷利率的司法保护上限。坚持工程垫资利息不高于央行基准利率，可能导致许多 EPC 项目特别是 PPP + EPC 或 F + EPC 胎死腹中。

（3）关于非法转包与违法分包行为，应结合工程总承包的特点及建设行政主管部门的相关规定重新考虑认定标准。依照《建设工程质量管理条例》的规定，所谓违法分包，是指下列行为：①总承包单位将建设工程分包给不具备相应资质条件的单位的；②建设工程总承包合同中未有约定，又未经建设单位认可，承包单位将其承包的部分建设工程交由其他单位完成的；③施工总承包单位将建设工程主体结构的施工分包给其他单位的；④分包单位将其承包的建设工程再分包的。所谓转包，是指承包单位承包建设工程后，不履行合同约定的责任和义务，将其承包的全部建设工程转给他人或者将其承包的全部建设工程肢解以后以分包的名义分别转给其他单位承包的行为。

根据《建设工程司法解释》第 4 条、第 8 条的相关规定，转包与违法分包不仅直接导致转包合同、分包合同无效，且系发包人解除建设工程施工合同的法定条件。[①] 关于非法转包、违法分包的具体认定标准，司法实践中通常参考住建部《施工违法行为认定查处办法》（建市规〔2019〕1 号）的相关规定。然而，以上规定均系针对建设工程施工总承包合同专门设置的，不一定适宜解决工程总承包中的转包与违法分包认定问题。

依照住房城乡建设部《关于进一步推进工程总承包发展的若干意见》（建市〔2016〕93 号）第 9 条之规定，工程总承包企业可以在其资质证书许可的工程项目范围内自行实施设计和施工，也可以根据合同约定或者经建设单位同意，直接将工程项目的设计或者施工业务择优分包给具有相应资质的企业。而且，《工程总承包合同示范文本》第 3.8.1 款关于“分包约定”中亦允许承包人对专

---

① 《建设工程司法解释》第 4 条规定：“承包人非法转包、违法分包建设工程或者没有资质的实际施工人借用有资质的建筑施工企业名义与他人签订建设工程施工合同的行为无效。”第 8 条进一步规定：“承包人具有下列情形之一，发包人请求解除建设工程施工合同的，应予支持：……（四）将承包的建设工程非法转包、违法分包的。”

用条款约定列出的分包事项(含设计、采购、施工、劳务服务、竣工试验等)进行分包,而并不将该分包行为视为非法。据此,在工程总承包的场合,应对转包的认定标准作目的性限缩解释,通常仅以下情形构成转包:①将工程总承包项目整体转包;②将工程总承包项目中设计、施工、采购业务分别分包给其他单位。在以上两种情形下,工程总承包单位仅负担协调、管理职责,而不承担任何具体业务,应视为非法转包。另外,应对工程总承包模式下非法转包的认定标准作目的性限缩解释,通常仅以下情形构成违法分包:①工程总承包企业自行实施设计的,不得将工程总承包项目工程主体部分的设计业务分包给其他单位;②工程总承包企业自行实施施工的,不得将工程总承包项目工程主体结构的施工业务分包给其他单位。

2020年年初,国家发展改革委与住建部共同颁发实施的《房建市政工程总承包管理办法》(建市规〔2019〕12号)对总承包人资质规定进行了实质性修订,其第10条规定:"工程总承包单位应当同时具有与工程规模相适应的工程设计资质和施工资质,或者由具有相应资质的设计单位和施工单位组成联合体。"一方面,限制了仅具备施工资质或仅具设计资质的承包人单独承接工程总承包项目的可能性;另一方面,也简化了工程总承包模式下非法转包与违法分包认定与查处的复杂性。

(4)设计缺陷,通常不属于发包人的工程质量缺陷过错。在施工总承包的场合,因发包人提供的设计有缺陷造成建设工程质量缺陷的,发包人应承担过错责任。[①] 但在工程总承包的场合,设计本身即包含在发包范围内,因设计缺陷导致工程质量存在缺陷的应由承包人负责,即使在发包人批准设计的情况下该工程质量缺陷亦与发包人无关。以下英国最高法院一则典型判决可资借鉴:MT Højgaard A/S公司于2006年5月中标了E. ON集团的海上风力发电厂的设计、制造、安装工程总承包项目。在招标文件中,有业主方的相关技术要求,其中针对基础部分,要求符合由一家国际等级与证明机构专为海上风力涡轮装置制定的设计标准,即所谓的J101,但是此后发现该所谓的J101标准内有一项错误,并将导致基础结构存在瑕疵。MT Højgaard A/S被选为承包商后,严格遵

① 《建设工程司法解释》第12条规定:"发包人具有下列情形之一,造成建设工程质量缺陷,应当承担过错责任:(一)提供的设计有缺陷;(二)提供或者指定购买的建筑材料、建筑构配件、设备不符合强制性标准;(三)直接指定分包人分包专业工程。承包人有过错的,也应当承担相应的过错责任。"

照 E. ON 集团的招标文件以及其中所包括的设计标准和所谓的 J101 进行施工,但是,因为前述的瑕疵问题,最终导致基础结构倒塌并产生维修费用高达 2625 万欧元。此后,为了该笔巨额维修费用应当由哪一方予以承担,双方开始了长达数年的诉讼。最终经英国最高法院判决确定,应当由承包方承担全部的责任。英国最高法院的判决理由在于:该合同中有约定须确保该建筑物使用 20 年以上。法庭认为,工程总承包项目模式下,即便业主方指定或批准了某一设计,但是最终的建筑产品仍应当符合既定的合同根本目的。一般来讲,如果承包方同意按照某一设计施工,而该设计又无法满足其已经承诺的合同根本目的实现的话,承包方应当承担相应的责任。

(5)不涉及业主要求变化的设计变更,并不必然成为调整工程价款的依据。在施工总承包的场合,设计由发包人提供并就设计文件的完备性向承包人承担责任,故在施工过程中若发生设计变更的,双方应按照约定程序及计价标准相应调整合同价款。[①] 但在工程总承包模式下,设计本身即系承包人工作内容,若设计变更突破合同约定的"发包人要求"范围的,通常可以触发调价机制,但对于不涉及发包人要求变化的设计变更,并不必然成为调整工程价款的依据。

住建部《关于进一步推进工程总承包发展的若干意见》(建市〔2016〕93 号)指出:"工程总承包项目可以采用总价合同或者成本加酬金合同。"在采用固定总价形式的工程总承包合同下,除合同约定的变更调整部分外,合同价格一般不予调整,而认定是否构成工程变更不再简单取决于工程实施过程中客观上增加或减少的工程量,在发包人未改变功能需求的情况下,承包商为满足总包合同约定的目的所作出的变更将被包含在固定总价内,通常不再认为是能够影响合同价格的因素;进言之,即便确认了工程总承包合同下的变更事实,如果固定总价形式的工程总承包合同中缺少合同价格清单、变更估价原则,变更价款如何确定将再度成为双方争执不下的难题。

2020 年年初,国家发展改革委与住建部共同颁发实施的《房建市政工程总

① 《建设工程司法解释》第 16 条第 2 款规定:"当事人对建设工程的计价标准或者计价方法有约定的,按照约定结算工程价款。因设计变更导致建设工程的工程量或者质量标准发生变化,当事人对该部分工程价款不能协商一致的,可以参照签订建设工程施工合同时当地建设行政主管部门发布的计价方法或者计价标准结算工程价款。"第 19 条中进一步规定:"当事人对工程量有争议的,按照施工过程中形成的签证等书面文件确认。承包人能够证明发包人同意其施工,但未能提供签证文件证明工程量发生的,可以按照当事人提供的其他证据确认实际发生的工程量。"

承包管理办法》(建市规〔2019〕12号)区分项目投资者的不同,分别规定了工程总承包计价模式。第16条规定:“企业投资项目的工程总承包宜采用总价合同,政府投资项目的工程总承包应当合理确定合同价格形式。采用总价合同的,除合同约定可以调整的情形外,合同总价一般不予调整。建设单位和工程总承包单位可以在合同中约定工程总承包计量规则和计价方法。依法必须进行招标的项目,合同价格应当在充分竞争的基础上合理确定。”政府投资项目允许采用可调价而非固定价,既是与工程审计工作要求进行协调的考虑,同时也为设计变更估价、计价打开了一扇窗口。

3.结论:

(1)在工程实践层面,不能苛求工程总承包的实施模式存在“唯一正确解”。国内工程实践特别是在房建与基础设施领域中,工程总承包模式在政策导引下尚处于勃兴阶段,其实施条件、实施主体、实施方式尚不一致,实施效果亦有待进一步观察,坊间不乏“EPC真假”之辩甚至“变异、乱象”之讥。当前阶段,不宜强制要求各地、各行业在实施工程总承包必须“保持统一队形”,应当允许各种不同的实施模式在市场中展开充分的竞争,孰优孰劣则以其实施效果进行检验。大浪淘沙后始见真金,也许在不久的将来市场能够最终选择出最为适宜的工程总承包实施模式,但在今后相当长的时间内,准确甄别与妥当归类仍是讨论工程总承包问题时的第一道作业。

(2)在规范建设层面,不能苛求工程总承包的制度规定能够“一锤定音”。现行法律、法规中仅有少量关于工程总承包的原则性规定,而具体实施的管理办法散见于各部委及各地政府的规章、规范性文件中,行政主管部门推荐适用的多版合同示范文本与被业界奉为圭臬的多版FIDIC(银皮书)合同条件在不同场合均有适用空间。在近期进行的《建筑法》《建设工程质量管理条例》的修订过程中,将工程总承包作为承发包主要模式纳入管制目录并进而量体裁衣制定高位阶规范的呼声高涨,但考虑到修(立)法任务紧迫而工程总承包这一新生模式尚未成熟、稳定,且其实施条件、实施主体、实施模式均可能对现行规范体系构成程度不同的挑战,故期待在近期立法中终局性地解决工程总承包模式的上位法依据甚至提供一套标准的操作流程,则不够现实。

(3)在纠纷解决层面,不能苛求工程总承包的裁判规则能够“药到病除”。在制度供给不足的情况下,通过最高司法机关制定成文解释的方式来统一各地司法机关的裁判尺度,在一定程度上可以起到倒逼行业制度革新或型塑市场秩序、影响市场生态的作用。司法解释不仅应体现司法共识,也要体现行业操作共识与管理共识。但对于工程总承包这一新生事物,工程实践中会有一个比较长期的竞争与进化过程,管理实践中会有一个比较长期的接纳与纠偏过程,纠纷解决实践中当然也需要一个比较长期的认识甚至试错过程。在各界未就以上问题达成共识之前不宜贸然出台官方书面解释。正因如此,我们或许将不得不面临长期缺乏专门司法解释指引工程总承包纠纷解决的局面。

有鉴于此,常设中国建设工程法律论坛希望通过制定民间工程总承包合同纠纷裁判指引引导行业逐步达成共识。本《指引》所列各条裁判规则,均系常设中国建设工程法律论坛第十工作组全体成员在近一年的时间里经多次集体讨论提炼而成。其中不仅包含有相关领域学者、专家的意见,还传达了工程实施第一线管理人员的声音,更汇总了司法、仲裁、律师等诸多法律人的观点,希望能够在借此为工程总承包纠纷解决提供借鉴以便于裁判者考量平衡各方利益,同时对当事人及其代理人实务操作提供一定指引。

必须承认,囿于第十工作组成员的职业视角和现有实践,我们对工程总承包的认识难免存在局限。但我们相信,通过创建法律人共同的讨论平台并实现成果公开、资源共享,逐渐缩小工程总承包法律争议范围进而在主要争议问题上达成共识仍然可期。

第一章　主　体

第 1.1 条　【合作建设项目的工程总承包合同发包人主体责任确定】合作建设合同的一方作为发包人与总承包人签订建设工程总承包合同，总承包人要求合作开发的其他各方对工程总承包合同的债务承担连带责任的，不予支持；但合作建设合同各方构成合伙关系或共同发包关系等应当承担连带责任的情形除外。

【条文主旨】

《民法典》第 465 条第 2 款规定："依法成立的合同，仅对当事人具有法律约束力，但是法律另有规定的除外。"该条确立了合同相对性原则。发包人与总承包人之间争议的法律关系是建设工程总承包合同纠纷，而不是合作建设合同纠纷。总承包合同只对合同当事人产生约束力，对合同当事人以外的人不发生法律效力。因此，根据合同相对性原则，除发包人以外的合作各方对总承包人不承担发包人责任。但是，如果合作建设合同各方构成合伙关系或共同发包，则各方应对工程总承包债务承担连带责任。

【理解与适用】

一、合作建设项目

合作建设合同，是指依法取得国有土地使用权从事开发建设项目的建设单位，与其他单位之间达成的关于在资金、技术等方面合作建设项目并按一定比例分配建设项目成果或利润的协议，实践中最常见的是合作开发房地产合同。《国有土地使用权司法解释》第 14 条规定："本解释所称的合作开发房地产合同，是指当事人订立的以提供出让土地使用权、资金等作为共同投资，共享利润、共担风险合作开发房地产为基本内容的协议。"《城市房地产管理法》第28条规定,土地使用权可以作价入股,合作开发经营房地产。这是目前我国合作建设合同的基本法律依据。实践中主要有房地产联建、组建项目开发公司、整体产权转移等模式。

1. 房地产联建是指提供资金、技术、劳务的一方公司与提供土地的一方公司合作进行建设开发,双方在合同里明确约定按比例分配房屋和土地使用权,并以各自所有或者经营管理的财产承担民事责任的合作建设行为。有观点认为,房地产联建这种合作建设形式,在内容和形式上都符合合伙合同的特点,对内按照合同约定的投资比例共同经营,共担风险,共享利润,对外双方共同互负连带责任。

2. 组建项目开发公司是指提供资金、技术、劳务的一方与提供土地的一方以组建法人资格的经济实体来合作进行开发建设的行为。这种情形下,合作建设的合作人即成为项目公司的股东。这种合作建设的项目公司,依批准的经营范围活动并以其名义承担经营风险,完成项目公司使命后即告终止,对合作双方防范风险较为有利。

3. 整体产权转移是指已经获得立项批准的房地产开发项目,在项目公司股东、合作开发的收益人之间,或向他人转让其股权或合作开发权益的行为。

需要说明的是,在第二种合作开发房地产项目的模式中,合作各方出资成立的项目公司作为发包人对外签订合同,应由项目公司承担法律责任,除非合作方未出资到位或抽逃出资,否则合作方不会承担责任。第三种情况下,如果是合作方受让项目公司的部分股权,或合作方通过项目公司增资扩股而获得项目公司的相应股权,项目公司作为发包人对外签订工程总承包合同,仍应由项目公司对外承担法律责任;如果是合作方通过项目土地或在建工程资产转让方式而获得项目产权,原项目产权人(项目业主)对外签订的工程总承包合同,承包人也不可能要求新的项目产权人承担责任,除非新的项目产权人明确同意承接原合同债务。因此,第二、三种情形中对外承担工程总承包合同责任的主体,基本没有争议,而本条裁判规则仅仅适用于上述第1种合作建设项目模式。

二、司法实践中的争议

合作建设项目中,仅有一方与总承包人签订合同,未签订合同一方是否应承担支付工程款责任的问题,实践中一直存有争议。地方法院之间,地方法院与最高院之间,甚至最高院内部均有不同意见。概括起来,主要有两种观点:一种观点认为,应当按照合同相对性原则来认定;另一种观点认为,应该按照合伙的规定处理。

(一)不承担发包人责任的观点

最高院冯小光法官于2008年在《回顾与展望——写在〈最高人民法院关于审理建设工程施工合同纠纷案件适用法律问题的解释〉颁布实施三周年之际》中提出:"(五)合作开发房地产合同各方对发包人欠付工程价款不承担连带责任。合作开发房地产合同中的合作一方按照合同约定负责开发项目建设的合同义务,由其作为发包人与施工企业签订施工合同,在发包人无力偿还工程欠款时,其他合作方对其偿还工程欠款原则上不承担连带责任。最高人民法院《关于审理涉及国有土地使用权合同纠纷案件适用法律问题的解释》第14条规定:本解释所称的合作开发房地产合同,是指当事人订立的以提供出让土地使用权、资金等作为共同投资,共享利润、共担风险合作开发房地产为基本内容的协议。合作开发合同各方是按照合同约定各自承担权利义务。'共同投资,共享利润、共担风险'是指合作各方内部关系,而不是指对外关系。《民法通则》第52条规定:企业之间或者企业、事业单位之间联营,共同经营、不具备法人条件的,由联营各方按照出资比例或者协议的约定,以各自所有的或者经营管理的财产承担民事责任。依照法律的规定或者协议的约定负连带责任的,承担连带责任。第53条规定:企业之间或者企业、事业单位之间联营,按照合同的约定各自独立经营的,它的权利和义务由合同约定,各自承担民事责任。参照上述两条规定,合作开发房地产合同各方没有成立合作开发房地产的项目公司或成立不具备法人条件的其他组织,应属'独立经营',应按照约定各自独立承担民事责任。退一步说,即使合作各方订立的合作开发合同属于《民法通则》第52条规定的情形,联营各方也应当按照法律规定或者协议约定承担连带责任。在法律没有规定,合同也没有约定的情况下,合作各方不应当对作为建设工程发包人偿还工程欠款承担连带责任。合作开发房地产合同,既不属于个人合伙,也不是合伙企业,不应当适用《民法通则》或《合伙企业法》有关个人合伙和普通合伙人承担连带责任的规定。此外,人民法院还应当审查除发包人以外的合作各方是否存在取代原发包人或因加入债的履行而与施工合同发包人成为共同发包人的事实。如存在,应当认定实际参与施工合同履行的合作开发合同的合作方与施工合同的发包人成为共同发包人,应当对欠付工程价款承担连带责任。全面实际参与了施工合同实际履行行为表现为:与发包人一起共同选定施工队伍、参与施工管理、支付工程款、在经济签证上签署意见、参与工程验收或者工程结算等。”①

《民法典》第465条第2款规定:“依法成立的合同,仅对当事人具有法律约束力,但是法律另有规定的除外。”确立了合同相对性原则。《民法典》第522条关于第三人受益合同、第523条关于第三人义务合同、第535条关于代位权的规定、第538、539条关于撤销权的规定,都是对合同相对性原则的例外性规定。因此,合同相对性是原则,突破是例外,突破合同相对性原则应有法律明文规定。

具体到工程总承包合同上来讲,根据合同相对性原理,除发包人以外的合作各方对发包人不承担发包人责任。发包人与总承包人之间争议的法律关系是建设工程总承包合同纠纷,而不是合作建设合同纠纷。总承包合同只对合同当事人产生约束力,对合同当事人以外的人不发生法律效力。从法理上讲,合同之债属于相对权,相对性是债权的基础。债是特定当事人之间的法律关系,债权人和债务人都是特定的。债权人只能向特定的债务人请求给付,债务人只能对特定的债权人负有给付义务。即使因第三人的行为致使债权不能实现,债权人也不能依据债权的效力向第三人请求排除妨害。《民法典》第118条规定:“民事主体依法享有债权。债权是因合同、侵权行为、无因管理、不当得利以及法律的其他规定,权利人请求特定义务人为或者不为一定行为的权利。”“特定义务人”即只有合同当事人才受合同权利义务内容的约束。债权人要求债务人履行义务的基础是合同约定或法律规定。因此,在合作建设项目中,若合作一方作为发包人与总承包人签订了建设工程总承包合同,其他各方不应当承担发包人法律责任。

最高院(2007)民一终字第39号认为,首先,施工合同只对合同当事人产生约束力,对合同当事人以外的人不发生法律效力。其次,债权属于相对权,相对性是债权的基础。债是特定当事人之间的法律关系,债权人和债务人都是特定的。债权人只能向特定的债务人请求给付,债务人只能对特定的债权人负有给付义务。最后,《民法通则》第84条第1款规定:债是按照合同的约定或者依照

---

① 冯小光:《回顾与展望——写在〈最高人民法院关于审理建设工程施工合同纠纷案件适用法律问题的解释〉办法实施三周年之际》,载《民事审判指导与参考》2008年第1集(总第33集),法律出版社2008年版。

法律的规定,在当事人之间产生的特定的权利和义务关系。第2款规定:债权人有权要求债务人按照合同的约定或者依照法律的规定履行义务。“特定的”含义就是讲只有合同当事人才受合同权利义务内容的约束。债权人要求债务人履行义务的基础是合同约定或法律规定。因当事人之间不存在“特定的”债的关系,突破合同相对性也没有法律依据,渤海公司主张金世纪公司对还款承担连带责任的上诉请求,于法无据。

(二)承担发包人责任的观点

1.以合伙关系归责,即以合作开发构成合伙,进而推导出合伙各方应对债务承担连带责任。《民法典》第967条规定:“合伙合同是两个以上合伙人为了共同的事业目的,订立的共享利益、共担风险的协议。”第973条规定:“合伙人对合伙债务承担连带责任。清偿合伙债务超过自己应当承担份额的合伙人,有权向其他合伙人追偿。”如合作建设各方构成合伙关系,则应按照合伙债务处理规则,在项目进行当中,按照如合作经营方变更、退出、新加入时的连带责任处理,即合作经营方退出时,退出者仅对退出前债务承担连带责任,新加入者对加入前共有债务应承担责任;如一方仅以劳务、品牌进行合作,也可参照合伙法律制度,判定其对外的责任承担。

2.债务加入行为。人民法院应当审查除发包人以外的合作各方是否存在因加入债的履行而与施工合同发包人成为共同发包人的事实。如存在,应当认定实际参与施工合同履行的合作开发合同的合作方与施工合同的发包人成为共同发包人,应当对欠付工程价款承担连带责任。全面实际参与了施工合同实际履行行为表现为:与发包人一起共同选定施工队伍、参与施工管理、支付工程款、在经济签证上签署意见、参与工程验收或者工程结算等。

审判实践中,部分法院在审理建设工程施工合同案件中也支持上述观点,对建设工程总承包合同纠纷的处理有参考意义。最高院(2017)最高法民申1775号认为,甲公司与乙公司之间系共同投资、共享利润、共担风险的合作开发房地产合同关系。虽然承包人与乙公司是《建设工程施工合同》的当事人,但如前所述,甲公司与乙公司系合作开发房地产合同关系,涉案工程登记在甲公司名下,并以其名义向承包人公司发出中标通知书。承包人二审提交了《建设工程质量监督登记表》等相关证据,涉案工程设计、管理、监督、审核及验收的相关材料上均载明建设单位系甲公司并经其签章确认,能够证明甲公司实际参与了涉案工程的施工建设并因此获益。甲公司虽未直接与承包人公司签订案涉《建设工程施工合同》,但基于上述事实,原判认定甲公司对乙公司欠付承包人公司的工程款及利息承担支付责任并无不当。

广州市中院(2017)粤01民终14499号认为,虽然《桩基础工程合同书》是发包人与承包人签订的,合作开发另一方未与承包人签订合同,但合作开发另一方作为该项目的合作方,对发包人与承包人签订了合同、承包人实际进行了施工的事实,是应当知道、且未提出异议,根据合作开发另一方与发包人双方的《房地产合作开发合同》及《解除合作关系协议书》,合作开发另一方提供项目土地,发包人提供资金,双方合作开发涉案项目,并对收益分成进行了约定,合作开发另一方享受了承包人已施工工程的权利。故合作开发另一方是涉案工程的受益人,合作开发另一方应就承包人已施工工程的工程款承担连带责任。

综合上述两种不同观点,应当认为,基于民法典关于合同相对性之规定,原则上非总承包合同当事人的合作开发方不应当对总承包人承担责任,但如果裁判机构认定合作各方为合伙关系,或是认为合作各方形成共同发包,则应当承担连带责任。

三、实践中应注意的问题

《国有土地使用权司法解释》明确了四类合同不属于合法的合作开发房地产合同,具体情况如下:

(一)名为合作开发,实为土地使用权转让①

《国有土地使用权司法解释》第24条明确规定:“合作开发房地产合同约定提供土地使用权的当事人不承担经营风险,只收取固定利益的,应当认定为土地使用权转让合同。”合作开发,要共担风险、共享利润。但是如果提供土地使用权的一方不管经营有何风险,只收取固定回报,这就等于把土地使用权通过貌似合作的形式以固定的价格卖给了其他合作方,获得报酬或者利益,很显然这实际上是将土地使用权转让来获得固定的利益,这个固定利益就对应于土地使用权转让的对价。

(二)名为合作开发,实为房屋买卖

《国有土地使用权司法解释》第25条规定:“合作开发房地产合同约定提供

---

① 曹文衔:《建工房产重点问题之“合作开发房地产”纠纷处理》,载公众号“天同诉讼圈”:https://mp.weixin.qq.com/s/sUKczgvHIIXWilWGFo1kFA,2020年2月13日最后访问。

资金的当事人不承担经营风险,只分配固定数量房屋的,应当认定为房屋买卖合同。”这实质上是,出资方提前把房款交给出地方,在房屋还未建,甚至是土地使用权未完全获得的时候,以合作开发的名义把资金给出地方,出地方将来给予出资方房产,这是典型的房屋买卖合同。

(三)名为合作开发,实为借款

《国有土地使用权司法解释》第26条规定:“合作开发房地产合同约定提供资金的当事人不承担经营风险,只收取固定数额货币的,应当认定为借款合同。”此处所说的固定数额货币通常高于本金,高于本金的部分与市场行情的利息相当。即投资后,最终收回来的是本金加利息,这种表现为一个固定数额的货币的形式,就是借款。

(四)名为合作开发,实为房屋租赁

《国有土地使用权司法解释》第27条规定:“合作开发房地产合同约定提供资金的当事人不承担经营风险,只以租赁或者其他形式使用房屋的,应当认定为房屋租赁合同。”需注意,合同中未必出现租赁的字眼,只是约定可以使用房屋多少年,这种情况下,仍然应当认定为房屋租赁合同。

上述四类不是真正的合作开发房地产,相关主体对外签订合同的责任承担不应适用本条规则,在司法实践中应当予以严格甄别。

第1.2条 【委托代建项目工程总承包合同的发包人主体责任确定】委托代建项目的代建人作为发包人与总承包人签订工程总承包合同,总承包人向委托人主张权利的,按照以下情形分别处理:

(1)对于非经营性政府投资项目,政府通过招标方式委托专业化项目管理单位负责建设实施以控制项目投资、质量和工期,竣工验收后移交给使用单位的委托代建,不予支持;

(2)采用委托代理模式的委托代建项目的,总承包合同签订时,总承包人知道委托代建关系的存在或代建人向总承包人披露了委托人,或委托人在建设工程总承包合同履行过程中履行了发包人主要义务的,应予以支持。

【条文主旨】

实践中,委托代建模式有很多种。2004年《国务院关于投资体制改革的决定》(国发〔2004〕20号)第3条第5项规定的委托代建是指非经营性政府投资项目通过招标等方式,选择专业化的项目管理单位负责建设实施,严格控制项目建设、质量、工期,建成后移交给使用单位的一种工程管理模式。在这种模式中,委托代建合同虽然具有《民法典》规定的一般委托合同的特征,但二者又有重大区别,委托代建关系更强调代建人的独立性与主观能动性。从司法实践看,多数案例认为此种委托代建关系与工程总承包合同关系两者各自独立,代建人与总承包人签订的合同独立于代建人与委托人签订的合同。由于合同具有相对性,而该种委托代建关系又不同于一般的委托代理关系,故代建人与工程总承包人签订的合同不能约束委托人,委托人一般对工程总承包人不承担责任。

但是,其他委托代建模式中,如"委托代理"模式、"指定代理"模式等,委托代建符合一般委托的法律性质,如总承包人知晓委托人的存在或者委托人实际履行了合同,此时总承包人向委托人主张权利的,应予支持。

【理解与适用】

一、项目代建制度

(一)项目代建的定义

根据2004年《国务院关于投资体制改革的决定》(国发〔2004〕20号)第3条第5项的规定,项目代建是指非经营性政府投资项目通过招标等方式,选择专业化的项目管理单位负责建设实施,严格控制项目建设、质量、工期,建成后移交给使用单位的一种工程管理模式。实施代建制度的主要目的是以代建人的管理代替行政管理,从而克服政府投资工程中管理机构臃肿、专业化程度低、腐败滋生、超概算、超规模、超工期等弊端。代建制从21世纪初开始在全国各地全面试点,虽然各地的具体做法不尽一致,但普遍均取得了良好的效果。此后,代建制度在非政府投资项目中也得到广泛应用。

(二)项目代建模式

迄今,代建制试点中的"代建合同",有三种模式:

1."委托代理"模式。上海、广州、海南的代建制试点采用该模式,在政府投资主管部门下面,设立具有法人资格的建设工程"项目法人",或者指定一个部门作为"项目业主",由"项目法人"(或"项目业主")采用招标投标方式选定一个工程管理公司作为"代建人",再由"项目法人"(或"项目业主")作为委托人,与“代建人”(受托方)签订“代建合同”。

此“委托代理”模式的实质,是代建人对项目工程建设施工进行专业化组织管理,并代理委托方采用招标方式签订建设工程承包、监理、设备采购等合同。此种委托代建模式的特点为,项目建成后的“使用单位”不是“合同当事人”;项目投资资金的管理权仍然掌握在投资人(“项目法人”“项目业主”)的手中。

2.“指定代理”模式。重庆、宁波、厦门和贵州代建制试点采用该模式,政府投资主管部门采用招标投标方式选定一个项目管理公司作为代建人,由作为“代理人”的该代建人,与作为“被代理人”的使用单位签订“代建合同”。

此“指定代理”模式的实质,是政府投资主管部门指定代建人作为使用单位的代理人,对项目工程建设施工进行专业化组织管理,并代理使用单位采用招标方式签订建设工程承包、监理、设备采购等合同。此种委托代建模式的特点为,投资人(“政府投资主管部门”)不是“合同当事人”;投资和资金的管理权掌握在使用单位手中。

3.“三方代建”模式。北京、武汉、浙江代建制试点采用该模式,政府投资管理部门与代建人、使用单位签订“三方代建合同”。

北京市是由“发改委”(投资人)选定代建人,并与代建人、使用单位签订“三方代建合同”;武汉市是由政府指定的“责任单位”(投资人)选定代建人,并与代建人、使用单位签订“三方代建合同”;浙江省是由“政府投资综合管理部门”(投资人)选定代建人,并与代建人、使用单位签订“三方代建合同”。

“三方代建合同”,除规定代建人的权利、义务和责任外,还明确规定政府主管部门的权利和义务:对代建人(受托人)的监督权、知情权;提供建设资金的义务。“使用单位”的权利和义务:对代建人(代理人)的监督权、知情权,对所建设完成的工程和采购设备的所有权;协助义务、自筹资金供给义务。

实践中,对于上述三种委托代建合同模式,应根据合同的具体内容来判断委托代建的具体类型,进而适用相应法律规范。

(三)委托代建合同与委托合同的区别

在性质上,司法实践中多有观点认为,建设工程项目代建制的显著特征在于业主不亲自实施工程项目的建设管理,而是委托给代建人履行项目管理职责,因此,委托代建合同具有《民法典》规定的委托合同的特征。然而,二者又有重大区别。首先,国家推行代建制,目的是使代建人作为项目建设期法人,全权负责项目建设全过程的组织管理，通过专业化项目管理形式达到有效规范政府和部门的行为，控制项目投资规模、风险。其次，当工程属于行政强制规定必须委托代建的范畴时，委托人不能决定是否委托施工，也不能依据行使委托合同的任意解除权，此类合同带有明显的行政管理色彩。①

二、代建人发包的合法性分析

国家行政主管部门通常对委托代建工程中的代建人发包持肯定的态度。国务院《关于加快棚户区改造工作的意见》(国发〔2013〕25 号)第 3.1.3 条规定："鼓励民间资本参与改造。鼓励和引导民间资本根据保障性安居工程任务安排，通过直接投资、间接投资、参股、委托代建等多种方式参与棚户区改造……"国务院办公厅《关于保障性安居工程建设和管理的指导意见》(国办发〔2011〕45 号)第 2 条第 1 项规定："……政府投资的公共租赁住房项目可以委托企业代建，市县人民政府逐年回购……"相关司法裁判亦对委托代建工程中的代建人发包的合法性进行了肯定。安徽高院(2014)皖民四终字 00208 号认为，委托代建协议如系双方当事人真实意思表示，并不违反法律法规的强制性规定，合法有效。②

三、代建制度下委托人责任的不同意见

在委托代建关系中，委托人与代建人是否就工程款支付承担连带责任存在一定争议，目前法律层面未对委托代建予以规定。有观点认为，委托代建合同与工程总承包合同是两个独立的法律关系，不宜判令委托人对发包人偿还工程欠款承担连带责任。在代建项目的工程总承包合同中，发包人(代建人)未按合同约定支付工程款的，承包人应根据合同相对性原则向发包人(代建人)主张支付工程款，委托人对工程款不负有支付义务。最高院冯小光法官于 2008 年在《回顾与展望——写在〈最高人民法院关于审理建设工程施工合同纠纷案件适用法律问题的解释〉颁布实施三周年之际》一文中指出："委托代建合同与施工合同是两个独立的法律关系，原则上在审理建设工程施工合同纠纷案件中，不

① 秦旺：《建设工程造价结算前言问题研究》，载《法律适用》2017 年第 5 期。

② 常设中国建设工程法律论坛第八工作组：《中国建设工程施工合同法律全书词条释义与实务指引》，法律出版社 2019 年版，第 162 页。

宜追加委托人为本案当事人,不宜判令委托人对发包人偿还工程欠款承担连带责任。委托人也无权以承包人为被告向人民法院提起诉讼,主张承包人对工程质量缺陷承担责任。委托人与代建人就委托代建合同发生的纠纷,也不宜追加承包人为本案当事人。"审判实践中,多数法院认可该观点,如最高院(2017)最高法民终579号认为,本案涉案工程中委托人与代建人存在的委托代建法律关系,与代建人和施工人之间的建设工程施工合同关系及设计合同关系属于两种独立的法律关系。施工人基于与代建人签订的《建设工程施工合同》《建设工程设计合同》所约定的权利、义务主张工程款,根据合同相对性的基本原则,施工人应直接向代建人主张权利,其要求委托人承担连带责任的诉求,没有事实和法律依据。

最高院在(2018)最高法民申1191号案件中,对委托代建法律关系的性质表达了类似的观点,认为委托代建合同关系与建设工程施工合同关系是两个独立的法律关系。根据合同相对性原理,发包人向施工人支付工程款,与委托人向发包人支付工程回购款(代建费用),是基于两个不同的法律关系产生的合同义务。委托人不负有向施工人支付工程款的义务。上述这些观点,在代建人作为发包人签订工程总承包合同情况下,同样适用。

也有观点认为,委托人与发包人(代建人)应当共同对建设工程合同的履行承担连带责任。具体理由为:一是项目委托代建合同具有委托合同的性质,根据《民法典》第925、926条的规定,工程总承包人与代建人签订合同的时候,知晓委托人与代建人之间的委托代理关系的,代建人即使以自己的名义签订工程总承包合同,由于该合同构成间接代理或隐名代理,该合同对委托人亦有法律约束力。二是委托人虽然不是工程总承包合同的当事人,但其是建设工程的投资人及所有人,是工程总承包合同权利义务的享有者,在事实状态上亦应承担责任。三是委托人承担法律责任的做法并不损害到委托人的利益。[①] 广东高院《解答》第12条规定,除非经营性政府投资项目根据法律强制实行委托代建外,其他委托代建工程建设项目,依据《合同法》有关委托合同的规定处理。深圳中院《意见》第4条规定:"建设工程合同的发包人非建设工程项目的所有人,发包人以自己的名义实际履行合同的,建设工程的所有人与发包人共同对建设工程

---

① 高攀:《委托代建合同中委托人应否对代建人的行为承担法律责任?》,载华律网:http://lawyers.66law.cn/s2f09c2f72822d_i579834.aspx,2020年2月15日最后访问。

合同的履行承担连带责任。工程代建合同的委托人与受托人共同对建设工程合同的履行承担连带责任,但建设工程合同明确约定仅由受托人、委托人或发包人承担合同约定义务的除外。"

山西高院(2015)晋民初字第25号认为,关于发包人应否共同承担还款责任的问题,委托人与承包人虽没有形式上的合同权利义务关系,但就本案诉争工程施工合同的标的物实际权利分配来看,委托人系案涉工程的用地单位、土地使用权人、建设单位并享有收益权,且在施工合同履行中也直接向承包人支付了部分工程款,因此委托人应视为施工合同的隐名发包人而与代建人共同成为合同的一方当事人享有权利并承担合同义务。承包人主张委托人承担欠付工程款及利息的付款责任,符合民事法律的诚信公平原则。

综上,委托人、代建人、承包人之间一般应遵循合同相对性,承包人原则上不应当向与其没有关系的委托人主张权利,更不应要求委托人与代建人承担连带责任。即便以委托合同的视角来看待委托代建合同,《民法典》第926条第2款规定:"受托人因委托人的原因对第三人不履行义务,受托人应当向第三人披露委托人,第三人因此可以选择受托人或者委托人作为相对人主张其权利,但是第三人不得变更选定的相对人。"因此,该种处理途径下,承包人只能选择委托人或代建人其中之一主张权利,而不能要求两者承担连带责任。但如果委托人以自己的名义实际履行了发包人主要义务的,此时不应再作为委托合同看待,而应将委托人直接作为发包人看待,承包人可以直接向委托人主张权利。

第1.3条 【工程总承包合同发包人变更后的主体责任确定】工程总承包合同在履行过程中,若发生以下情形,应区分不同情况认定承担发包人责任的主体:

(1)经总承包人书面同意,发包人将工程总承包合同中的权利义务一并转让给第三人,或虽未经总承包人书面同意,但总承包人与第三人继续履行原工程总承包合同或总承包人与第三人重新签订工程总承包合同的,应当由第三人对总承包人承担发包人法律义务;未经总承包人书面同意且总承包人未与第三人形成工程总承包合同关系的,应由发包人对总承包人承担法律责任;

(2)发包人依法分立,除总承包人与分立后的主体另行签订工程总承包合同外,应当由分立后的全部主体对总承包人承担连带责任;

(3)第三人与发包人约定共同承担发包人责任并通知总承包人,或者第三人向总承包人表示愿意承担发包人责任的,总承包人未在合理期限内明确拒绝的,总承包人可以请求第三人在其愿意承担的发包人义务范围内和发包人共同承担责任。

【条文主旨】

本条是工程总承包合同在履行过程中,发生不同情形的发包人变更后,如何确定承担发包人法律责任主体及相应责任的规定,涉及合同权利义务一并转让、未签订书面合同的事实合同成立与生效、债务加入、民事法律责任的承担等问题。

【理解与适用】

一、工程总承包合同发包人权利义务一并转让后承担发包人责任主体的确定

《民法典》第 555 条规定:"当事人一方经对方同意,可以将自己在合同中的权利和义务一并转让给第三人。"第 556 条规定:"合同的权利和义务一并转让的,适用债权转让、债务转移的有关规定。"根据以上规定,合同权利义务的一并转让,又称"合同承受",是指当事人一方经对方同意,可以将自己在合同中的权利和义务一并转让给第三人。合同承受要发生法律效力,需具备以下要件:第一,需有合法有效的合同存在。合同未成立生效或合同已终止,合同承受因失去前提而不能成立;合同无效,依合同产生的权利义务视为自始未发生,因而也不能成立合同承受。第二,承受合同应为双务合同。合同承受是权利义务的概括移转,因而,承受合同应为双务合同,否则只能成立债权转让或债务转移。第三,原合同当事人一方与第三人必须就合同承受达成协议,且该协议应符合民事法律行为有效要件。第四,必须经原合同当事人对方同意。此外,必须依法经有关机关批准方能成立的合同,合同承受须经原批准机关批准。

合法有效的工程总承包合同,如果没有《民法典》第 545 条规定禁止转让的

情形,即没有根据合同性质不得转让、按照当事人约定不得转让、依照法律规定不得转让的情形,工程总承包合同的发包人可以将其权利义务一并转让给第三人。

根据《民法典》第 555 条之规定,经总承包人同意,发包人将工程总承包合同中的权利义务一并转让给第三人的,应当由第三人对承包人承担发包人义务,因建设工程合同依法应采用书面形式,故该权利义务的转让理应亦以书面形式予以同意。若总承包人未书面同意,但总承包人与第三人已经继续履行原工程总承包合同或总承包人与第三人重新签订工程总承包合同的,参照《民法典》第 490 条第 2 款之规定:"法律、行政法规规定或者当事人约定合同应当采用书面形式订立,当事人未采用书面形式但是一方已经履行主要义务,对方接受时,该合同成立。"应当由第三人对总承包人承担发包人义务。未经总承包人书面同意且总承包人未与第三人形成工程总承包合同关系的,应由发包人对总承包人承担义务。

二、工程总承包项目的发包人分立后承担发包人责任主体的确定

实践中,工程总承包项目的发包人往往是各类法人机构,如项目公司、事业单位、机关法人等,因此发包人依法合并或分立的,则应当明确承担发包人法律责任的主体。

《民法典》第 67 条规定:"法人合并的,其权利和义务由合并后的法人享有和承担。法人分立的,其权利和义务由分立后的法人享有连带债权,承担连带债务,但是债权人和债务人另有约定的除外。"《公司法》第 174 条规定:"公司合并时,合并各方的债权、债务,应当由合并后存续的公司或者新设的公司承继。"《公司法》第 176 条规定:"公司分立前的债务由分立后的公司承担连带责任。但是,公司在分立前与债权人就债务清偿达成的书面协议另有约定的除外。"

因此,根据上述法律规定,工程总承包合同履行中,如果发包人依法合并,则由合并后的法人承担责任;发包人依法分立,除总承包人与分立后的主体另行签订工程总承包合同外,应当由分立后的全部主体对总承包人承担连带责任。

三、工程总承包合同发包人债务加入后承担发包人责任主体的确定

严格来说,在《民法典》颁布之前,债务加入并非现行法上的概念,因为法律

法规对债务加入并无规定，最高院也未出台有关债务加入的司法解释，但个别高院在其发布的通知、会议纪要中使用了债务加入这一概念，如北京高院《关于审理房屋租赁合同纠纷案件若干疑难问题的解答》（京高法发〔2013〕462 号）、江苏高院《关于适用〈中华人民共和国合同法〉若干问题的讨论纪要（一）》（苏高法审委〔2005〕16 号）以及深圳中院《关于民间借贷纠纷案件的裁判指引（试行）》（2015 年 10 月 15 日经深圳中院审判委员会民事行政执行专业委员会第 14 次会议讨论通过）等。同时，浙江高院在《浙江省高级人民法院民二庭关于印发〈商事审判若干疑难问题理解〉的通知》（浙法民二〔2010〕15 号）中使用了“并存的债务承担”这一债务加入的同义语。

上述规范性文件中，仅有《江苏省高级人民法院关于适用〈中华人民共和国合同法〉若干问题的讨论纪要（一）》（苏高法审委〔2005〕16 号）对债务加入进行了定义，该纪要第 17 条规定：“债务加入是指第三人与债权人、债务人达成三方协议或第三人与债权人达成双方协议或第三人向债权人单方承诺由第三人履行债务人的债务，但同时不免除债务人履行义务的债务承担方式。”①

审判实践中，法院在裁判文书中经常使用“债务加入”这一概念，并且对当事人的行为是否构成债务加入也会予以肯定或否定，如最高院（2013）民一终字第 26 号等案例中使用了“债务加入”，但是建设工程总承包合同纠纷中涉及债务加入的典型案例较少。

《民法典》合同编最终将“债务加入”正式纳入规制范畴。《民法典》合同编第 552 条规定，“第三人与债务人约定加入债务并通知债权人，或者第三人向债权人表示愿意加入债务，债权人未在合理期限内明确拒绝的，债权人可以请求第三人在其愿意承担的债务范围内和债务人承担连带责任”。本条首次在法律层面对“债务加入”进行定义，并且明确：第三人加入债务无须债务人同意，第三人可以和债权人就债务加入达成合意，债权人未在合理期限内明确拒绝的情形下第三人单方表示加入债务依然构成债务加入，债务加入的法律后果为第三人与债务人承担连带清偿责任。目前，无论是理论界还是实务界，对债务加入已形成共识，即所谓债务加入，是指不失债的同一性，债务人不脱离原债务，债务

---

① 何健：《债务加入的实务操作中的六大要点》，载无讼阅读：https://victory.itslaw.com/victory/api/v1/articles/article/3f2aa5a3 - 4dd4 - 446b - add8 - 75bdbb90b05b? downloadLink = 2&source = iOS，2019 年 12 月 11 日最后访问。

人与第三人共同对原债务负责，其构成要件：(1)原债务合法有效；(2)第三人有债务加入的意思表示；(3)原债务依其性质可转让；(4)原债务人不脱离债务；(5)原债务人与加入人就同一债务负责。

因此，在工程总承包合同履行过程中，如果发包人、总承包人与第三人签订协议，或第三人与总承包人达成双方协议，或第三人向总承包人单方承诺，由第三人履行工程总承包合同中发包人的义务，同时不免除发包人履行义务的，除第三人、发包人与总承包人对责任区分有特别约定外，构成债务加入，此时实质上第三人与发包人成为了工程总承包合同中的共同发包人，应当由发包人和第三人共同对总承包人承担责任。同时，第三人应当享有发包人对总承包人的抗辩权，如工程质量合格对支付工程价款的抗辩权。

四、审判实践中还应注意的其他问题

(一)工程总承包项目转让中发包人的责任问题

发包人与总承包人签订工程总承包合同后，发包人将其项目转让给第三人，实践中还有两种形式：(1)项目公司的股权转让；(2)项目土地使用权以及在建工程一并转让。

在项目公司的股权转让中，由于作为发包人的项目公司只是其股东依法变更，项目公司本身作为发包人的法律主体并未变更，因此项目公司仍作为发包人承担工程总承包合同中的权利义务，没有异议，在此不再赘述，也无须作出特别规定。

在项目土地使用权以及在建工程一并转让中，即发生了项目业主变更，即原项目业主(原发包人)将项目资产的所有权转让给了第三人。一般情况下，原项目业主(原发包人)应当与总承包人解除工程总承包合同并进行清理结算，并承担清理结算后的法律责任及合同责任；新项目业主重新招标确定新的工程总承包人并重新签订工程总承包合同，或者经原项目业主(原发包人)、新项目业主与原总承包人签订发包人权利义务一并转让的三方协议，由新项目业主对总承包人承担发包人责任。这种情况下，发包人的主体责任是清晰的，一般没有疑议。

但是，如果原项目业主(原发包人)将项目资产的所有权转让给了第三人，第三人(即新的项目业主)并未与原总承包人形成工程总承包合同关系的，原项目业主(原发包人)与原总承包人的工程总承包合同仍然存在，只不过该工程总承包合同无法继续履行。因此,基于合同相对性的基本法律原则,发包人将工程项目依法转让给第三人,总承包人与第三人未形成工程总承包合同关系的,仍应由发包人对总承包人承担责任。

（二）工程总承包事实合同关系的认定问题

事实合同,又称合同的其他形式、默示形式或者事实契约,从法官审判的角度来看是一种合同的推定形式。事实合同也存在要约与承诺,当事人未用语言、文字表达其意思表示,而是用行为向对方发出要约,对方接受要约,作出一定或者指定的行为作为承诺,合同成立。

在总承包人没有书面同意发包人将其权利义务一并转让给第三人,总承包人是否与第三人形成了工程总承包事实合同关系;或者未经总承包人书面同意,总承包人与发包人、第三人是否继续形成了事实上的工程总承包三方事实合同关系,应当结合当事人实施行为当时的意思表示和纠纷发生之后当事人对相关事实的认知等因素进行谨慎综合判断,不能仅以一方当事人的单方陈述为依据。

《民法典》第135条规定:“民事法律行为可以采用书面形式、口头形式或者其他形式;法律、行政法规规定或者当事人约定采用特定形式的,应当采用特定形式。”第490条规定:“当事人采用合同书形式订立合同的,自当事人均签名、盖章或者按指印时合同成立。在签名、盖章或者按指印之前,当事人一方已经履行主要义务,对方接受时,该合同成立。法律、行政法规规定或者当事人约定合同应当采用书面形式订立,当事人未采用书面形式但是一方已经履行主要义务,对方接受时,该合同成立。”因此,应当从发包人、第三人、总承包人在工程实施过程中,实际付款申请及付款流程、工程例会纪要、工程联系单、监理或项目咨询单位记录、工程签证、变更审批、结算及结算审核、工程竣工及交付等多方面的事实行为进行综合审查,而不能仅以某一方的陈述为判断依据。

（三）在发包人主体变更中,总承包联合体成员意思表示的效力问题

若发包人将其在工程总承包合同中的权利义务一并转让给第三人,工程总承包联合体的牵头人以书面方式予以同意,除非联合体协议有特别约定外,牵头人书面同意应当认定为联合体的共同意思表示,对所有联合体成员均具有约束力,但是联合体的非牵头人成员作出同意的意思表示,并不应当具有这种效力。

应当注意的是,如果联合体成员以事实行为作出意思表示,需要对联合体

成员是否为牵头人、在工程实施过程中实际付款申请及付款流程、工程例会纪要、工程联系单、监理或项目咨询单位记录、工程签证、变更审批、结算及结算审核、工程竣工及交付等多方面的事实行为进行综合审查,而不能仅以某一方的陈述为判断依据。

第 1.4 条 【开展工程总承包业务所需的资质】工程总承包人应具有相关行政主管部门规定的开展工程总承包的资质。

《房建市政工程总承包管理办法》实施前,房屋建筑和市政基础设施项目工程总承包人应具备与工程规模相适应的建设工程设计或施工资质;《房建市政工程总承包管理办法》实施后,房屋建筑和市政基础设施项目工程总承包人应当同时具有与工程规模相适应的工程设计资质和施工资质,或者由具有相应资质的设计单位和施工单位组成联合体。

其他工程的总承包人应具有相关行政主管部门规定的开展工程总承包的资质。

当事人以总承包人仅具备设计或施工资质之一为由请求法院或仲裁机构确认工程总承包合同无效的,不予支持。

【条文主旨】

《建筑法》第 20 条、第 22 条、第 26 条规定,建筑工程开标后应当按照招标文件规定的评标标准和程序对标书进行评价、比较,在具备相应资质条件的投标者中,择优选定中标者,将建筑工程发包给依法中标的承包单位。建筑工程实行直接发包的,发包单位应当将建筑工程发包给具有相应资质条件的承包单位。承包建筑工程的单位应当持有依法取得的资质证书,并在其资质等级许可的业务范围内承揽工程。这些规定明确了承包人承包工程需要相应的资质,工程总承包作为承包工程的一种方式,当然也不能例外,但问题在于,工程总承包需要怎样的资质却无明确规定,而《建筑业企业资质标准》也仅规定了施工总承包资质和专业分包资质,并无工程总承包资质。

为了规范工程总承包市场,统一工程总承包人的资质问题。《房建市政工程总承包管理办法》第 10 条第 1 款规定:“工程总承包单位应当同时具有与工程规模相适应的工程设计资质和施工资质,或者由具有相应资质的设计单位和施工单位组成联合体。工程总承包单位应当具有相应的项目管理体系和项目管理能力、财务和风险承担能力,以及与发包工程相类似的设计、施工或者工程总承包业绩。”从有利于工程总承包模式推广的角度考虑,将房屋建筑和市政基础设施项目工程总承包人所需资质以《房建市政工程总承包管理办法》实施时间为界限予以区分,即《房建市政工程总承包管理办法》实施前,房屋建筑和市政基础设施项目工程总承包人应具备与工程规模相适用的建设工程设计或施工资质;《房建市政工程总承包管理办法》实施后,房屋建筑和市政基础设施项目工程总承包人应当同时具有与工程规模相适应的工程设计资质和施工资质,或者由具有相应资质的设计单位和施工单位组成联合体。

另外,由于《房建市政工程总承包管理办法》仅适用于房屋建筑和市政基础设施领域,并不当然适用于其他工程类型,因此,对于其他工程的总承包人所需资质应按照相对应的行政主管部门的规定为准。

【理解与适用】

一、工程总承包资质的历史沿革

从立法沿革来看,原建设部曾专门对工程总承包的资质作出规定。1992年,原建设部颁布的《工程总承包企业资质管理暂行规定(试行)》(建施字第189号)首次将工程总承包企业资质单独作为一种建筑业企业资质加以确立,其中第2条规定:“本规定所称的工程总承包企业,是指对工程从立项到交付使用全过程承包的企业,不包括以设计院为主体的设计工程公司。”而在随后颁布的《设计单位进行工程总承包资格管理的有关规定》(建设字第805号,已失效)第1条则规定了设计单位经提出申请并经有关勘察设计管理部门审查批准取得工程总承包资格证书后可承担批准范围内的工程总承包任务。1993年,原建设部颁发了《关于开展工程总承包资质就位工作的通知》。1999年,原建设部又印发了《关于推进大型设计单位创建国际型工程公司的指导意见》(建设〔1999〕218号),并先后有560家设计单位领取了甲级工程总承包资格证书。[①] 但是,国务院又于2002年发布的《关于取消第一批行政审批项目的决定》(国发〔2002〕24号)中取消了工程总承包资格核准的行政审批。此后,对工程总承包

① 李君主编:《建设工程总承包项目管理实务》,中国电力出版社2017年版,第9页。

资质再无专门规定。

2003 年,原建设部又在发布的《关于培育发展工程总承包和工程项目管理企业的指导意见》(建市〔2003〕30 号,以下简称《指导意见》)第 4 条第 1 款中指出:“鼓励具有工程勘察、设计或施工总承包资质的勘察、设计和施工企业,通过改造和重组,建立与工程总承包业务相适应的组织机构、项目管理体系,充实项目管理专业人员,提高融资能力,发展成为具有设计、采购、施工(施工管理)综合功能的工程公司,在其勘察、设计或施工总承包资质等级许可的工程项目范围内开展工程总承包业务。”同年,原建设部在给北京国电华北电力工程有限公司的《关于工程总承包市场准入问题的复函》(建办市函〔2003〕573 号,以下简称《复函》)中进一步明确,在《国务院关于取消第一批行政审批项目的决定》(国发〔2002〕24 号)取消了工程总承包资格核准的行政审批后,为加强对工程总承包工作的监督管理,按照《指导意见》的规定,《工程总承包资格证书》废止之后,对从事工程总承包业务的企业不专门设立工程总承包资质,具有工程勘察、设计或施工总承包资质的企业可以在其资质等级许可的工程项目范围内开展工程总承包业务。

此后,住建部又相继发布《关于进一步推进工程总承包发展的若干意见》(建市〔2016〕93 号)、《建设项目工程总承包管理规范》(建设部公告第 325 号,已失效),要求工程总承包单位应当具有与工程规模相适应的工程设计资质或者施工总承包资质,且具有相应的项目管理体系和管理能力、财务、风险承担能力、组织机构、管理人员及工程业绩等。在各地方规范中,有的明确允许具有设计或施工单一资质的工程总承包单位即可承接工程总承包项目。主要有湖南、上海、浙江、广东、广西、湖北、吉林等地,如《上海市工程总承包试点项目管理办法》(沪建建管〔2016〕1151 号)第 7 条规定:“工程总承包企业应当具备与发包工程规模相适应的工程设计资质(工程设计专项资质和事务所资质除外)或施工总承包资质……”浙江省《关于深化建设工程实施方式改革积极推进工程总承包发展的指导意见》第 2.4.5 条规定:“工程总承包企业应具有与工程规模相适应的设计或施工总承包资质……”但有的则明确要求企业需同时具备设计和施工资质才可承接工程。主要包括北京、天津等地,如北京市《关于在本市装配式建筑工程中实行工程总承包招投标的若干规定(试行)》(京建法〔2017〕29 号)第 5 条规定:“工程总承包项目的承包人应当是具有与发包工程规模相适应的工程设计资质和施工总承包资质的企业或联合体。”

二、不同性质建设项目工程总承包单位的资质要求

《房建市政工程总承包管理办法》第 10 条规定:"工程总承包单位应当同时具有与工程规模相适应的工程设计资质和施工资质,或者由具有相应资质的设计单位和施工单位组成联合体。工程总承包单位应当具有相应的项目管理体系和项目管理能力、财务和风险承担能力,以及与发包工程相类似的设计、施工或者工程总承包业绩。"

与住建部、国家发展改革委规定在房屋建筑和市政基础设施领域的工程总承包单位需同时具备与工程项目相适应的设计和施工资质类似,交通部在《公路工程总承包管理办法》中明确规定工程总承包企业应同时具备与招标工程相适应的勘察设计和施工资质,或者由具备相应资质的勘察设计和施工单位组成联合体。其第 6 条规定:"总承包单位应当具备以下要求:(一)同时具备与招标工程相适应的勘察设计和施工资质,或者由具备相应资质的勘察设计和施工单位组成联合体……"但与住建部、国家发展改革委以及交通部颁布的上述规定不同,原铁道部颁布的《铁路建设项目工程总承包办法》只要求工程总承包单位具有与工程总承包建设项目相适应的资质。其第 15 条规定:"工程总承包单位的基本条件:一、工程总承包单位必须具有与工程总承包建设项目相适应的资质……"

事实上,早在 2012 年发布的《标准设计施工总承包招标文件》的合同条件第 4.3.2 项中,就载明:"承包人不得将设计和施工的主体、关键性工作分包给第三人。"根据《招标投标法实施条例》第 15 条的规定,依法必须进行招标的项目,应当使用该招标文件。也就是说,依法必须进行招标项目的工程总承包单位不得将设计和施工的主体、关键性工作分包给第三人。换句话说,就是依法必须进行招标项目的工程总承包单位必须自行完成设计和施工的主体、关键性工作。既然如此,依法必须进行招标项目的工程总承包单位也就必须同时具备相应的设计和施工资质。

综上,对工程总承包企业的资质要求因项目性质的不同而有所差异。铁路工程的总承包单位仅需具备与招标工程相适应的资质;公路工程的总承包单位需同时具备与招标工程相适应的勘察设计和施工资质,或者由具备相应资质的勘察设计和施工单位组成联合体;房屋建筑和市政基础设施项目的工程总承包单位应当同时具有与工程规模相适应的工程设计资质和施工资质,或者由具有

相应资质的设计单位和施工单位组成联合体;其他项目的工程总承包单位所需资质,目前尚无明确规定,考虑到国家目前仍对建筑业企业资质实行严格管理以及住建部负责管理建筑业企业资质的现状,对其他项目的工程总承包单位所需资质,一般应参照住建部和国家发展改革委的规定,要求工程总承包单位同时具有与总承包建设工程规模相适应的工程设计资质和施工资质,或者由具有相应资质的设计单位和施工单位组成联合体。

需要注意的是,即使在房屋建筑和市政基础设施领域,各地在《房建市政工程总承包管理办法》实施后,仍存在不要求工程总承包单位具备双资质的情况,如福建省就明确要求工程总承包招投标活动仍需要执行闽建办筑函〔2019〕42号文的规定,其第4条第2款规定:“投标人应当具有与工程规模相适应的工程设计或者施工资质,原则上每个工程总承包项目由一家工程总承包单位承包。需要分包的投标人应在投标文件中明确主体工程施工分包单位或主体工程设计分包单位(统称‘分包单位’),且分包单位在同一招标项目中只能作为一家投标人的分包单位。招标文件应明确将上述分包规定作为实质性要求。”实践中仍需遵守当地建设行政主管部门的规定,而不能“一刀切”地依照《房建市政工程总承包管理办法》的规定要求工程总承包单位必须具备双资质。

三、如何理解与工程规模相适应的工程设计资质和施工资质

除铁路工程外,其他工程的总承包单位应当同时具有与工程规模相适应的工程设计资质和施工资质。但无论是《公路工程总承包管理办法》还是《房建市政工程总承包管理办法》在“与工程规模相适应的工程设计资质和施工资质”的认定上均未明确相应的认定标准或增加援用相关规则的指引条款。因此,在明确同时具备设计资质和施工资质的单位可承接工程总承包项目的情况下,尚需对“资质与工程规模相适应”作正确的理解,才能有效地指导工程总承包实践。具体分析条文可发现,条文在设计和施工资质的要求上虽只明确了“与工程规模相适应”,但在实践中应从两个层面来理解:一是工程总承包单位的资质应与工程项目类别相对应;二是工程总承包单位的资质应与工程项目规模相适应。

(一)与工程项目类别相对应

与工程项目类别相对应即要求工程总承包单位首先应具有与其承包的工程项目类型相对应的资质,否则在具体的工程项目承包上,总承包单位将被认为不具备相应资质承包工程,最终导致所签订的工程总承包合同无效。对此,

《建筑业企业资质标准》在其总则中对资质分类便作出了明确规定,其中在施工总承包序列中设有12个类别,专业承包序列设有36个类别,在具体承包工程项目时需要根据该标准进行类别对应;另外,《工程设计资质标准》也明确指出,在承接工程项目设计时,首先需满足本标准中与该工程项目对应的设计类型。

(二)与工程项目规模相适应

上述工程总承包单位所具备的资质要与工程项目类别相对应,目的在于避免工程总承包单位未取得相应资质承包工程,而此处的与工程项目规模相适应则旨在防止工程总承包单位超越资质等级进行工程总承包。

根据《建筑业企业资质标准》总则"业务范围"的规定,"取得施工总承包资质的企业,可以从事资质证书许可范围内的相应工程总承包、工程项目管理等业务"。

《施工总承包企业特级资质标准》(建市〔2007〕72号)"承包范围"规定:"1.取得施工总承包特级资质的企业可承担本类别各等级工程施工总承包、设计及开展工程总承包和项目管理业务。2.取得房屋建筑、公路、铁路、市政公用、港口与航道、水利水电等专业中任意1项施工总承包特级资质和其中2项施工总承包一级资质,即可承接上述各专业工程的施工总承包、工程总承包和项目管理业务,及开展相应设计主导专业人员齐备的施工图设计业务。3.取得房屋建筑、矿山、冶炼、石油化工、电力等专业中任意1项施工总承包特级资质和其中2项施工总承包一级资质,即可承接上述各专业工程的施工总承包、工程总承包和项目管理业务,及开展相应设计主导专业人员齐备的施工图设计业务。"

《施工总承包企业特级资质标准实施办法》(建市〔2010〕210号)第3条第1项规定:"对工程设计人员符合本《实施办法》要求,且其他条件符合新《特级标准》的企业,经核定后颁发新版施工总承包特级资质证书,并注明施工总承包业务范围,同时颁发相应的工程设计甲级资质证书。符合前款的企业取得房屋建筑、公路、铁路、市政公用、港口与航道、水利水电等类别中任意1类施工总承包特级资质和其中2类施工总承包一级资质,即可承接房屋建筑、公路、铁路、市政公用、港口与航道、水利水电各类别工程的施工总承包、工程总承包和项目管理业务;取得房屋建筑、矿山、冶炼、石油化工、电力等类别中任意1类施工总承包特级资质和其中2类施工总承包一级资质,即可承接房屋建筑、矿山、冶炼、石油化工、电力各类别工程的施工总承包、工程总承包和项目管理业务。"

《工程设计资质标准》第3条规定,具有工程设计资质的企业,可从事资质证书许可范围内的相应工程总承包、工程项目管理和相关的技术、咨询与管理服务。

就"资质证书许可范围",两类标准都作了详细的资质等级划分,在施工总承包资质标准上,建筑工程、公路工程、铁路工程等各建设工程类别都按企业资产、主要人员、工程业绩共划分为特级、一级、二级和三级,其可承包工程范围和规模也是逐级递增的;而在设计资质上,工程设计被分为综合资质、行业资质、专业资质、专项资质四个序列,每个序列又按资历信誉、技术条件及管理水平进行从甲级到丁级不等的等级划分,对不同程度的业务范围和工程规模进行承包。由此,在实践中应将标准划分的资质等级与工程规模相结合,来具体认定工程总承包单位是否具备与工程规模相适应的资质。

综上,除铁路工程外,均要求工程总承包单位同时具有设计与施工资质。有异议的是,在铁路工程中,工程总承包单位能否是仅具有专业承包资质或专项资质的施工(设计)企业?

《建筑业企业资质标准》和《工程设计资质标准》均有专业资质或专项资质的设置,但考虑到工程总承包项目的综合管理需求,仅具有专业资质或专项资质的企业,在工程项目类别上,由于其专业资质的细化可能无法与整体工程的类别相对应,同时无法达到"具有与工程规模相适应"的工程总承包资质要求。如《建筑业企业资质标准》总则"业务范围"规定:"(二)……取得专业承包资质的企业可以承接具有施工总承包资质的企业依法分包的专业工程或建设单位依法发包的专业工程……"故具有专业承包资质的单位在其业务承包范围上更多地指向"专业性"而非"综合性"。在地方规范性文件①中,上海市明确将仅具备该类资质的设计单位排除在工程总承包的投标人之外。对此,住建部公布《房建市政工程总承包管理办法意见稿》第 11 条也曾作出明确规定。

但是,根据《铁路建设项目工程总承包办法》第 4 条的规定,"建设项目可以整体实行工程总承包,也可以对其中相对完整独立的综合工程区段、专业或单项工程实行工程总承包"。可见,在铁路工程的总承包中,国家本身又允许对专业工程实行总承包。从这个意义上分析,在铁路工程中,也应当允许仅具有专业承包资质或者专项资质的施工(设计)企业承接相对应的专业工程总承包业务。

---

① 《房建市政工程总承包管理办法》实施后,地方规范性文件与其不一致的规定,应以该《房建市政工程总承包管理办法》为准。

需要注意的是,如果当事人以总承包人仅具备设计或施工资质之一为由请求法院或仲裁机构确认工程总承包合同无效的,应当不予支持,具体理由详见第3.1条。

第1.5条 【无任何工程资质的单位可以作为联合体成员的情形】联合体成员中一方具有承接工程总承包项目相应的设计和施工资质,即使有其他成员方不具有任何工程类资质,也可以组成联合体承接工程总承包项目,但没有资质的联合体成员不得从事需要相关资质的工程施工或设计工作,亦不得超越资质从事相关工作。

当事人以联合体成员一方无资质为由主张工程总承包合同无效的,不予支持。

【条文主旨】

实践中,部分组成联合体承接工程总承包项目的成员加入联合体并非基于其资质,有可能会出现一种特殊的联合体,即组成联合体的其中一方不具备任何资质,但联合体的其他方已经符合资质要求。此时,由于联合体与发包人签订的工程总承包合同已经符合法律关于资质的要求。因此,虽然联合体中的一方不具备任何工程资质,但并不会影响其与有资质的单位组成联合体承接工程总承包项目,更不会因此影响工程总承包合同的效力。只是在工程总承包合同履行过程中,不具备资质的联合体成员不得实际从事工程施工或设计工作,低资质的成员也不得超越资质从事相关工作。

【理解与适用】

在《关于培育发展工程总承包和工程项目管理企业的指导意见》(建市〔2003〕30号)、《关于进一步推进工程总承包发展的若干意见》(建市〔2016〕93号)、《公路工程总承包管理办法》、《房建市政工程总承包管理办法》等文件中,均明确规定了工程总承包项目应由具有相关行政主管部门规定的开展工程总承包资质的单位承包,同时也允许和鼓励不同资质的单位组成联合体承包工程总承包项目。但是对于联合体成员各方应具备何种资质,不具有资质的单位能否作为联合体一方参加工程总承包项目投标等问题并无相关规定,引发了实践中的争议。

一、实践中存在的争议

例如:某公司拟对某房建项目以工程总承包(EPC)模式对外公开招标,拟要求投标人需具有设计综合甲级资质和房屋建筑工程施工总承包一级以上资质,同时允许联合体投标。甲单位具有设计综合甲级资质和房屋建筑工程施工总承包一级资质,拟与不具有任何工程资质的设备采购方乙单位组成联合体参与该项目投标。在此情况下,对于不具有任何资质的乙单位是否可以作为联合体成员参与工程总承包项目投标,实践中存在不同意见。

第一种意见认为,不具有任何工程资质的单位不可以作为联合体成员参与工程总承包项目投标。理由如下:

第一,现有规定中关于工程总承包单位的资质要求有明确规定,即工程总承包单位应当具有设计、施工(或勘察)资质,联合体首先应当是工程总承包单位间的联合,故各方主体自然均应当具有相应资质。

第二,《招标投标法》第31条第2款规定:"联合体各方均应当具备承担招标项目的相应能力;国家有关规定或者招标文件对投标人资格条件有规定的,联合体各方均应当具备规定的相应资格条件。由同一专业的单位组成的联合体,按照资质等级较低的单位确定资质等级。"此处的"均应当具备"应理解为联合体成员各方均具备独立承接整个工程的相应资质。现有规定中关于工程总承包单位的资质要求有明确规定,那么联合体成员作为工程总承包单位的集合体自然应当均具有相应资质,除非法律法规有另外规定。比如,2017年住建部《"十三五"装配式建筑行动方案》(建科〔2017〕77号)第2条第6项明确规定:"设计、施工、开发、生产企业可单独或组成联合体承接装配式建筑工程总承包项目,实施具体的设计、施工任务时应由有相应资质的单位承担。"依据该规定,满足装配式建筑项目要求的,除了设计资质与施工资质单位可以组成工程总承包联合体以外,开发与生产企业也可以参与组成工程总承包联合体。也就是说,在法律法规未有除外规定时,联合体成员均应具有相应资质。

第三,要求联合体各方均具有相应资质,可以避免工程总承包单位利用联合体形式挂靠资质进行投标的情形,还可以规避无特定资质单位实际承担相关资质范围内工作的风险。

第二种意见认为,不具有资质的单位可以作为联合体成员参与工程总承包项目投标。理由如下：

第一，工程总承包项目按设计、施工、采购分工后，联合体成员可以依据分工，在各专业分工均满足国家现有资质规定要求的情况下，即可组成联合体参与投标。现有规定对联合体成员资质未有明确限制，依据“法无禁止即可为”的原则，联合体一方即使不具备工程资质亦可组成工程总承包联合体。

第二，《招标投标法》第31条第2款“联合体各方均应当具备承担招标项目的相应能力”的重点在于“相应能力”而非“均应当具备”，即联合体成员各方只要在其具体负责的分工范围内具备相应的资格条件即可，而非理解为联合体成员各方均具备独立承接整个工程的相应资质。

二、一方没有任何工程资质，仍可以作为联合体成员共同承接工程总承包项目

我们认为，不具有资质的单位可以作为联合体成员参与工程总承包项目投标。理由如下：

（一）依据联合体的专业分工来确定资质符合法律规定

《招标投标法》第31条规定，“联合体各方均应具备规定的相应资格条件”，并不是指所有成员都必须具备所有的资格条件，而是要求联合体成员应具备满足联合体协议约定的成员分工所需的资格条件，否则组成联合体进行投标就没有实际意义。

另外，《招标投标法》第31条规定，“由同一专业的单位组成的联合体，按照资质等级较低的单位确定资质等级”。通过该规定可见，如果按照联合体协议分工、成员不承担相同工作的，那么联合体一方的其他资质不应影响到对联合体整体及其他成员方资质等级的认定。因此不具有任何资质的设备采购方依据其联合体分工完成其采购专业工作，并不违背现有的对资质要求的强制性规定，也就不会对工程总承包合同的效力产生影响。

（二）有利于提升联合体的合同履约能力，加大了联合体对工程总承包发包方的履约保障

在符合法律政策规定及发包人招标文件要求的情况下，联合体间遵循“风险共担、利益共享”原则，通过资源与专业优势的整合，最终实现互利互惠共赢的终极目标。而在国家现有资质强管控模式下，由设计、施工单位完成其具有相应资质的专业工作前提下，增加无资质的采购单位作为联合体，并由联合体

共同对合同的履行向发包方承担连带责任,不仅提升了联合体的合同履约能力,也加大了联合体对工程总承包发包方的履约保障。①

虽然如此,但在工程总承包合同的履行过程中,仍需注意,没有资质的联合体成员不得实际从事需要资质的工程施工或设计工作,低资质的联合体成员也不得超越资质从事相关工作。

三、联合体资质的确定

《建筑法》第27条规定:"两个以上不同资质等级的单位实行联合共同承包的,应当按照资质等级低的单位的业务许可范围承揽工程。"

《招标投标法》第31条第2款规定:"联合体各方均应当具备承担招标项目的相应能力;国家有关规定或者招标文件对投标人资格条件有规定的,联合体各方均应当具备规定的相应资格条件。由同一专业的单位组成的联合体,按照资质等级较低的单位确定资质等级。"

根据上述规定可知,《建筑法》《招标投标法》明确指出了联合体资质等级的确定规则,即"针对同一专业,依据低资质的单位确定联合体的承包范围及资质"。但需要注意的是,资质认定的"就低原则"适用于联合体各方的资质属于同一专业且按照联合体分工承担相同工作的情形,当联合体各方的资质属于不同专业或者按照联合体分工承担不同工作时,则并不适用,否则将会造成认定上的错误。

例如:某省电力设计院拥有工程勘察综合类甲级资质、工程设计电力行业甲级资质,但无施工相关资质。某电力施工企业拥有电力工程施工总承包特级资质,工程设计电力行业乙级资质。某燃煤电站EPC项目要求投标企业具备工程勘察综合类甲级资质、工程设计电力行业甲级资质、电力工程施工总承包特级资质,该电力设计院与电力施工企业组成联合体投标,签订了共同投标协议,项目的设计任务由设计院承担,施工任务由电力施工企业承担,对其他工作也进行了明确分工。但评标委员会却认定该联合体的设计资质是乙级,不符合项目的资质要求。

就上述案例而言,设计院负责设计任务,电力施工企业负责施工任务,设计

① 《无资质单位是否可以作为联合体成员参与EPC项目投标?》,载公众号"电建地产法治进行时":https://mp.weixin.qq.com/s/SlBtDPxHOpA7aWsAI9ECrg,2020年2月10日最后访问。

院之所以与电力施工企业组成联合体,正是要发挥双方之间的各自优势。如果评标委员会因为电力施工企业同时具有工程设计电力行业乙级资质,而实际上根本不会在该项目中从事有关设计工作,却否定设计院与电力施工企业组成的联合体投标,其结论显然是荒谬的。

联合体资质等级不应简单地以同一专业按照较低的等级为准来确定,联合体投标的原则是鼓励"强强联合",即联合协议约定同一专业分工由两个及以上单位共同承担的,按照就低不就高的原则确定联合体资质;不同专业分工由不同单位分别承担的,按照各自的专业资质确定联合体资质。因此,在判断联合体资质时,关键应以共同投标协议中明确的各自分工来判断其联合体的资质及等级是否满足要求。同时,在联合体本身符合工程总承包项目资质要求的情况下,对于当事人以联合体成员一方没有资质为由主张工程总承包合同无效的,法院或仲裁机构应当不予支持。

第 1.6 条 【提供可研等前期服务的单位在特定条件下可以参与工程总承包项目投标】必须招标项目的项目建议书、可行性研究报告、初步设计文件编制单位及其评估单位,若招标人未公开已经完成的初步设计文件等可能影响招标公平、公正性的前期成果的,上述单位与招标人签订的工程总承包合同无效。

非必须招标项目的项目建议书、可行性研究报告、初步设计文件编制单位及其评估单位与招标人签订的工程总承包合同,不因招标人未公开已经完成的前期成果而无效。

【条文主旨】

对于前期咨询单位能否参与该工程总承包项目的投标问题,我国当前的法律、行政法规并未给予明确意见,在中央的政策性文件及地方性法规、规章中虽有规定,但意见并不统一。

结合《房建市政工程总承包管理办法》第 11 条、《公路工程总承包管理办法》第 6 条及《招标投标法》、《民法典》的相关规定分析,在必须招标项目的招标人未公开已经完成的初步设计文件等可能影响招标公平、公正性的前期成果的情况下,前期咨询单位参与该工程总承包项目投标的行为极可能损害国家利益,其与招标人签订的工程总承包合同也因违反法律的强制性规定而无效。非必须招标项目的招标人即使未公开已经完成的项目建议书、可行性研究报告、初步设计文件等前期成果,如果招标人不禁止前期咨询单位参与该工程总承包项目的投标,法律没有必要强加干预,签订的工程总承包合同也不因此而无效。

【理解与适用】

在工程总承包实践中,对于前期咨询单位能否参与工程总承包项目的投标,从中央到地方,均未形成统一意见,各项规定也不尽一致,甚至存在矛盾冲突,这也在一定程度上妨碍了工程总承包的推行。从法律和行政法规层面看,又均未对此问题作出明确的规定。因此,如果前期咨询单位成为该项目的工程总承包单位,发生纠纷时,首要的争议焦点便是工程总承包合同的效力问题。

一、前期咨询单位参与工程总承包项目投标的相关规定

关于前期咨询单位参与工程总承包项目投标的规定主要体现在各部委和地方的规范性文件中,例如:

《标准设计施工总承包招标文件》第 1.4.2 项规定:“投标人不得存在下列情形之一……(2)为本招标项目前期准备提供设计或咨询服务的……”

《公路工程总承包管理办法》第 6 条第 4 项规定:“……总承包单位(包括总承包联合体成员单位,下同)不得是总承包项目的初步设计单位、代建单位、监理单位或以上单位的附属单位。”

《房建市政工程总承包管理办法》第 11 条第 2 款规定:“政府投资项目的项目建议书、可行性研究报告、初步设计文件编制单位及其评估单位,一般不得成为该项目的工程总承包单位。政府投资项目招标人公开已经完成的项目建议书、可行性研究报告、初步设计文件的,上述单位可以参与该工程总承包项目的投标,经依法评标、定标,成为工程总承包单位。”

《雄安新区工程建设项目招标投标管理办法(试行)》第 14 条第 2 款规定:“前期咨询资料、成果对潜在投标人全部公开的,工程建设项目的可行性研究报告编制单位和方案编制单位可以参与工程总承包项目的投标。”

《陕西省政府投资的房屋建筑和市政基础设施工程开展工程总承包试点实施方案》(陕建发〔2018〕332 号)第 5 条第 3 款第 3 项规定:“招标公告(投标邀请书)和招标文件中,应当明确投标单位为我省房屋建筑和市政基础设施工程

的工程总承包试点企业。鼓励技术、管理力量较强且具有设计资质的企业为工程总承包企业,承担工程项目前期咨询工作的试点企业,可以参与本试点项目的工程总承包投标。”

浙江省住建厅《关于深化建设工程实施方式改革积极推进工程总承包发展的指导意见》(浙建〔2016〕5 号)第 2 条第 4 款第 3 项规定:“承担工程项目方案设计(或初步设计)的企业,可以依法参与该项目的工程总承包投标。”

此外,北京、上海、湖南、吉林等地对前期咨询单位能否参与该工程总承包项目投标的问题也有所规定,但这些规定在内容上明显存在矛盾。

二、必须招标项目招标人未公开前期成果的,前期咨询单位不得参加该工程总承包项目投标;非必须招标项目招标人即使未公开前期成果,前期咨询单位也可以参加该工程总承包项目投标

从上述规定看,对前期咨询单位能否参与工程总承包项目的投标,主要存在三种观点:(1)前期咨询单位不得参加该工程总承包项目的投标;(2)前期咨询单位可以参加该工程总承包项目的投标;(3)前期咨询单位在符合特定条件时可以参加该工程总承包项目的投标。

持上述第一种观点的主要理由在于:(1)前期咨询单位具有信息优势,如果允许前期咨询单位参加该工程总承包项目的投标,不符合《招标投标法》规定的公平原则。(2)容易引发道德风险。如果允许前期咨询单位参加该工程总承包项目的投标,由于前期咨询单位与招标人存在前期合作关系,相较其他投标人,更容易接触招标人,容易引发招标人与前期咨询单位之间的不正当利益输送。因此,应当全面禁止前期咨询单位参与该工程总承包项目的投标,营造公平竞争的市场环境。

持上述第二种观点的主要理由在于:(1)工程总承包模式是建筑业承发包模式改革的主要方向,如果禁止前期咨询企业参与该工程总承包项目的投标,会使一些优秀的勘察、设计企业放弃前期咨询业务,从而降低工程总承包项目前期成果的质量,不利于工程总承包模式的推广。因为相较于工程总承包,前期咨询工作无论是营业额还是利润,都无法和整个项目的工程总承包工作相提并论,从利益角度衡量,肯定会有大量的优秀勘察、设计企业不愿参与工程总承包项目的前期咨询工作。(2)我国当前的法律和行政法规并未对前期咨询单位参与工程总承包项目的投标作出禁止性规定,根据“法无禁止即可为”的原则,

应当允许前期咨询单位参与工程总承包项目的投标。

持上述第三种观点的主要理由在于:全面禁止前期咨询企业参与该工程总承包项目的投标,不利于工程总承包模式的推广,而不加区分地允许前期咨询单位参加工程总承包项目的投标又容易造成不公平竞争的后果和引发道德风险。仔细分析这两种方式的弊端可以发现,道德风险主要存在于必须招标项目,而不公平竞争则可以通过信息披露的方式加以克服。因此,对必须招标项目,招标人未公开初步设计文件等可能影响招标公平、公正性的前期成果的,前期咨询单位不得参加该工程总承包项目投标;对非必须招标项目,即使招标人未公开前期成果,前期咨询单位也可以参加该工程总承包项目投标。

相较上述三种观点,我们认为,第三种观点更为稳妥。因为全面禁止前期咨询企业参与该工程总承包项目的投标,不仅不利于工程总承包模式的推广,而且于法无据;而不加区分的允许前期咨询单位参加工程总承包项目的投标,也容易发生不正当利益输送等腐败行为。因此,通过区分必须招标项目和非必须招标项目,并通过信息披露方式,的确可以在很大程度上克服上述第一、二种观点的弊端,最大限度地满足推广工程总承包模式的现实需要。

三、前期咨询单位中标该工程总承包项目,据此签订的工程总承包合同效力需区分不同情况加以认定

对前期咨询单位中标该工程总承包项目后签订的工程总承包合同的效力问题,应当区分不同情况,分别加以认定。

首先,针对必须招标项目,在招标人未公开已经完成的初步设计文件等可能影响招标公平、公正性的前期成果的情况下,前期咨询单位中标该工程总承包项目,并与招标人签订的工程总承包合同无效。主要理由在于:必须招标项目涉及国家利益、社会公共利益,如果招标人未公开已经完成的初步设计文件等可能影响招标公平、公正性的前期成果,前期咨询单位不仅具备信息优势,而且更容易通过利益输送等方式损害国家利益,破坏市场秩序,根据《民法典》第153条的规定,应当认定工程总承包合同无效。

其次,对非必须招标项目,即使招标人未公开已经完成的项目建议书、可行性研究报告、初步设计文件等前期成果,前期咨询单位中标该工程总承包项目,并与招标人签订的工程总承包合同也应当认定为有效。主要理由在于:(1)法律、行政法规并未作出禁止性规定。(2)《房建市政工程总承包管理办法》第11

条第 2 款虽仅规定了政府投资项目在公开后可以参与投标，但并不意味着禁止非政府投资项目在公开后参与投标。而且，从各地政策性文件的规定看，虽存在一定差异，但大多数地方还是持肯定态度的。(3)《房建市政工程总承包管理办法》第 11 条第 2 款之所以规定政府投资项目要在公开后参与投标，很大程度上是基于反腐败和防范道德风险的角度考虑的，而政府投资项目通常都属于必须招标项目；非政府投资项目尤其是非必须招标项目一般无须考虑这些问题，因此，应当允许非政府投资项目尤其是非必须招标项目的前期咨询单位在未公开上述文件的情况下参与投标。(4)《房建市政工程总承包管理办法》在效力层级上既非行政法规，也非部门规章，而属于规范性文件，其本身不能作为认定合同效力的依据。即使按照《九民会纪要》规定，《房建市政工程总承包管理办法》亦非判断合同效力的参照对象。因此，在法律、行政法规并未禁止，《房建市政工程总承包管理办法》亦未作出规定的情况下，没有理由认为非必须招标项目的前期咨询单位中标该工程总承包项目并据此签订的工程总承包合同无效。

综上，必须招标项目的前期咨询单位，招标人未公开初步设计文件等可能影响招标公平、公正性的前期成果的，前期咨询单位与招标人签订的工程总承包合同无效；非必须招标项目的前期咨询单位与招标人签订的工程总承包合同，不因招标人未公开前期成果而无效。

第 1.7 条 【联合体各方变更共同投标协议或者联合体协议的效力】工程总承包合同签订后，联合体各方变更共同投标协议或者联合体协议的，原则上应当认定为有效，变更共同投标协议或者联合体协议后对发包人的权利及工程总承包合同不产生影响。但是，联合体各方变更共同投标协议或者联合体协议违反法律法规的效力性强制性规定的除外。

【条文主旨】

我国现行法律法规并未就联合体各方能否变更共同投标协议或者联合体协议作出明确的规定，根据“法无禁止即自由”的原则，联合体各方可以在协商一致的基础上变更共同投标协议或者联合体协议，其效力在不违反《民法典》及其他法律法规的强制性规定的情况下应当认定为有效。

联合体各方对各方责任及工作内容作出变更，属于联合体内部权利义务的调整,不改变其对工程总承包项目的建设单位承担的合同责任,因此联合体各方变更共同投标协议或者联合体协议不对工程总承包项目建设单位的权利造成实质性影响。

共同投标协议或者联合体协议是联合体之间关于权利义务的约定,仅具有约束联合体成员各方的效力,并不及于协议外的第三方,因此联合体各方变更共同投标协议或者联合体协议不对工程总承包合同的效力和履行造成影响。

【理解与适用】

联合体承包是指两个或两个以上的承包单位或其他组织,组成一个联合体,通过联合体之间的协议明确内部分工或共同经营的方式,对外作为一个整体向发包方承揽特定的工程。《招标投标法》第 31 条第 3 款规定:“联合体各方应当签订共同投标协议,明确约定各方拟承担的工作和责任,并将共同投标协议连同投标文件一并提交招标人。”据此,以联合体方式进行投标的需要在投标过程中一并提交共同投标协议。

在工程总承包实践中,一般按以下方式签订联合体协议。首先,在招投标过程中先行签署一份对联合体成员的分工和责任作概括性约定的共同投标协议;其次,在中标后,就联合体工程总承包实施的细节签署联合体协议。上述签订方式的现实原因在于:招投标过程的时间较为紧迫,并且投标结果也具有不确定性,联合体各方在招投标过程中往往难以就总承包项目进行细致的磋商,因此,联合体各方在招投标过程中实际上仅是形成一个框架性文件用以满足联合体投标的条件;待联合体中标后,工程总承包合同内容基本确定,即使存在对招标投标文件细化或变更其内容也已明晰,因此,联合体各方在共同投标协议约定的基本原则基础上,进一步落实工程设计、施工、采购等工作并签署相关协议。

一般而言,中标后签订的联合体协议仅是对招投标过程中提交的共同投标协议的进一步细化,两者在基本原则上应保持一致,然而,实践中联合体各方也可能在中标后对共同投标协议的核心内容作出变更甚至在联合体协议签署后随着合同的履行继续变更,变更的内容包括但不限于联合体各方的权利义务、风险分担原则、利润分配方案、违约责任等。由此,司法实践中引发了对联合体各方变更共同投标协议或者联合体协议的效力问题的讨论,以及联合体各方变更共同投标协议或者联合体协议是否会对建设单位权利造成影响,乃至影响工程总承包合同的效力。

一、联合体各方变更共同投标协议或者联合体协议的，原则上应认定为有效

对于联合体成员之间能否变更共同投标协议或者联合体协议，我国现行法律法规并未作出明确的规定，根据“法无禁止即自由”的原则，我们认为，联合体各方可以在协商一致的基础上变更共同投标协议或者联合体协议。至于变更后共同投标协议或者联合体协议的效力问题，应当依据《民法典》第143条、第502条的规定进行认定，原则上只要联合体各方对共同投标协议或者联合体协议作出的变更不违反《民法典》及其他法律法规的强制性规定，一般应认定为有效。但需要注意以下例外情形：

(一)对主体资格进行的变更

共同投标协议或者联合体协议应当满足招标文件及《建筑法》对施工资质提出的要求，如设计单位与施工单位组成联合体，联合体协议应当依据招标文件对资质的要求进行分工，否则不具备施工资质的单位从事工程施工、不具备设计资质的单位从事工程设计，会造成共同投标协议或者联合体协议因违反《建筑法》等法律法规的强制性规定而被认定为无效。因此，虽然联合体各方变更共同投标协议或者联合体协议原则上应认定为有效，但倘若联合体各方变更共同投标协议或者联合体协议后，导致联合体一方或多方主体资格存在缺陷，仍可能导致变更后的共同投标协议或者联合体协议无效。

(二)名为联合体实为转包或挂靠

《施工违法行为认定查处办法》第8条第2款规定：“两个以上的单位组成联合体承包工程，在联合体分工协议中约定或者在项目实际实施过程中，联合体一方不进行施工也未对施工活动进行组织管理的，并且向联合体其他方收取管理费或者其他类似费用的，视为联合体一方将承包的工程转包给联合体其他方。”根据上述规定，若变更后的共同投标协议或者联合体协议含有转包的条款，联合体各方变更共同投标协议或者联合体协议将会因违反《建筑法》和《建设工程质量管理条例》的强制性规定而应被认定无效。根据举轻以明重的法律适用原则，在变更后的共同投标协议或者联合体协议含有挂靠条款时，也应当被认定为无效。

二、联合体各方变更共同投标协议或者联合体协议对建设单位的权利不产生实质性影响

鉴于我国现行法律法规并未就联合体各方能否变更共同投标协议或者联合体协议作出明确规定，我们认为，联合体各方可以在协商一致的基础上变更联合体协议。同时，鉴于工程总承包项目本身所具有的工程标的大、履行期限长等特点，在合同履行过程中通常会产生工程量变更、设计变更等情形。基于此，限制联合体成员变更共同投标协议或者联合体协议的权利也不妥当。此外，从工程实践角度考察，联合体成员各方可以根据项目进展的实际情况适时地对共同投标协议或者联合体协议进行变更，反而更有助于联合体之间的内部协作，顺利推进工程总承包项目的进行。

至于联合体各方变更共同投标协议或者联合体协议是否会对工程总承包项目的建设单位权利造成实质性影响。我们认为，共同投标协议或者联合体协议仅是联合体之间关于权利义务的约定，其本质上有别于担保协议并不具备担保性质，实际上无论联合体各方如何对各方责任及工作内容作出变更，均只发生联合体内部权利义务的调整，不改变其对工程总承包项目的建设单位承担连带责任的法律后果，因此联合体各方变更共同投标协议或者联合体协议并不会对工程总承包项目的建设单位的权利造成实质性影响。

三、联合体各方变更共同投标协议或者联合体协议不影响工程总承包合同的效力

《招标投标法》仅规定联合体投标时需向招标人提供共同投标协议，并未要求联合体各方就共同投标协议的效力出具证明文件，招投标程序中也未设置对共同投标协议效力进行审查的前置程序。从理论上讲，联合体提交的共同投标协议应当是合法有效的，而且即使联合体提交的共同投标协议无效，也不对工程总承包合同的效力产生影响。原因在于：共同投标协议或者联合体协议仅是联合体之间关于权利义务的约定，仅具有约束联合体成员各方的效力，并不及于协议外的第三方，共同投标协议或者联合体协议的无效仅会对工程总承包合同的顺利履行产生一定的影响，但是并不会对工程总承包合同的效力造成影响，工程总承包合同的效力仍应依据《民法典》第 143 条、第 502 条等规定进行认定。

同理,共同投标协议或者联合体协议本身的效力问题尚不会对工程总承包合同的效力造成影响,联合体各方变更共同投标协议或者联合体协议更不会对工程总承包合同的效力造成影响。

第1.8条 【联合体牵头方单独对外签订合同的效力及责任划分】联合体牵头方单独与发包人签订的工程总承包合同、补充协议、会议纪要、经济签证等与工程总承包活动相关的文件,对联合体其他成员具有约束力,联合体成员向发包人承担连带责任。

联合体牵头方单独与发包人以外的主体签订的合同,仅对合同当事人具有约束力,该合同效力原则上不及于联合体其他各方。

【条文主旨】

联合体牵头方在联合体全体成员的授权范围内,代表联合体全体成员共同的意志,单独与发包人签订的工程总承包合同、补充协议、会议纪要、经济签证等与工程总承包活动相关的文件,对联合体其他成员具有约束力,其他未直接参与签订上述文件的联合体成员同样应受上述文件的约束并向发包人承担连带责任。

联合体牵头方对外单独签订的除与发包人签订的以外的合同,仅对合同当事人具有约束力。鉴于其他联合体成员并非该合同的当事人,我国法律也并未规定联合体其他成员应当对牵头方单独对外签订的合同承担责任,因此不能突破合同相对性原则随意要求联合体其他成员就牵头方单独实施的对外行为承担责任。

【理解与适用】

一、联合体牵头方单独与发包人签订的工程总承包合同、补充协议、会议纪要、经济签证等与工程总承包活动相关的文件,对联合体其他成员具有约束力,联合体成员向发包人承担连带责任

《招标投标法》第31条第3款规定:“联合体中标的,联合体各方应当共同与招标人签订合同,就中标项目向招标人承担连带责任。”工程总承包项目联合体中标后，联合体成员应当共同与发包人签订工程总承包合同、补充协议、会议纪要、经济签证等与工程总承包活动相关的文件，并就总承包项目向发包人承担连带责任。但是司法实践中常常发生发包人仅和联合体牵头方签订工程总承包合同、补充协议、会议纪要、经济签证等与工程总承包活动相关的文件的情形，在此情况下上述文件的效力如何？其他未直接参与签订上述文件的联合体成员是否应受该文件的约束？

根据《工程建设项目施工招标投标办法》第44条的规定："联合体各方应当指定牵头人，授权其代表所有联合体成员负责投标和合同实施阶段的主办、协调工作，并应当向招标人提交由所有联合体成员法定代表人签署的授权书。"即使存在联合体牵头方单独与发包人签订工程总承包合同、补充协议、会议纪要、经济签证等与工程总承包活动相关的文件的情形，考虑到联合体牵头方系依据联合体授权书的授权与发包人签订上述文件，其代表的是"联合体"的共同意思表示，其余承包人作为参与"联合体"的成员，在向发包人提交投标文件及联合体授权书后，即表示接受对牵头方因投标工程对外签订合同等履行投标内容的行为承担法律责任。因此，联合体牵头方单独与发包人签订的工程总承包合同、补充协议、会议纪要、经济签证等与工程总承包活动相关的文件对联合体其他成员也具有约束力，其他未直接参与签订上述文件的联合体成员同样应受上述文件的约束。

此外，根据《建筑法》第27条第1款"大型建筑工程或者结构复杂的建筑工程，可以由两个以上的承包单位联合共同承包。共同承包的各方对承包合同的履行承担连带责任"及《招标投标法》第31条联合体各方"就中标项目向招标人承担连带责任"的规定，联合体成员均应就工程总承包项目向发包人承担连带责任。同时，基于联合体其他成员已经授权联合体牵头方与发包人签订工程总承包合同，行使合同权利、履行合同义务。所以在合同履行过程中，应由牵头方执行合同事务，联合体其他成员不得直接向发包人行使合同权利。只有当联合体牵头方怠于行使合同权利，致使联合体的合同权利受到损害，联合体其他成员才能以自己的名义向发包人主张合同权利。例如，四会市法院(2016)粤1284民初706号认为，EPC工程总承包合同中的合同价款是属于联合体的权益，联合体的一方不能单独向发包人主张自己所属部分的权益，只有在牵头人怠于行使自己权利的时候才可主张，而且在牵头人与联合体一方签订分包合同的情况下，联合体一方只能根据其与牵头人签订的合同向牵头人主张权利。

二、联合体牵头方单独对外签订的除与发包人签订的以外的合同，仅对合同当事人具有约束力，该合同效力原则上不及于联合体其他各方

对于与工程总承包活动相关的除与发包人签订的以外的合同应由联合体牵头方单独签订还是联合体各方共同签订，我国法律法规并未对此作出明确规定。我们认为，牵头方单独对外签订的除与发包人签订的以外的合同仅对合同当事人具有约束力，该合同效力原则上不及于联合体其他各方。但是，司法实践中对于牵头方单独对外签订的除与发包人签订的以外的合同，联合体其他成员是否需要对此承担责任，存在不同的意见。原因在于，《建筑法》第 27 条虽对联合体的连带责任作出了规定，但由于规定得不够明确，导致司法实践中对于“对承包合同的履行承担连带责任”是否应当理解为对所有工程总承包合同履行过程中有所关联的各方均承担连带责任，产生较大争议。

有观点认为，既然《建筑法》第 27 条规定“对承包合同的履行承担连带责任”，那么就应当对所有承包合同履行过程中有所关联的各方都承担连带责任，并且基于联合体协议的约定，牵头方单独签订的除与发包人签订的以外的合同所代表的仍然是联合体整体，其法律后果应当由联合体承担。因此，即便是联合体牵头方单独对外签订的除与发包人签订的以外的合同，联合体其他成员仍应就此承担连带责任。例如，淮安市中院（2019）苏 08 民终 1694 号认为，依据《联合投标协议书》的约定及工程总承包合同，联合体牵头单位、总包人负责项目总体协调管理和工程设计优化，联合体其他成员负责项目招标采购、施工、验收等，而涉案分包合同的履行亦是涉案承包合同履行的一部分，由此可见，联合体成员与第三方签订分包合同既是作为联合体成员的工作和职责，也是对总承包合同的履行行为，联合体各方应共同承担连带责任。

另有观点认为，我国法律并未规定联合体其他成员应当对牵头方单独对外签订的除与发包人签订的以外的合同承担连带责任，根据《民法典》第 518 条第 2 款的规定，“连带债权或者连带债务，由法律规定或者当事人约定”，因此，在法律没有明确规定，合同当事人也没有明确约定的情况下，不能突破合同相对性而随意要求联合体其他成员为牵头方的对外行为承担连带责任。例如，孝感市中院（2016）鄂 09 民终 1114 号认为，联合体协议中关于联合体之间承担连带责任系联合体成员间的内部约定，联合体其他成员并非分包合同的当事人，不享有合同权利亦不承担合同义务，依据合同相对性原则无须承担连带责任。

我们认为,虽然《建筑法》第 27 条规定“对承包合同的履行承担连带责任”确实可以有不同的理解,但是就工程总承包联合体而言此处应当作限缩解释,即其连带责任的具体指向应仅为发包人而非承包合同履行过程中有所关联的各方。理由如下:

一是联合体制度设立的目的在于,中小企业可以通过联合的形式增强企业的竞争能力,分散投标风险,促进中小企业的发展;而大型企业可以通过与专业化小型企业联合,取长补短,优势互补,增强竞争力。如果要求其他联合体成员就牵头方单独对外签订的除与发包人签订的以外的合同承担连带责任,不仅无法实现上述制度设立的目的,而且会让中小企业、专业化小型企业甚至大型企业承担无法预估的风险,进而导致联合体制度在实务中被大家所摒弃。因为联合体中标且工程总承包合同签订后,联合体牵头方以自己名义与分包工程承包人、供应商等签订的合同,联合体其他成员无从知晓,也无法对风险进行评估,更无法对合同的真实履行情况进行把握。基于此,若仍要求联合体其他成员承担连带责任,明显有违民法的基本原则。而对于向发包人承担连带责任则不存在这种风险,因为联合体协议虽然属于联合体成员之间的内部约定,但工程总承包合同实际上是联合体各方共同与发包人签订,因此发承包双方之间的权利义务状态是明确的、可判断的、可预知的。

二是对于工程总承包而言,通常是施工企业和设计企业组成联合体承揽工程,设计相对于施工而言体量较小,因此在施工企业作为牵头方的情况下,总承包工程的整体施工也由施工企业进行控制。如果要求设计企业为施工企业对外签订的除与发包人签订的以外的合同承担连带责任,对于设计企业来说无疑承担着巨大的风险,甚至有因此而导致企业无法存续运营的可能。

因此,虽然我国法律尚未明确联合体牵头方单独对外签订的除与发包人签订的以外的合同,联合体其他成员是否应当对此承担连带责任,司法实践中亦存在不同的理解和判例,但我们认为应当对联合体连带责任的指向对象作限缩解释,即连带责任的具体指向应仅为发包人(招标人),联合体牵头方单独对外签订的除与发包人签订的以外的合同,联合体其他成员无须就此承担连带责任,除非联合体其他成员存在通过自己行为加入债务履行等特殊情形下,才对联合体其他成员也具有约束力。

第1.9条 【总承包人进行转包或违法、违约分包的处理】总承包人将建设工程转包、违法分包,发包人主张解除合同,应予支持。

总承包人违反合同约定将合同项下的工作进行分包,符合合同约定可解除情形,发包人主张解除合同的,应予支持。

本条所称转包,是指总承包人承包工程后,不履行合同约定的责任和义务,将其承包的全部工程或者将其承包的全部工程直接或支解后以分包的名义分别转给其他单位或个人实施的行为。

本条所称违法分包,是指总承包人的以下行为:(1)对于需要总承包人具有"双资质"的项目而言,总承包人将主体部分的设计或施工进行分包;对于仅需总承包人具有"单资质"的项目而言,总承包人将其资质范围内的、需由其完成的主体部分的设计或施工进行分包;(2)将工程分包给不具备相应资质条件的单位;(3)建设工程主体部分的设计或施工分包单位将其合同范围内的主体部分、关键性工作再次分包。

【条文主旨】

本条是关于总承包人进行转包或违法、违约分包后责任承担的规定。在工程总承包模式下,总承包单位承接工程后,通常会进行各种对外分包,包括设计分包、采购分包、施工分包、专业分包以及劳务分包等。其分包应符合现行法律法规的规定,如出现转包或违法、违约分包的情形,将导致总承包人承担相应的行政和民事责任。而目前的《建筑法》《民法典》等法律法规中与分包有关的规定多适用于施工总承包模式,并不能当然适用于工程总承包模式。一些在施工总承包模式下禁止的分包行为,如将主体结构的施工全部分包,在工程总承包模式下则在市场中广泛存在。因此,亟须对工程总承包项目的转包和违法、违约分包的情形及责任承担作出规定。

【理解与适用】

一、工程总承包项目转包、违法分包的认定

《建设项目工程总承包管理规范》(GB/T 50358-2017)第2.0.1条规定,工程总承包是指"依据合同约定对建设项目的设计、采购、施工和试运行等实行

全过程或若干阶段的承包”。《房建市政工程总承包管理办法》第 3 条规定,工程总承包是指“承包单位按照与建设单位签订的合同,对工程设计、采购、施工或者设计、施工等阶段实行总承包,并对工程的质量、安全、工期和造价等全面负责的工程建设组织实施方式”。根据上述规定并结合市场实践,我国法律法规意义下的工程总承包项目一般而言至少应包括施工和设计两方面的工作。在此情形下,工程总承包模式和传统的施工总承包模式在资质要求、工作内容、责任承担等方面均存在差异,也使其转包、违法分包的情形也有所区别。

另外,由于采购和设计、施工在法律性质上存在一定的差异,相应的采购合同下转包、违法分包的认定也与设计、施工的认定有所不同,此处讨论的转包、违法分包认定主要是指工程总承包模式下的设计及施工部分,对于采购部分的裁判意见详见第 1.11 条。

(一)转包的典型情形

《建筑法》第 28 条、《民法典》第 791 条、《建设工程质量管理条例》第 78 条等都规定了承包人非法转包的情形,一是直接转包,即“将其承包的全部建设工程转给第三人”;二是支解转包,即“将其承包的全部建设工程支解以后以分包的名义分别转包给第三人”。尽管上述规定并未明确适用于工程总承包模式,但以转包的定义而言,总承包人承包工程后不履行合同约定的责任和义务,而将全部建设工程转给其他单位或个人施工的行为,无论以上述两种情形中的哪一种实现,均可构成法律法规所禁止的转包。

需要注意的是,实践中出于规避监管的原因,承包人进行转包的形式多样,在《施工违法行为认定查处办法》第 8 条中,也详细规定了可认定为转包的多种情形。因此,裁判者应根据总承包人对设计和施工活动的组织管理、发包人和总承包人以及总承包人和分包人之间的实际工程收付款关系等情况,查明合同当事人的真实意思表示。

(二)违法分包的典型情形

《建筑法》《民法典》《建设工程质量管理条例》等法律法规对违法分包的情形进行了明确规定,其中涉及的典型情形主要包括:

1. 分包范围违法

目前对于工程总承包项目的分包范围,根据是否需要总承包人具有设计和施工“双资质”而有所不同:

(1)需要总承包人具有“双资质”的项目

《房建市政工程总承包管理办法》第10条规定:“工程总承包单位应当同时具有与工程规模相适应的工程设计资质和施工资质,或者由具有相应资质的设计单位和施工单位组成联合体……”《公路工程总承包管理办法》第6条规定:“总承包单位应当具备以下要求:(一)同时具备与招标工程相适应的勘察设计和施工资质,或者由具备相应资质的勘察设计和施工单位组成联合体……”上述规定分别明确了房建和市政工程项目以及公路工程项目对于总承包人的“双资质”要求。

《建筑法》第29条第1款规定:“建筑工程总承包单位可以将承包工程中的部分工程发包给具有相应资质条件的分包单位;但是,除总承包合同中约定的分包外,必须经建设单位认可。施工总承包的,建筑工程主体结构的施工必须由总承包单位自行完成。”《建设工程勘察设计管理条例》第19条规定:“除建设工程主体部分的勘察、设计外,经发包方书面同意,承包方可以将建设工程其他部分的勘察、设计再分包给其他具有相应资质等级的建设工程勘察、设计单位。”因此,对于具有“双资质”要求的项目或者总承包人同时为设计单位和施工单位的项目,应执行上述对于设计单位、施工总承包单位的分包规定,即总承包人不得将主体部分的设计、施工进行分包,但可以依法将非主体部分的设计、施工分包给其他单位。

(2)仅需总承包人具有“单资质”的项目

目前除上述房建和市政工程项目以及公路工程项目以外,大部分工程项目类型仍沿用原先长期实行的“单资质”管理制度,如《建设工程勘察设计资质管理规定》第39条规定:“取得工程勘察、工程设计资质证书的企业,可以从事资质证书许可范围内相应的建设工程总承包业务,可以从事工程项目管理和相关的技术与管理服务。”《建筑业企业资质标准》“总则”第3条第4项规定:“取得施工总承包资质的企业,可以从事资质证书许可范围内的相应工程总承包、工程项目管理等业务。”住建部《关于进一步推进工程总承包发展的若干意见》(建市〔2016〕93号)第2.7条规定:“工程总承包企业应当具有与工程规模相适应的工程设计资质或者施工资质,相应的财务、风险承担能力,同时具有相应的组织机构、项目管理体系、项目管理专业人员和工程业绩。”即要求工程总承包企业只需具有“单资质”即可承接相应的工程总承包项目。

但是,对于总承包人只具有设计或施工“单资质”的情况下,其应将自身不具备资质的施工或设计工作分包给具有相应资质的施工或设计单位,否则将无法实施。住建部《关于进一步推进工程总承包发展的若干意见》(建市〔2016〕93 号)第 2 条第 9 项、第 10 项规定:“工程总承包企业可以在其资质证书许可的工程项目范围内自行实施设计和施工,也可以根据合同约定或者经建设单位同意,直接将工程项目的设计或者施工业务择优分包给具有相应资质的企业。仅具有设计资质的企业承接工程总承包项目时,应当将工程总承包项目中的施工业务依法分包给具有相应施工资质的企业。仅具有施工资质的企业承接工程总承包项目时,应当将工程总承包项目中的设计业务依法分包给具有相应设计资质的企业……不得将工程总承包项目中设计和施工业务一并或者分别分包给其他单位……”因此,在“单资质”要求的工程总承包项目中,工程承包单位至少应自行完成其具有资质的主体部分的设计或施工,但对不具有资质的设计或施工业务则可以进行分包。

如果工程发包时仅要求承包人具有工程设计或施工单项资质,但承揽工程的总承包人同时具备了工程设计和施工双项资质,由于并不违反双方的真实意思表示,对发包人的预期利益产生损害,此时工程总承包人可以对发包时要求资质范围之外的设计或施工业务进行分包。

2. 分包单位缺乏相关资质

《建筑法》第 13 条规定:“从事建筑活动的建筑施工企业、勘察单位、设计单位和工程监理单位,按照其拥有的注册资本、专业技术人员、技术装备和已完成的建筑工程业绩等资质条件,划分为不同的资质等级,经资质审查合格,取得相应等级的资质证书后,方可在其资质等级许可的范围内从事建筑活动。”第 26 条第 1 款规定:“承包建筑工程的单位应当持有依法取得的资质证书,并在其资质等级许可的业务范围内承揽工程。”因此,分包人承揽工程必须取得相应等级的资质证书,在其资质等级许可的范围内从事建筑活动。而《民法典》第 791 条、《建筑法》第 29 条、《建设工程质量管理条例》第 78 条亦明确禁止将工程分包给不具备相应资质条件的单位。

3. 分包单位再分包

《民法典》第 791 条、《建筑法》第 29 条、《建设工程质量管理条例》第 78 条等都禁止了分包单位再分包,但在工程总承包模式下设计或施工分包单位进行分包是否属于以上法律法规所禁止的“二次分包”还存在争议。《建筑法》第 29 条第 1 款规定:“建筑工程总承包单位可以将承包工程中的部分工程发包给具有相应资质条件的分包单位;但是,除总承包合同中约定的分包外,必须经建设单位认可。施工总承包的,建筑工程主体结构的施工必须由总承包单位自行完成。”可以推断其中的总承包单位包括“工程总承包”和“施工总承包”两种。但该条第3款中规定“禁止分包单位将其承包的工程再分包”。其中未明确仅是针对“施工总承包”模式还是也包括“工程总承包”模式。

由于规定不尽清晰,在实践中有不同的观点和处理方式。克拉玛依市中院(2018)新02民再10号认为,分包人将中标的总承包人合法分包的部分工程再分包,违反相关法律法规的强制性规定,其与再分包人之间签订的再分包合同被认定为无效;而酒泉市肃州区法院(2014)酒肃法民二初字178号则认为,签订的再分包合同系双方当事人真实意思的表示,该合同并不违反相关法律、行政法规的强制性规定,为有效合同。

目前,已经有地方规章及文件中明确规定,允许工程总承包模式下的设计或施工分包单位可以再进行分包。比如,《上海市建设工程招标投标管理办法》(上海市人民政府令第50号)第9条规定:“工程总承包单位依法将其承接的勘察、设计或者施工依法再发包给具有相应资质企业的,可以采用招标发包或者直接发包;相应的设计、施工总承包企业可以依法将部分专业工程分包。”浙江省住建厅《关于深化建设工程实施方式改革积极推进工程总承包发展的指导意见》(浙建〔2016〕5号)第2条第5项第13点规定:“经工程总承包企业同意,设计、施工企业可以将合同范围内非主体、非关键性工作分包给其他具有相应资质的专业企业完成。”

因此,对于总承包人依法将其承接的设计或施工发包给具有相应资质企业的,相应的设计或施工企业可以将部分非主体工作分包。这种情形应和法律法规规定的“禁止分包单位将其承包的工程再分包”区分开来。

4. 未在合同中约定且未经发包人同意

《建筑法》第29条第1款规定:“除总承包合同中约定的分包外,必须经建设单位认可。”《招标投标法》第48条第2款规定:“中标人按照合同约定或者经招标人同意,可以将中标项目的部分非主体、非关键性工作分包给他人完成。”因此,除工程总承包合同中约定的分包外,分包需经发包人的认可。如未得到认可的,此种情形是否属于违法分包,实践中还存在争议。首先,对于其他违法分包行为法律法规中用词一般为“禁止”,表明该等行为违反法律明确的禁止性规定。对于此种行为,法律法规中用词为“必须”“可以”,程度相对较轻。其次,和其他违法分包情形相比,仅仅是未经发包人同意进行分包对工程质量和安全的影响较小。在最新的《施工违法行为认定查处办法》中,也已将仅仅是“未经发包人认可”从违法分包的情形中删除。因此,结合目前的政策导向,不建议将该类情形列为违法分包的一种,认定分包合同无效。

二、工程总承包项目转包或违法、违约分包的民事责任

(一)发包人可以解除合同的情形

《民法典》第563条规定:“有下列情形之一的,当事人可以解除合同:……(二)在履行期限届满前,当事人一方明确表示或者以自己的行为表明不履行主要债务;(三)当事人一方迟延履行主要债务,经催告后在合理期限内仍未履行;(四)当事人一方迟延履行债务或者有其他违约行为致使不能实现合同目的……”第806条第1款规定:“承包人将建设工程转包、违法分包的,发包人可以解除合同。”因此,当总承包人存在转包、违法分包行为时,发包人可以通过法定解除的方式,根据上述条款解除工程总承包合同。

《民法典》第562条第2款规定:“当事人可以约定一方解除合同的事由。解除合同的事由发生时,解除权人可以解除合同。”根据住建部《工程总承包合同示范文本》第16.1.1条、《标准设计施工总承包招标文件》第22.1条、FIDIC黄皮书和FIDIC银皮书合同条件第15.2条等目前市场上主要的工程总承包合同范本中相应条款,总承包人违反合同约定将合同项下的工作进行分包,符合合同约定可解除情形的,发包人也有权解除合同。因此当总承包人存在违约分包行为时,发包人可以通过约定解除的方式,根据签订的工程总承包合同具体条款解除合同。

但在工程实务中,转包、违法分包的范围、危害程度各不相同,裁判者应当从严把握合同解除的范围。就工程总承包合同而言,应考虑合同项下无争议的承包内容与违法分包部分在价款、质量、工期等合同主要内容上是否能够合理区分,由承包人继续履行剩余工程的承包义务是否存在法律上不能或者事实上不能的情形,是否会影响发包人的合同目的整体上的实现。比如,如上所述,仅仅存在“未经发包人认可”的分包,不宜认定为违法分包。但对于此类违约分包,如果工程总承包合同中没有相关约定,仍可能存在发包人有权要求解除合同的风险。《民法典》第772条第2款规定:“承揽人将其承揽的主要工作交由第三人完成的,应当就该第三人完成的工作成果向定作人负责;未经定作人同意的,定作人也可以解除合同。”由于工程总承包合同从广义来说也属于承揽合

同的一种,因此当总承包人仅存在违约分包的行为时,如果其分包的内容为工程总承包合同下的主要工作,发包人仍可以通过上述规定,以法定解除的方式解除工程总承包合同。如果涉及的分包并非主体工程,并且对工程影响较小或实质上没有影响,或者仅仅是未经发包人同意等情况,此时就不宜支持发包人解除全部合同的请求。

(二)发包人解除合同的法律后果

《民法典》第566条第1款规定:"合同解除后,尚未履行的,终止履行;已经履行的,根据履行情况和合同性质,当事人可以请求恢复原状或者采取其他补救措施,并有权请求赔偿损失。"第793条第2款、第3款规定:"……(一)修复后的建设工程经验收合格的,发包人可以请求承包人承担修复费用;(二)修复后的建设工程经验收不合格的,承包人无权请求参照合同关于工程价款的约定折价补偿。发包人对因建设工程不合格造成的损失有过错的,应当承担相应的责任。"第806条第3款规定:"合同解除后,已经完成的建设工程质量合格的,发包人应当按照约定支付相应的工程价款;已经完成的建设工程质量不合格的,参照本法第七百九十三条的规定处理。"因此,合同解除后,对于验收合格的建设工程,发包人应当按照约定支付相应的工程价款。对于价款的结算问题,其裁判意见详见第4.16条。

《建筑法》第67条规定:"承包单位将承包的工程转包的,或者违反本法规定进行分包的……对因转包工程或者违法分包的工程不符合规定的质量标准造成的损失,与接受转包或者分包的单位承担连带赔偿责任。"《民法典》第577条规定:"当事人一方不履行合同义务或者履行合同义务不符合约定的,应当承担继续履行、采取补救措施或者赔偿损失等违约责任。"因此,总承包人存在违法违约分包行为的,应与转承包人、违法分包人向发包人连带赔偿因此产生的相应损失。

第1.10条　【分包人、违法分包人、转包人、挂靠人等的责任承担】工程总承包合同中,就工程质量问题发包人主张负责设计及施工工作的分包人、违法分包人、转包人、挂靠人等与总承包人连带承担责任的,应予支持。

发包人要求负责采购工作的分包人与总承包人就产品质量承担连带责任的,不予支持。

【条文主旨】

工程总承包合同项下,包括设计、采购、施工等内容,根据《建筑法》及《民法典》相关规定,负责设计及施工部分工作的,无论是合法分包人,还是违法分包人、转包人、挂靠人等,均应当与总承包人一并就质量问题向发包人承担连带责任。

发包人可以根据《产品质量法》向负责采购的分包人主张其承担产品质量责任,但并无法律规定要求负责采购的分包人与总承包人承担连带责任。

【理解与适用】

一、工程总承包人与分包人、违法分包人、转包人、挂靠人等应就质量问题连带承担责任

《建筑法》第 29 条第 2 款规定:"建筑工程总承包单位按照总承包合同的约定对建设单位负责;分包单位按照分包合同的约定对总承包单位负责。总承包单位和分包单位就分包工程对建设单位承担连带责任。"据此,无论是施工总承包还是工程总承包模式,总承包人均与分包人对发包人承担连带责任。

违法分包人、转包人、挂靠人等是否应当与分包人一样,与总承包人连带向发包人承担责任?《建筑法》第 66 条规定:"建筑施工企业转让、出借资质证书或者以其他方式允许他人以本企业的名义承揽工程的,责令改正,没收违法所得,并处罚款,可以责令停业整顿,降低资质等级;情节严重的,吊销资质证书。对因该项承揽工程不符合规定的质量标准造成的损失,建筑施工企业与使用本企业名义的单位或者个人承担连带赔偿责任。"第 67 条第 2 款规定:"承包单位有前款规定的违法行为的,对因转包工程或者违法分包的工程不符合规定的质量标准造成的损失,与接受转包或者分包的单位承担连带赔偿责任。"从上述两条规定可以看出,违法分包人、转包人、挂靠人等,亦应与总承包人连带对发包人承担责任。

需要指出的是,《建筑法》第 29 条规定分包人承担的是"连带责任",而《建筑法》第 66 条、第 67 条规定违法分包人、转包人、挂靠人承担的是"连带赔偿责任"。其原因在于,分包人系基于履行合法的合同,而违法分包人、转包人、挂靠人其承担责任的基础是无效合同,合同无效情形下,当事人承担的为折价补偿、损失赔偿等责任，故有上述区别。

二、工程总承包人与分包人、违法分包人、转包人、挂靠人等连带承担责任的范围

工程总承包涵盖设计、采购、施工等工作，工程总承包人与分包人、违法分包人、转包人、挂靠人等向发包人连带承担责任的范围，包括施工与设计，但不包括采购。

《建筑法》第29条第2款规定："建筑工程总承包单位按照总承包合同的约定对建设单位负责；分包单位按照分包合同的约定对总承包单位负责。总承包单位和分包单位就分包工程对建设单位承担连带责任。"从该规定看，并没有区分从事何种工作的分包单位应当与总承包人承担连带责任，单纯从本条之规定很难说是否包括采购，但从《建筑法》规制的内容来看，主要在于勘察、设计、施工等方面。对于负责设计、采购、施工等分包人及违法分包人、转包人、挂靠人等，是否应当与总承包人承担连带责任，应当结合《建筑法》其他条文及《民法典》、《产品质量法》等，综合加以判断。

《建筑法》第2条规定："在中华人民共和国境内从事建筑活动，实施对建筑活动的监督管理，应当遵守本法。本法所称建筑活动，是指各类房屋建筑及其附属设施的建造和与其配套的线路、管道、设备的安装活动。"第55条规定："建筑工程实行总承包的，工程质量由工程总承包单位负责，总承包单位将建筑工程分包给其他单位的，应当对分包工程的质量与分包单位承担连带责任。分包单位应当接受总承包单位的质量管理。"《建筑法》的核心目的是保证工程的质量安全，而工程的质量安全主要取决于施工，因此，施工分包人及负责施工的违法分包人、转包人、挂靠人对发包人承担责任是没有争议的。

关于设计单位，《民法典》第791条第2款规定："总承包人或者勘察、设计、施工承包人经发包人同意，可以将自己承包的部分工作交由第三人完成。第三人就其完成的工作成果与总承包人或者勘察、设计、施工承包人向发包人承担连带责任。承包人不得将其承包的全部建设工程转包给第三人或者将其承包的全部建设工程支解以后以分包的名义分别转包给第三人。"《建筑法》第56条规定："建筑工程的勘察、设计单位必须对其勘察、设计的质量负责。勘察、设计文件应当符合有关法律、行政法规的规定和建筑工程质量、安全标准、建筑工程勘察、设计技术规范以及合同的约定。设计文件选用的建筑材料、建筑构配件

和设备,应当注明其规格、型号、性能等技术指标,其质量要求必须符合国家规定的标准。”因此,根据上述规定,无论设计人是分包人、违法分包人、转包人、挂靠人等,均应对其设计部分的的质量与总承包人承担连带责任。

在工程总承包中,因为采购工作存在多种形式,负责采购的分包单位可能是最终的生产者,也可能仅仅是销售者,甚至是产品的使用者,因此,关于负责采购的分包单位是否应承担责任,则应当结合《建筑法》与《产品质量法》进行体系解释。《建筑法》第59条规定:“建筑施工企业必须按照工程设计要求、施工技术标准和合同的约定,对建筑材料、建筑构配件和设备进行检验,不合格的不得使用。”《产品质量法》第2条第3款规定:“建设工程不适用本法规定;但是,建设工程使用的建筑材料、建筑构配件和设备,属于前款规定的产品范围的,适用本法规定。”第4条规定:“生产者、销售者依照本法规定承担产品质量责任。”因此,结合《建筑法》与《产品质量法》可以看出,在建筑材料、建筑构配件和设备的生产销售使用全流程中,无论是生产者、销售者还是使用者,都应当对其质量承担责任,故无论我们将负责采购的分包单位定义为负责哪个环节,其都应当就负责的采购部分承担责任。

如果将负责采购的分包单位定义为产品的使用者,此时因其使用不合格的产品造成的质量问题或其他损害自然应当向发包人承担责任。如果将负责采购的分包单位定义为产品的生产者或销售者,《产品质量法》第43条规定:“因产品存在缺陷造成人身、他人财产损害的,受害人可以向产品的生产者要求赔偿,也可以向产品的销售者要求赔偿。属于产品的生产者的责任,产品的销售者赔偿的,产品的销售者有权向产品的生产者追偿。属于产品的销售者的责任,产品的生产者赔偿的,产品的生产者有权向产品的销售者追偿。”发包人作为最终的受损害人,亦可以追究生产者和销售者的责任。因此,无论将负责采购的分包人的地位做何种定性,发包人均有权要求其就所采购的建筑材料、建筑构配件和设备承担瑕疵担保责任。但上述规定中,均只赋予发包人可以追究负责采购的分包人责任的权利,但却没有规定应该与总承包人承担连带责任,因此,工程总承包人与分包人、违法分包人、转包人、挂靠人等连带承担责任的范围不应当包括采购。

三、发包人指定分包人或供应商或特定产品的责任分担

在实践中,多存在发包人指定分包人、供应商,或是指定特定产品型号的情

况。但这两种情况项下的责任分担不可一概而论。《建设工程司法解释》第12条规定:“发包人具有下列情形之一,造成建设工程质量缺陷,应当承担过错责任:(一)提供的设计有缺陷;(二)提供或者指定购买的建筑材料、建筑构配件、设备不符合强制性标准;(三)直接指定分包人分包专业工程。承包人有过错的,也应当承担相应的过错责任。”由该规定可知,在施工合同项下,发包人指定分包人的情况下,发包人需要承担过错责任,但在发包人指定材料、构配件或设备时,仅仅在该材料、构配件或设备不符合强制性标准的情况下,发包人才承担过错责任。

在工程总承包合同中,该问题可能会更为复杂,因为总承包人负责设计工作,发包人指定的材料、构配件或设备可能虽然是符合强制标准的,但却可能会对承包人的整体设计构成影响。如果发包人在合同签订之前已经提供了必要的技术参数,总承包人理应根据该技术参数一并考虑到设计方案之中;但如果发包人在施工过程中才提出指定,并且未向总承包人提供必要的技术参数,由此造成质量问题的,发包人仍可能承担相应的过错责任。

第1.11条 【工程总承包人、供应商将承接的采购工作交由第三人完成的法律后果】如合同明确约定设备、材料、构配件采购工作必须由总承包人自行完成,或该工作根据其性质必须由总承包人自行完成,而总承包人将该工作交由第三人完成的,发包人可以要求总承包人承担违约责任,如该违约行为导致合同目的不能实现的,发包人主张解除合同,应予支持。

工程总承包人或供应商将设备、材料、构配件采购工作交由第三人完成,当事人请求确认该行为无效的,一般不予支持。

【条文主旨】

本条主要探讨工程总承包中工程总承包人或供应商将承接的采购工作交由第三人完成的法律后果:

设备、材料、构配件的采购一般并不属于总承包工程的工程施工或设计范畴,工程总承包人或供应商将承接的采购工作交由第三人完成并非“设计和施工业务一并或者分别分包给其他单位”的行为,故当事人一般不得据此主张合同无效,但如果该采购工作被认定为建设工程合同的,则可能因违反转包法律规定而无效。

但如果双方有明确约定，则发包人可以按照意思自治原则，依据合同约定要求工程总承包人就此承担违约责任。此外，若发包人能够证明工程总承包人上述行为致使合同目的不能实现的，可以主张解除合同。

【理解与适用】

工程总承包建设模式下的“采购”概念有其独特之处，这主要是由于其包括设备、材料、构配件的采购，该种采购不同于一般的买卖，在工作流程、转包界定、解除变更等问题的处理上，均有其特殊之处。

一、工程总承包中采购的一般程序与特点

工程总承包概念通常使用的主要术语为：“设计—建造”（Design - Build）“设计—采购—施工”（Engineering - Procurement - Construction，即 EPC）以及“交钥匙”（Turnkey）。从实践中看，“设计—建造”这一术语主要用于房屋建筑工程与其他土木工程领域，“设计—采购—施工”这一术语一般用于含有大量非标生产设备的石油、化工、电力、电信、矿业等工程项目领域，而“交钥匙”这一术语多用于设备供货与安装项目。①

“设计—建造”模式也往往不可避免地包括一定数量的设备、材料、构配件采购，但“设计—采购—施工”这一模式中的采购之所以被强调，是因为其中的采购一般指特种设备、成套设备、定制设备等的采购，与传统施工总承包中施工方自行采购部分材料不同，在总承包合同中采购的程序设置有其一定的特殊性，且“设计—采购—施工”模式中的采购已经属于合同主要义务，对该义务的违反甚至可能导致影响合同根本目的的实现。

（一）工程总承包中采购的一般程序

工程总承包项目中设备、材料、构配件采购工作一般包含采购计划、物资采买、催交、检验、运输五个阶段。②

具体而言，采购计划阶段，工程总承包人需要进行组织采购部门、编制采购

① 张水波、陈勇强编著：《国际工程总承包 EPC 交钥匙合同与管理》，中国电力出版社 2009 年版，第 4 ~ 7 页。

② 张水波、陈勇强编著：《国际工程总承包 EPC 交钥匙合同与管理》，中国电力出版社 2009 年版，第 74 ~ 82 页。

计划、指定采购管理文件等工作;供应商需要提供相应资料。物资采买阶段,一般包括公开招标、邀请招标、议标、单一货源采购几种方式;工程总承包人需要进行确定供应商、发出邀请函、进行资格审查、编制询价文件、接收报价书及评审、谈判、召开协调会、下达订单等工作;供应商需要报价、参加厂商协调会等。催交阶段,需要工程总承包人与供应商保持联络,要求材料及设备按照计划及工程要求交付。检验阶段,主要针对设备和重要材料,由工程总承包人组织,并需要供应商接受和配合;包括现场接收检验、启运前检验、工序节点检验、驻场检验中的一个或几个。运输阶段,是国际物资采购过程中受外部环境影响最大的一个环节,国际采购的交货方式主要包括出口国境内交货、装卸港口交货以及目的地交货三种,国际商会将其分为13种交货方式,各类交货术语下的责任承担、风险划分等内容均在国际商会《2000年国际贸易术语解释通则》中作出了规定。

(二)工程总承包中采购的特点

工程总承包合同中的采购,主要具有以下两个特点:

1.根据其性质可能构成不同的法律关系

工程总承包合同中的采购在实践中有多种表现形态,如工程总承包人本身就是设备的生产商,总承包人向特定的生产商定制,或是总承包人向供应商采购但不限制生产商等,在这些形态下,可能构成不同的法律关系。如果发包人要求工程总承包人生产,或是总承包人要求供应商生产的,则在该环节构成承揽合同法律关系;而如果总承包人或者供应商无须自己生产,而是可以对外向不特定生产商采购的情况下,则构成买卖合同法律关系。

2.采购构成了合同的主要义务之一

在施工总承包中,也会存在承包人自行购买部分材料的情况,但通常情况下并不会有人将施工合同中的施工人采购材料,与工程总承包合同中的采购相提并论。其原因在于,施工合同中的材料采购,一般都是标准规格的材料,不具有特性,不会构成合同的主要义务,即便承包人不采购而要求发包人提供,也不会对合同的履行或工程的质量造成什么根本性的影响。在工程总承包中,所谓的采购一般是指非标产品或设备,发包人可能是要求必须由总承包人自行完成,或者是从技术要求上必须要求某个供应商提供,如果更换供应商则必然对该设备构成影响,甚至会导致合同目的根本不能实现。比如,某通信企业要求总承包人提供华为供应的基站设备,但总承包人却选择了其他企业供应,虽然可能从表面上也满足了发包人提出的技术指标,但此时就可能构成了对发包人合同根本目的的违反。

二、工程总承包中工程总承包人或供应商将采购工作交由第三人完成的法律后果

工程总承包人或供应商将设备、材料、构配件采购工作交由第三人完成的,相应法律后果需要根据当事人的具体诉请事项分别作出判定。

(一)当事人是否可以此主张无效

工程总承包人或供应商将采购工作交由第三人完成的行为是否无效,首先要确定该行为的法律性质。如前所述,在工程总承包合同中的采购,可能根据合同的具体内容,一般可能构成买卖合同或承揽合同。

就采购方与供应方之间主要可能涉及的买卖合同与承揽合同区分,一般以是否要求供应方满足采购方的特定要求或是标的物是否具有特定性等作为区分标准,如长沙市中院(2013)长中民二重终字第04532号认为,买卖合同和承揽合同均是转移标的物所有权的合同,两者区别的关键在于承揽合同是以完成一定的工作为目的的合同,而买卖合同则是以转移所有权为目的;承揽合同中双方当事人的权利义务所指向的对象主要是一定的行为,承揽人要亲自完成主要工作或次要工作以满足定作人的特殊要求,而买卖合同中双方当事人的权利义务所指向的对象主要是一定的物,卖方既可以自己生产也可以从他人处购买,或者将生产工作完全交由他人完成;在买卖合同中买方对卖方仅得请求交付符合质量要求的标的物,对卖方无检查监督的权利,而在承揽合同中定作人对承揽人不但有权请求交付符合质量要求的标的物,而且定作人还享有检查监督的权利,同时也负有协助义务。

无论是买卖合同还是承揽合同,从目前现行的法律规范而言,均无关于将所涉义务交由第三人完成无效的规定,在承揽合同法律规范中,仅规定了承揽人将其承揽的主要工作交由第三人完成的,应当就该第三人完成的工作成果向定作人负责。因此,当事人以工程总承包人或供应商将采购工作交由第三人完成主张该行为无效的,一般不予支持。

需要说明的是,采购方与供应方之间的合同在少数情况下可能被定性为建设工程合同,比如在合同中包括了要求供应方在现场进行安装的内容。在此情况下,如工程总承包人或供应商将采购工作交由第三人,则可能被认定为违反

转包规定而无效。

（二）发包人是否可以主张工程总承包人承担违约责任或解除合同

即便工程总承包人将采购工作交由第三人完成一般并不会构成合同无效，但在一些非标总承包项目中，设备、材料、构配件采购无论从产值、工作量还是或有风险角度都占有举足轻重的地位。虽然目前工程类的法律法规规定乃至示范文本主要是基于一般房建工程的特点而编写的，工程总承包项目的合同通常参考国家发展改革委等部门发布的《标准设计施工总承包招标文件》或稍加调整修订而成，不少发包人考虑到项目执行风险，会与工程总承包人在合同中明确约定项目设备、材料、构配件的采购工作必须由工程总承包人完成，不得交由其他第三人完成。此时，该约定则构成了合同的主要义务，总承包人对此义务的违反必然构成违约，应当向发包人承担违约责任。如果该义务在工程总承包中属于发包人的核心义务之一，对该义务的违反可能构成合同目的根本不能实现时，发包人亦有权主张解除合同。

如果虽然合同中没有约定，但采购工作被认定为承揽合同的话，根据《民法典》第 772 条的规定："承揽人应当以自己的设备、技术和劳力，完成主要工作，但是当事人另有约定的除外。承揽人将其承揽的主要工作交由第三人完成的，应当就该第三人完成的工作成果向定作人负责；未经定作人同意的，定作人也可以解除合同。"但在工程总承包合同中，采购工作只是总承包合同中的一个部分，因此，虽然承揽合同中有关于解除的法律规定，但发包人并不能轻易解除整个工程总承包合同。如果该采购部分可以独立，则发包人可以主张对该部分予以解除；如果采购部分不能从整个工程总承包合同中独立出来，则发包人一般只能要求承包人就此承担违约责任，如果采购部分构成整个工程总承包合同的核心义务之一，此时发包人才可以主张解除整个工程总承包合同。

第 1.12 条 【发包人就工程总承包项目委托咨询单位的责任承担】发包人委托咨询单位为工程总承包项目提供咨询服务的，咨询单位未按照国家法律法规、强制性国家标准以及咨询服务合同的约定履行其义务，给发包人造成损失的，发包人主张咨询单位承担违约责任，应予支持。

咨询单位在发包人授权范围内的行为给总承包人造成损失的，总承包人主张发包人承担相应的赔偿责任的，应予支持。

> 咨询单位在授权范围外的行为给总承包人造成损失，总承包人主张咨询单位赔偿的，应予支持，但发包人追认的除外；总承包人知道或应当知道咨询单位行为超越其授权范围的，根据双方的过错确定损失的承担；咨询单位的行为构成表见代理的，总承包人主张发包人承担相应的赔偿责任，应予支持。

【条文主旨】

推进全过程工程咨询和工程总承包项目同为促进我国建筑业产业转型升级的重要举措，目前也均为政府投资项目带头推行的工程建设组织模式。同时，相比传统的施工总承包模式，工程总承包模式下的总承包人对项目有更多的信息优势和管理权限，发包人也需要专业的咨询单位协助其对总承包人进行监督和管理。因此，明确此类咨询单位的定位、职责以及法律地位，对于工程总承包项目具有重要意义。本条规定，在咨询单位的行为给发包人或总承包人造成损失的情况下，发包人或总承包人有权要求咨询单位承担相应责任。

【理解与适用】

一、咨询单位的职责和法律地位

工程项目因其复杂性往往需要投入大量的精力和资源进行管理，由于很多发包人并不具备相关的工程专业知识与工程管理经验，这些管理工作全部由发包人来进行，在很多情况下是不现实也不经济的，因此发包人往往会聘请工程咨询单位提供相关的咨询管理服务，这也是目前国际和国内工程实践的惯例之一。

传统上由于我国对工程咨询单位的条块化分割管理，发包人需根据不同的工程阶段和专业服务需求向不同的咨询单位寻求专业咨询服务，如在招投标阶段委托招标代理进行招标，在设计阶段委托设计单位开展设计，在施工阶段委托监理单位对项目进行监理等。随着建设工程市场的发展，发包人对综合性、跨阶段、一体化的咨询服务需求日益增强，这种需求与现行的单项服务供给模式之间存在一定的矛盾。因此国家当前在推行全过程工程咨询服务，并且国家发展改革委、住建部已发布了《关于推进全过程工程咨询服务发展的指导意见》

(发改投资规〔2019〕515号)。在国际工程界,聘请第三方的专业咨询单位来进行若干阶段甚至是工程全寿命周期的管理的做法已经较为普遍。

(一)咨询合同下的职责和法律地位

以FIDIC合同条件为例,其就规范聘请第三方专业咨询单位对工程进行管理发展明确建立了"工程师"制度。根据FIDIC合同条件,发包人与咨询工程师签订服务协议,委托其作为中间人对工程合同的履行进行管理。在适用工程总承包模式的FIDIC黄皮书中,咨询工程师主要的地位和作用主要包括以下方面:

1. 合同管理

即咨询工程师根据合同的约定,对项目进行具体的合同管理、费用控制、进度跟踪和组织协调等,尤其是对施工进行验工计价和在最终付款时颁发各项证书。

2. 工程设计

在一些情况下,发包人会聘请参与工程的前期设计的咨询工程师负责工程合同的发包和全过程管理,以更好地落实发包人意图和进行工程变更,控制费用、工期和质量。

3. 施工监理

咨询工程师应通过被动检查和主动进行安全、费用、进度和质量跟踪监督管理承包商,宏观控制承包商在施工中履行合同的情况,并有权根据合同提出警告、要求纠正以及扣除相关费用。

4. 居中裁判

咨询工程师有权根据合同就发包人和承包人的索赔事项进行商定和确定,对于合同履行过程中的大部分技术和经济争议作出准仲裁决定。

在FIDIC合同条件下,咨询工程师与发包人的管理权限较为明晰,其明确咨询工程师的身份是发包人的代理人,是为发包人具体管理项目的项目经理,其权利来自于发包人的授权,对承包商的指示责任由发包人承担,同时在特定批准事项上受到发包人决定的限制。在FIDIC合同条件下,非常明确地对发包人和工程师在具体事项上的决策管理权力作出了规定,以杜绝多头管理的现象。但为了防止造成与工程师之间的信息隔阂,FIDIC合同条件第1.3款"通知和其他通信交流"也规定了双方间的通知均需要将副本抄送给工程师。

(二)监理等法定职责下的权限

我国的监理制度也来源于FIDIC的"工程师"制度。根据我国《建筑法》第

32 条第 1 款的规定，监理单位对承包单位“在施工质量、建设工期和建设资金使用等方面，代表建设单位实施监督”，认为施工不符合设计要求、施工技术标准和合同约定则有权要求施工单位改正；认为设计不符合建筑工程质量标准或者合同约定的质量要求，则应当报告发包人要求设计单位改正。根据《建设工程监理规范》（GB/T 50319 - 2013），监理人员的职责细分包括：组织审核分包单位资格；组织审查施工组织设计、（专项）施工方案；审查工程开复工报审表，签发工程开工令、暂停令和复工令；组织检查施工单位现场质量、安全生产管理体系的建立及运行情况；组织审核施工单位的付款申请，签发工程款支付证书，组织审核竣工结算；组织审查和处理工程变更；调解发包人与施工单位的合同争议，处理工程索赔；组织验收分部工程，组织审查单位工程质量检验资料；审查施工单位的竣工申请，组织工程竣工预验收，组织编写工程质量评估报告，参与工程竣工验收；参与或配合工程质量安全事故的调查和处理等。按照《建设工程监理规范》（GB/T 50319 - 2013）的结构，监理的职责可以大致归纳总结为工程质量、造价、进度控制与安全生产管理的职责和工程变更、索赔以及施工合同争议处理两类。

（三）咨询单位职责所涉及的问题

在实践中，咨询单位通过此类“咨询工程师”角色介入工程总承包项目的管理也可能会产生一系列问题，包括：

1. 发包人和咨询单位的多头管理问题

实践中，咨询单位的职责与发包人可能存在混合与交叉，如根据《2017 版施工合同示范文本》第 10.2 条“变更权”，发包人和监理人均可以提出变更，且变更指示均通过监理人发出。虽然后面也提及监理人发出变更指示前应征得发包人同意，但是在实践中由于变更指示均由监理人发出，总承包人难以判断监理人发出指示前是否征得了发包人的同意，因此可能会产生总承包人认为自己已经获得了监理人的变更指示，但发包人最终却不认可该变更的效力的情况。在此情况下，可能会导致总承包人面临两方的多头汇报和指令，从而产生争议。

2. 总承包人和咨询单位之间的管理权冲突问题

咨询单位与总承包人对工程项目的管理权力是“你进我退”的关系，总承包人对工程的管理权限越大，则咨询单位的权限应当相应缩小，否则二者之间很可能出现冲突，从而导致工程无法顺利进行。与传统的施工总承包模式相比，总承包人对工程项目的管理权限相对较大，因此咨询单位的管理权限应当作出相应的限缩，但是由于我国法律、规范、标准等对咨询单位履行的监理等服务的职责有法定规定，也容易导致管理权冲突的问题。

二、发包人与其委托的咨询单位之间的法律关系

一般认为，发包人与其委托的咨询单位之间是委托合同关系，双方之间的权利义务关系应当按照《民法典》等相关法律、行政法规中有关委托合同的规定进行处理。这一点在监理制度中也有所体现，我国《建筑法》第 31 条规定，建设单位与其委托的工程监理单位应当订立书面委托监理合同；《民法典》第 796 条则更为明确地规定："建设工程实行监理的，发包人应当与监理人采用书面形式订立委托监理合同。发包人与监理人的权利和义务以及法律责任，应当依照本编委托合同以及其他有关法律、行政法规的规定。"

因此，如果咨询单位违反其职责而造成发包人损害的，应当基于咨询服务合同和委托合同关系承担相应的赔偿责任。《民法典》第 929 条规定："有偿的委托合同，因受托人的过错造成委托人损失的，委托人可以请求赔偿损失……受托人超越权限造成委托人损失的，应当赔偿损失。"《建筑法》第 35 条第 1 款规定，监理单位不按照委托监理合同的约定履行监理义务给建设单位造成损失的，承担相应的赔偿责任。

三、咨询单位与总承包人之间的法律关系

在工程总承包项目中，咨询单位与总承包人通常并不存在合同关系，而是由发包人与咨询单位签订咨询服务协议，委托咨询单位代表发包人对总承包人进行管理，再由发包人与总承包人签订工程总承包合同，并在其中约定总承包人在特定范围内服从咨询单位的管理，从而形成发包人、咨询单位与总承包人之间的三角关系。

前文已述，咨询单位与发包人之间为委托合同关系，那么基于发包人的授权委托，咨询单位对外为法律行为包括对总承包人进行的管理则构成代理行为，咨询单位与总承包人之间的法律关系可以适用《民法典》等法律规定中有关代理制度的规定，下面就根据不同情况分别进行讨论。

（一）咨询单位在授权范围内进行管理工作

根据《民法典》第 162 条等相关法律对代理制度的规定，代理人在代理权限内以被代理人名义实施的民事法律行为，对被代理人发生效力。因此，咨询单

位在其被授权的范围内对总承包人进行管理，其管理行为对发包人发生效力，如果因该授权范围内的管理行为而导致总承包人遭到损失的，应当由总承包人直接向发包人进行索赔。

但是，如果咨询单位造成该等损害是由于其依据的发包人指令本身存在违法情形，则根据《民法典》第 167 条的规定，咨询单位不得实施该等违法代理行为，如果其在应当知道发包人的指令是违法的情形下，仍然依据该指令实施管理行为，则应当与发包人承担连带责任。

(二)咨询单位无权或越权管理

比较复杂的是无权代理的情形。一般而言，依据代理的法律制度，如果咨询单位在其授权范围之外或者在授权终止之后继续对总承包人进行管理造成其损害，而又未得到发包人的追认，则其管理行为对发包人不发生效力。例如，最高院(2018)最高法民申 1516 号认为，除非当事人有明确约定，否则监理单位无权对施工单位作出处罚决定，该案中发包人并未指示监理单位有权作出相应处罚的依据，且违约性质的罚款亦不属造价范围，故未支持发包人将违约罚款金额从工程款中扣除的主张。又如，陕西高院(2017)民终 1187 号认为，变更工期不在《建设工程施工合同》中发包人给监理单位的授权范围内，施工人作为合同一方对此应是明知，在此情形下，即使监理单位发出的开工报告存在工期变更的内容，属于监理单位无权代理的行为，未经被代理人发包人的追认，对被代理人不发生效力。

此时，总承包人是否可以向发包人主张损失取决于总承包人是否为善意相对人。依据《民法典》第 171 条对无权代理的规定，只有善意相对人才有权请求行为人履行债务或者就其受到的损害请求行为人赔偿。如果总承包人知道或者应当知道咨询单位属于无权代理的，总承包人和咨询单位应按照各自的过错承担责任。例如，如果总承包人与发包人的合同中已经明确约定咨询单位的授权管理权限，而咨询单位超出该权限进行管理，则总承包人此时应当知道咨询单位属于无权代理，如果其基于该管理行为受到损失，应当与咨询单位按照各自的过错承担责任。

当总承包人与发包人的合同中没有对咨询单位的管理权限进行约定时，怎样判断咨询单位是否属于无权代理？各地法院对监理单位的行为效力是否及于发包人的裁判指南中体现了一些思路，如北京高院《解答》第 2.10 条认为：“工程监理人员在监理过程中签字确认的签证文件，涉及工程量、工期及工程质量等事实的，原则上对发包人具有约束力，涉及工程价款洽商变更等经济决策的，原则上对发包人不具有约束力，但施工合同对监理人员的授权另有约定的除外。”又如，四川高院《解答》第28条认为：“工程监理人员依据监理合同的约定以及监理规范实施的签字确认行为，对发包人具有约束力。超越监理合同约定以及监理规范实施的签字确认行为，除承包人有理由相信工程监理人员的签字确认行为未超越其监理合同的约定以及监理规范的以外，对发包人不具有约束力。”

从上述法院审判指导意见可以看出，各地高院在对监理单位发出的签证文件的效力是否及于发包人作出判断时，基本上运用了代理制度的法律逻辑，同时又对监理单位就具体事项作出签证的效力进行了区别。在司法案例中，在发包人对监理单位的授权约定不明确，或者没有约定的情况下，法院通常会依据监理单位的法定职责对其所做出的代理行为的效力作出认定。例如，最高院(2017)最高法民终475号认为，关于监理加盖印章并签字，发包人未予确认的工程签证能否采信问题，由于该案当事人未约定工程签证必须加盖发包人印章才能作为计算工程量的依据，而监理单位具有确认工程中发生的停窝工损失、增加的施工项目等职能，其在施工单位提交的工程签证加盖印章并签字，即认可工程签证记载事项。又如，最高院(2019)最高法民终557号认为，即使施工单位不能证明监理单位签发的相关索赔签证已按合同约定程序向发包人报送并获得发包人办理工程索赔签证及索赔结算的授权，但结合该案工程客观进展情况，该索赔签证可以作为认定索赔费用的参照依据。再如，江苏高院(2017)苏民终1092号认为，如果发包人不能证明其明确约定排除监理公司在《验收记录》上签字的权限，且将该约定告知施工单位，则监理单位有权签署验收记录。

基于司法实践中这种对于监理职权认定模糊的状态，有的学者提出由于咨询单位的主要目的是协助发包人执行施工合同中涉及工程专业技术、经济知识和经验的相关事项，所以除非另有特别授权否则不能代理发包人对施工合同进行变更或放弃合同权利等。所以，当总承包人与发包人的合同中未明确约定咨询单位权限时，总承包人作为建设工程合同中发包人的相对人，知道或者应当知道变更合同、减免承包人的合同义务、责任等属于关乎发包人合同利益和合同目的的重大决策事项，是明显超出咨询单位代理权限的行为，此时如果其遵循该明确超出代理权限的行为，则只能与咨询单位按各自过错比例承担责任。

（三）咨询单位无权或越权管理构成表见代理

根据《民法典》第172条关于表见代理的规定，如果咨询单位实施了无权代理的行为，但是总承包人有理由相信其有代理权的，代理行为有效，此时如果因咨询单位的管理行为造成总承包人损失的，仍应当由其直接向发包人进行索赔。关于表见代理的认定标准，最高人民法院《关于当前形势下审理民商事合同纠纷案件若干问题的指导意见》（法发〔2009〕40号）第13条规定，构成表见代理不仅要求无权代理行为在客观上形成具有代理权的表象，并且相对人在主观上善意且无过失地相信行为人有代理权。法院在判断相对人主观上是否属于善意且无过失时，会结合合同缔结与履行过程中的各种因素综合判断合同相对人是否尽到合理注意义务，进而作出综合分析判断。

第1.13条 【工程总承包合同纠纷中涉及实际施工人的处理】工程总承包纠纷中实际施工人以转包人、违法分包人为被告或被申请人主张权利的，应予受理。

实际施工人依据《建设工程司法解释》第26条、《建设工程司法解释（二）》第24条以发包人为被告或被申请人主张权利的，发包人在欠付工程价款范围内对实际施工人承担责任；但发包人能证明其欠付款项与实际施工人无关的除外。

设计人、供应商等依据《建设工程司法解释》第26条、《建设工程司法解释（二）》第24条以发包人为被告或被申请人主张权利的，不予支持。

【条文主旨】

本条是关于工程总承包项目中涉及的实际施工人可以向哪一方主体主张权利的规定。首先，实际施工人直接向转包人、违法分包人主张权利，或者依据《民法典》第535条的规定行使代位权的，当然不存在争议。其次，根据《建设工程司法解释（二）》第24条的规定，实际施工人也有权直接向发包人主张权利。但发包人能证明其欠付款项与实际施工人无关的，如已经足额支付到农民工专用账户内的，应免除该部分款项的直接支付责任。

【理解与适用】

一、关于实际施工人主张权利的现有规则

实际施工人并非我国现行法律规定的一种民事主体,这一表述渊源于最高院《建设工程司法解释》,与名义上的承包人、分包人相对,是指无效合同情形下实际完成工程建设的主体,包括非法转包情形下的转承包人、违法分包情形下的承包人等,其组织形式不局限于自然人,也可能是法人、非法人团体、个人合伙等,一般认为不包括勘察人、设计人。

关于实际施工人主张权利的方式(此处的"主张权利"特指实际施工人直接向发包人主张权利的情况,实际施工人向其合同相对方主张是没有疑义的,本文不再赘述),我国现有规定主要确定了两种方式:其一,《建设工程司法解释(二)》第24条规定,实际施工人可以直接以发包人为被告主张权利,人民法院应当受理并追加转包人或违法分包人为第三人,查明发包人欠付转包人或者违法分包人的工程价款数额,并在此范围内判决发包人对实际施工人承担责任(以下简称实际施工人规则);其二,《建设工程司法解释(二)》第25条规定,实际施工人有权以转包人或者违法分包人怠于向发包人行使到期债权、对其造成损害为由,向发包人提起代位权诉讼,当然范围不仅限于建设工程价款债权。

值得说明的是,第二种方式即代位权诉讼实际上已由《民法典》第535条规定,《建设工程司法解释(二)》第25条的规定也并未超出该规定的范围,可以说只是一条强调性规定;第一种方式则是突破性的规定,虽然最高院强调该条规定是基于实际施工人实际履行了发包人与承包人之间的合同并形成了事实上的权利义务关系,[①]但理论界和实务界普遍认为,这一条规定以突破合同相对性的方式,赋予了实际施工人直接向发包人主张权利的特殊权利。

二、工程总承包项目中的实际施工人既可以向转包人或违法分包人主张权利,也可以直接向发包人主张权利

工程总承包项目中涉及实际施工人的,首先,无论其与相对方签订的合同是否有效,其可以向合同相对方(即转包人或违法分包人)主张权利,这是没有

---

① 最高人民法院民事审判第一庭编著:《最高人民法院建设工程施工合同司法解释的理解与适用》,人民法院出版社2015年版,第182页。

争议的。其次,《民法典》第 535 条规定:“因债务人怠于行使其债权或者与该债权有关的从权利,影响债权人的到期债权实现的,债权人可以向人民法院请求以自己的名义代位行使债务人对相对人的权利,但是该权利专属于债务人自身的除外。代位权的行使范围以债权人的到期债权为限。债权人行使代位权的必要费用,由债务人负担。”据此,在其相对方怠于行使债权、影响其到期债权实现的情况下,实际施工人也可以向合同相对方的债务人(可能包括发包人)主张已到期的债权。

关于工程总承包项目中的实际施工人能否根据《建设工程司法解释》第 26 条、《建设工程司法解释(二)》第 24 条的规定,直接向发包人主张权利,在现行法下我们倾向于认为可以。从文义解释的角度来说,《建设工程司法解释》正文前言说明:“就审理建设工程施工合同纠纷案件适用法律的问题,制定本解释”;《建设工程司法解释(二)》正文前言说明:“为正确审理建设工程施工合同纠纷案件……”无论发包人与总承包人签订的合同属于工程总承包还是施工总承包,均不影响总承包人与实际施工人签订的合同属于施工合同,应适用上述规则。从目的解释的角度来说,实际施工人规则的目的是保护农民工等劳动者的劳动报酬获得权,无论上位合同是施工总承包合同还是工程总承包合同,均不影响这一立法目的的实现。据此,实际施工人可以适用上述规范直接向发包人主张权利。

实践中,工程总承包项目中的实际施工人直接向发包人主张权利的,法院也倾向于直接适用上述规范进行裁判。例如,山东高院(2015)鲁民一终字第 119 号认为:“丽鹏公司与鸿啸公司签订的《山东丽鹏股份有限公司太阳能光电建筑应用示范项目 EPC 总承包工程合同书》约定,鸿啸公司承包丽鹏公司开发建设的光伏低压并网电站工程,包括光伏设备采购、光伏项目系统集成安装及配套设施改造、光伏项目系统调试、光伏项目数据显示及传输工作、光伏项目系统维护(分区安装),本工程为交钥匙工程,本工程技术设计由山东鸿啸电力工程有限公司委托具备相应资质的单位完成。从上述合同约定的内容看,工程设计、工程施工等均属于鸿啸公司承包范围。《中华人民共和国合同法》第二百六十九条规定,建设工程合同是承包人进行工程建设,发包人支付价款的合同。建设工程合同包括工程勘察、设计、施工合同。据此,本案所涉合同应为建设工程合同。原审法院将本案的案由确定为建设工程合同纠纷是正确的。由于涉案合同的主要内容为设备采购与安装。因此,原审适用最高人民法院《关于审理建设工程施工合同纠纷案件适用法律问题的解释》相关规定处理本案并无不当。”四川高院（2013）川民终字第596号中，发包人与承包人签订水泥生产线总承包合同，实际施工人直接向发包人主张工程款，原审根据《建设工程司法解释》第26条第2款之规定，判决发包人在欠付工程款范围内向实际施工人承担责任，二审予以维持。

需要说明的是，由于实际施工人规则主要目的在于保障农民工的权益，因此一般认为除了施工部分外，其他部分（如勘察、设计等）均不应适用该规则。在工程总承包项目中，供应商、设计人也无权适用该规则向发包人主张权利。

三、发包人在欠付工程价款范围内对实际施工人承担责任，除非发包人可以证明该欠付款项与实际施工人无关

根据《建设工程司法解释（二）》第24条的规定：“实际施工人以发包人为被告主张权利的，人民法院应当……判决发包人在欠付建设工程价款范围内对实际施工人承担责任。”在施工总承包项目中，这一规定较为明确，是指发包人应在欠付施工总承包人工程价款的范围内，对实际施工人承担责任。但在工程总承包项目中，工程总承包人往往同时负责采购、设计及施工工作，因此发包人直接承担责任的范围是否应当仅限于施工部分的工程价款？

我们认为，发包人直接承担责任的范围，应以欠付实际施工人合同相对方的款项为限，而非以工作内容为限。理由在于：

其一，实践中，施工总承包模式中的总包人一般也承接了项目中部分甚至全部的采购工作，但实际施工人规则并未将该部分采购工作所对应的款项排除在外。事实上，该种排除也是不可行或不经济的。因此，在工程总承包项目中适用该种理解，符合审判中的实际情况。

其二，《最高人民法院建设工程施工合同司法解释的理解与适用》中已说明，第26条规定发包人在欠付工程价款范围承担责任，一个理由是发包人对总承包人转包或违法分包的事实明知；另一个理由是转包人、违法分包人在发包人欠付工程价款时不积极主张权利。[①] 可以说该种权利与代位权有一定相似性，是基于债务人怠于行使到期债权的状态而产生的。因此，无论该债务人怠

---

① 最高人民法院民事审判第一庭编著：《最高人民法院建设工程施工合同司法解释的理解与适用》，人民法院出版社2015年版，第187～188页。

于向发包人主张的是何种款项(如是采购款还是施工款),均不应影响实际施工人直接向发包人主张欠款的权利。

需要指出的是,虽然一般情况下,发包人欠付的款项难以区分究竟是欠付的施工部分款项还是设计或采购部分款项,但如果发包人确实可以证明其欠付的款项与实际施工人无关时,则应免除发包人就该部分款项直接支付的责任。例如,2020 年 5 月 1 日起开始施行的《保障农民工工资支付条例》第 26 条规定:"施工总承包单位应当按照有关规定开设农民工工资专用账户,专项用于支付该工程建设项目农民工工资。"若总承包人据此开设了专用账户,且发包人可以证明其直接将款项按时足额转至该账户的,应免除相应部分的直接支付责任。此外,在总承包人系联合体,且联合体各方收款可以明确区分之时,比如,负责施工部分的联合体成员已经收取了足额款项但未支付给实际施工人,此时实际施工人不能就发包人欠付其他联合体成员的款项主张权利。

第二章　缔约特别程序——招投标

第2.1条　【属于必须招标范围的工程，未招标对工程总承包合同效力的影响】属于必须招标范围的工程，如果未进行招标，签订的工程总承包合同无效。

工程总承包单位分包时直接发包，当事人主张该直接发包无效的，不予支持。

【条文主旨】

本条主要规定工程总承包合同的发承包及分包合同的签订是否应当经过招投标。必须招标的工程总承包合同签订前未经招投标的，工程总承包合同无效；工程总承包人将所承包工程分包的可以直接发包。

【理解与适用】

一、必须招标的工程范围

强制招投标的工程范围由《招标投标法》、《招标投标法实施条例》和国家发展改革委的相关条文进行规定。

（一）《招标投标法》《招标投标法实施条例》的规定

《招标投标法》第3条规定："在中华人民共和国境内进行下列工程建设项目包括项目的勘察、设计、施工、监理以及与工程建设有关的重要设备、材料等的采购，必须进行招标：（一）大型基础设施、公用事业等关系社会公共利益、公众安全的项目；（二）全部或者部分使用国有资金投资或者国家融资的项目；（三）使用国际组织或者外国政府贷款、援助资金的项目。前款所列项目的具体范围和规模标准，由国务院发展计划部门会同国务院有关部门制订，报国务院批准。法律或者国务院对必须进行招标的其他项目的范围有规定的,依照其规定。”

《招标投标法》第3条是界定工程建设项目是否必须招标的重要规定,该规定第1项从项目类型、后两项从资金来源的角度对必须招标的工程项目进行了界定。但实践中对工程项目的概念存在不同的认识,有观点认为,只要项目中带有“工程”的表述就属于工程建设项目;也有观点认为,只有对建筑物或者构筑物的修建才属于工程建设项目。对此,《招标投标法实施条例》第2条进行了明确规定:“招标投标法第三条所称工程建设项目,是指工程以及与工程建设有关的货物、服务。前款所称工程,是指建设工程,包括建筑物和构筑物的新建、改建、扩建及其相关的装修、拆除、修缮等;所称与工程建设有关的货物,是指构成工程不可分割的组成部分,且为实现工程基本功能所必需的设备、材料等;所称与工程建设有关的服务,是指为完成工程所需的勘察、设计、监理等服务。”由此可见,工程建设项目有特定的内涵,除包括建筑物、构筑物的新建、改建、扩建外,还包括装修、拆除、修缮以及有关的货物和服务。通常所说的土木建筑、道路桥梁、设备安装、线路管道、装修改造等工程直接涉及建筑物、构筑物的形成或改造,都属于工程建设项目。

(二)国家发展改革委关于必须招标投标范围的规定

由于《招标投标法》和《招标投标法实施条例》的规定相对比较原则,主要是从项目类型和资金性质上对必须招标的范围进行规定,在实践中有一定争议。因此,国家发展改革委于2018年分别公布了《必须招标的工程项目规定》和《必招基础设施和公用事业项目范围规定》,对必须招标的工程项目范围进行了更明确的界定。

国家发展改革委于2018年3月公布的《必须招标的工程项目规定》,对原国家发展计划委员会2000年颁布的《工程建设项目招标范围和规模标准规定》(国家发展计划委员会委员会令第3号,已失效)进行了调整。主要从两方面缩减了招投标的范围:一是缩小必须招标项目的范围。将《招标投标法》第3条中规定的“全部或者部分使用国有资金或者国家融资的项目”,明确为“使用预算资金200万元人民币以上,并且该资金占投资额10%以上的项目”,以及“使用国有企业事业单位资金,并且该资金占控股或者主导地位的项目”。二是提高必须招标项目的规模标准。根据经济社会发展水平,将施工合同的招标限额提高到400万元人民币,将重要设备、材料等货物采购合同的招标限额提高到200

万元人民币,将勘察、设计、监理等服务采购合同的招标限额提高到 100 万元人民币,与之前的规定相比翻了一番。从项目类型上,不属于本规定的大型基础设施、公用事业等关系社会公共利益、公众安全的项目,“必须招标的具体范围由国务院发展改革部门会同国务院有关部门按照确有必要、严格限定的原则制订,报国务院批准”。

国家发展改革委于 2018 年 6 月公布的《必招基础设施和公用事业项目范围规定》规定则是对《必须招标的工程项目规定》的补充,其第 2 条规定:“不属于《必须招标的工程项目规定》第二条、第三条规定情形的大型基础设施、公用事业等关系社会公共利益、公众安全的项目,必须招标的具体范围包括:(一)煤炭、石油、天然气、电力、新能源等能源基础设施项目;(二)铁路、公路、管道、水运,以及公共航空和 A1 级通用机场等交通运输基础设施项目;(三)电信枢纽、通信信息网络等通信基础设施项目;(四)防洪、灌溉、排涝、引(供)水等水利基础设施项目;(五)城市轨道交通等城建项目。”《必招基础设施和公用事业项目范围规定》将原《工程建设项目招标范围和规模标准规定》(国家发展计划委员会委员会令第 3 号,已失效)确定的 12 大类必招基础设施和公用事业项目,压缩到能源、交通、通信、水利、城建五大类,大幅放宽对市场主体特别是民营企业选择发包方式的限制。具体体现在三个方面:一是删除了民间资本投资较多的商品住宅项目、科教文卫体和旅游项目、市政工程项目、生态环境保护项目等;二是删除了“其他基础设施项目”和“其他公用事业项目”的兜底条款,避免这一范围在执行中被任意扩大;三是对保留的五大类,特别是水利类和城建类项目,也作了较大缩减,从而进一步扩大了市场主体特别是民营企业的自主权。

(三)招标投标法修订草案的新内容

按照 2019 年《政府工作报告》关于改革完善招投标制度的部署要求,国家发展改革委牵头有关部门起草了《招标投标法(修订草案公开征求意见稿)》(以下简称《招标投标法修订草案》)并于 2019 年 12 月 3 日公布向全社会征求意见。此次修订进一步推进招投标领域简政放权,界定了必须进行招标的范围,将大型基础设施、公用事业等关系社会公共利益、公众安全的项目从必须招标的范围内删除;增加一类招标项目,采取政府和社会资本合作模式的工程建设项目,达到规定规模标准的,选择社会资本方时必须进行招标。

二、法律法规关于合同效力的规定

(一)《招标投标法》关于未招标的合同效力

《招标投标法》第 1 条规定其立法目的是“规范招标投标活动,保护国家利益、社会公共利益和招标投标活动当事人的合法权益,提高经济效益,保证项目质量”。该法第 2 ~4 章对招标、投标、开标、评标等流程进行了规范,第 5 章法律责任主要规定的是违反招投标流程应承担何种行政或刑事责任。但《招标投标法》并没有明确说明,必须招标的项目未经招标而签订的合同是否有效。因此,未经招投标的合同效力,还要从《民法典》的相关条文进行判断。

(二)《民法典》关于合同效力规定

《民法典》第 153 条规定:“违反法律、行政法规的强制性规定的民事法律行为无效。但是,该强制性规定不导致该民事法律行为无效的除外。违背公序良俗的民事法律行为无效。”

上述规定中,法律、行政法规仅限于全国人大及其常委会制定的法律及国务院制定的行政法规,而不包括地方性法规与行政规章。违反地方性法规、部门规章的合同内容并不当然无效。

关于如何理解《民法典》第 153 条中“该强制性规定不导致该民事法律行为无效的除外”的规定,《合同法解释(二)》第 14 条规定:“合同法第五十二条第(五)项规定的‘强制性规定’,是指效力性强制性规定。”故《民法典》第 153 条中的强制性规定应指效力性强制性规定,而不包括管理性强制性规定。关于何谓效力性强制性规定,我国法律并没有十分明确的说明。对于如何区分效力性强制性规定和管理性强制性规定,王利明教授认为:“第一,法律、法规明确规定违反强制性规定将导致合同无效或者不成立的,该规定属于效力性强制性规定。第二,法律、法规虽然没有明确规定违反强制性规定将导致合同无效或者不成立,但违反该规定以后若合同继续有效会损害国家利益和社会公共利益,也应当认定为效力性强制性规范。第三,法律、法规虽然没有明确规定违反强制性规定将导致合同无效或者不成立的,违反该规定以后若使合同继续有效并不损害国家利益和社会公共利益,而只是损害当事人的利益,则该规范就不属于效力性规范,而是管理性规范。”通常认为,法律法规直接规定违反该条内容即无效的规定就是效力性强制性规定,如《民法典》第 146 条、第 154 条等。

（三）《九民会纪要》关于合同效力的意见

最高院公布的《九民会纪要》第30条认为：目前部分法院动辄以违反法律、行政法规的强制性规定为由认定合同无效，不当扩大无效合同范围的情形；相反，实践中也有一些法院认为凡是行政管理性质的强制性规定都属于管理性强制性规定，不影响合同效力。这两种情况都应该予以纠正。

最高院认为，法院在审理合同纠纷案件时，要慎重判断强制性规定的性质，特别是要在考量强制性规定所保护的法益类型、违法行为的法律后果以及交易安全保护等因素的基础上认定其性质，并在裁判文书中充分说明理由。下列强制性规定，应当认定为"效力性强制性规定"：强制性规定涉及金融安全、市场秩序、国家宏观政策等公序良俗的；交易标的禁止买卖的，如禁止人体器官、毒品、枪支等买卖；违反特许经营规定的，如场外配资合同；交易方式严重违法的，如违反招投标等竞争性缔约方式订立的合同；交易场所违法的，如在批准的交易场所之外进行期货交易。

其中明确提到，违反招投标程序订立合同属于交易方式严重违法，因而违反了效力性强制性规定，合同无效。《招标投标法》作为规范招投标程序、规范市场经济秩序的重要法律，若不遵守将严重损害国家利益和社会公共利益。因此，违反了招投标规定签订的合同应当无效。

三、未经招标的工程总承包合同效力

《房建市政工程总承包管理办法》于2019年12月23日正式公布，并于2020年3月1日正式生效，关于招标的内容在第8条，该条规定："建设单位依法采用招标或者直接发包等方式选择工程总承包单位。工程总承包项目范围内的设计、采购或者施工中，有任一项属于依法必须进行招标的项目范围且达到国家规定规模标准的，应当采用招标的方式选择工程总承包单位。"本条明确要求只要项目的设计、采购、施工有任一项需要强制招标，就要通过招标的方式选择工程总承包单位。但工程总承包管理办法全文并没有明确说明，必须招标的项目未经招标合同是否有效。因此，应结合《九民会纪要》《民法典》《招标投标法》的内容，对必须招标的工程，未招标是否导致工程总承包合同无效这一问题进行判断。

由于《招标投标法》的目的是规范招标投标活动，保护招标投活动当事人的合法权益。如果未进行招投标就直接签署工程总承包合同，不但违反了法律，也严重破坏了招投标公平竞争的市场环境，不能有效维护市场经济秩序。因此，必须招标的工程，未进行招投标程序，总承包合同应当无效。另外，国家推行工程总承包制度也是为了提升工程建设质量和效益，加强工程质量安全管理，如果未经招标签订的总承包合同有效，也不利于对工程的全面管理，有悖于工程总承包制度的推广。

四、必须招标的工程，经批准可不公开招标，总承包合同是否有效

《招标投标法修订草案》第12条是关于招标项目的规定，本条新增"依法必须进行招标的政府投资项目，招标范围、招标方式、招标组织形式应当报投资项目审批部门审批。依法必须进行招标的企业投资项目，拟不招标或者邀请招标的，应当在实施采购前将不进行公开招标的理由报投资项目核准、备案部门备案，投资项目审批、核准部门及时通报有关行政监督部门"的规定。第13条是关于公开招标和邀请招标的内容，本条新增"依法必须进行招标的项目，公开招标是采购的主要方式，除法律、行政法规规定可以进行邀请招标和不招标的外，应当公开招标"的规定。

上述两个条文新增的内容提到必须招标的项目也可以不进行公开招标，前提条件是法律法规明确规定了项目可以不公开招标，并且项目方将不公开招标的理由报给项目审批部门备案。这与强制招投标的规定并不一致，也引发了一个可以思考的问题：必须招标的工程，经批准可不公开招标，总承包合同是否有效？

国家发展改革委在《招标投标法修订草案》起草说明提到，要坚持处理好政府与市场的关系。对应当由市场主体自主决策的，充分尊重市场主体权利，并明确相应的责任，减少对市场主体特别是民营企业招投标活动的干预。本次修订主要有八个方面，第1条就是推进招投标领域简政放权。进一步清晰界定了必须进行招标的项目范围，大幅放宽对民间投资项目的采购方式要求，激发民间投资活力。取消企业投资项目招标方案核准、自行招标备案等多项事前核准、备案事项，更多采用事中事后监管，降低制度性交易成本。第3条、第4条还强调落实招标人自主权、提高招投标效率。

《招标投标法修订草案》第12条、第13条两个条文也是顺应招标投标制度改革的趋势。第12条为新增内容，企业投资项目，拟不招标或者邀请招标的，报相关部门备案。新增此条文的目的是赋予企业更多的自主决定权，提高经营

效率。第 13 条新增一款,依法必须进行招标的项目,公开招标是采购的主要方式,除法律、行政法规规定可以进行邀请招标和不招标的外,应当公开招标。增加这一款的原因是,如果相关法律法规明确哪一类项目可以不公开招标,说明根据此类项目的特点和市场环境,不进行公开招标并不会影响市场参与者的公平竞争环境、也不会破坏市场经济秩序,所以没有必要再要求公开招标。当然,允许不公开招标的具体的项目类型、项目范围还需要相关法律、行政法规进一步明确。

因此,如果新修订的《招标投标法》增加了上述条文,则必须招标的项目,满足相应条件的可不进行公开招标。相应地,必须招标的工程,经批准可不公开招标,总承包合同应当有效。

五、工程总承包单位再发包的,是否必须再招标

由于工程总承包合同包括设计、施工或设计、采购、施工,总承包单位可能将部分工程再分包出去,这就涉及总承包单位是否必须再招标的问题。

例如,某国有设计院作为工程总承包单位承包一个项目,总承包合同的内容包括设计和施工,该国有设计院将施工部分分包给具有相应施工资质的企业时,是否还需要再进行招标?

(一)需要再招标

一种观点认为,总承包人分包的还需要公开招标。

(二)无须再招标

另一种观点认为,工程总承包单位无须再招标,可以采用直接发包的方式进行分包。主要依据有三方面:

1. 住建部《房建市政工程总承包管理办法》

《房建市政工程总承包管理办法》第 21 条规定:“工程总承包单位可以采用直接发包的方式进行分包。但以暂估价形式包括在总承包范围内的工程、货物、服务分包时,属于依法必须进行招标的项目范围且达到国家规定规模标准的,应当依法招标。”

根据本条规定,只有以暂估价形式包括在总承包范围内的工程、货物、服务属于依法必须进行招标的项目范围且达到国家规定规模标准的,应当依法进行招标。除此之外,工程总承包单位都不用再招标。

2. 地方性规定

根据部分地方关于工程总承包的管理规定，工程总承包单位可以不用招标，直接发包。

例如，《上海市工程总承包试点项目管理办法》（沪建建管〔2016〕1151 号）第 10 条规定："（再发包情形）存在以下情形之一的，本办法称为工程总承包再发包：（一）工程总承包企业具备相应的设计和施工资质的，可以自行实施工程的设计和施工业务，也可以将工程的全部设计或者全部施工业务再发包给具备相应资质条件的设计单位、施工总承包单位；（二）工程总承包企业仅具备相应的设计或者施工资质的，应当自行实施其资质承揽范围内的设计或者施工业务，并将其资质承揽范围外的全部施工或者全部设计业务再发包给具备相应资质条件的施工总承包单位或者设计单位；（三）工程总承包企业可以将工程的全部勘察业务再发包给具备相应资质条件的勘察单位。上述工程总承包再发包，可以不再通过招标方式，但应当经建设单位同意，并在工程总承包合同中予以明确。"

3. 最高院案例

最高院（2018）最高法民终 1108 号中，中大公司作为高速公路项目的总承包单位，没有进行招投标，就将项目第四合同段分包给了中铁公司，中大公司与中铁公司签订了分包合同。一审广西高院认为案涉分包合同因未招投标而无效。中大公司上诉，最高院在二审中认为分包合同有效。

该案中最高院认为无须招标的原因有三点：

其一，工程总承包合同是经过招投标程序签订的，合法有效；案涉分包合同没有超出总包合同的内容，不改变总承包人的责任；中大公司作为承包人对发包人就案涉项目的工程质量负责，分包合同不经招投标签订，不影响保障工程质量、维护公共利益的立法目的实现。

其二，案涉《总承包合同》约定，"工程总承包单位可以根据本项目工程规模自行划分工程合同段，但应遵守便于建设实施、适合专业划分、易于管理的原则；分包工程需报发包人批准；拟投入的施工单位的资质应与承担的工作内容相适应"，该约定合法有效。发包人于 2011 年 6 月 8 日书面同意了中大公司的分包申请，分包事宜及程序符合《总承包合同》的约定。

其三，根据《招标投标法》第 8 条的规定，"招标人是依照本法规定提出招标项目、进行招标的法人或者其他组织"，中大公司并非案涉项目的招标人，其与中铁公司的分包关系，并非立法本意主要针对的招标人与承包人的关系。

(三)结论

1. 总承包单位分包时不采取招标方式,不违反法律、行政法规的强制性规定

违反法律、行政法规的效力性强制性规定才会导致合同无效,而《招标投标法》《招标投标法实施条例》并未规定总承包单位分包时必须进行招标。制定《招标投标法》的目的,主要是规范建设单位公平公正地开展招标活动,并非针对工程总承包单位的分包行为。《招标投标法》关于分包的条文,只强调分包内容应是工程非主体、非关键性工作,接受分包的人应当具备相应资质,并没有对分包的方式进行限制。《招标投标法实施条例》第 29 条规定:"以暂估价形式包括在总承包范围内的工程、货物、服务属于依法必须进行招标的项目范围且达到国家规定规模标准的,应当依法进行招标。"可以由此得出结论,不属于暂估价形式的工程、货物、服务,工程总承包单位对外分包的,并不要求必须进行招标。

2. 工程总承包的相关规定也不要求总承包单位通过招标的方式进行分包

《房建市政工程总承包管理办法》第 21 条规定,工程总承包单位可以采取直接发包的方式分包,只有暂估价形式的工程、货物、服务分包时,属于必须招标的项目才应当招标。2016 年 5 月 20 日住建部公布的《关于进一步推进工程总承包发展的若干意见》(建市〔2016〕93 号)第 2 条第 9 项也规定工程总承包企业可以根据合同约定或者经建设单位同意,直接将工程项目的设计或者施工业务择优分包给具有相应资质的企业。2017 年 2 月 21 日国务院发布的《国务院办公厅关于促进建筑业持续健康发展的意见》(国办发〔2017〕19 号)第 3 条第 3 项同样提出:"除以暂估价形式包括在工程总承包范围内且依法必须进行招标的项目外,工程总承包单位可以直接发包总承包合同中涵盖的其他专业业务。"除了国家层面的规定,上文提到的地方规定,如上海公布的工程总承包试点意见,同样允许总承包单位可以不通过招标的方式分包。

3. 司法实践也支持工程总承包单位直接分包

根据上述最高院的判例,司法实践中同样对工程总承包单位直接分包的合同效力予以认可。主要理由是,第一,工程总承包合同经过了合法的招投标程序,总承包合同有效,分包合同的内容在总承包合同范围内,直接分包不会导致工程出现质量问题;第二,工程总承包单位对外分包取得了发包人的同意,对外分包符合工程总承包合同的约定;第三,工程总承包单位对外分包的行为并不是《招标投标法》主要规范的对象。

另外,从提高合同履行效率的角度,也不宜要求总承包单位通过招标的方式分包。

第2.2条 【工程总承包中标合同与实际履行合同不一致时,"黑白合同"规则的适用】工程总承包中标合同与实际履行合同的发包人要求、工程价款等实质性内容不一致,若中标合同有效,当事人请求按照中标合同确定权利义务的,应予支持;若中标合同无效,当事人请求参照实际履行的合同结算合同价款的,应予支持。但当事人因客观情况发生了招投标时难以预见的变化另行订立合同的除外。

【条文主旨】

本条规定在工程总承包项目中,中标合同如果与实际履行合同不一致,是否适用关于建设工程施工合同的"黑白合同"规则的问题。

无论是否属于必须招标的总承包项目,中标合同与实际履行合同的发包人要求、工程价款等实质性内容不一致的,若中标合同有效,当事人请求按照中标合同确定权利义务的,应予支持;中标合同与实际履行合同的发包人要求、工程价款等实质性内容不一致的,若中标合同无效,当事人请求参照实际履行的合同结算合同价款的,应予支持。因发生招投标时难以预见的变化,当事人另行订立的合同不属于变更中标合同的实质性内容。

【理解与适用】

一、关于施工合同"黑白合同"的裁判规则

建设工程施工领域中的"黑白合同"现象较为普遍。黑白合同又称阴阳合同,这一概念并非法律术语。建设单位和施工单位就同一工程签订了不同的建设工程施工合同,其中"白合同"是指双方根据招投标文件签订的中标合同,而"黑合同"指双方私下签订的合同,对"白合同"的实质性内容进行了变更。

(一)必须招标的项目"黑白合同"规则

1.《建设工程司法解释》的规定

《建设工程司法解释》第21条规定:"当事人就同一建设工程另行订立的建

设工程施工合同与经过备案的中标合同实质性内容不一致的，应当以备案的中标合同作为结算工程价款的根据。”

根据该条司法解释，建设工程施工合同存在“黑白合同”情形的，应以备案的中标合同作为结算工程价款的依据。

本条解释的主要依据是《招标投标法》第46条第1款之规定：“招标人和中标人应当自中标通知书发出之日起三十日内，按照招标文件和中标人的投标文件订立书面合同。招标人和中标人不得再行订立背离合同实质性内容的其他协议。”

《招标投标法》第59条规定：“招标人与中标人不按照招标文件和中标人的投标文件订立合同的，或者招标人、中标人订立背离合同实质性内容的协议的，责令改正；可以处中标项目金额千分之五以上千分之十以下的罚款。”

《招标投标法》上述规定的目的是让招标人和中标人必须遵循公平、公正、公开的原则，严禁任何侵犯其他未中标投标人利益的行为，从而保证招投标各方的合法权益，维护招投标制度的权威性。

2.《建设工程司法解释（二）》的规定

2019年正式实施的《建设工程司法解释（二）》对建设工程领域“黑白合同”问题进行了更详细的规定。

该解释第1条规定：“招标人和中标人另行签订的建设工程施工合同约定的工程范围、建设工期、工程质量、工程价款等实质性内容，与中标合同不一致，一方当事人请求按照中标合同确定权利义务的，人民法院应予支持。招标人和中标人在中标合同之外就明显高于市场价格购买承建房产、无偿建设住房配套设施、让利、向建设单位捐赠财物等另行签订合同，变相降低工程价款，一方当事人以该合同背离中标合同实质性内容为由请求确认无效的，人民法院应予支持。”

3. 两个司法解释关于“黑白合同”规则的区别

（1）《建设工程司法解释》中，“白合同”指经过备案的中标合同，《建设工程司法解释（二）》中的“白合同”指中标合同，删去了“备案”两字。原因是2018年5月14日国务院办公厅发布的《关于开展工程建设项目审批制度改革试点的通知》（国办发〔2018〕33号）第3条第8项明确“取消施工合同备案、建筑节能设计审查备案等事项”；2018年住建部修订了《房建筑和市政基础设施工程施工招标投标管理办法》，删去第47条第1款中的“订立书面合同后7日内，中标人应当将合同送工程所在地的县级以上地方人民政府建设行政主管部门备案”。至此,我国正式取消了建设工程施工合同的备案制度,不再要求中标合同需向主管部门备案,因此司法解释的表述由备案中标合同改为了中标合同。

(2)《建设工程司法解释》将“黑白合同”不一致的地方概述为合同实质性内容,《建设工程司法解释(二)》将实质性内容明确为工程范围、建设工期、工程质量、工程价款等。因为《招标投标法实施条例》第57条第1款规定:“招标人和中标人应当依照招标投标法和本条例的规定签订书面合同,合同的标的、价款、质量、履行期限等主要条款应当与招标文件和中标人的投标文件的内容一致。招标人和中标人不得再行订立背离合同实质性内容的其他协议。”因此,司法解释也得以进一步明确合同实质性内容的范围。

(3)由于部分招标人与投标人规避“黑白合同”的规定,在中标的施工合同外签署其他协议,变相降低合同价款。为杜绝此类现象,《建设工程司法解释(二)》第1条还增加了一款,规定招标人和投标人采取其他方法变相降低工程款的合同是无效的。此种现象虽然没有直接签署“黑合同”,但实际上也是变更了合同价款,与签署“黑白合同”的效果一样,因此,本条司法解释增加了这一规定。

(二)非必须招标的项目,是否适用“黑白合同”规则

由于《建设工程司法解释》第21条没有明确非必须招标的项目招标后,是否使用该条司法解释处理“黑白合同”问题,因此实务中对这一问题也存在争议。

《招标投标法》第2条规定:“在中华人民共和国境内进行招标投标活动,适用本法。”

从法律适用的范围分析,中华人民共和国境内进行招标投标活动,应当包括必须招标的项目和非必须招标的项目,当事人对非必须招标项目进行招投标,说明其自愿接受《招标投标法》的约束,因此非必须招标的项目也应遵守《招标投标法》。

《建设工程司法解释(二)》第9条规定:“发包人将依法不属于必须招标的建设工程进行招标后,与承包人另行订立的建设工程施工合同背离中标合同的实质性内容,当事人请求以中标合同作为结算建设工程价款依据的,人民法院应予支持,但发包人与承包人因客观情况发生了在招标投标时难以预见的变化而另行订立建设工程施工合同的除外。”

由本条规定可知,非必须招标的项目发包人通过招标方式选择承包人的,亦应与经过招投标的必须招标项目采用同样的处理规则。

二、工程总承包合同的实质性内容

工程总承包合同的实质性内容具体可参见本《指引》第 3.6 条,在此仅就工程总承包中的“发包人要求”与实质性内容的关系进行分析。

与施工合同中的实质性内容不同,工程总承包的实质性内容因为包括设计,故其权利义务包括更多的内容,一般统称为发包人要求,但发包人要求并不一定都构成本条所指的实质性内容。

根据《房建市政工程总承包管理办法》第 9 条第 4 项的规定,发包人要求包括项目的目标、范围、设计和其他技术标准,涵盖对项目的内容、范围、规模、标准、功能、质量、安全、节约能源、生态环境保护、工期、验收等的明确要求。

在住建部 2020 年 5 月 8 日发布的《建设项目工程总承包合同示范文本(征求意见稿)》(建司局函市〔2020〕119 号)中,第 1.1.1.6 条对发包人要求的定义是,构成合同文件组成部分的名为《发包人要求》的文件,其中列明工程的目的、范围、设计与其他技术标准和要求,以及合同双方当事人约定对其所作的修改或补充。合同的附件 1 对发包人要求的内容进行了更详细的列举,发包人要求包括但不限于:(1)功能要求;(2)工程范围;(3)工艺安排或要求;(4)时间要求;(5)技术要求;(6)竣工试验;(7)竣工验收;(8)竣工后试验;(9)文件要求;(10)工程项目管理规定;(11)其他要求。

《招标投标法》第 46 条禁止招标人和中标人另行签订与中标合同实质性内容背离的协议主要有两方面原因:一是招投标活动应当遵循公开、公平、公正和诚实信用原则,否则会由于交易方式不公平而使投标人失去商业机会。如果允许当事人另行签订背离合同实质性内容的协议,则违背了招投标活动的初衷,整个招投标过程就失去了意义,对其他竞标人不公平。二是另行签订合同也会对招标人或中标人的权利产生很大影响,如招标人利用优势地位要求与中标人另行签订合同,降低中标合同的工程价款,这会导致中标人的项目收益减少甚至变为亏损,损害中标人的利益。

发包人要求包括目标、范围、设计和其他技术标准等,具体又包含工程的内容、范围、规模、标准、工期、质量等大量项目,如果合同中某一个项目的变更导致出现上文提到的后果,则该项目就应当属于总承包合同的实质性内容。例如,项目范围或工期的变更都会对总承包人的施工内容造成较大影响,进而影响到总承包人的收益,因此,工程范围、工期都应当属于合同实质性内容。但有的内容修改不会造成重大影响，例如，发包人的文件要求、对操作和维修手册的要求，如果招标人和中标人在总承包合同的履行过程中协商修改，并不会对招标过程的公平公正造成影响，也没有对双方的权利造成重大影响，因此就不属于合同实质性内容。

由于发包人要求的内容很多，难以一一列举，针对不同的总承包合同，某项内容是否属于合同实质性内容会得出不同的结论。因此，判断发包人要求是否属于总承包合同的实质性内容，还要根据工程的实际情况分析，判断具体内容是否影响其他竞标人中标或者是否对双方的权利义务产生重大影响，构成影响的则属于合同实质性内容。

三、工程总承包中标合同与实际履行合同不一致时适用的规则

1. 工程总承包合同可参照施工合同"黑白合同"规则，确定中标合同与实际履行合同不一致的适用规则，但所谓的实质性内容不能机械套用施工合同司法解释之规定，而应当适用工程总承包合同的特点。

中标合同与实际履行合同的发包人要求、工程价款等实质性内容不一致的，若中标合同有效，应参考《建设工程司法解释（二）》第1条之规定，以中标的总承包合同确定双方权利义务，以规范招投标活动，保护招投标当事人的合法权益，当事人请求按照中标合同确定权利义务的，应予支持；若中标合同无效，应参考《建设工程司法解释（二）》第11条之规定，参照双方实际履行的合同结算合同价款，此时中标合同和实际履行的合同均无效，但实际履行的合同更符合双方真实意思表示。

例如，最高院（2018）最高法民申4527号认为，案涉工程是必须招标的项目，由于双方串通投标，中标的施工合同以及未经招投标程序签订的总承包合同均无效，在两份合同均无效的情况下，应当以双方实际履行的合同作为结算工程款的依据。

适用本条规则时需要注意的是，并非所有发包人要求都构成本条所指的实质性内容，一般只有对双方权利义务构成重大影响的发包人要求才能构成本条所指的实质性内容。

2. 因发生招投标时难以预见的变化，当事人另行订立的合同不属于变更中标合同的实质性内容。在合同履行过程中，如果出现当事人招投标时难以预见的变化，当事人可以变更合同，不属于变更中标合同的实质性内容，因为此种情

形并非招投标法律所需要规制的对象。我国《民法典》第543条对合同的变更作了明确规定。合同变更权的存在于所有的合同履行过程中,中标合同的履行也不例外。建设工程开工后,因涉及变更、建设工程规划指标调整等客观原因,发包人与承包人通过补充协议、会议纪要、来往函件、签证等洽商记录形式变更工期、工程价款、工程项目性质的,不应认定为变更中标合同的实质性内容。

另外,在工程总承包发包模式下,工程发包时间提前到初步设计后甚至是更早的时间,在合同履行过程中,发生不可预见的事项的可能性较之施工合同大为增加,因此从工程总承包的特性来说,理应允许双方根据客观情况的变化重新协商。

因此,发生了招投标时难以预见的变化,应允许当事人另行订立合同对中标合同内容适当变更,此种情况不认定为对中标合同实质性内容的变更。

第2.3条 【以暂估价形式包括在总承包合同范围内的工程、货物、服务分包的处理规则】工程总承包单位再分包时,以暂估价形式包括在工程总承包范围内的工程、货物、服务,如属于依法必须进行招标的项目且达到国家规定的规模标准的,未进行招标所签订的分包合同无效。

【条文主旨】

工程总承包单位中标后,在合同有约定或者取得发包人同意的情况下,总包单位可以将总承包合同范围内包括的工程、货物、服务等不属于依法必须招标的项目,直接进行发包,但由于设计深度不足、工期要求紧张等各种情形无法确定价格的项目工程以暂估价形式包括在工程总承包范围内且属于依法必须招标的,应当依法进行招标,并以此取代暂估价,调整合同价款,未进行招标所签订的分包合同无效。在二次招标中应依据招标文件中明确的内容,确定二次招标中标人。

【理解与适用】

1. 在工程实践中由于设计深度不足、工期要求紧张等各种情形,导致在招标时部分必须实施的工程、货物及服务的技术标准和要求不明确,无法确定价格,现行采用两种做法:

（1）针对已经明确的项目范围先进行招标，之后待不确定的项目工程能够确定后再根据相关法律法规进行招投标或直接分包。在这种模式下有些建设单位为了规避招投标，故意支解工程将整体工程化整为零，将前期可以确定的项目也划入无法确定的项目范围，从而使按国家规定必须招标的整体工程分解成了不需要招标的各个小工程项目。整体工程的分散发包，在实践中往往会造成施工现场难以协调，承包主体之间互相推诿责任，导致工期拖延，增加成本，甚至引发严重的安全和质量问题。

（2）将不能确定的工程项目内容直接放在总体工程中进行招标。这种做法容易导致承建单位投标时为了获得工程项目恶意压价，中标后又以项目变更为由向招标单位索赔。

为了能够防止规避招标而支解工程，同时能够确认责任主体，防止恶意竞争，从而引入"暂估价"概念，建设单位针对不确定的工程项目制定暂估价格，将其纳入工程总承包价格整体中进行招投标，确定工程总承包方，后期暂估价项目可以确认时，再将暂估价项目进行招标分包或直接分包。工程总承包项目因为发包时通常设计未完成，因此会更多的采用暂估价这种形式。

暂估价是指招标人在工程量清单或预算书中提供的用于合同履行阶段必然发生，但标准不明确或需要由专业承包人完成，暂时又不能确定价格的材料、工程设备的单价、专业工程以及服务工作的价格时，采用的一种价格表现形式。《2013 版清单计价规范》中将暂估价分为材料暂估价、工程设备暂估价和专业工程暂估价。

2. 关于工程总承包单位对工程进行分包时，对暂估价项目是否应进行招标，我国法律法规及相关规范性文件有明确规定：

（1）《房建市政工程总承包管理办法》第 21 条规定："工程总承包单位可以采用直接发包的方式进行分包。但以暂估价形式包括在总承包范围内的工程、货物、服务分包时，属于依法必须进行招标的项目范围且达到国家规定规模标准的，应当依法招标。"

（2）《招标投标法实施条例》第 29 条第 1 款规定："招标人可以依法对工程以及与工程建设有关的货物、服务全部或者部分实行总承包招标。以暂估价形式包括在总承包范围内的工程、货物、服务属于依法必须进行招标的项目范围且达到国家规定规模标准的，应当依法进行招标。"

据此，对于总承包合同约定或经建设单位认可的前提下总承包单位可以采用直接发包的方式进行分包，但以暂估价形式包括在总承包范围内的工程、货物、服务属于依法必须进行招标的项目范围且达到国家规定规模标准的，应当依法进行招标。

之所以规定以暂估价形式包括在总承包范围内的工程、货物、服务属于依法必须进行招标的项目范围且达到国家规定规模标准的应当依法进行招标，主要是由于暂估价的材料、工程设备、专业工程和服务的价格是招标人给定的固定价格，投标人在投标报价时不能更改，否则视为没有实质性响应招标文件，所以，包括在总承包范围内的暂估价形式下，合同价格事实上是没有经过充分竞争的，如果不招标，将在事实上构成规避招标。

3. 总承包单位将包含在总承包范围内的以暂估价形式包括在总承包范围内的工程、货物、服务分包时，应当依法招标，必须满足两个条件：（1）属于依法必须进行招标的项目范围；（2）达到国家规定规模标准。

《招标投标法》第3条规定："在中华人民共和国境内进行下列工程建设项目包括项目的勘察、设计、施工、监理以及与工程建设有关的重要设备、材料等的采购，必须进行招标：（一）大型基础设施、公用事业等关系社会公共利益、公众安全的项目；（二）全部或者部分使用国有资金投资或者国家融资的项目；（三）使用国际组织或者外国政府贷款、援助资金的项目。前款所列项目的具体范围和规模标准，由国务院发展计划部门会同国务院有关部门制订，报国务院批准。法律或者国务院对必须进行招标的其他项目的范围有规定的，依照其规定。"

《招标投标法实施条例》第3条规定："依法必须进行招标的工程建设项目的具体范围和规模标准，由国务院发展改革部门会同国务院有关部门制订，报国务院批准后公布施行。"

此处需要指出的是，如果项目达到了国家规定的规模标准的，但是采购的材料和工程设备或专业工程是不可替代的专利或者专有技术等属于单一采购来源的，是可以不进行招标的。

4. 关于总承包单位对以暂估价形式下的工程、货物、服务进行分包时的招标主体。住建部发布的《建设项目工程总承包管理规范》（GB/T 50358－2017）第11条规定："以暂估价形式包含在工程总承包招标范围内的，达到国家规定应当招标规模标准的重要设备、材料以及专业工程，应当依法进行招标。工程总承包暂估价招标应当由建设单位，或者工程总承包单位，或者建设单位和工程总承包单位联合体作为招标人。"

由此，暂估价项目招标的模式可分为三种：

（1）建设单位实施招标。建设单位独自组织暂估价项目招标，并最终确定中标人，暂估价项目的招标与总承包人无关。这种模式的优势在于，建设单位能够对项目保持最强的控制力。而弊端在于，在暂估价部分较多的情况下，会造成总承包人最终的工程量与最初的预计相去甚远，造成双方矛盾。

（2）总承包人实施招标。总承包人实施招标的，能够使总承包人充分了解暂估价项目的中标人，在确定中标人时可以从总承包角度进行选择，最大限度地有利于配合其设计工作，且有利于总承包人在项目实施过程中对暂估价项目中标人进行有效的组织和协调。但是，该种模式容易使建设单位认为其失去对该部分项目招投标的控制，进而与总承包人产生分歧。

（3）建设单位和工程总承包单位联合体作为招标人。建设单位和工程总承包单位联合体作为招标人，由总承包人负责实施招标，建设单位负责定标。该种模式既考虑了总承包人对于其总体协调及配合设计工作的要求，又可以为建设单位保留定标的决策权。但该模式的弊端也是很明显的，即在该部分工作内容上，建设单位与总承包单位既然是招标人联合体，在相应的合同中理应作为共同发包人，由此会产生该部分工作内容与其他工作内容的权利义务主体发生明显的偏差，进而可能造成今后处理相关问题时责任分配的复杂。

综上，在总承包单位对以暂估价形式下的工程、货物、服务分包时，应根据规定进行招标，招标人可以是建设单位、工程总承包单位，也可以由上述两单位联合招标，具体应以招标文件中明确的内容，来确定招标主体。

5. 暂估价需要根据情况，调整为合同价，如何确定在项目中至关重要。暂估价调整为合同价，根据《2013 版清单计价规范》应分为两种情况而定：

（1）发包人在招标工程量清单中暂估价属于依法必须招标的，应通过招标确定价格，并以此取代暂估价，调整合同价款。由发承包双方依法组织招标选择专业分包人，并接受有管辖权的建设工程招标投标管理机构的监督，以专业工程发包中标价取代暂估价，据此调整合同价款。

（2）不属于招标的，应由承包人按照合同采购，经发包人确认单价后取代暂估价。由承包人根据计价规则、计价办法和通过市场调查取得的有效的市场价格提出变更工程项目的单价，并报发包人同意后进行调整。

如暂估价部分符合必须招标的条件，而未进行招标，所签订的分包合同将因违反《招标投标法》等法律规定而无效，招标人还应承担相应的法律责任。

6. 总承包人可以参与暂估价的二次招标。

(1)总承包人有资格参与暂估价的二次招标。在工程项目整体进行招标时，暂估价工程的招标价格是由发包人拟定的价格，总承包人并没有针对暂估价工程进行过竞价，并没有明确暂估价项目的价格，所以实质上来说，暂估价工程在初次招标时并没有一并进行招标。所以我国《招标投标法实施条例》第29条才会规定针对"以暂估价形式包括在总承包范围内的工程、货物、服务属于依法必须进行招标的项目范围且达到国家规定规模标准的，应当依法进行招标"，如果不进行招标就会存在以化整为零方式规避招标的法律风险。

《2013版清单计价规范》第9.9.4条规定："发包人在招标工程量清单中给定暂估价的专业工程，依法必须招标的，应当由发承包双方依法组织招标选择专业分包人，并接受有管辖权的建设工程招标投标管理机构的监督，还应符合下列要求：1. 除合同另有约定外，承包人不参加投标的专业工程发包招标……2. 承包人参加投标的专业工程发包招标，应由发包人作为招标人，与组织招标工作有关的费用由发包人承担。同等条件下，应优先选择承包人中标……"

因此，除总承包合同另有约定外，总承包人有资格参与暂估价的二次招标并且在同等条件下，应优先选择总承包人中标。

(2)工程总承包人对暂估价工程虽然没有经过竞价和投标，但并不意味着总承包项目中的暂估价工程可以和其他工程分割开来。如果暂估价项目最终由总承包人承接，那么总承包人当然应对包括暂估价项目在内的整体项目负责；如果暂估价项目由总承包人以外的第三人承接，此时总承包人仍需对整体工程负有管理责任，需要在整体上对项目质量、安全、进度进行把控，并需要对暂估价项目的施工履行总承包人的配合义务，并可以收取总包配合费。

因此，在工程总承包项目因发包时设计深度普遍不足，多存在暂时不能确定价格的暂估价项目时，发包人需要尽可能的完善设计后再进行总承包招标，在招标文件中对暂估价项目进行全面约定，从而减少法律风险，保障工程的实施。

综上所述，在工程总承包模式下，工程总承包单位中标后，总包单位再进行分包时，以暂估价形式包括在工程总承包范围内的工程、货物、服务，如属于依法必须进行招标的项目范围且达到国家规定的规模标准的，应当依法进行招标，未进行招标所签订的分包合同无效；如不属于依法必须进行招标的项目范围，在合同有约定或者取得发包人同意的情况下，总包单位可以将总承包范围内的工程、货物、服务直接发包。除总承包合同另有约定外，总承包人有资格参与暂估价的二次招标并且在同等条件下，应优先选择总承包人中标。

第三章　工程总承包合同的效力

第 3.1 条　【工程总承包人的资质条件对工程总承包合同效力的影响】 房屋建筑和市政基础设施项目采用工程总承包的，总承包人应同时具备与工程规模相适应的建设工程设计和施工资质，但不宜因发包时总承包人仅具备设计或施工资质之一而认定工程总承包合同无效。

除房屋建筑和市政基础设施项目以外的其他建设工程采用工程总承包的，总承包人是否应同时具备与工程规模相适用的建设工程设计和施工资质，应根据相关行业行政主管部门的要求确定，但不宜因发包时总承包人仅具备设计或施工资质之一而认定工程总承包合同无效。

因总承包人未同时具备设计和施工资质导致工程总承包合同无法继续履行时，一方当事人请求解除工程总承包合同的，应予支持。

【条文主旨】

《房建市政工程总承包管理办法》第 10 条要求，“工程总承包单位应当同时具有与工程规模相适应的工程设计资质和施工资质”，未同时具备双资质条件的总承包人签订的工程总承包合同是否必然无效？可根据工程总承包合同签订于该管理办法之前或之后予以区分。《房建市政工程总承包管理办法》实施之前，国家及地方层面上关于总承包人的资质普遍要求仅具备设计或施工资质之一即可，《房建市政工程总承包管理办法》对实施之前的行为并无溯及力，不能因总承包人仅具备设计或施工资质之一而认定工程总承包合同无效。

《房建市政工程总承包管理办法》要求总承包人应同时具备与工程规模相适用的建设工程设计和施工资质，但该管理办法在效力层级上并非属于《民法典》第 153 条所指的“法律、行政法规的强制性规定”，不宜因总承包人仅具备设计或施工资质之一而认定工程总承包合同无效。总承包单位的“单资质”或“双资质”均非中共中央、国务院的明确要求,更与上位法(如法律、法规、规章等)无关,住建部在落实政策的过程中经历了一次“改弦更张”的认识变化,并借此以突破制定法限制而为将来立法先后进行两次试水。在法律、行政法规尚未确认工程总承包人的双资质要求之前,仍需坚守合同效力判断的底线思维。工程总承包人的双资质要求虽非影响工程总承包合同效力的因素,但实际上仍可能影响总承包合同的履行,在因此导致总承包合同无法继续履行的情况下,应允许当事人解除总承包合同。

【理解与适用】

一、关于工程总承包人资质要求的制度沿革

关于工程总承包人资质要求的规定,主要见于住建部(原建设部)的相关行政规章、规范性文件或复函文件等。

1992 年 4 月,原建设部发布了《工程总承包企业资质管理暂行规定》(试行)(建施字第 189 号,以下简称 189 号文),将工程总承包企业按照资质条件分为三级,主要针对施工单位作为工程总承包人提出了专门资质要求,该暂行规定第 2 条规定:“工程总承包企业,是指对工程从立项到交付使用全过程承包的企业,不包括以设计院为主体的设计工程公司。”同年 11 月,原建设部又发布了《设计单位进行工程总承包资格管理的有关规定》,规定《工程总承包资格证书》与工程设计资格等级相一致,分甲、乙、丙、丁四个不同等级,又针对设计单位作为工程总承包人提出了专门资质要求,该规定要求设计单位进行工程总承包,必须先提出申请,经有关勘察设计管理部门审查批准并取得《工程总承包资格证书》后,方可承担批准范围内的总承包任务。

2002 年 11 月,《国务院关于取消第一批行政审批项目的决定》第 239 项取消了“工程总承包资格核准”。2003 年 2 月,《建设部关于培育发展工程总承包和工程项目管理企业的指导意见》中明确:“1992 年 11 月建设部颁布的《设计单位进行工程总承包资格管理的有关规定》(建设〔1992〕805 号)同时废止。”

2003 年 7 月 13 日,建设部根据江苏省建设厅、上海市建委的请示作出《关于工程总承包市场准入问题说明的函》(建市函〔2003〕161 号),载明:“在《国务院关于取消第一批行政审批项目的决定》(国发〔2002〕24 号)取消了工程总承

包资格核准的行政审批后，为加强对工程总承包工作的监督管理，我部今年印发了《关于培育发展工程总承包和工程项目管理企业的指导意见》（建市〔2003〕30号）。按照《指导意见》的规定，《工程总承包资格证书》废止之后，对从事工程总承包业务的企业不专门设立工程总承包资质。具有工程勘察、设计或施工总承包资质的企业可以在其资质等级许可的工程项目范围内开展工程总承包业务。因此……可以在其工程设计资质证书许可的工程项目范围内开展工程总承包业务，但工程的施工应由具有相应施工承包资质的企业承担。”

2006年3月，建设部《关于印发〈建筑智能化工程设计与施工资质标准〉等四个设计与施工资质标准的通知》，根据该通知产生四个设计与施工一体化资质用以过渡，分别是：建筑智能化工程设计与施工资质标准、消防设施工程设计与施工资质标准、建筑装饰装修工程设计与施工资质标准、建筑幕墙工程设计与施工资质标准。之后，《建筑业企业资质标准》（建市〔2014〕159号）规定：“取得施工总承包资质的企业，可以从事资质证书许可范围内的相应工程总承包、工程项目管理等业务。”《建设工程勘察设计资质管理规定》（建设部令第160号）第39条规定：“取得工程勘察、工程设计资质证书的企业，可以从事资质证书许可范围内相应的建设工程总承包业务，可以从事工程项目管理和相关的技术与管理服务。”2015年住建部发布《关于取消建筑智能化等4个工程设计与施工资质有关事项的通知》，决定取消4个一体化资质的行政审批。2016年2月18日，住建部发布《住建部关于宣布失效一批住房城乡建设部文件的公告》，决定废止施工一体化资质。

2016年5月，住建部《关于进一步推进工程总承包发展的若干意见》规定：“工程总承包企业应当具有与工程规模相适应的工程设计资质或者施工资质，相应的财务、风险承担能力，同时具有相应的组织机构、项目管理体系、项目管理专业人员和工程业绩。”

2019年12月23日，住建部与国家发展改革委共同颁发《房建市政工程总承包管理办法》，要求各省、自治区住房和城乡建设厅、发展改革委，直辖市住房和城乡建设（管）委、发展改革委，北京市规划和自然资源委，新疆生产建设兵团住房和城乡建设局、发展改革委，计划单列市住房和城乡建设局、发展改革委结合本地区实际，认真贯彻执行。其中第10条规定：“工程总承包单位应当同时具有与工程规模相适应的工程设计资质和施工资质，或者由具有相应资质的设计单位和施工单位组成联合体。工程总承包单位应当具有相应的项目管理体系和项目管理能力、财务和风险承担能力,以及与发包工程相类似的设计、施工或者工程总承包业绩。"这彻底改变了之前实施多年的设计或施工单资质的规定,明确提出工程总承包人必须同时具备工程设计、施工双资质的要求。该办法自 2020 年 3 月 1 日起施行。

值得注意的是,各地建设行政主管部门多年以来已结合本地区实际情况形成了比较稳定的工程总承包资质管理规范。比较具有代表性的地方规定包括:《上海市工程总承包试点项目管理办法》第 7 条规定:"工程总承包企业应当具备与发包工程规模相适应的工程设计资质(工程设计专项资质和事务所资质除外)或施工总承包资质……"浙江省《关于深化建设工程实施方式改革积极推进工程总承包发展的指导意见》规定:"工程总承包企业应具有与工程规模相适应的设计或施工总承包资质……"《湖南省房屋建筑和市政基础设施工程总承包招标投标活动管理暂行规定》第 7 条规定:"投标人资格要求:(一)具有与工程规模相适应的工程设计资质或建筑业企业资质……"深圳市住建局《EPC 工程总承包招标工作指导规则(试行)》规定:"在设置投标条件时可淡化资质管理,实行能力认可,在工程实施时回归资质管理,由有相应资质的单位分别承担设计、施工任务。"

从以上相关资质管理规定和政策文件看,除了深圳改革措施步伐较大,对工程总承包商"淡化资质管理,实行能力认可"外,其他国家和地方文件均强调工程总承包商应具备勘察、设计或施工资质。其中,勘察单位虽然根据《建设工程勘察设计资质管理规定》可以承接资质许可范围内的工程总承包业务,但考虑到勘察工作的阶段性,并不明显贯穿设计、施工、采购全过程;且勘察单位作为工程总承包商时对设计、施工和采购单位的管理相比以设计为龙头、施工为核心的工程总承包管理模式较为薄弱,而总承包的项目管理和难度更大。

二、《房建市政工程总承包管理办法》实施前的相关司法观点归纳

由于《房建市政工程总承包管理办法》实施前行政主管部门在工程总承包人资质要求问题上的不断变化,导致司法实践中因主体条件涉及合同效力的判断也存在分歧,主要包括以下三类不同观点:

1. 工程设计企业可以在其资质证书许可的工程项目范围内开展工程总承包业务,总承包合同不因其不具备施工资质而认定无效。比如:驿城区法院(2009)驿民初字第 415 号认为,本案被告可以在其工程设计资质证书许可的工

程项目范围内开展工程总承包业务,但工程的施工应由具有相应施工承包资质的企业施工。故本案被告与原告签订两份建设工程合同后,将其施工工程部分交由具有施工资质的下属机构驿水工程处施工,其未违反法律禁止性规定,两份合同应为有效。

河北高院(2015)冀民一终字第398号认为,西子公司资质证书中载明其具有电力行业(火力发电)专业乙级工程设计资质,可以从事资质证书许可范围内相应的建设工程总承包业务,无须再另行申请工程总承包企业资质;该企业从事工程总承包时,可以不直接施工而分包给其他施工单位,无须再行申请建筑业企业资质。因此,凯恒公司上诉主张西子公司不具备相应资质故而《总承包工程合同》无效的观点,本院不予支持。

2. 总承包人应具备施工资质,否则工程总承包合同应认定无效。比如:南昌经济技术开发区法院(2017)赣0192民初1038号认为,根据《建筑业企业资质标准》的规定,承包本案工程需要具备电力工程施工总承包三级资质(备注:该资质可承担单机容量10万千瓦以下发电工程、110千伏以下送电线路和相同电压等级变电站工程的施工)。而世富光伏宝公司承包本案工程时并不具备电力工程施工资质,截至法庭辩论终结前也未取得电力工程施工资质。故双方当事人签订的讼争合同无效。

南昌中院(2018)赣01民终3266号认为,本案工程为6.5MW屋顶分布式光伏发电项目,显然属于电力工程。根据《建筑业企业资质标准》的规定,承包本案工程需要具备电力工程施工总承包三级资质(备注:该资质可承担单机容量10万千瓦以下发电工程、110千伏以下送电线路和相同电压等级变电站工程的施工)。而南工公司承包本案工程时只具有机电工程施工总承包二级资质,并不具有电力工程施工资质,截至法庭辩论终结前也未取得电力工程施工资质。由于南工公司未取得电力工程施工总承包资质而签订讼争合同承包电力工程,讼争合同被认定为无效。

梧州中院(2018)桂04民终983号认为,现三原告诉请三被告共同支付桩基础及临建设施设备工程价款,被告华蓝设计(集团)有限公司、广西华蓝岩土工程有限公司则以三原告没有施工资质、并未接收临建设施设备及桩基础结算价款应扣除税款为由进行抗辩,且以桩基础工程不合格致其受损为由提起反诉,要求三原告承担补救费用、检测费用及增值税。对此应认为,本案建设工程施工合同虽因三原告不具备相应施工资质而无效。

滨州中院(2018)鲁16民终1247号认为,本案中震旦公司在不具备机电设备安装工程专业承包相应资质情况下,与瑞丰公司签订《家庭光伏发电项目EPC合同书》,违反了《建设工程质量管理条例》的强制性规定。根据《合同法》第52条“有下列情形之一的,合同无效:(五)违反法律、行政法规的强制性规定”之规定,震旦公司与瑞丰公司签订的《家庭光伏发电项目EPC合同书》无效。

鄂州中院(2019)鄂07民终440号认为,依据《建筑法》第26条规定“承包建筑工程的单位应当持有依法取得的资质证书,并在其资质等级许可的业务范围内承揽工程。禁止建筑施工企业超越本企业资质等级许可的业务范围或者以任何形式用其他建筑施工企业的名义承揽工程”。根据中华人民共和国建设部发布的《环保工程专业承包企业资质等级标准》规定,废水量每日1000–5000吨的工业废水治理工程属于中型环保工程。涉案污水处理站设计规模为每日废水量1200吨,该工程属于中型环保工程,依法只能由具有《环保工程专业承包一级》及《环保工程专业承包二级》的企业承接,而南京中创公司只具有《环保工程专业承包三级》资质的企业。因此,南京中创公司不具备承接该项工程建设资质,双方所签订的合同违反《合同法》第52条第5项“违反法律、行政法规的强制性规定”的情形,该合同无效。

新疆高院(2019)新民终451号认为,《建筑法》对建筑施工企业承揽建筑工程的资质进行的规定为《合同法解释(二)》第14条规定的效力性强制性规定。本案中,根据案涉工程施工内容及辽宁科大公司的资质,辽宁科大公司不具备承建EPC总承包工程的法定资质,违反了《建筑法》的效力性强制性规定,施工合同、补充协议应当依据《合同法》第52条之规定确认为无效。

3. 现行法律、行政法规并未规定工程总承包人的资质要求,故不能因其缺少相关工程设计或施工资质而认定合同无效。比如:临沂经济技术开发区法院(2018)鲁1392民初2433号认为,原告与被告签订的原始合同、补充协议均系双方真实意思表示,为有效合同。被告辩称原告不具有承接该工程的承装承修电力设施施工资质,违反了法律的强制性规定且对其存在欺诈,根据《合同法》第52条规定,涉案原始合同应为无效合同。对此,本院认为,根据现行法律规定,原告承建资质不影响合同效力,且涉案合同并无《合同法》第52条中规定的合同无效的情形,故被告的辩称理由不当,不予支持。

广州中院(2019)粤01民终8290号认为,鉴于本案系承揽合同纠纷,而并非建设工程纠纷,故本案不能依据建设工程纠纷案件的相关司法解释规定认定合同无效。乾德健公司上诉认为根据《承装(修、试)电力设施许可证管理办法》第 4 条、《分布式光伏发电项目暂行管理办法》第 17 条规定,光伏发电项目企业需要相关资质。对此本院认为,上述《承装(修、试)电力设施许可证管理办法》《分布式光伏发电项目暂行管理办法》并非属于法律和行政法规的范畴。综上,乾德健公司主张案涉《EPC 服务合同》无效欠缺事实和法律依据,故本院对其意见不予采纳。

三、《房建市政工程总承包管理办法》要求的"双资质条件"对工程总承包合同效力的影响

2020 年年初,国家发展改革委与住建部共同颁发实施的《房建市政工程总承包管理办法》对总承包人资质规定进行了实质性修订,其第 10 条规定:"工程总承包单位应当同时具有与工程规模相适应的工程设计资质和施工资质,或者由具有相应资质的设计单位和施工单位组成联合体。"

对此政策变化,业界有观点认为,因总承包人的资质管理直接关涉工程质量,影响国家、社会公众及不特定第三人生命安全、财产利益甚巨,根据最高院《九民会纪要》第 31 条关于【违反规章的合同效力】的相关内容,即"违反规章一般情况下不影响合同效力,但该规章的内容涉及金融安全、市场秩序、国家宏观政策等公序良俗的,应当认定合同无效"。[①]

本书认为,讨论总承包单位资质之于总承包合同效力影响,应首先考察管理办法的上位法依据缺失的问题。住建部、国家发展改革委《关于印发房屋建筑和市政基础设施项目工程总承包管理办法的通知》中指出,该管理办法旨在"贯彻落实《中共中央　国务院关于进一步加强城市规划建设管理工作的若干意见》和《国务院办公厅关于促进建筑业持续健康发展的意见》(国办发〔2017〕19 号)",全文始终未提及《建筑法》或《建设工程质量管理条例》等上位法,更与《建设工程勘察设计资质管理规定》、《建筑业企业资质管理规定》无关。

《中共中央　国务院关于进一步加强城市规划建设管理工作的若干意见》第四部分"提升城市建筑水平"第 9 条规定,"……深化建设项目组织实施

---

① 生青杰:《从施工总承包到工程总承包的八大转变》,载《建筑》2020 年第 10 期。

方式改革，推广工程总承包制，加强建筑市场监管，严厉查处转包和违法分包等行为，推进建筑市场诚信体系建设……”；其中只是提到了“推广工程总承包制”的说法，看不到关于工程总承包资质的要求或任何提示性的意见。值得注意的是，《住房城乡建设部关于进一步推进工程总承包发展的若干意见》（建市〔2016〕93 号）据称同样也是为了“落实《中共中央　国务院关于进一步加强城市规划建设管理工作的若干意见》”，但该意见第 7 条规定工程总承包企业的基本条件为“应当具有与工程规模相适应的工程设计资质或者施工资质”。

《国务院办公厅关于促进建筑业持续健康发展的意见》（国办发〔2017〕19 号）第三部分“完善工程建设组织模式”第 3 条规定：“加快推行工程总承包。装配式建筑原则上应采用工程总承包模式。政府投资工程应完善建设管理模式，带头推行工程总承包。加快完善工程总承包相关的招标投标、施工许可、竣工验收等制度规定。按照总承包负总责的原则，落实工程总承包单位在工程质量安全、进度控制、成本管理等方面的责任。除以暂估价形式包括在工程总承包范围内且依法必须进行招标的项目外，工程总承包单位可以直接发包总承包合同中涵盖的其他专业业务。”同样，其中也没有提及工程总承包单位的资质要求。

故不妨可以这样理解：总承包单位的“单资质”或“双资质”均非中共中、央国务院的明确要求，更与上位法（包括法律、法规、规章等）无关，住建部在落实政策的过程中经历了一次“改弦更张”的认识变化，或者，借此以突破制定法限制而为将来立法先后进行两次试水。行政规章与规范性文件的冲突不罕见，因此造成了裁判中的适用困境。可以尝试理解这一现象背后的“改革”逻辑：国内的许多制度变迁都是自下而上先积累经验或试错的，通常都需要待规范性文件成熟后再上升为规章、规章定型后上升为法规，最后再由立法确定，所谓“解放思想，突破条条框框的限制”的改革逻辑即在于此。在某种程度上讲，改革就是一部这样的“突破既定法”的历史。

因此，民事司法中不必且不可固守行政规章、规范性文件效力层级之辩的思维定式，在解答哪个规定更“管用“的判断题时，一方面，建议裁判者需要尊重行政机关的态度，力求避免作出相左答案；另一方面，仍需坚守法律思维的底线，司法政策一再强调要限制认定合同无效的范围。因此，鉴于《房建市政工程总承包管理办法》在效力层级上并非属于《民法典》第 153 条所指的“法律、行政法规的强制性规定”,故不宜因总承包人仅具备设计或施工资质之一而认定工程总承包合同无效。

四、工程总承包人的双资质要求应属于当事人的“市场准入”资格,若因此导致总承包合同履行不能的可解除合同

最高院《关于当前形势下审理民商事合同纠纷案件若干问题的指导意见》第16条规定:“人民法院应当综合法律法规的意旨,权衡相互冲突的权益,诸如权益的种类、交易安全以及其所规制的对象等,综合认定强制性规定的类型。如果强制性规范规制的是合同行为本身即只要该合同行为发生即绝对地损害国家利益或者社会公共利益的,人民法院应当认定合同无效。如果强制性规定规制的是当事人的‘市场准入’资格而非某种类型的合同行为,或者规制的是某种合同的履行行为而非某类合同行为,人民法院对于此类合同效力的认定,应当慎重把握,必要时应当征求相关立法部门的意见或者请示上级人民法院。”显然,工程总承包人的双资质要求应属于当事人的“市场准入”资格而非某种类型的合同行为,《建筑法》及《建设工程质量管理条例》对工程实施人的资质有明确的强制性要求,但对于工程总承包人的资质并无强制性要求,无论工程总承包人是否具备设计与施工双资质,与其是否可以签订工程总承包合同并无直接关系,故,实践中各地行政主管部门允许单一资质总承包商投标的规定比比皆是。因此,将其视为不必然影响合同效力的管理性规定既与工程总承包的内在逻辑一致,同时也不违反相关行政管理法规、规章的要求。

在认可工程总承包人的双资质要求并不必然影响合同效力的基础上,若因项目建设过程中因实施方未取得相应资质导致合同无法继续履行时,需要区分不同情况适用法律来解决履行障碍:

1. 若总承包合同中将其作为约定解除事项的,可适用《民法典》第562条的规定;

2. 若总承包合同中未将其作为约定解除事项且符合法定解除要件的,可适用《民法典》第563条的规定;

3. 若总承包合同中未将其作为约定解除事项但不符合法定解除要件的,可根据诚实信用原则处理。

第3.2条 【建设用地规划许可证与建设工程规划许可证对工程总承包合同效力的影响】当事人以签订工程总承包合同时发包人未取得规划审批手续为由，请求确认合同无效的，不予支持。

因当事人签约后未取得规划审批手续导致总承包合同无法继续履行，一方当事人请求解除工程总承包合同的，应予支持。

【条文主旨】

本条系关于建设规划审批手续对工程总承包合同效力影响的裁判规则。根据《城乡规划法》的规定，规划许可证分为建设用地规划许可证与建设工程规划许可证，《建设工程司法解释（二）》第2条中未加区分统一将二者指称为“建设规划审批手续”，在工程总承包场合同样不作区分对待；[①]工程总承包项目发包时通常不具备办理建设规划审批手续的条件，故在逻辑上不能以建设规划审批手续作为评价工程总承包合同效力的因素。虽然建设规划审批手续不必然影响工程总承包合同的效力，但其对工程总承包合同的履行影响甚巨，在因未取得规划审批手续导致总承包合同无法继续履行的场合，应允许当事人解除总承包合同。

【理解与适用】

一、《建设工程司法解释（二）》第2条明确规定了建设规划审批手续对施工合同效力的影响，司法实践中存在参照此规定认定工程总承包合同无效的做法

《建设工程司法解释（二）》第2条规定：“当事人以发包人未取得建设工程规划许可证等规划审批手续为由，请求确认建设工程施工合同无效的，人民法院应予支持，但发包人在起诉前取得建设工程规划许可证等规划审批手续的除外。发包人能够办理审批手续而未办理，并以未办理审批手续为由请求确认建设工程施工合同无效的，人民法院不予支持。”从该规定中的“等”字可知，未取得建设工程规划许可证、建设用地规划许可证等规划审批手续的建设工程施工

---

① 建设工程规划许可针对城市建筑、乡村建筑、临时建筑采用不同名称且审批条件、程序均有差异，考虑到后两类建筑中适用工程总承包模式的现象极为罕见，本条不适用于乡村建筑、临时建筑。

合同,原则上应该被认定无效,但允许发包人在起诉前补正,从而合同效力之瑕疵得以修正。

江苏高院(2017)苏民终371号认为,双方签订的《泰州振昌65万吨金属铁深加工生产线工程EPC总承包合同》内容包括设计、采购、施工,为建设工程合同,应当受《城乡规划法》《建筑法》《招标投标法》等法律、行政法规的调整。因本案建设工程合同约定的建设工程未取得任何用地、建设方面的规划手续,具有违法性,故应当为无效合同。依据《担保法》中主合同无效,担保合同无效的规定,这也导致案涉股权质押协议也被认定无效。虽然该案在二审判决时《建设工程司法解释(二)》尚未实施,但是对于未取得建设工程规划许可证的情形下建设工程施工合同应该被认定无效这种观点早已被各个法院采纳。[①] 可见,其裁判思路仍然是传统的施工合同效力认定方式,并没有就工程总承包模式进行特别分析认定。

二、工程总承包发包时通常不具备办理建设工程规划许可证的条件,故不能以此为由认定工程总承包合同无效

在传统的施工总承包模式下,发包的流程是:先由发包人对建设工程项目的设计进行招投标,确定设计承包主体后,发包人才可以提交建设工程项目设计方案,向城市规划行政主管部门申领建设工程规划许可证;城市规划行政主管部门对建设工程的设计方案审定通过后,才予以核发建设工程规划许可证;之后发包人才编制施工招标文件,确定工程项目的施工承包人,并签订《建设工程施工合同》。由此可知,在施工总承包模式中,是出具设计方案、申领建设工程规划许可证在前,签订建设工程施工合同在后,因此法律可以以未取得建设工程规划许可证作为建设工程施工合同的无效事由。但是,在工程总承包模式下,承包人应对建设工程项目的设计、采购、施工的全部阶段实行总承包,在签订《建设项目工程总承包合同》之后,承包人才能开始项目设计工作或对项目设计进行分包;而根据建设工程规划许可证的申领要求,申请人必须要提交项目设计方案并经城市规划行政主管部门审核通过后才能获得建设工程规划许可

① 最早可以查见的案例甚至可以追溯至2000年之前,最高人民法院(1997)民终字第102号"贵州黔民水泥厂与中国航空港建设总公司衡阳建设分公司等有关建筑工程施工合同纠纷案"民事判决书中指出,黔民水泥厂在与衡阳建设分公司订立《建设工程施工合同》及《合同总纲》时,尚未取得建设用地规划许可证和建设工程规划许可证,因此上述合同应属无效。

证,即在工程总承包模式下,是签订工程总承包合同在前,提供设计方案、申领建设工程规划许可证在后,此时若机械适用《建设工程司法解释(二)》第2条第1款的规定认定未取得建设工程规划许可证的工程总承包合同无效的,则不符合工程总承包的实际运作情况。

关于办理建设工程规划许可证的条件,根据《城乡规划法》第40条第2款"申请办理建设工程规划许可证,应当提交使用土地的有关证明文件、建设工程设计方案等材料。需要建设单位编制修建性详细规划的建设项目,还应当提交修建性详细规划。对符合控制性详细规划和规划条件的,由城市、县人民政府城乡规划主管部门或者省、自治区、直辖市人民政府确定的镇人民政府核发建设工程规划许可证"之规定,需要"土使用地证明文件"以及"建设工程设计方案",关键就在于上述规定中的"工程设计方案"与工程总承包合同中的工作内容"工程项目设计"能否画等号。如果可以,则意味着签订工程总承包合同时并不具备申领建设工程规划许可手续的条件,不宜以没有建设工程规划许可手续为由否定工程总承包合同的效力;反之,则可直接适用《建设工程司法解释(二)》否定工程总承包合同的效力。目前各地实践操作中,"工程设计方案"既有是初步方案的规定,也有必须包含施工图设计文件方案的规定,即签订工程承包合同时能否办理工程规划许可手续,各地的规定并不统一。比如:《江苏省城乡规划条例》第39条规定要办理建设工程规划许可证,必须提交施工图设计文件,《上海市城乡规划条例》第35条也规定规划行政管理部门在收到施工图设计文件规划部分后才核发建设工程规划许可证。再如,《贵州省城乡规划条例》第32条规定:"申请办理建设工程规划许可证,应当提交下列材料:(一)建设项目用地批准文件;(二)建设项目批准、核准、备案文件;(三)建设工程设计方案,重大城乡基础设施项目应当提交建设工程初步设计方案;(四)法律、法规规定的其他材料。需要建设单位编制修建性详细规划的建设项目,还应当提交修建性详细规划。"该规定使用的表述为"工程设计方案",重大项目有初步方案即可。

有观点认为,既然各地规定不一,那么在处理工程总承包合同效力问题上就需要根据各地的不同情况区分对待。即如果是第一种情形,签订工程总承包合同时很可能是具备办理建设工程规划许可手续条件的,此时应办而未办理则应认定工程总承包合同无效;如果是第二种情形,则签订工程总承包合同时并不具备办理建设工程规划许可手续的前提条件,此时不能强行要求办理,应当认定工程总承包合同为有效合同。但是,合同效力的判断依据只能是法律、行政法规中的效力性强制规定,在《城乡规划法》未明确规定“工程设计方案”的深度要求的情况下,如果以地方立法甚至规范性文件作为最终的判断依据,则不仅有违《合同法》的基本规定,还会造成市场秩序的混乱与司法适用尺度的不统一。因此,建议裁判者在评价工程总承包合同效力时不妨将《城乡规划法》第40条视为管理性规定,限定《建设工程司法解释(二)》第2条的适用范围仅限于建设工程施工合同。

三、工程总承包的发包条件与建设用地规划许可条件无关,故亦不能因签订工程总承包合同时尚未取得建设用地规划许可证认定合同无效

关于建设用地规划许可证,《城乡规划法》区分划拨方式与出让方式的不同分别于第37条、第38条中规定了不同办理条件。城乡规划审批涉及两类信息需要重点审查:第一类是项目选址是否恰当,是否符合城市发展的总体要求,这与建设用地规划许可制度关系密切;第二类是项目设计是否合理,包括建筑物的层高、密度、公共绿地、车道等,是否符合控制性规划的要求,这与建设工程规划许可制度关系密切。[①] 建设用地规划许可证制度的目的在于通过对建设用地的事先控制,对建设项目的选址、性质、开发强度是否符合城市规划从方向上作出评估,即建设用地需符合控制性详细规划。控制性详细规划是衔接总体规划、分区规划的宏观要求与指导修建性详细规划编制的承上启下的编制层次,既是编制修建性详细规划的主要指导性文件,为其提供规划设计准则,又是城市规划管理、土地开发的重要技术依据。作为城市政策的载体,控制性详细规划通过传达城市政策方面的信息,在引导城市社会、经济、环境协调发展方面具有综合能力,市场运作过程中各类经济组织和个人可以通过规划所提供的政策及经过社会充分协商关于城市未来发展的政策和相关信息来消除这些决策时所面对未来时的不确定性。[②]

关于工程总承包项目的发包条件,住建部、国家发展改革委《房建市政工程总承包管理办法》第7条规定:“建设单位应当在发包前完成项目审批、核准或者备案程序。采用工程总承包方式的企业投资项目,应当在核准或者备案后进

① 李磊:《城市规划行政许可及方案审查研究探析》,载《居舍》2018年第10期。

② 傅纳红:《建设规划许可证的法律效力初探》,载《法治论坛》2008年第3期。

行工程总承包项目发包。采用工程总承包方式的政府投资项目,原则上应当在初步设计审批完成后进行工程总承包项目发包;其中,按照国家有关规定简化报批文件和审批程序的政府投资项目,应当在完成相应的投资决策审批后进行工程总承包项目发包。”可见,无论企业投资项目抑或政府投资项目,其发包条件均与建设用地规划许可证的取得与否并无关系。

四、建设规划审批手续的取得应属于工程总承包合同的履行行为,若履行不能的可解除合同

最高院《关于当前形势下审理民商事合同纠纷案件若干问题的指导意见》第16条规定:“人民法院应当综合法律法规的意旨,权衡相互冲突的权益,诸如权益的种类、交易安全以及其所规制的对象等,综合认定强制性规定的类型。如果强制性规范规制的是合同行为本身即只要该合同行为发生即绝对地损害国家利益或者社会公共利益的,人民法院应当认定合同无效。如果强制性规定规制的是当事人的‘市场准入’资格而非某种类型的合同行为,或者规制的是某种合同的履行行为而非某类合同行为,人民法院对于此类合同效力的认定,应当慎重把握,必要时应当征求相关立法部门的意见或者请示上级人民法院。”无论建设工程规划许可证的取得还是建设用地规划许可证的取得,与工程总承包的发包条件并无关系,实践中合同约定总承包人配合(甚至“代理”)业主办理规划审批手续的情况也不罕见。因此,将其视为“合同履行行为”既与工程总承包的内在逻辑一致,同时也不违反《城乡规划法》《房建市政工程总承包管理办法》等相关行政管理法规、规章的要求。

在认可建设规划审批手续的取得属于工程总承包合同的履行行为的基础上,若因项目未取得规划审批手续导致合同无法继续履行时,需要区分不同情况适用法律来解决履行障碍:

1. 若总承包合同中将其作为约定解除事项的,可适用《民法典》第562条的规定;

2. 若总承包合同中未将其作为约定解除事项且符合法定解除要件的,可适用《民法典》第563条的规定;

3. 若总承包合同中未将其作为约定解除事项但不符合法定解除要件的,可根据诚实信用原则处理。关于诚实信用原则在合同解除问题的适用,可参见《九民会纪要》第48条的规定。

第 3.3 条 【PPP + EPC 模式下工程总承包合同效力的特殊问题】对于已通过招标方式选定投资人的特许经营项目，投资人若同时具备设计与施工资质的，工程总承包项目可以不进行招标，未经招标投标程序签订的工程总承包合同应认定为有效。

对于通过询价、竞争性谈判、竞争性磋商、单一来源采购等非招标方式选定投资人的特许经营项目，即使投资人同时具备设计与施工资质的，工程总承包项目也必须依法进行招标，未经招标投标程序签订的工程总承包合同应认定为无效。

对于通过招标方式选定投资人的非特许经营项目，即使投资人同时具备设计与施工资质的，工程总承包项目也必须依法进行招标，未经招标投标程序签订的工程总承包合同应认定为无效。

【条文主旨】

本条系关于 PPP + EPC 模式下工程总承包合同效力的特殊问题的裁判规则。《招标投标法实施条例》第 9 条第 3 项所规定的“已通过招标方式选定的特许经营项目投资人依法能够自行建设、生产或者提供”，在适用中应作严格限定。即无论是“非经招标方式选定项目的投资人”还是“非特许经营项目的投资人”，均不得享有避免“二次招标”或“两招并一招”的程序便利。本条中所指的投资人，包含作为联合体成员之一的工程总承包企业，本条的适用范围不限于 PPP + EPC 模式，对于其他 F + EPC 模式①下因未经招标投标程序而产生的工程总承包合同效力争议问题，亦可参照适用本条规则。

【理解与适用】

“PPP + EPC”模式，是指总承包商通过“PPP”(Public - Private Partnership)

---

① 根据资本方筹措项目建设资金的参与方式不同，F + EPC 模式可分为股权型融资 + EPC、债权型融资 + EPC、延付型融资 + EPC，具体如下：(一)股权型融资 + EPC　项目承接主体(即 EPC 总承包商)与项目单位共同出资成立项目公司，项目公司在项目承接主体的协助下筹措项目建设资金，用于支付 EPC 工程总承包费用。(二)债权型融资 + EPC　项目承接主体以委托贷款、信托贷款或者借款等方式向项目单位提供建设资金，由项目单位用于支付 EPC 工程总承包费用。(三)延付型融资 + EPC　项目承接主体先行融资建设，EPC 工程总承包费用在建设期间部分支付，剩余部分由项目单位延期支付，或者在合同中设置项目单位可以选择将部分或者全部 EPC 工程总承包费用延期支付的权利。

投融资的方式介入项目,实施设计、施工、采购等总承包的交钥匙工程,并且投资企业通过特许经营协议,获得相应回报,在约定周期后将设施移交给政府部门。

一、"PPP + EPC"模式的主要优势之一在于避免"二次招标"

在国家力推PPP模式的背景下,很多没有建设工程背景的企业尤其是金融企业涌入基础设施建设领域。这些金融企业在资本筹集方面相对于工程建设企业拥有更强的优势,然而,在工程建设方面经验的欠缺使这些金融企业必须与工程建设企业进行合作,以便在与政府进行协商洽谈的过程中可以更加全面、深入、充分地控制整个项目的进程与风险。与此同时,工程建设企业也愿意与金融企业进行合作,从而获取更多的项目机会。在此情形下,PPP + EPC模式项目架构有了新发展,即工程建设企业与金融企业组成联合体参加PPP项目社会资本方投标。其中,工程建设企业作为共同的投资人,并在中标后作为PPP项目建设承包商与项目公司签订建设合同。

一般而言,PPP项目从项目确定到正式开工有两个环节涉及招标或其他公开竞争方式。一是需通过招标等公开方式选定投资人(即社会资本),二是需通过招标方式选定项目建设承包方,即实践中经常提到的二次招标。通常情况下,PPP项目选定投资人以后投资成立项目公司,由项目公司作为建设单位建设运营该PPP项目。在社会资本自身有建设能力并愿意自行建设项目的情况下,二次招标可能在第二次招标过程中使社会资本面临不能中标的风险。为避免重复招标造成时间和费用的浪费,同时也为了解决程序衔接造成的实际问题,EPC + PPP的操作方式营运而生。例如,2009年重庆沙坪坝至观音桥的渝蓉高速公路项目中,中铁建公司通过招投标程序同时成为项目的投资人与工程总承包人。2007年贵阳至都匀的高速公路项目中,中国交通建设集团通过招投标程序成为该项目的投资人与工程总承包人。

PPP + EPC模式的优势主要体现在以下方面:(1)减轻政府财政压力,创新项目融资模式;(2)政府方和社会资本方取长补短,发挥各自优势,弥补对方不足;(3)设计方案更为合理;(4)适应工程建设市场和企业需要,提高经济效率;(5)把EPC模式的资源整合管理方式融入PPP模式;(6)避免"二次招标"。①

---

① 曹姗:《PPP + EPC模式的法律风险及其防范》,载"建纬律师"公众号,2018年1月2日。

二、PPP 项目中的建设工程通常亦应适用强制性招标的规定

依据《招标投标法》第 3 条之规定，大型基础设施、公用事业等关系社会公共利益、公众安全的项目（包括项目的勘察、设计、施工、监理以及与工程建设有关的重要设备、材料等的采购），必须进行招标。国务院《工程建设项目招标范围和规模标准规定》明确达到以下标准的项目必须进行招标："（一）施工单项合同估算价的 200 万元人民币以上的；（二）重要设备、材料等货物的采购，单项合同估算价在 100 万元人民币以上的；（三）勘察、设计、监理等服务的采购，单项合同估算价在 50 万元人民币以上的；（四）单项合同估算价低于第（一）、（二）、（三）项规定的标准，但项目总投资额在 3000 万元人民币以上的。"

PPP 项目中的工程建设部分通常都属于大型基础设施、公用事业等关系社会公共利益、公众安全的建设工程，从其投资建设工程部分规模标准来看，单项金额绝大多数均超过 200 万元，工程项目总投资也超过 3000 万元。因此，在此强制招标的法律背景下，若无其他相同效力层级的法律法规做相反或除外性规定，则 PPP 项目实施中的建设工程部分，应当按照《招标投标法》等法律法规采取招标方式选定施工主体。在建设单位选择采用工程总承包模式实施建设工程的情况下，依照《房建市政工程总承包管理办法》第 8 条规定，"工程总承包项目范围内的设计、采购或者施工中，有任一项属于依法必须进行招标的项目范围且达到国家规定规模标准的，应当采用招标的方式选择工程总承包单位"。

头屯河区法院（2019）新 0106 民初 484 号认为，老城区改造提升建设项目（总投资额 894010 万元）为政府付费 PPP 项目，该项目于 2017 年 10 月 30 日签署 PPP 合同后，中标社会资本未按照合同约定及时足额缴纳项目公司资本金，造成单方面违约事实，导致该项目入库一年内无任何实质性进展。鉴于以上情况，开发区第 6 次常务会同意将该项目变更为政府购买服务模式继续实施。但被告（中标联合体成员共同组建的项目公司）未经招标程序将该工程施工任务约为 2 亿元部分发包给原告，违反了《招标投标法》第 3 条、国家发展和改革委员会令第 16 号《必须招标的工程项目规定》第 2 条等相关规定，故双方就该部分施工任务签订的《协议》无效。

三、PPP 项目中的建设工程"两招并一招"的法律依据及适用限制

关于"两招并一招"的法律依据，主要来源于《招标投标法实施条例》第 9 条

中的以下规定:“除招标投标法第六十六条规定的可以不进行招标的特殊情况外,有下列情形之一的,可以不进行招标:(一)需要采用不可替代的专利或者专有技术;(二)采购人依法能够自行建设、生产或者提供;(三)已通过招标方式选定的特许经营项目投资人依法能够自行建设、生产或者提供;(四)需要向原中标人采购工程、货物或者服务,否则将影响施工或者功能配套要求;(五)国家规定的其他特殊情形。”

首先,该条第 2 项之“采购人依法能够自行建设、生产或者提供”非属“两招并一招”的法律依据。该款所述采购人指符合民事主体资格的法人、其他组织,不包括与其相关的母公司、子公司,以及与其具有管理或利害关系的,具有独立民事主体资格的法人、其他组织。由于符合本项不需要招标,所以此处使用了“采购人”而非“招标人”这一概念。如某水电集团公司是某水电站项目法人的股东,虽然水电集团公司具有水电站施工的相应资质能力,但因水电站项目的采购人是独立组建的水电站项目法人,该项目法人不能未经招标而将该项目直接发包给水电集团公司。因此,该款规定不能作为 PPP 项目甄选工程建设施工主体时无须再次招标的依据——显然,PPP 项目公司本身不具备自行生产、建设及提供的资质与能力;具备条件的是组成项目公司的股东、联合体成员或投资人。

其次,该条第 3 项规定之“已通过招标方式选定的特许经营项目投资人依法能够自行建设、生产或者提供”系属“两招并一招”的法律依据,但适用范围有严格限制。

一方面,所谓特许经营项目,是指政府将公共基础设施和公用事业的特许经营权出让给投资人并签订特许经营协议,由其组建项目公司负责投资、建设、经营的项目。行政法规中仅仅明确该规定可以适用于“特许经营项目”而并非所有“PPP 项目”。目前尚未有任何法律法规明确规定“特许经营项目”和“PPP 项目”是含义相同、可以互相替换的概念,“特许经营项目”仅仅是“PPP 项目”中的一部分,“PPP 项目”是比“特许经营项目”更宽泛的一个概念。

湖南高院(2019)湘行终 2166 号认为,公用事业特许经营必须通过竞争方式产生特定经营者,同时在确定经营者后双方应签订特许经营协议,并由市政公用事业主管部门颁发特许经营授权书,由于本案中原告系通过政府的招商引资承接了中方汽车站项目建设,且未按照《湖南省市政公用事业特许经营条例》第 16 条第 2 款之规定与政府相关部门就经营实施方式、经营期限等签订特许经营协议,故原告建设中方汽车站项目不属于特许经营项目。但二审法院认为,本案所涉的"中方县汽车站"系经省交通运输厅批复同意实施的二级客运汽车站,承担中方县城至乡镇的农村客运功能,属于公共交通建设项目,为市政公用事业,在建成后可以实行特许经营。由于当时中方县财力不足,县政府及交通局引入社会投资人合作建设,以议标形式确定建设中方县二级客运站的施工单位,2008 年 4 月 16 日,中方县交通局与怀化天成园林有限公司正式签订《协议书》,组建中方县汽车站站务有限责任公司,共同投资、建设、经营管理中方县汽车客运站。虽然协议中没有规定特许经营内容、区域、范围及有效期限,但明确"双方同意在中方县汽车客运站建设成后,就客运站经营管理将进一步完善相关方案,确保项目建成后,经营好,有效益"。据此,二审法院最终认定双方是以特许经营为目的的公私合作,是公用事业工程建设及经营合作协议。

另一方面,根据现行《招标投标法》及其实施条例的规定,只要是法定规模范围的工程建设项目,均必须按照《招标投标法》就工程建设以及与工程建设有关的设备、材料以及勘察、设计、监理等服务采取招标方式甄选施工方、供应方或服务方。至于该工程建设项目是否从属或依附于 PPP 项目,则在所不问。而迄今为止,除了《招标投标法》及其实施条例的规定,相关法律法规、财政部系列部门规章、行政规范性文件均未对 PPP 项目的工程建设部分的是否需要"二次招标"作出特别规定或不同的认定。因此,将《实施条例》第 9 条第 3 项的"招标"扩大理解至"非招标"方式从而适用该款以作为"两招并一招"的依据,并无合法性基础。

雅安中院(2018)川 18 行终 58 号认为,对比《政府采购法》与《招标投标法》的立法侧重点,后者主要规定的是民事责任,前者除规定民事责任外还规定了行政责任,后者在程序设计、管理要求、法律责任等方面严于前者;并且,按照《政府采购法》第 4 条规定,政府采购工程进行招标投标的,仍应适用《招标投标法》。可见,《政府采购法》规定的询价、竞争性谈判、竞争性磋商、单一来源采购等方式均非《招标投标法》规定的招标方式。

四、PPP 项目中的建设工程"两招并一招"的其他规范依据及立法趋势

1. 国家发展改革委《关于印发〈传统基础设施领域实施政府和社会资本合作项目工作导则〉的通知》(发改投资〔2016〕2231 号)第 13 条规定:"依法通过公开招标、邀请招标、两阶段招标、竞争性谈判等方式,公平择优选择具有相应

投资能力、管理经验、专业水平、融资实力以及信用状况良好的社会资本方作为合作伙伴。其中，拟由社会资本方自行承担工程项目勘察、设计、施工、监理以及与工程建设有关的重要设备、材料等采购的，必须按照《招标投标法》的规定，通过招标方式选择社会资本方。”可见，国家发展改革委规范性文件再次明确应当通过招标（公开、邀请）方式甄选社会资本方，尤其是在“并招”情形下，进一步强调必须通过招标方式选择社会资本方。该 PPP 项目社会资本方若系按照《政府采购法》等法律法规、部门规章、规范性文件采取竞争性磋商等非招标方式采购的 PPP 项目的，所涉及的设计、采购与施工显然不得“并招”。

2. 财政部《关于在公共服务领域深入推进政府和社会资本合作工作的通知》（财金〔2016〕90 号）规定：“九、简政放权释放市场主体潜力。各级财政部门要联合有关部门，加强项目前期立项程序与 PPP 模式操作流程的优化与衔接，进一步减少行政审批环节。对于涉及工程建设、设备采购或服务外包的 PPP 项目，已经依据政府采购法选定社会资本合作方的，合作方依法能够自行建设、生产或者提供服务的，按照《招标投标法实施条例》第九条规定，合作方可以不再进行招标。”

有观点认为，从《招标投标法实施条例》第 9 条规定的内容上看，第 3 项虽规定已通过招标方式选定的特许经营项目投资人依法能够自行建设、生产或者提供可以不进行二次招标，但该条也并非明确的排除性规定。同时，第 9 条第 5 项为“国家规定的其他特殊情形”，也可以成为财金〔2016〕90 号文的上位依据。而且，从“PPP + EPC”模式的特点和优势方面来看，该模式能有效避免在社会资本自身有建设能力并愿意自行建设项目的情况下，在第二次招标过程中使社会资本面临不能中标的风险，同时能够避免重复招标造成时间和费用的浪费，如果对其进行二次招标的限制，将遏制其优势，不符合市场的发展现状。因此，不宜对“PPP + EPC”模式下工程总承包合同效力进行过度限制。

但仔细分析《关于在公共服务领域深入推进政府和社会资本合作工作的通知》第 9 条的规定不难发现，在“并招”问题上财政部分两部分进行表述：其一，并招的前提在于：对于涉及工程建设、设备采购或服务外包的 PPP 项目，已经依据政府采购法选定社会资本合作方的；此即意味着，PPP 项目的采购只要是按照政府采购法进行项目采购的社会资本方，均可能可以“并招”，不对 PPP 项目采购方式的本身进行限制。其二，PPP 项目采购后的工程建设能否“并招”，紧接着的表述则是“按照《招标投标法实施条例》第九条规定，合作方可以不再进行招标”。这就在事实上,将问题重新推回到了《招标投标法实施条例》,即是否可以“并招”需要依该条例判断,而依该条例,适用“并招”则必须“招标”。如上之循环反复,事实上并未解决非依“招标方式”甄选之社会资本方在PPP项目中是否可以适用该条而不再进行二次招标的问题。

司法实践中对此问题存在极大争议。例如,海南高院(2018)琼民初46号认为,涉案工程属民生工程,匡算的暂定价为2.6亿元,属于《工程建设项目投标范围和规模标准规定》第3条第6项规定的其他公用事业项目,亦属于《招标投标法》第7条规定的必须进行招投标的项目,应当受《招标投标法》的规制。依据《建设工程司法解释》第1条第3项的规定,建设工程施工合同必须进行招标而未招标或者中标无效的,应当认定无效。可见,虽然财金〔2016〕90号文有“对于涉及工程建设、设备采购或服务外包的PPP项目,已经依据《政府采购法》(非公开招标方式)选定社会资本合作方的,合作方依法能够自行建设、生产或者提供服务的,按照《招标投标法实施条例》第9条规定,合作方可以不再进行招标”的规定,但鉴于其效力层级等问题,在出台法律法规对此问题更为明确的规定之前,故建议PPP项目在选择工程施工承包方时应严格遵守现行招投标法的相关规定,对属于必须招标的工程项目,仍应进行二次招标。

3. 放宽对PPP项目建设二次招标的管制措施,系当前的立法趋势。2017年7月24日国务院法制办发布了《基础设施和公共服务领域政府与社会资本合作条例》(征求意见稿),其中第24条规定:“实施合作项目所需的建设工程、设备和原材料等货物以及相关服务,社会资本方依法能够自行建设、生产或者提供,且在选择社会资本方时已经作为评审因素予以充分考虑的,可以由社会资本方自行建设、生产或者提供。”但至今该条例尚未正式出台。

综上,由于缺乏较高位阶的法律法规明确所有PPP项目及在只要是采用竞争方式采购社会资本方的情况下其采用EPC总承包时“两招并一招”的合法性,在此情况下,PPP+EPC模式下的“两招并一招”在非特许经营项目和非招标采购方式下操作可能会被认定为“合理而不合法”。[①]

① 曹姗:《PPP+EPC模式的法律风险及其防范》,载“建纬律师”公众号,2018年1月2日。

第 3.4 条 【擅自分包非主体部分建设工程对分包合同效力的影响】除工程主体部分设计或工程主体结构施工外，总承包人自行将其承包的部分工作交由第三人完成，当事人仅以未经发包人同意为由主张分包合同无效的，不予支持。

【条文主旨】

本条是关于工程总承包合同的承包人未经发包人事先同意或事后追认，自行将其承包的非主体部分建设工程交由其他人或单位完成的情形下，如何认定分包合同效力的规定。

【理解与适用】

总包人与分包人签订的分包合同效力适用《民法典》第 153 条和第 508 条关于合同效力的规定。总承包人未经发包人同意，将其承包范围内除工程主体部分设计或工程主体结构施工以外的部分建设工程分包给其他具备相应资质条件的单位的，是否影响分包合同的效力？对此，裁判实践中有两种不同观点。一种观点认为，该情形违反法律、行政法规的强制性规定，导致分包合同无效。因为《建筑法》第 29 条第 1 款规定："建筑工程总承包单位可以将承包工程中的部分工程发包给具有相应资质条件的分包单位；但是，除总承包合同中约定的分包外，必须经建设单位认可。"《民法典》第 791 条第 2 款规定："总承包人或者勘察、设计、施工承包人经发包人同意，可以将自己承包的部分工作交由第三人完成。"《建设工程质量管理条例》第 78 条第 2 款规定，建设工程总承包合同中未有约定，又未经建设单位认可，承包单位将其承包的部分建设工程交由其他单位完成的，属于违法分包的一种情形。故参照《建设工程司法解释》第 4 条的规定，承包人违法分包建设工程的行为应认定为无效。另一种观点认为，该情形虽然违反上述法律、行政法规的强制性规定，但该强制性规定不导致分包合同无效，也就是该强制性规定不属于效力性强制性规定。

本裁判指引采第二种观点，主要从以下三个方面慎重判断并认定前述强制性规定并非效力性强制性规定：

一、强制性规定所规范的对象

上述法律法规的强制性规定规制的对象是分包合同的缔约前提或缔约要素,即总承包人与第三人签订分包合同应以发包人同意为前提,而并非分包合同内容本身。《民法典》《建设工程质量管理条例》等法律、行政法规并不禁止总承包人将非主体部分建设工程交由第三人完成这一分包行为本身,故而分包合同缔约人的意思表示本身并不违法,对分包合同缔约应经发包人同意这一要素的违反,不应认定分包合同无效。

二、强制性规定所保护的法益类型

与主体结构分包和分包人超越资质等级的违法分包情形不同,分包需经发包人同意这一法律规定所要保护的法益是特定发包人指导或限制总承包人选择分包人的权利,而不涉及可能影响不特定多数人利益的工程质量、安全、市场秩序、国家宏观政策等公序良俗,因而超出了法律对分包合同效力给予否定评价的范畴。

三、本条所涉违法分包行为的法律后果

总承包人在订立工程总承包合同后,违反总承包合同约定或者未经发包人同意而擅自分包工程,侵害了发包人的合法权利,分包合同对发包人不产生约束力。发包人可以依约追究总承包人的违约责任,可以依法或依约解除合同,也可以依法追究总承包人或分包人的侵权责任。因此,本条所涉违法分包行为损害的发包人的权利救济与分包合同是否有效没有关联性。

如果分包合同被认定为无效,其法律后果将导致分包人仅能就已实施的分包工程参照合同约定的价格获得分包工程价款,可能因此丧失追索损害赔偿的权利。这既不影响无过错的发包人的权益,还会让有过错的总承包人从其违法分包行为中获益,造成不公平的法律后果。

综上,根据《民法典》第 153 条第 1 款的规定,针对仅仅未经发包人同意擅自分包工程的违法分包行为,从规范对象、所保护的法益类型及违法后果三个方面综合考察,可以认定该违法分包情形不构成对法律、行政法规效力性强制性规定的违反,不应导致分包合同无效。

需要指出的是,住建部对未经发包人同意进行分包是否构成违法分包所持

态度近年来有所变化。2014 年,住建部《建筑工程施工转包违法分包等违法行为认定查处管理办法(试行)》第 9 条规定:“存在下列情形之一的,属于违法分包:……(三)施工合同中没有约定,又未经建设单位认可,施工单位将其承包的部分工程交由其他单位施工的;(四)施工总承包单位将房屋建筑工程的主体结构的施工分包给其他单位的,钢结构工程除外”。2019 年,住建部修改后的《建筑工程施工转包违法分包等违法行为认定查处管理办法》删除了前述第 9 条第 3 项的规定,不再将“仅未经发包人同意的分包”作为违法分包的情形之一。

此外,建设工程总承包合同对承包人选择分包人和签订分包合同是否需要经发包人同意以及如何经发包人同意有约定的,从其约定。需要说明的是,即便总承包合同约定总承包人可以自由选择分包人而无须取得发包人同意,其实质表明,总承包人在签订工程总承包合同时业已取得发包人对总承包人自行选择分包人的书面同意,故不属于未经发包人同意擅自分包的情形。

第 3.5 条 【主体工作分包对分包合同效力的影响】对于项目或发包人要求总承包人应当同时具有设计和施工资质的工程总承包项目,兼具设计和施工资质的总承包人将工程主体部分设计或工程主体结构施工(钢结构工程除外)分包给他人的,分包合同无效。

对于总承包人仅需具有设计或施工资质的工程总承包项目,按照如下情形分别处理:

(1)发包人要求总承包人具有设计资质的,仅具有设计资质的总承包人将工程主体部分设计分包给他人的,分包合同无效;仅具有设计资质或同时具有设计和施工资质的总承包人将工程主体结构施工分包给他人的,当事人以工程主体工作不得分包为由主张分包合同无效的,不予支持。

(2)发包人要求总承包人具有施工资质的,仅具有施工资质的总承包人将工程主体结构施工(钢结构工程除外)分包给他人的,分包合同无效;仅具有施工资质或同时具有设计和施工资质的总承包人将工程主体部分设计分包给他人的,当事人以工程主体工作不得分包为由主张分包合同无效的,不予支持。

【条文主旨】

本条是关于工程总承包合同的承包人将其承包范围内的部分主体、关键性工作(钢结构工程除外)分包给他人的情形下,如何认定分包合同效力的规定。

【理解与适用】

住建部《关于进一步推进工程总承包发展的若干意见》(建市〔2016〕93号)规定:“……(十)工程总承包项目严禁转包和违法分包。工程总承包企业应当加强对分包的管理,不得将工程总承包项目转包,也不得将工程总承包项目中设计和施工业务一并或者分别分包给其他单位。工程总承包企业自行实施设计的,不得将工程总承包项目工程主体部分的设计业务分包给其他单位。工程总承包企业自行实施施工的,不得将工程总承包项目工程主体结构的施工业务分包给其他单位。”工程总承包合同纠纷中,总承包人转包(包括支解分包)导致分包合同无效,这一裁判规则与建设工程施工合同纠纷的有关裁判规则一致,无须赘言。但鉴于工程总承包模式特点,将工程主体工作分包是否构成违法分包从而导致分包合同无效,应当依据具体情形而定。

一、总承包人将资质要求覆盖范围内的主体工作分包的,分包合同无效

在工程总承包项目中,发包人通过洽商、资格审查或招投标等程序选择承包人,目的是选择合格的、胜任的和价格适宜的承包人实施或完成工程项目。如果承包人在签约后将其资质覆盖范围内工程主体或关键性工作分包出去,由他人负责实施,就基本改变了工程项目的具体实施人,违背了选择承包人程序的初衷,对发包人形成了工程实施主体的变更,构成对发包人的风险;同时,也使建设工程行政主管部门对实施工程主体进行资质管理从而确保工程质量和人民生命财产安全的目的落空,为我国法律法规明确禁止。

《民法典》第791条规定:“……总承包人或者勘察、设计、施工承包人经发包人同意,可以将自己承包的部分工作交由第三人完成……建设工程主体结构的施工必须由承包人自行完成。”《建筑法》第29条规定:“……施工总承包的,建筑工程主体结构的施工必须由总承包单位自行完成……”《建设工程质量管理条例》第78条规定:“本条例所称违法分包,是指下列行为:……(三)施工总承包单位将建设工程主体结构的施工分包给其他单位的。”

如果工程发包采用招投标方式，将适用招标投标相关法律法规的规定。《招标投标法》第58条规定："中标人将中标项目转让给他人的，将中标项目肢解后分别转让给他人的，违反本法规定将中标项目的部分主体、关键性工作分包给他人的，或者分包人再次分包的，转让、分包无效……"。

在工程总承包模式下，应项目或发包人要求，如总承包人具有施工资质，工程主体结构应当由总承包人自行施工完成，总承包人将工程主体结构分包的，构成违法分包，分包合同无效；如总承包人具有设计资质，工程主体部分应当由总承包人自行设计完成，总承包人将工程主体部分设计分包的，构成违法分包，分包合同无效；如总承包人以同时具备设计资质和施工资质承揽工程的，那么，工程主体部分设计和主体结构施工均应由总承包人自行完成，总承包人将工程主体部分设计和/或主体结构施工分包的，构成违法分包，分包合同无效。

需要强调的是，根据《房建市政工程总承包管理办法》第10条的规定，"工程总承包单位应当同时具有与工程规模相适应的工程设计资质和施工资质，或者由具有相应资质的设计单位和施工单位组成联合体"。在房屋建筑和市政基础设施领域，工程总承包人应当具备双资质，故而不得将工程主体部分设计或主体结构施工分包给其他单位，否则将违反上述《民法典》《建设工程质量管理条例》等法律法规的效力性强制性规定，导致分包合同无效。

二、总承包人将其不具有资质的工程全部或主体工作分包给有资质单位的，不影响分包合同的效力

房屋建筑和市政基础设施以外的建设工程，采用工程总承包模式承揽工程的，工程总承包人仅具有相应设计资质的，由于受到资质管理的约束，其必须将不具备资质的施工部分工程全部分包。同样，工程总承包人仅具有相应施工资质的，应当将工程总承包项目中的全部设计业务分包给具有相应设计资质的单位。可见，工程总承包人自行实施设计或施工的，将其不具有资质的工程主体工作分包给有资质的单位，这不仅不会导致分包合同无效，而且是不超越资质等级承揽工程并为法律法规所认可的行为。

工程总承包实践中还有一种情形，即工程发包时仅要求承包人具有工程设计或施工单项资质，但承揽工程的总承包人同时具备了工程设计和施工双项资质。那么，工程总承包人根据发包要求，应当至少自行完成设计或施工的主体部分。其将发包要求资质覆盖范围之外的工程（主体结构）施工或（主体部分）

设计分包给他人的,不影响分包合同效力的认定。

总之,工程总承包人在进行分包时,应当至少自行完成自身具备资质的设计或施工的主体部分,不得将设计和施工的主体一并或分别进行分包,仅进行采购和总承包管理,也不得仅进行设计和/或施工的非主体工作,否则不仅违反了建设工程施工的主体结构、设计的主体部分不能进行分包的强制性法律规定,也不利于工程总承包人深入参与工程总承包项目实施,难以发挥工程总承包模式下设计的先导优势或施工的管理优势。

第3.6条 【工程总承包合同中的实质性内容】工程总承包合同中的实质性内容包括与工程范围、建设工期、工程质量、工程价款、工程变更和调整、性能、技术与设计条款等内容有关的条款。

经招投标的工程实施过程中,发包人和工程总承包单位协商修改工程总承包合同实质性内容,如属于根据工程实施需要而做的合理调整,一方主张该修改背离招投标文件确定的合同实质性内容而无效的,不予支持。

【条文主旨】

本条是关于工程总承包合同中的实质性内容的规定。由于工程总承包模式的特殊性,对于经招投标的工程,发包人和工程总承包单位在工程实施过程中合理修改招投标文件确定的实质性内容的,该修改应对双方有效。

【理解与适用】

《招标投标法》第46条第1款规定:"招标人和中标人应当自中标通知书发出之日起三十日内,按照招标文件和中标人的投标文件订立书面合同。招标人和中标人不得再行订立背离合同实质性内容的其他协议。"对该条款中的"合同实质性内容"如何理解,没有相关立法规定,亦缺少其他有效权威解释。如何理解"合同实质性内容",不仅涉及对当事人合同自由权利的尊重和招标投标制度能否落实,还涉及建设工程总承包合同当事人之间权利义务争议的正确处理。参照《八民会纪要》第31条和《建设工程司法解释(二)》第1条规定,合同实质性内容包括工程范围、建设工期、工程质量和工程价款。参考FIDIC银皮书1999年版和2017年版以及2011年住建部和国家工商总局联合发布的《工程总承包合同示范文本》,建设工程总承包合同的实质性内容还可能包括变更和合同价格调整、技术与设计条款等。

变更条款是建设工程总承包合同特有的条款之一,与一般合同条款修改相比,工程总承包合同中的变更有特定含义,是指工程变更。例如,FIDIC 银皮书 2017 年版对变更的定义为"对工程所做的任何更改,且该更改是根据第 13 条[变更和调整]规定指示为变更"。《工程总承包合同示范文本》通用条款第 13 条与 FIDIC 第 13 条内容相似,约定变更权由发包人享有。自合同生效后至工程竣工验收前的任何时间内,发包人均根据监理人、承包人的建议下达变更指令。依据《工程总承包合同示范文本》通用条款第 13.2 条,变更范围与完成合同下的工程紧密相关,可能涉及设计、采购与施工环节中的工程量、工作性质(质量、功能、功效或技术指标等)、施工程序或顺序等。此外,工程总承包合同会对变更的具体程序(包括发包人指示变更和承包人建议变更)作出约定。因此,建设工程总承包合同中的变更条款对工程项目的顺利进行和调整有着重要意义,且工程变更也可能导致工程范围、建设工期、工程质量、工程价款的变化,故也应被认定为建设工程总承包合同的实质性内容。

与一般建设工程合同相比,工程总承包合同中包含工程设计内容。在实践中,工程项目招投标过程中往往还没有设计方案,因此合同双方会在工程总承包合同中约定生产工艺技术、建筑设计方案等内容,并会明确提供此等方案的责任主体与具体义务、规范与违反后果。同时,工程总承包合同中也会约定对设计阶段的审查(通常在专用条款中约定)。因此,与工程技术与设计有关的条款在建设工程总承包合同中是较为关键的条款,设计方案的确定可能是项目工程得以顺利进行的重要前提,故与技术和设计有关的条款应被认定为建设工程总承包合同的实质性内容。

对于经招投标的工程,发包人与工程总承包单位根据招投标文件订立工程总承包合同后,不得随意修改合同实质性内容。《招标投标法》第 46 条规定:"招标人和中标人应当自中标通知书发出之日起三十日内,按照招标文件和中标人的投标文件订立书面合同。招标人和中标人不得再行订立背离合同实质性内容的其他协议……"《招标投标法实施条例》第 57 条规定:"招标人和中标人应当依照招标投标法和本条例的规定签订书面合同,合同的标的、价款、质量、履行期限等主要条款应当与招标文件和中标人的投标文件的内容一致。招标人和中标人不得再行订立背离合同实质性内容的其他协议……"据此,如果允许随意修改合同实质性内容，将可能违反我国的招投标制度。有观点据此认为，经招投标的工程实施过程中，只要发包人和工程总承包单位修改工程总承包合同实质性内容，该修改就应是无效的。

然而，相较于传统的工程建设组织模式，工程总承包模式具有显著特点。建设工程总承包项目一般投资额大、技术复杂、管理难度大、建设周期长。建设工程总承包合同中总包商对工程的质量、安全、工期、造价全面负责，其义务涵盖的范围更广，包括设计、采购和施工三个环节或设计、施工两个环节的内容。招投标时，发包人和工程总承包单位很难明确所有的合同实质性内容。随着工程实施和设计进度、深度不断加强，施工范围、工程量、工程价款等实质性内容才能够逐步确定，与招投标时的差异也将逐渐显现。

由于工程总承包模式存在上述特殊性，招投标后再协商修改合同实质性内容的情况并不鲜见，也是顺利实施工程的必然要求。因此，对于能够证明修改合同实质性内容属于根据工程实施需要而做的合理调整的，应认定该修改对双方有效。

第3.7条 【工程总承包合同约定的工期不合理对工期条款效力的影响】工程总承包合同约定工期明显低于定额工期，并且承包人不具备按照约定工期竣工的能力，执行约定工期将造成工程质量低于工程建设强制性标准的，属于任意压缩合理工期。一方当事人主张工程总承包合同约定的工期条款无效，应予支持。

工程总承包合同约定工期明显低于定额工期，但综合考量承包人的管理经验、技术设备、施工水平和防护方案等方面后，承包人具备按照约定工期执行的能力，执行约定工期能够满足工程建设强制性标准的，不属于任意压缩合理工期。一方当事人主张工程总承包合同约定的工期条款无效的，不予支持。

【条文主旨】

本条是关于总承包合同约定的工期明显低于定额工期对工期条款效力的规定。合同约定工期远低于定额工期时，是否会影响合同效力，应回归到建筑法律法规的立法愿景上来，即判定该约定是否会损害建筑质量安全及建筑业市场健康发展。对于优化工期的情况,既未危害建筑质量的安全,也未影响建筑业发展,不应影响合同条款效力。而对于任意压缩合理工期的情况,很可能导致建筑质量达不到国家强制性标准、行业不良竞争进一步加剧的恶果,应当结合《标准化法》《建设工程质量管理条例》等法律法规的规定和《八民会纪要》等文件的精神,认定合同约定工期条款无效。

【理解与适用】

工期与工程质量息息相关,如合同约定工期不合理,将可能影响工程质量,进而产生安全隐患。判断工程总承包合同工期条款效力时,一方面要严格按照现有法律法规和司法解释的规则框架进行裁判;另一方面要深入探析约定工期的缘由和相应客观事实,将事实和法律要件相对应,进而认定工期条款效力。

"合理工期"并非法定概念,没有统一定义。根据一般行业实践,通常情况下判断工期是否合理可参考定额工期。《建设工程定额管理办法》(建标〔2015〕230号)第3条第1款规定:"本办法所称定额是指在正常施工条件下完成规定计量单位的合格建筑安装工程所消耗的人工、材料、施工机具台班、工期天数及相关费率等的数量基准。"据此,定额工期是综合考虑了施工企业技术装备和管理能力后的平均工期水平。

为规范不合理工期,各地建设主管部门均制定了相关地方性规定。例如,北京市住房和城乡建设委员会《关于执行2018年〈北京市建设工程工期定额〉和2018年〈北京市房屋修缮工程工期定额〉的通知》(京建法〔2019〕4号)第3条、第4条规定:"发包人压缩定额工期的,应提出保证工程质量、安全和工期的具体技术措施,并根据技术措施测算确定发包人要求工期。压缩定额工期的幅度超过10%(不含)的,应组织专家对相关技术措施进行合规性和可行性论证,并承担相应的质量安全责任。""招标人压缩定额工期的,应在招标工程量清单的措施项目中补充编制赶工增加费项目,并在招标文件的附件中列明相关技术措施。"又如,江苏省建设厅《关于贯彻执行〈建设安装工程工期定额〉的通知》(苏建价〔2017〕740号)第6条规定:"为有效保障工程质量和安全,维护建筑行业劳动者合法权益,建设单位不得任意压缩定额工期。如压缩工期,在招标文件和施工合同中应明确赶工措施费的计取方法和标准。建筑安装工程赶工措施费按《江苏省建设工程费用定额》(2014年)规定执行,费率为0.5%~2%。

压缩工期超过定额工期30%以上的建筑安装工程,必须经过专家认证。”行政法规亦明令禁止任意压缩合理工期的行为。《建设工程质量管理条例》第10条规定:“建设工程发包单位不得迫使承包方以低于成本的价格竞标,不得任意压缩合理工期。”第56条进一步规定:“违反本条例规定,建设单位有下列行为之一的,责令改正,处20万元以上50万元以下的罚款:……(二)任意压缩合理工期的……”换言之,工程总承包合同双方拟约定低于定额标准的工期时,应意识到这类约定可能违规,必须提前从技术、资金等方面进行准备,否则将遭受行政处罚。

出于对工程质量和安全的考虑,最高院对于“任意压缩合理工期”的合同条款效力持严格态度。《标准化法》第2条第3款规定:“强制性标准必须执行。国家鼓励采用推荐性标准。”据此,建设工程强制性标准必须得到遵守。《2011全国民事审判纪要》规定:“……有关违反工程建设强制性标准,任意压缩合理工期、降低工程质量标准的约定内容,应认定无效……”《八民会纪要》第30条再一次强调:“要依法维护通过招投标所签订的中标合同的法律效力。当事人违反工程建设强制性标准,任意压缩合理工期、降低工程质量标准的约定,应认定无效……”最高院在《八民会纪要》答记者问时亦表示,建设工程领域的强制性标准比较多,这是保证建筑工程质量,保障人民生命财产安全所必需的。

综上,“任意压缩合理工期”不仅是行政法律法规禁止的行为,亦会导致合同约定的工期条款被法院认定无效。但是,现行法律、法规和司法解释没有进一步明确“任意压缩合理工期”的含义,导致不同法院的裁判观点存在巨大差异。

建设工程涉及社会公众安全,不能单从意思自治的角度来判定建设工程总承包合同条款效力。合同约定工期远低于定额工期时,是否会影响合同效力,应回归到建筑法律法规的立法愿景上来,即判定该约定是否会损害建筑质量安全及建筑业市场健康发展。如果工程总承包单位具有很高的管理水平,有能力通过压缩关键工作缩减工期以满足合同的约定,应属于“优化工期”。相反,如果通过打乱施工节奏,违背工程建设规律,挤占、取消、缩减必要施工流程,违反国家强制性标准,导致工程质量降低,则应属于“任意压缩合理工期”。对于优化工期的情况,既未危害建筑质量的安全,也未影响建筑业发展,不应影响合同条款效力。而对于任意压缩合理工期的情况,很可能导致建筑质量达不到国家强制性标准、行业不良竞争进一步加剧的恶果,应当结合《标准化法》《建设工程质量管理条例》等法律法规的规定和《八民会纪要》等文件的精神，认定合同约定的工期条款无效。

第3.8条　【工程总承包合同约定的标准低于强制性标准时的效力】工程总承包合同约定的标准低于强制性标准影响工程质量的，当事人主张该约定无效的，应予支持。

【条文主旨】

本条是关于工程总承包合同约定的标准低于强制性标准时的效力的规定。我国的标准化体制为“强制—推荐双轨并存”体制，建设工程领域的强制性标准包括质量、安全、卫生和环境保护等方面的标准。强制性标准是工程领域最低技术、质量等方面的标准要求。建设工程领域强制性标准繁多，涉及勘查、设计、施工、计价等方方面面，司法实务中如果一味地机械适用“违反强制性标准的条款无效”，可能造成判决显失公平的结果。违反强制性标准导致工程质量问题，应依法认定违反强制性标准的约定无效。但对于特殊的强制性标准，如《建设工程工程量清单计价规范》下的经济性强制性标准，违反该标准并不必然导致工程质量问题，认定合同效力时还应结合立法宗旨和公平原则进一步判断。

【理解与适用】

根据《标准化法》的规定，标准是指某一行业领域需统一的技术要求，包括国家标准、行业标准、地方标准和团体标准和企业标准等。国家标准分为强制性标准、推荐性标准，行业标准、地方标准是推荐性标准。强制性标准必须执行，国家鼓励采用推荐性标准。即我国的标准化体制为“强制—推荐双轨并存”体制。

《工程建设国家标准管理办法》（建设部令第24号）第3条规定：“下列标准属于强制性标准：（一）工程建设勘察、规划、设计、施工（包括安装）及验收等通用的综合标准和重要的通用的质量标准；（二）工程建设通用的有关安全、卫生和环境保护的标准；（三）工程建设重要的通用的术语、符号、代号、量与单位、建筑模数和制图方法标准；（四）工程建设重要的通用的试验、检验和评定方法等标准;(五)工程建设重要的通用的信息技术标准;(六)国家需要控制的其他工程建设通用的标准。强制性标准以外的标准是推荐性标准。”对于强制性标准的具体内容,由国务院住房城乡建设主管部门会同有关主管部门确定。

判断某一工程标准是否为强制标准应结合标准编号、条文内容和条文出处等综合判断。根据《工程建设国家标准管理办法》(建设部令第24号)第29条的规定,强制性国家标准的编号为GB 50 ×××-××。但需要注意的是,编号为GB 50 ×××-××的标准中的条文可能并非全部为强制性条文,还应结合条文内容进一步判断。此外,2000年原建设部以工程类别为对象,将工程建设强制性标准汇编成《工程建设标准强制性条文》,包括城乡规划、城市建设、房屋建筑、工业建筑等15个部分,后又于2006年、2010年、2013年进行了修订。

强制性标准是工程领域最低技术、质量等方面的标准要求,违反此类标准,一般将导致建筑物质量安全问题,进而危害社会公共利益。《标准化法》也已明确,“强制性标准必须执行”。因此,根据《民法典》第153条之规定,工程总承包合同约定的标准低于强制性标准的,违反法律、行政法规的强制性规定,或违背公序良俗,应认定该约定无效。

最高院亦对此作了明确规定。《2011全国民事审判纪要》规定:“……有关违反工程建设强制性标准,任意压缩合理工期、降低工程质量标准的约定内容,应认定为无效。该约定被认定为无效后,依据《关于审理建设工程施工合同纠纷案件适用法律问题的解释》相关规定处理。”《八民会纪要》第30条再次明确规定:“……当事人违反工程建设强制性标准,任意压缩合理工期、降低工程质量标准的约定,应认定无效。对于约定无效后的工程价款结算,应依据建设工程施工合同司法解释的相关规定处理。”

除上述《标准化法》《民法典》和最高院的规定外,多个省高院发布的相关文件中也作了类似规定。例如,北京高院《解答》第27条规定:“建设工程施工合同中约定的建设工程质量标准低于国家规定的工程质量强制性安全标准的,该约定无效;合同约定的质量标准高于国家规定的强制性标准的,应当认定该约定有效。”

然而,需要特别注意的是,建设工程领域强制性标准繁多,涉及勘查、设计、施工、计价等方方面面,司法实务中如果一味地机械适用“违反强制性标准的条款无效”,可能造成判决显失公平的结果。举例而言,《住建部关于发布国家标准〈建设工程工程量清单计价规范〉的公告》明确规定:“现批准《建设工程工程量清单计价规范》为国家标准，编号为 GB 50500－2013，自 2013 年 7 月 1 日起实施。其中，第 3.1.1、3.1.4、3.1.5、3.1.6、3.4.1、4.1.2、4.2.1、4.2.2、4.3.1、5.1.1、6.1.3、6.1.4、8.1.1、8.2.1、11.1.1 条（款）为强制性条文，必须严格执行。”前述强制性条文为规范工程计价活动的强制性条文。工程总承包合同的缔约方对计价活动作出不同于《建设工程工程量清单计价规范》的约定时，应分情况进行讨论。如果该约定导致工程价格低于成本价、任意压缩合理工期等情况，进而造成工程质量问题或隐患，则应认定该约定无效。相反，如果该约定仅为双方对计价达成的特殊合意，不会造成工程质量问题，认定该约定无效将导致双方无法按照意思自治履约，甚至结果显失公平，则不应认定无效。

通常情况下，强制性标准与工程质量直接相关，违反强制性标准将导致工程质量问题，应依法认定违反强制性标准的约定无效。但对于特殊的强制性标准，如《建设工程工程量清单计价规范》下的经济性强制性标准，违反该标准并不必然导致工程质量问题，认定合同效力时还应结合立法宗旨和公平原则进一步判断。未对工程质量产生影响的，不宜判定合同无效，而应由行政主管部门进行处罚，否则将可能造成显失公平的结果。

第 3.9 条　【工程总承包模式下分包单位的再分包效力认定】在工程总承包合同模式下，工程总承包单位将设计或施工工作进行分包，分包单位将分包合同范围内非主体或非关键性工作再次分包给其他具有相应资质的企业完成的，不属于《建筑法》第 29 条等法律禁止的“二次分包”情形。当事人以此请求认定合同无效的，不予支持。

【条文主旨】

本条对工程总承包模式下二次分包合同的效力作出规定。对于施工总承包模式下的二次分包，出于维护施工安全、确保工程质量等考虑，现有法律法规等规范性文件明确规定二次分包合同无效。但相比传统施工总承包模式，工程总承包项目通常具有投资体量大、建设周期长、专业复杂的特点。在此情况下，允许专业分包、劳务分包有助于充分发挥参与工程项目企业的各自优势，提高工程质效。同时，还可以让总承包人或施工分包人将更多力量投入项目管理、质量、安全管控方面,从而激活中国工程总承包领域的分包市场。

因此,本条将工程总承包模式下的二次分包与施工总承包模式下的二次分包予以区分,认为在工程总承包模式下,工程总承包单位将设计或施工工作进行分包后,分包单位将分包合同范围内非主体或非关键性工作再次分包给其他具有相应资质的企业完成的,不属于《建筑法》第 29 条等法律禁止的"二次分包"情形。

【理解与适用】

一、规范性文件的规定

关于分包,《民法典》第 791 条第 2 款规定:"总承包人或者勘察、设计、施工承包人经发包人同意,可以将自己承包的部分工作交由第三人完成……"《建筑法》第 29 条规定:"建筑工程总承包单位可以将承包工程中的部分工程发包给具有相应资质条件的分包单位;……施工总承包的,建筑工程主体结构的施工必须由总承包单位自行完成。"在传统施工承包模式下,承包单位可将自己承包的部分工作分包给分包单位。

《关于进一步推进工程总承包发展的意见》第 7 条规定:"工程总承包企业应当具有与工程规模相适应的工程设计资质或者施工资质,相应的财务、风险承担能力,同时具有相应的组织机构、项目管理体系、项目管理专业人员和工程业绩。"也就是说,工程总承包单企业无须同时具备与工程规模相适应的工程设计资质和施工资质(具备一个即可)。该意见第 9 条规定:"工程总承包企业可以在其资质证书许可的工程项目范围内自行实施设计和施工,也可以根据合同约定或者经建设单位同意,直接将工程项目的设计或者施工业务择优分包给具有相应资质的企业。仅具有设计资质的企业承接工程总承包项目时,应当将工程总承包项目中的施工业务依法分包给具有相应施工资质的企业。仅具有施工资质的企业承接工程总承包项目时,应当将工程总承包项目中的设计业务依法分包给具有相应设计资质的企业。"

2020 年 3 月生效施行的《房建市政工程总承包管理办法》则要求:房屋建筑和市政基础设施项目的工程总承包企业必须同时具备与工程规模相适应的工程设计资质和施工资质,或者应由具有相应资质的设计单位和施工单位组成联合体。该办法第 21 条规定:"工程总承包单位可以采用直接发包的方式进行分包。但以暂估价形式包括在总承包范围内的工程、货物、服务分包时，属于依法必须进行招标的项目范围且达到国家规定规模标准的，应当依法招标。”

根据前述《建筑法》第29条、《关于进一步推进工程总承包发展的意见》第9条、《房建市政工程总承包管理办法》第21条的相关规定，工程总承包模式下，总承包单位可将自己承包的部分工作分包给分包单位。

现行法律法规等规范性文件禁止分包单位再次分包。《建筑法》第29条规定：“……禁止分包单位将其承包的工程再分包。”《民法典》第791条、《招标投标法》第48条、《建设工程质量管理条例》第78条第2款均有类似规定。禁止分包单位再次分包的立法逻辑在于，再次分包将损害发包人通过招投标等方式对中标人的选择权，可能使专业性较低的团队参与施工建设。另外，再次分包可能会影响发包人对工程项目进行管理。以上情况都将严重影响施工安全、工程质量，进而损害社会公共利益。

然而，现有规范（包括2020年新施行的《房建市政工程总承包管理办法》）未明确工程总承包模式下，分包单位将部分专业工程、劳务工作再次分包给具有相应资质条件的单位，是否属于上述法律法规所禁止的“二次分包”。

需要说明的是，虽然《房建市政工程总承包管理办法》要求总承包企业须具有双资质（施工资质、设计资质）或应由具有相应资质的设计单位和施工单位组成联合体，但上述总承包模式下“二次分包”是否违法的问题仍然存在。原因是，《房建市政工程总承包管理办法》并不禁止具有双资质的总承包企业直接将工程项目的设计或者施工业务择优分包给具有相应资质的企业。即不禁止《关于进一步推进工程总承包发展的意见》第9条所允许的分包方式。

我们认为，由于工程总承包模式本身的复杂性及专业性，并出于对降低项目成本、提高工程效率、保证项目质量的考虑，应当允许分包单位将分包合同范围内非主体或非关键性工作再次分包给其他具有相应资质的企业完成。

二、实践中的不同观点

有观点认为，工程总承包人将总承包合同中的工作发包给某承包人的，如果相对工程总承包人而言，该承包人是工程总承包项下的分包单位，根据《建筑法》第29条第3款的规定，其进行再分包的行为违反法律禁止“二次分包”的规定。

在（2018）新02民再10号案件中，总承包企业以EPC模式依法承建克拉玛依工程教育基地采油实训工程厂房项目。之后，总承包企业与分包企业签订《建设工程施工合同》，就上述工程具体施工内容进行了约定。分包企业的分公司又与另一公司签订了《克拉玛依工程教育基地采油实训场工程采油实训厂房三、四栋网架工程工程承包合同》（以下简称《工程承包合同》）。《工程承包合同》约定的工作范围是：负责网架结构加工制作、运输、安装、防腐、防火涂料及屋面龙骨的制作安装、屋面单层彩板铺设（不含保温层及保温层以上工程部分）等工作。

新疆高院认为，《建筑法》第29条第3款明确禁止分包单位将其承包的工程再分包，本案中的分包企业作为具备相应资质条件的分包方将其承包的部分工程再分包，违反了法律的强制性规定，因此《工程承包合同》无效。

与此相反，实践中，部分省市已开始在工程总承包的相关试点文件中明确，允许工程总承包模式下的施工总承包单位进行专业分包。例如，《上海市建设工程招标投标管理办法》（上海市人民政府令第50号）第9条规定："工程总承包单位依法将其承接的勘察、设计或者施工依法再发包给具有相应资质企业的，可以采用招标发包或者直接发包；相应的设计、施工总承包企业可以依法将部分专业工程分包。"《浙江省住房和城乡建设厅关于深化建设工程实施方式改革积极推进工程总承包发展的指导意见》第13条规定："经工程总承包企业同意，设计、施工企业可以将合同范围内非主体、非关键性工作分包给其他具有相应资质的专业企业完成。施工专业企业除建筑劳务外，不得再分包工程。"

三、工程总承包模式下应允许分包单位将非主体、非关键工作再次分包

《建筑法》等法律法规禁止分包方再次分包，从确保工程质量、维护社会公共利益的角度出发，允许分包方再次分包可能存在下列弊端①：首先，允许再次分包可能使项目管理不到位，工程质量事故易发。按照招投标程序确定的中标人应具有与项目匹配的管理能力，分包给具有专业资质的企业也具有相应的专业管理能力，它们可以保证对项目进行有效管理。但是，项目一旦被多次分包之后，实际施工主体很可能已不具有项目管理能力，无法保证工程质量，确保施

---

① 魏志强、翟树良：《EPC模式下违法转分包如何认定?》，载中伦律师事务所官网，http://www.zhonglun.com/Content/2019/12-30/1741323545.html，2020年5月15日最后访问；另参见李彩凤：《工程总承包模式下二次分包合法吗？（上）》《工程总承包模式下二次分包合法吗？（下）》，载微信公众号"同望工程地产法律管家"，2020年5月15日最后访问。

工安全，进而可能损害社会公共利益。其次，允许再次分包可能导致项目主要资金无法用于项目建设，无法保证工程质量。多次分包之后，很可能出现管理费层层截留，最终可用于项目建设的资金也因层层分包而逐渐减少的现象。而实际施工方为谋取利益，可能会偷工减料，进而影响工程质量、施工安全。因此，《建筑法》等法律法规明确禁止传统施工承包模式下的再次分包行为。

根据上述，传统施工总承包模式禁止再次分包主要是为了确保工程质量及施工安全。但对于工程总承包而言，禁止再次分包反而不利于确保工程质量及施工安全。

相比传统施工总承包模式，工程总承包项目通常具有投资体量大、建设周期长、专业复杂的特点。尤其是涉及大型系统、设备的石油、化工、电站类的EPC 工程，其中的专业工程较多、较为复杂。即便是建筑工程，也涉及建筑、结构、给排水、暖通、强弱电、内外装修、总平和景观绿化等多个专业。在此情况下，如果接受发包任务的施工总包单位（即工程总承包单位之下的施工部分承包人）并无相应专业资质，又不能进行专业分包，这明显不利于保证项目建设的质量、安全和进度。总体而言，专业分包、劳务分包有助于充分发挥参与工程项目的企业的各自优势，提高工程质效。同时，还可以让总承包人或施工分包人将更多力量投入项目管理、质量、安全管控方面，从而激活中国工程总承包领域的分包市场。

可见，对于传统的施工总承包模式，禁止“二次分包”的立法目的在于加强工程管理，保障工程质量。但对于工程总承包模式，不允许“二次分包”可能恰恰会导致工程质量、施工安全无法得到保障。因此，我们认为，现行法律法规等规范性文件对二次分包的限制，不应机械地适用于工程总承包的模式。工程总承包单位将设计或施工等工作进行分包，分包方只要不将分包合同主体内容再进行分包，不宜直接将再分包认定为施工总承包模式下的“二次分包”，相应分包合同不因此无效。

当然，根据建设工程相关法律法规、司法解释的规定，如果设计或施工分包人将其承包的工程整体、主体部分设计、主体结构施工再分包的；专业分包人将其承包的专业工程整体或专业工程中非劳务作业部分再分包的；专业作业承包人将其承包的劳务再分包的；或者专业作业承包人除计取劳务作业费用外，还计取主要建筑材料款和大中型施工机械设备、主要周转材料费用的，即便在工程总承包模式下，亦构成转包或违法分包，再分包合同无效。

第3.10条 【工程总承包合同效力对分包合同效力的影响】工程总承包合同无效,分包合同当事人以此为由主张分包合同无效的,不予支持。对于分包合同是否无效,应当从分包合同本身是否违反法律、行政法规的强制性规定或公共利益等方面进行综合判断。

工程总承包合同无效,分包合同失去履行可能性与必要性的,可以认定合同目的无法实现。分包合同当事人以此为由主张解除分包合同的,应予支持。但是,如果分包合同已经履行完毕,则分包合同目的已经实现,分包合同当事人请求解除分包合同的,不予支持。

【条文主旨】

本条是关于工程总承包合同无效对分包合同效力的影响。如若总包合同无效,则总包方失去总承包人法律地位,无法履行管理总包项目的义务。相应地,分包合同相应失去了继续履行的必要性与可能性,分包方也无法从总包方获得工程款。因此,分包合同的目的无法实现,分包方有权主张解除合同,并要求承包方承担违约责任。如果分包合同履行完毕之后,总包合同被认定为无效,则此时由于分包合同已经履行完毕,即便总包方失去其总包人的法律地位,分包合同的目的也已经实现,不存在合同解除的必要。分包合同当事人以总包合同无效为由要求解除合同的,应当不予支持。

【理解与适用】

一、总包合同无效,分包合同并不随之无效

工程总承包合同是总承包方工程设计与施工建设的依据,也是总承包方得以将工程总承包项目进行分包的基础。在工程总承包合同无效的情况下,分包合同效力如何,亦是司法实践中面临的问题焦点。司法实践中也存在分歧:

(一)总包合同无效,分包合同也随之无效

在实践中,有些法院将工程总承包合同无效作为分包合同无效的原因或者原因之一。例如,四川高院(2013)川民终字第596号认为,分包方具有相应的施工资质,但是由于总包方缺少相应的建筑企业资质,导致总承包合同无效,因而分包合同也属于无效合同。

认为分包合同应当随着总承包合同的无效而无效的理由主要在于：

第一，在总包合同无效的情况下，总包方无权获得工程承包权。分包人获取分包权利来源于总包权利，既然总包权利已经不存在，那么对分包权利的存在也应当进行否定评价。

第二，总包合同是分包合同的基础，因此在效力上两者无法分割。

首先，在价值判断上，分包合同与总包合同具有同一性。工程规划、质量与安全直接涉及社会公共安全和人民群众的生命财产安全，因此影响到对工程合同的效力评价。分包是把总承包工程的部分内容“剥离”出来交给分包方实施，与总承包合同的履行紧密结合、同步进行。因此，当总承包合同本身的履行会影响到公共利益从而需要作出否认效力的判断时，分包合同本身就是对总承包合同的履行，其效力也应当得到否定评价。

其次，总包单位对于分包工程的管理本身就是分包合同履行的重要内容，工程质量与安全与总包单位的管理密不可分。如果总包单位欠缺相应的资质（导致总包合同无效），则实际上分包部分也难以得到良好的管理，分包合同的履行也会影响到工程质量与安全。

（二）总包合同无效，分包合同并不当然无效

实践中也有法院持有总包合同无效，分包合同并不当然无效的观点。

在施工总承包合同或 PC 总承包合同与其下游分包合同效力关系的案件中，一些法院认为上游总包合同的效力不影响下游分包合同的效力。例如，湖北高院（2014）鄂民一初字第 00015 号认为，施工总承包合同与分包合同并不属于主从关系，施工总承包合同关系的效力并不影响分包合同的效力。再如，长寿区法院（2016）渝 0115 民初 6088 号认为，基于合同效力的独立性，下游施工合同的效力不受上游 PC 总承包合同的影响，由于分包方具有相应资质，故而总承包方可以在经发包人同意的情况下将自己承包的部分工作交由有资质条件的分包单位进行施工，无论 PC 总承包合同是否有效。

因此，实践中有观点认为，工程总承包合同与分包合同的效力关系，与施工总承包合同或 PC 总承包合同与下游分包合同的效力具有相似性，上述法院的结论可以得到类推适用。此外，认为总包合同效力不影响分包合同效力的理由还包括以下几点：

第一，总包合同与分包合同并非主从关系，其效力上应当是区分的。

主合同，是指不需要以其他合同的存在为前提即可独立存在的合同；从合

同,是指以其他合同的存在为其存在的前提的合同。主合同不成立,从合同就不能有效成立;主合同变更或转让,从合同也不能单独存在,依具体情况相应地可能发生变更、随同转让或者消灭的效果;主合同被宣告无效、撤销或者终止,从合同原则上应当归于消灭。[①] 法律规定的从合同主要有担保合同(包括物的担保和人的担保)、定金合同等。在分包合同中,分包方只向总包方履行合同义务,并由总包方支付相应合同价款;即便总包合同中的发包方转让其合同权利,也不会导致分包合同相应地变更、转让或消灭。

因此,分包合同具有独立性,并非总包合同的从合同。总包合同无效,并不当然导致分包合同也无效。

第二,即便是总包合同无效,也并不意味着分包工程会因为无法得到总包方的良好管理而使工程质量受到影响。实际上,对于总包工程而言,总包合同无效并不一定影响到工程质量与安全。实践中,总包合同无效很可能是在总包工程整体竣工验收之后才认定的。在此之前,总包方仍然有可能履行总包合同,对各分包项目进行良好管理,保障工程质量与安全,分包合同的履行不一定会影响公共利益。《建设工程司法解释》第 2 条也规定了在施工合同无效的情况下,如果建设工程经竣工验收合格,承包人可以参照合同请求工程价款。这一条文也侧面说明,即使总包合同无效,并不一定意味着工程质量会受到影响。

第三,一旦总包合同无效,则分包合同很大可能也失去相应的履行基础。但是,合同履行不能或者合同目的无法实现的法律后果是分包合同可以解除,总包方承担相应的违约责任,而非合同无效。合同无效,侧重的是对于合同本身是否违反法律、行政法规的强制性规定的价值判断,不能仅以合同履行失去基础作为考量合同效力的因素。在分包合同本身并未违反法律、行政法规强制性规定或公共利益的情况下,仅因为总包合同无效就认定分包合同无效、对分包合同效力作出否认评价,显然有违合同无效制度的法理。

第四,即便总包违反公共利益,也应当根据分包合同和分包合同的履行情况本身是否违反公共利益对分包合同效力进行判断。例如,在总包方缺乏设计资质与施工资质的情况下,如果总包方将工程发包给具有相应施工资质的分包方进行建设施工,分包方具有相应的施工资质并履行分包合同,并不一定会造成违反公共利益的后果,不能仅依据总包合同无效就判断分包合同也必然会触

---

① 韩世远:《合同法总论》,法律出版社 2018 年版,第 90 ~ 91 页。

及公共利益，从而否定其效力。

综上，我们认为，如果工程总承包合同无效，不能径行认定分包合同无效。对于分包合同的效力，仍然应当依据分包合同本身是否违反法律、行政法规的强制性规定或者违反公共利益来进行断定。例如，如果总承包工程没有取得建设工程规划许可证，依据《建设工程司法解释（二）》的规定，总承包合同应当无效；随之，即便总承包方将该工程分包给分包方，分包合同的工程也是未取得建设工程规划许可证的工程，分包合同也应当无效。

二、工程总承包合同无效，分包合同失去履行可能性与必要性的，合同目的无法实现，应予解除

《民法典》第 563 条第 1 款规定："有下列情形之一的，当事人可以解除合同：（一）因不可抗力致使不能实现合同目的；（二）在履行期限届满前，当事人一方明确表示或者以自己的行为表明不履行主要债务；（三）当事人一方迟延履行主要债务，经催告后在合理期限内仍未履行；（四）当事人一方迟延履行债务或者有其他违约行为致使不能实现合同目的；（五）法律规定的其他情形。"

如果总包合同在总包项目竣工之前被认定为无效，则总包方无法推进总包工程。分包项目是总包工程的组成部分，如果总包方丧失总承包人的法律地位，分包项目的实施也失去其必要性与可能性，分包合同的目的也无法实现。

最高院（2016）最高法民再 53 号认为，分包合同虽然独立于总包合同，但总包合同是履行分包合同的前提和基础。总包合同解除后，分包合同即丧失总承包人的法律地位，分包合同即失去了继续履行的必要性和可能性，使分包合同陷于履行不能。总包合同解除必然导致分包合同解除。

总包合同无效的情况，与上述案件具有相似之处。如若总包合同无效，则总包方失去总承包人法律地位，无法履行管理总包项目的义务。相应地，分包合同相应失去了继续履行的必要性与可能性，分包方也无法从总包方获得工程款。因此，分包合同的目的无法实现，分包方有权主张解除合同，并要求承包方承担违约责任。

如果分包合同履行完毕之后，总包合同被认定为无效，则此时由于分包合同已经履行完毕，即便总包方失去其总包人的法律地位，分包合同的目的也已经实现，不存在合同解除的必要。分包合同当事人以总包合同无效为由要求解除合同的，应当不予支持。

第 3.11 条 【工程总承包合同对于分包合同价格条款的影响】工程总承包合同与分包合同属于两个独立的合同关系，总承包工程价款与分包合同的价格条款之间一般相互独立。各分包合同约定的总价款高于总包工程价款的，由总包方自行承担风险。总包方以此为由要求调低分包合同价款或者调高总包合同价款的，不予支持，法律、行政法规规定或者双方当事人约定可以调整的除外。

分包合同价款没有约定或约定不明时，缔约双方不能就合同价款达成补充协议的，按照合同相关条款或者交易习惯确定。仍然不能确定的，按照订立合同时履行地的市场价格履行。

分包合同约定分包工程竣工验收款或设备验收款以工程总承包项目竣工验收作为付款条件，或者质保期从总包项目竣工验收起计算的，应当由总承包方承担工程总承包项目是否以及何时通过竣工验收的举证责任。在分包项目已经通过验收的情况下，总承包方未能举证总包项目是否以及何时通过竣工验收，或者工程总承包项目虽未通过验收，但分包单位证明总包方对工程总承包项目在合理期限内未能通过竣工验收存在过错的，则验收款的付款条件应当视为已经达成。质保期是否经过，应当根据分包工程竣工验收时间、分包项目与工程总承包项目的关系等因素综合判断。

【条文主旨】

本条是关于工程总承包合同对于分包合同价格条款的解释、调整的影响。

【条文解析】

一、总包合同价格条款与分包合同价格条款相互独立，总包方应当自行承担分包工程价款高于总包合同价款的风险

总包方为了履行工程总承包合同的义务，将设计、采购、施工等内容分包给分包方，并约定相应的价格条款。分包方依据分包合同向总包方履行义务，并获取相应对价款；总包方管理各分包方的工作成果，向业主方移交总承包工程项目，并获取相应总包工程价款。总包方在充分考虑总包项目的工作量、工程计价方式与调价原则、总包工程自身风险、业主方履约风险、总包工程管理成本

以及总包工程预期收益等问题的基础上，分别与各分包方确定对应的分包价格条款，分包价款即总包方向业主方履约过程中所产生的成本。

在总包合同与分包合同的关系上，两者属于相互独立的合同，不存在主从合同的关系。根据合同的相对性原则，分包合同中的价格条款仅约束总包方与分包方，总包合同中的价格条款也仅约束业主方与总包方，两者之间相互独立。总包合同价格条款的计价方式、调整原则等价格条款，一般不对分包方产生约束力，也不对分包合同价格条款产生影响。

实践中，可能存在分包价款高于总包价款的问题。例如，在总包工程实践中，总包合同较为普遍地采取固定总价的方式；同时，总包方就施工与采购部分与分包方签署 PC 分包合同，并在 PC 分包合同中约定了暂定单价的计价方式。在 PC 分包合同结算后，施工与采购部分对应的价款可能就会高于总包合同中约定的固定总价。在此情况下，分包合同的计价方式与调价原则等价格条款，是总包方在充分综合考虑风险、成本与收益的情况下确定的，总包方应当受其约束、遵照履行。总包方对于分包合同价款的制定与风险管理失当，应当自行承担亏损的风险。因此，总包方以分包价款高于总包价款为由，要求调低分包合同价款或者调高总包合同价款的，法院或者仲裁庭不应予以支持。

但是，在法律、法规规定可以调整或者双方当事人约定可以调整合同价款的情况下，可以支持总包方关于调高总包项目工程价款或者调低分包合同价款的请求。例如，工程量变更是一项普遍的造成工程价款变更的法定原因。《建设工程司法解释》第 16 条第 2 款规定："因设计变更导致建设工程的工程量或者质量标准发生变化，当事人对该部分工程价款不能协商一致的，可以参照签订建设工程施工合同时当地建设行政主管部门发布的计价方法或者计价标准结算工程价款。"各地方高院也对于工程量变更导致工程价款的变更进行了规定。诸如，北京高院《解答》第 11 条规定："建设工程施工合同约定工程价款实行固定总价结算，在实际履行过程中，因工程发生设计变更等原因导致实际工程量增减，当事人要求对工程价款予以调整的，应当严格掌握，合同对工程价款调整有约定的，依照其约定；没有约定或约定不明的，可以参照合同约定标准对工程量增减部分予以单独结算，无法参照约定标准结算的，可以参照施工地建设行政主管部门发布的计价方法或者计价标准结算。"

分包合同是总包合同的重要组成部分，分包合同履行内容的增减也意味着总包合同工程量的增减；相应地，总包合同工程量的增减也意味着对应分包合同履行内容的增减。如果分包合同价款过高是由于工程量增加导致的，则对应地，总包合同的工程量也相应增加，总包方提出增加总包合同价款的，应当予以支持。

二、分包合同价款没有约定或约定不明，双方也未能达成补充协议的，应当依据合同相关条款或者交易习惯确定。仍然不能确定的，按照订立合同时履行地的市场价格履行

如前所述，在总包合同与分包合同的关系上，两者属于相互独立的合同，不存在主从的关系，总包合同的价格条款与分包合同的价格条款也相互独立。因此，在双方当事人没有约定总包价款与分包价款具有连带关系的情况下，即便分包合同没有约定价格条款或者约定不明，分包合同的价款不能当然地参考总包合同价款予以确定。

《民法典》第 510 条规定："合同生效后，当事人就质量、价款或者报酬、履行地点等内容没有约定或者约定不明确的，可以协议补充；不能达成补充协议的，按照合同相关条款或者交易习惯确定。"第 511 条规定："当事人就有关合同内容约定不明确，依据前条规定仍不能确定的，适用下列规定：……（二）价款或者报酬不明确的，按照订立合同时履行地的市场价格履行；依法应当执行政府定价或者政府指导价的，依照规定履行。"

因此，在分包合同没有约定价款或者价款约定不明的情况下，应当遵从上述规定。当事人无法达成补充协议的，应当按照分包合同相关条款或者交易习惯确定；仍然不能确定的，应当按照订立合同时履行地的市场价格履行，依法应当执行政府定价或者政府指导价的，依照规定履行。

《合同法解释（二）》第 7 条规定："下列情形，不违反法律、行政法规强制性规定的，人民法院可以认定为合同法所称'交易习惯'：（一）在交易行为当地或者某一领域、某一行业通常采用并为交易对方订立合同时所知道或者应当知道的做法；（二）当事人双方经常使用的习惯做法。对于交易习惯，由提出主张的一方当事人承担举证责任。"如果一方当事人举证证明按照交易习惯，分包合同价款没有约定或约定不明时，可以参照总包价款计算，则法院可以通过该项交易习惯来确定分包合同的价款。

三、分包项目的验收款以总包项目竣工验收作为支付条件，或者质保期从总包项目竣工验收起计算的，应当由总包方承担总包项目是否以及何时通过竣工验收的举证责任

实践中，总承包项目从开工到竣工验收往往需要数年的时间。为了降低总包方的风险，分包合同中可能会约定分包方所施工的工程或者所提供的设备与货物验收款以总包项目通过竣工验收为支付条件，同时分包工程或者相应的设备与货物从总包项目通过竣工验收起开始计算。

由于分包方未必参与到总包项目的全程，且并非总包合同的当事人，往往无法了解总包合同的竣工验收情况。因此，如果分包方请求总包方支付验收款或者质保金，应当由总包方承担总包项目是否已经竣工验收的举证责任。

如果分包项目已经通过验收且总包方未能完成举证责任，则验收款的付款条件应当被视为达成。例如，在某一 EPC 项目中，分包方承包总包项目中水循环系统的施工，并约定水循环系统工程验收款在总包工程通过竣工验收后支付。分包工程竣工验收完成后三年多时间里，总包方一直未支付包括竣工验收款，也未对总包工程是否竣工进行举证；由于分包方在总包工程竣工前已经撤离现场，也无法举证总包项目是否已经通过竣工验收。在本案中，分包工程已经通过总包方的竣工验收，总包方未能就总包项目是否竣工完成举证责任，也应承担相应的不利后果。因此，应当认为分包工程竣工验收款的支付条件可以视为达成，总包方应当支付分包方相应工程价款。

如果总包项目在合理期限内尚未通过竣工验收，且分包单位举证证明总包方对此存在过错的，则应当视为验收款的付款条件已经达成。《民法典》第 159 条规定："附条件的民事法律行为，当事人为自己的利益不正当地阻止条件成就的，视为条件已经成就；不正当地促成条件成就的，视为条件不成就。"在总包方对总包项目在合理期限内未通过竣工验收存在过错的情况下，可以适用《民法典》第 159 条之规定，判定总包方存在"不正当地阻止条件成就"的情况，验收款的付款条件应当视为成就。

如果分包合同中约定质保期自总包项目竣工验收起计算，则法院与仲裁庭应当结合分包项目验收时间、总包方对总包项目未能竣工验收是否存在过错、分包项目与总包项目的关系等因素综合考量质保期是否已经经过。例如，在上海浦东新区法院审理的（2016）沪 0115 民初 74347 号案中，总包方与分包单位

签署分包合同，由分包单位提供风琴帘并予以安装，并约定自整体工程竣工验收合格之日起算两年后，总包方返还全部质保金。分包项目通过竣工验收三年多时间里，总包项目一直未通过验收。法院据此认为，分包单位的安装义务至今已经长达三年，在此期间总包项目未通过验收，应视为怠于履行验收义务，总包方应当向分包单位支付包括质保金在内的剩余价款。

第3.12条 【工程总承包合同与分包合同的质量条款存在差异的处理】工程总承包合同或分包合同约定的质量标准低于工程建设强制性标准的，该约定无效。

工程总承包模式下的分包单位按照其与工程总承包单位的约定实施工程，如果分包工程质量符合分包合同要求，发包人以分包单位施工部分的质量不符合发包人与工程总承包单位约定标准为由请求分包单位承担责任的，不予支持。

【条文主旨】

本条是关于工程总承包模式下工程总承包合同与分包合同的质量条款存在差异应如何处理的规定。相较于传统的工程施工总承包模式，工程总承包模式下的质量标准由原来的按图施工变为按约建设，质量的内涵比传统模式更广。如果分包单位按照其与工程总承包单位的约定实施工程，且质量符合分包合同的要求，即使工程在性能和功能等方面不满足发包人与工程总承包单位的质量约定，分包单位既无侵权过错也不违反分包合同的约定，无须向发包人承担质量责任。

【理解与适用】

工程建设强制性标准是直接涉及工程质量、安全、卫生及环境保护等方面的工程建设强制性条文。《标准化法》第2条第3款规定："强制性标准必须执行。国家鼓励采用推荐性标准。"据此，对于工程质量而言，工程建设强制性标准为工程质量的最低标准，工程总承包合同或分包合同约定的质量标准低于工程建设强制性标准的，该约定无效，应执行工程建设强制性标准。工程总承包合同或分包合同约定的质量标准高于工程建设强制性标准的，该约定有效，对合同各缔约方具有约束力。

《民法典》第791条第2款规定："总承包人或者勘察、设计、施工承包人经发包人同意，可以将自己承包的部分工作交由第三人完成。第三人就其完成的工作成果与总承包人或者勘察、设计、施工承包人向发包人承担连带责任……"通常来说，分包人仅就分包合同的履行向总承包人、勘察、设计、施工承包人负责，并不直接向发包人承担责任，但我国法律为了维护发包人的利益，保证工程的质量，本条适当地加重了分包人的责任，即第三人（分包人）就其完成的工作成果与总承包人或者勘察、设计、施工承包人向发包人承担连带责任。因分包的工程出现问题，发包人既可以要求总承包人、勘察、设计、施工承包人承担责任，也可以直接要求分包人承担责任。

然而，就分包单位对发包人所负质量责任而言，无论是大陆法系还是英美法系，坚持合同相对性原则仍是主流做法，即原则上分包单位不对发包人直接承担质量责任。国际上的较普遍使用的合同范本也有类似规定，如《FIDIC土木工程施工分包合同条件》（1994年第一版）第4.3条、第4.4条规定，分包人与发包人之间不存在合同，分包人违反分包合同的后果为保障承包商免于承担根据主合同承包商将负责的赔偿。

对于分包单位承担连带责任的性质，有观点认为是由法律规定的应当由共同侵权行为人向受害人承担的共同的和各自的责任，即工程总承包单位与分包单位就质量向发包人承担连带责任的法律性质为侵权责任。而有的观点认为，发包人与工程总承包单位、工程总承包单位与分包单位均是通过合同连接在一起的，质量问题系违反合同约定的质量标准，因此工程总承包单位与分包单位就质量向发包人承担连带责任的法律性质为违约责任。[①]

需要特别注意的是，相较于传统的工程施工总承包模式，工程总承包模式下的质量标准由原来的按图施工变为按约建设，质量的内涵比传统模式更广。工程总承包包含设计内容，因此工程质量的内容包含性能与功能要求。工程总承包模式下，工程总承包单位对发包人是按约、按需建设，但分包单位对工程总承包单位仍然是按图施工。而传统的工程施工总承包模式下，总包单位对发包人、分包单位对总包单位都是按图施工。因此，工程总承包模式与工程施工总

---

① 最高人民法院民事审判第一庭编著：《最高人民法院建设工程施工合同司法解释的理解与适用》（重印本），人民法院出版社2015年版，第180～181页。

承包模式具有根本区别。

在工程总承包模式下,如果分包工程的质量不符合分包合同的要求,或者不满足工程建设强制性标准,发包人有权要求分包单位与工程总承包单位一同就分包工程质量向发包人承担连带责任,这与传统的工程施工总承包一致。但是,如果分包单位按照其与工程总承包单位的约定实施工程,且质量符合分包合同的要求,即使工程在性能和功能等方面不满足发包人与工程总承包单位的质量约定,分包单位既无侵权过错也不违反分包合同的约定,无须向发包人承担质量责任。

第 3.13 条 【工程总承包中“背靠背”条款的效力】在认定“背靠背”条款时应综合个案具体因素,注意区分其属于附期限类型的“背靠背”条款,还是附条件类型的“背靠背”条款。

附期限“背靠背”条款:如分包合同仅约定待发包人向工程总承包人支付工程款后一定期限内,总承包人再向分包人支付相应工程款,而未明确将发包人支付工程款作为总承包人向分包人支付相应工程款的前提的,总承包人以发包人未支付工程款,因此工程款支付条件未成就为由进行抗辩的,不予支持。

附条件“背靠背”条款:分包合同中约定总承包人向分包人支付工程款的前提为发包人向总承包人支付相应工程款,当事人主张该约定无效的,不予支持。

分包人主张总承包人支付工程款的,应审查分包合同中约定的付款条件是否成就。在分包合同约定的其他付款条件均已成就时,若总承包人存在不正当阻止分包合同价款付款条件成就行为的,视为付款条件已成就,总承包人不得对抗分包人的付款请求。

总承包人以发包人未付款为由抗辩的,应对其与发包人之间的结算情况、发包人支付工程款的事实以及该款项与分包合同下工程款的对应关系负有举证责任。因总承包人过错导致发包人未向总承包人支付工程款,或者总承包人不能证明发包人未支付相应工程款且自身已在合理期限内积极主张债权的,总承包人不得对抗分包人的付款请求。

应根据案件具体情况判断总承包人是否积极主张债权。总承包人存在以下情形的，通常可认定其未积极主张债权：(1)总承包人仅向发包人发出催款函等文件；(2)如果总承包合同约定了强制性的争议解决前置程序（如提起诉讼或仲裁前必须经过谈判、调解等程序），总承包人不能证明在合理期限内已通过提起或正在进行的强制性前置程序向发包人主张到期债权。或者，总承包人虽然已提起或进行强制性前置程序，但未能在强制性前置程序中成功向发包人主张到期债权，其后又未能在合理期限内以诉讼或者仲裁方式向发包人主张到期债权；或者(3)如果总承包合同未约定强制性的争议解决前置程序，总承包人不能证明其已经在合理期限内以诉讼或者仲裁方式向发包人主张到期债权。

经审查认为分包人主张总承包人支付工程款的条件尚未成就，应驳回分包人的相应诉讼或仲裁请求，但应明确待付款条件成就后，分包人有权再次向总承包人主张支付工程款。

【条文主旨】

在工程总承包模式下，总承包人承接工程后，通常会进行各种分包，包括设计分包、采购分包、施工分包、专业分包以及劳务分包等。为减轻因发包人拖延或拒付各类款项导致的风险，总承包人往往会利用其优势地位，在与分包人签订的合同中设置“背靠背”条款，将总承包合同的支付风险转移分散到各个分包合同中。本条旨在对工程总承包下的“背靠背”条款之识别、效力及裁判规则提出指引。

本条区分附期限“背靠背”条款和附条件“背靠背”条款，并分别提出裁判指引。在附期限“背靠背”条款下，总承包人不能以付款条件未成就为由进行抗辩。在附条件“背靠背”条款下，裁判者应审查分包合同中约定的付款条件是否成就，以及总承包人是否存在不正当阻止分包合同价款付款条件成就的行为。此外，总承包人需要就其与发包人之间的结算情况等承担举证责任。因总承包人过错导致发包人未向总承包人支付工程款，或者总承包人不能证明发包人未支付相应工程款且自身已在合理期限内积极主张债权的，总承包人不得对抗分包人的付款请求。就积极主张债权的方式，本条结合《合同法解释（一）》和司法实践总结了三类情形并提供指引。

【理解与适用】

一、“背靠背”条款的含义与识别

“背靠背”(back－to－back)条款本身并非专业的法律术语,而是在长期的建设工程实践中逐渐形成的一种约定俗成的行业用语。一般来说,“背靠背”条款是指在有偿合同中,约定负有付款义务的一方,以其获得在其他合同中某第三方的款项作为其支付本合同款项之前提条件的条款。简言之,“背靠背”条款即指“先收款,后付款”。例如,国际咨询工程师联合会(FIDIC)编制的《土木工程施工分包合同条件》(1994 年第一版)第 16.3 条规定:“在下列情况下,总承包人应有权扣发或缓发应支付分包人的全部或部分金额:……(d)总承包人已按照主合同将分包人报表中所列的款项包括在总承包人的报表中,且工程师已为此开具了证书,但发包人尚未向总承包人支付上述全部金额,而这不是总承包人的行为或违约引起的……”FIDIC 红皮书(2011 年第一版)第 14.6 条、FIDIC 黄皮书(2019 年第一版)第 14.6 条也有类似表述。

随着建设工程行业的发展,在国际上“背靠背”条款逐渐演化出多种略有不同的付款条件,包括“pay if paid”“pay when paid”“pay upon paid”“pay if certified”“pay when certified”等,最为常见的是“pay if paid”和“pay when paid”条款。

需要注意的是,“pay if paid”和“pay when paid”条款含义并不完全相同,“pay if paid”一般理解为付条件条款,是指总承包人在分包合同中设定的,以获得发包人支付工程款作为其向分包人支付的前提条件的条款。“pay when paid”一般理解为附期限条款,所表达的含义则并非是总承包人向分包人的付款条件,而只是对付款时间的约定①。

《民法典》第 158 条和第 160 条分别约定了附条件民事法律行为和附期限民事法律行为。我国建设工程实践中,对于“pay if paid”(附条件条款)和“pay when paid”(附期限条款)条款并未做区分,而统一称为“背靠背”条款,并且法律法规中对此没有作出规定。实践中,裁判者应注意仔细审查分包合同的“背靠背”条款的表述。如果分包合同明确约定将发包人支付工程款作为总承包人

---

① 项平:《建设工程分包合同“背靠背”条款法律分析》,载“高杉 LEGAL”微信公众号。

向分包人支付工程款的前提的，应理解为附条件条款。而如果分包合同仅约定在发包人支付工程款后一定期限内，总承包人向分包人支付相应工程款，此种约定应属于附期限条款，即发包人向总承包人支付工程款并非分包人获得支付的前提条件，而仅是当事人对付款时间的约定。

二、"背靠背"条款的效力

一般而言，"背靠背"条款对分包人、总承包人和发包人可能产生以下影响[①]：(1)对分包人而言，与未约定"背靠背"条款的分包合同相比，其义务没有变化，但权利却可能受到了限制。由于分包人在完成分包合同约定的义务后，可能无法收到相应款项，分包人实际上为发包人的工程提供了"融资"支持。(2)对总包商而言，"背靠背"条款可以协助总承包人转移其合同风险。一方面，总承包人在总承包合同中可能有权以发包人未能付款为由暂停工程；另一方面，在分包合同中可能有权以未收到发包人付款为由拒绝分包人的付款请求。(3)对发包人而言，虽然发包人与分包人之间并无直接的合同关系，但分包人是整个项目链条上的一个环节，如分包人无法收取相应工程款，整个项目建设、工期等都会受到影响。

我国目前立法上对于"背靠背"条款尚未有明确规定，《房建市政工程总承包管理办法》中也未涉及"背靠背"条款效力问题。学界对"背靠背"条款效力持两种观点。其一为有效说，即认为"背靠背"条款是总承包人和分包人的真实意思表示，且不违反法律法规的禁止性规定。其二为无效说，认为"背靠背"条款是总承包人利用其在签订分包合同时的优势地位就付款条件作出的特殊约定，总承包人以合同之外的第三方行为作为分包人是否能够主张工程款的前提，突破合同相对性原则。这种条款也违反公平原则，应属于无效条款。

司法实践中，法院对"背靠背"条款的认定有以下情形：第一种情形是直接认可"背靠背"条款的合法性与合理性[②]。第二种情形是承认"背靠背"条款的效力，但对于总承包人提出较为严格的举证责任，要求总承包人举证证明已积

---

① 王永新：《分包合同中的"背靠背"条款研究》，载 https://victory.itslaw.com/victory/api/v1/articles/article/06eadccf-41af-4041-8436-b9a341918bcc? downloadLink=2，2020 年 5 月 27 日最后访问。

② 张永亮：《建设工程合同中背靠背条款的适用及其规制》，载《山东法官培训学院学报》(山东审判)2018 年第 6 期。参见(2014)济民五终字第 182 号。

极向发包人主张权利而并未怠于行使[①]。第三种情形则是认为分包人应对发包人付款情况承担举证责任[②]。第四种情形是以违反公平为由直接否定“背靠背”条款的效力[③]。

部分省市高院在指导意见中对传统施工承包模式下“背靠背”条款的效力作出了规定,且一般倾向于认定为有效。例如,北京高院《解答》第 22 条规定:“分包合同中约定待总包人与发包人进行结算且发包人支付工程款后,总包人再向分包人支付工程款的,该约定有效。因总包人拖延结算或怠于行使其到期债权致使分包人不能及时取得工程款,分包人要求总包人支付欠付工程款的,应予支持。总包人对于其与发包人之间的结算情况以及发包人支付工程款的事实负有举证责任。”又如,安徽高院《意见(二)》第 11 条规定:“非法转包、违法分包建设工程,实际施工人与承包人约定以发包人与承包人的结算结果作为结算依据,承包人与发包人尚未结算,实际施工人向承包人主张工程价款的,分别下列情形处理:(一)承包人与发包人未结算尚在合理期限内的,驳回实际施工人的诉讼请求。(二)承包人已经开始与发包人结算、申请仲裁或者诉至人民法院的,中止审理。(三)承包人怠于向发包人主张工程价款,实际施工人主张参照发包人与承包人签订的建设工程施工合同确定工程价款的,应予支持。”安徽高院的指导意见虽没有直接规定“背靠背”条款的效力,但从该条第 1 项和第 2 项的规定可知,其实际认可以发包人结算为前提的条款的效力[④]。

在建设工程总承包模式下,总承包人对工程资金投入大、建设周期长,履约过程中会存在大量不确定的风险,如政治、经济、自然、法律风险等。因此,总承包人通过“背靠背”条款转移风险并取得时间利益(即付款时间上的延长),有其合理性,应当认可“背靠背”条款的效力。

三、裁判注意要点

由于我国法律法规未对“背靠背”条款的含义作出明确约定,裁判者首先应审查分包合同中的“背靠背”条款属于“pay when paid”(附期限条款)还是“pay

---

① 参见(2014)三民终字第 199 号。

② 参见(2016)苏 04 民终 0341 号。

③ 参见(2014)一中民终字第 01260 号。

④ 谭敬慧:《建设工程疑难问题与法律实务》,法律出版社 2016 年版,第 119 页。

if paid”(附条件条款)。

(一)附期限条款

在附期限条款中,按照分包合同的约定,在双方明确约定的特定期限或者默示的合理期限内,总承包人获得发包人付款并向分包人支付。需要注意的是,总承包人所负有的付款义务是确定的,确定或合理的时间一旦经过,无论总承包人是否取得发包人的付款,分包人都有权利得到总承包人的支付[①]。换言之,在附期限条款下,总承包人不能以付款条件未成就为由进行抗辩。例如,(2016)最高法民终811号案中,分包合同约定当发包人的银行贷款资金到位并支付给总承包人后,总承包人再支付给分包人。一审法院认为,这一约定若视之为附条件,可能产生两种后果:条件成就时,总承包人须履行付款义务;条件不成就时,总承包人将永远免责,无须负担付款义务,分包人的实体权利消灭。反之,若视为履行期限,只产生一种后果,那就是总承包人当然负有付款义务,只是履行时间早晚的问题。二审最高院认为,银行贷款资金到位的约定是附期限条款,无论支付的工程款来源是发包人自筹,还是银行贷款,总承包人均是分包合同下的付款义务人,即对于总承包人与分包人约定的工程款,其支付行为应为确定的、必然的,而非可以支付,也可以不支付。据此,总承包人以付款条件不成就为由拒绝付款的理由不成立。

(二)附条件条款

在分包合同约定发包人支付工程款作为总承包人支付相应工程款的前提时,如因总承包人过错导致发包人未予支付工程款,或者总承包人怠于行使到期债权,则可能构成《民法典》第159条第2款规定的“当事人为自己的利益不正当地阻止条件成就的,视为条件已经成就”的情形,分包人有权要求总承包人支付工程款[②]。如在(2016)赣0192民初492号案、(2017)豫0502民初2703号案、(2015)经开民初字第3296号案中,法院均认为,尽管双方在分包合同中约定以发包人支付工程款作为向分包人支付工程款的前提,但总承包人也应证明不存在因自身原因造成发包人付款条件未成就的情形,而在付款条件已成就的情况下已积极向发包人主张权利。否则,法院可以认定总承包人怠于行使权利

---

① 项平:《建设工程分包合同“背靠背”条款法律分析》,载“高杉LEGAL”微信公众号。

② 李馨、何溪滢:《分包合同“背靠背”条款司法实践》,载中伦律师事务所官网:http://www.zhonglun.com/Content/2018/10-15/1115333870.html,2020年5月27日最后访问。

构成以不作为形式阻止支付条件的成就,可以视为支付条件已成就。在此情况下,分包人要求总承包人支付欠付工程款的,应予以支持。因此,总承包人需要对其与发包人之间的结算情况以及发包人支付工程款的事实承担举证责任,同时证明其积极向发包人主张了到期债权,否则不得对抗分包人的付款请求。

就积极主张到期债权的方式,《合同法解释(一)》第13条第1款规定:“合同法第七十三条规定的‘债务人怠于行使其到期债权,对债权人造成损害的’,是指债务人不履行其对债权人的到期债务,又不以诉讼方式或者仲裁方式向其债务人主张其享有的具有金钱给付内容的到期债权,致使债权人的到期债权未能实现。”《合同法解释(一)》第13条将“怠于行使债权”解释为不以诉讼或仲裁的方式向债务人主张债权,因此,司法实践中多数法院也以总承包人是否向发包人提起诉讼或仲裁作为认定总承包人是否怠于行使债权的判断标准[①]。例如,南昌经济技术开发区法院(2016)赣0192民初492号认为,就总承包人提供的发包人向其出具的付款承诺书、总承包人出具的催款函件等证据,不足以充分证实总承包人向发包人积极催讨工程款。又如,上海市二中院(2016)沪02民终6823号认为,总承包人既无证据证明其曾向发包人催款,亦未通过诉讼方式主张工程款,因而总承包人在合理期间内怠于主张自己的权利。再如,丹东中院(2015)丹民一终字第00442号认为,总承包人与分包人的分包合同中约定待发包人与总承包人进行结算且发包人支付工程款后,总承包人再向分包人支付工程款,该条款内容不违反法律强制性规定,是双方当事人对建筑市场资金风险判断的共识,根据建筑市场众所周知的行业规则和施工习惯所作的约定,该条款体现了当事人的意思自治,符合民法中自愿平等的原则,应为有效条款。且总承包人并未怠于行使到期债权,而是积极通过诉讼程序主张权利。

因此,本条中总承包人未积极行使债权的判断标准借鉴了上述解释和案例。同时,考虑到工程总承包模式下,许多总承包合同中均约定了强制性的争议解决前置程序(如要求双方当事人在将合同争议提交法院或仲裁机构之前,必须通过约定的程序尝试解决争议),我们认为,在判断总承包人是否怠于主张对发包人到期债权时,应当考虑此类条款的影响。实践中,虽然强制性的争议解决前置条款效力存在一定争议,但考虑到建设工程纠纷通常较为复杂,通过诉讼、仲裁解决争议往往需要花费大量的时间和费用。为免诉累,当事人约定

---

① (2014)苏民终字第0258号。

强制性的争议解决前置条款具有一定合理性。因此,在总承包合同约定了强制性的争议解决前置条款的情况下,如果总承包人不能证明已经提起或正在进行争议解决前置程序,或者总承包人虽然已提起或进行强制性前置程序,但未能在强制性前置程序中成功向发包人主张到期债权,其后又未能在合理期限内以诉讼或者仲裁方式向发包人主张到期债权,则应属于未积极行使债权。

如果裁判者经审理认为分包合同下的价款支付条件确实尚未成就的,应驳回分包人的相应诉讼或仲裁请求,但应注意待付款条件成就后,分包人应有权再次诉请总承包人支付工程款。

四、工程总承包实践中"背靠背"条款的注意事项

如前所述,通过在工程总承包相关合同中约定"背靠背"条款,总承包人可以有效转移发包人的支付风险。然而,在具体条款的设立上,为了能最大限度地发挥"背靠背"条款的效用,确保合法有效并可履行,总承包人需要注意做好以下方面的工作:

(一)"背靠背"条款的约定应尽量明确并兼顾公平

在工程总承包模式下,总承包合同与分包合同在承包范围、工作类型、价格类型、支付方式、风险分担等方面均有较大区别,分包合同与总承包合同的付款条件和节点很可能不能完全对应。例如,工程总承包合同一般为总价合同,并以形象进度或里程碑为付款节点,由总承包人承担设计风险、工程量变化风险、不可预见的物质条件风险和符合预期目的风险等;而施工分包合同多为单价合同,按照工程量进行计价和支付,由发包人承担设计风险、工程量变化风险、不可预见的物质条件风险和例外事件风险等。因此,发包人在总承包合同下支付的工程款很可能无法与总承包人对分包人的支付直接对应;而分包人在分包合同下可以索赔的事项很可能在总承包合同下不能索赔,如以发包人的支付为索赔前提将使分包人难以获得索赔。上述情况发生时,何为"背靠背"条款中所指的"相应工程款"就将产生争议,而"背靠背"条款也可能因约定不明或有违公平原则而丧失效力。因此,总承包人在设计"背靠背"条款时,应尽可能将发包人与总承包人以及总承包人与分包人之间的付款进行对应,确保约定明确并兼顾公平。

(二)注意"背靠背"条款与总承包合同在支付程序上的衔接

如上所述,"背靠背"条款的核心在于总承包人向分包人的付款义务以收到

发包人支付的款项为前提。为在履约过程中能实现这一约定，就需要分包合同中的“背靠背”条款与总承包合同在支付程序上进行紧密衔接。总体来说，需要衔接的部分主要为与工程款和索赔款这两方面有关的支付程序。下面以《生产设备和设计—施工分包合同条件》(2019 年第一版)为例进行说明：

就工程款而言，根据该合同条件第 14 条“分包合同的价格和支付”，分包人应编制期中报表及相关支持文件，并在总承包合同规定的总承包人应提交期中报表日期的 7 日前向总承包人进行提交。随后，总承包人应将分包人期中报表中申请的金额体现在其编制的总承包人支付申请中，并提交给总承包合同下的工程师。如果分包人期中报表所包含的款额未得到工程师的认可，或者得到认可但发包人未将该款额全部支付给总承包人，则总承包人有权在事先通知分包人后，推迟支付该期中报表的上述金额，直到总承包人从发包人处收到支付后 7 日内支付给分包人。但是，如果发包人是由于总承包人在总承包合同项下的行为或失误，或发包人破产、无力偿还债务、进入清算程序等没有对总承包人进行支付，则总承包人无权推迟支付分包人期中报表中的任何款额。并且，不管发包人是否向总承包人进行了付款，总承包人暂扣或延迟向分包人付款只能持续到分包合同缺陷通知期结束 56 天内，因此该条款被认为仍属于“pay when paid”条款而非“pay if paid”条款。

就索赔款而言，根据该合同条件第 20 条“通知、分包商的索赔和争议”以及专用条件编制指南，分包人的索赔基于的事项如果也是总承包人在总承包合同下可以进行索赔的事项，则该索赔被视为“相关索赔”。在“相关索赔”下，总承包人应牵头向发包人的工程师提交索赔通知并编制和提交索赔报告，分包人应在总承包合同规定的总承包人提交上述文件时限的 7 日前向总承包人提交相关文件；同时分包人在索赔处理过程中具有知情权和参与权，并负有提供证据的义务。对于索赔结果，分包人享有收益权，总承包人应在从发包人处收到合同利益后 28 日内，向分包人转交该相关索赔下合适的利益份额。

(三)根据不同类型的分包合同设置相应的“背靠背”条款

工程总承包模式下，总承包人对工程项目设计、采购、施工等阶段实行总承包，因此其分包合同的类型也多种多样，包括设计分包、采购分包、施工分包、专业分包以及劳务分包等。而不同类型分包合同的法律关系和行业领域具有较大差异，设置“背靠背”条款时需进行谨慎考虑。

总体来说，施工类的分包合同，如施工分包和专业分包等，设置“背靠背”条款的情况较为多见。此类合同的实施期限较长，相关支付风险较大，涉及工程进度款的计量支付以及变更索赔的价款商定和确定等支付流程，设置“背靠背”条款时需特别注意与总承包合同价款支付的对应和衔接。对于设计类的分包合同，尽管也可设置“背靠背”条款，但其付款节点较施工类的分包合同较少，支付流程也较为简单，重点主要在对于相关设计成果的确认和支付条件的达成方面。除此之外，从国际实践情况来看，设计咨询类的分包设置“背靠背”条款并非行业惯例。如FIDIC《咨询分包协议》(2017年第二版)中，就没有如《施工分包合同条件》(2011年第一版)那样设置“背靠背”条款。而对于采购类的分包合同，其性质为买卖合同，一般货物交付后采购分包人即完成合同义务，无论货物是否马上用于工程建设总承包人都应尽快付款，因此采购分包人多不愿接受“背靠背”条款。

第四章　价　款

第 4.1 条　【发包人对其提供的现场资料承担准确性责任的范围】发包人和总承包人可以通过合同对项目相关的地下、水文及环境等现场资料准确性的责任进行约定。合同未作约定或约定不明的，应由提供方对其提供的现场资料的准确性负责。

现场资料由发包人提供的，总承包人应在合理期限内尽到一个有经验承包商的合理复核义务。

总承包人以发包人提供的项目相关的地下、水文及环境等现场资料存在错误为由要求对合同价款进行调整的，应结合项目类型、现场资料对项目的具体影响、双方过错程度、实际损失情况以及过错与损失之间的因果关系等因素进行综合认定。

【条文主旨】

本条旨在明确业主对其提供的现场资料承担准确性责任的范围。其中，第 1 款是关于发包人与总承包人对项目相关的地下、水文及环境等现场资料的准确性责任的分担规则，第 3 款是关于总承包人以发包人提供的相关现场资料存在错误为由要求对合同价款进行调整时的处理规则。

【理解与适用】

本条文的理解与适用主要包括三个方面：一是"现场资料"的界定；二是发包人与总承包人对现场资料准确性的责任分担；三是现场资料准确性责任对合同价款的影响。

一、“现场资料”的界定

“现场资料”在现有的工程总承包规定及相关合同范本中无统一界定，但有相关或相类似的表述，列举如下：

《房建市政工程总承包管理办法》第9条规定，建设单位应当根据招标项目的特点和需要编制工程总承包项目招标文件，其中一项内容包括发包前完成的水文地质、工程地质、地形等勘察资料，以及可行性研究报告、方案设计文件或者初步设计文件等。

《公路工程总承包管理办法》第8条规定：“总承包招标应当向投标人提供初步设计文件和相应的勘察资料，以及项目有关批复文件和前期咨询意见。”

《工程总承包合同示范文本》通用合同条款第1.1.18条和第1.1.19条分别对“项目基础资料”和“项目障碍资料”进行了约定。其中，“项目基础资料”指发包人提供给承包人的经有关部门对项目批准或核准的文件、报告（如选厂报告、资源报告、勘察报告等）、资料（如气象、水文、地质等）、协议（如原料、燃料、水、电、气、运输等）和有关数据等，以及设计所需的其他基础资料。“现场障碍资料”指发包人需向承包人提供的进行工程设计、现场施工所需的地上和地下已有的建筑物、构筑物、线缆、管道、受保护的古建筑、古树木等坐标方位、数据和其他相关资料。

FIDIC银皮书第2.5条［现场数据和参考项目］载明，业主在基准日期前后，都应向承包商提供业主拥有的关于现场地形和地下、水文、气候和环境条件的所有相关数据。[①] FIDIC黄皮书在第2.5条中的界定与银皮书一致。[②]

我们认为，“现场资料”从字面上理解应为项目相关的现场数据或文字资

---

① *FIDIC® Conditions of Contract for EPC/TURNKEY PROJECTS*, 2.5 [*Site Data and Items of Reference*], *The Employer shall have made available to the Contractor for information, before the Base Date, all relevant data in the Employer's possession on the topography of the Site and on sub-surface, hydrological, climatic and environmental conditions at the Site. The Employer shall promptly make available to the Contractor all such data which comes into the Employer's possession after the Base Date Second Edition*, 2017.

② *FIDIC® Conditions of Contract for PLANT and DESIGN-BUILD*, 2.5 [*Site Data and Items of Reference*], *The Employer shall have made available to the Contractor for information, before the Base Date, all relevant data in the Employer's possession on the topography of the Site and on sub-surface, hydrological, climatic and environmental conditions at the Site. The Employer shall promptly make available to the Contractor all such data which comes into the Employer's possession after the Base Date. Second Edition*, 2017.

料,不同于发包人要求,“现场资料”应具备客观性。结合上述规定,我们对“现场资料”的范围进行概括界定,主要包括地下、水文及环境等相关资料。一般来说,这些资料可能由总承包人在实际履约过程中自行获取,也可能由发包人提供,如包含在发包人提供的勘查资料或招标文件中。作为整个工程项目的基础资料,“现场资料”的准确性对项目建设具有重大甚至是决定性的影响。

二、总承包人与发包人对现场资料准确性的责任分担

条文第1款的前半部分是针对有合同约定情形下的责任分担规定,这一规定遵循的是民商事合同当事人意思自治的原则,即如果发包人和总承包人在合同中对地下、水文及环境等现场资料的准确性责任分担进行了明确约定,则从其约定。但需要注意的是,基于市场交易的公平性要求和工程施工过程中发包人与承包人双方权责的对等性要求,工程总承包活动应当遵循合法、公平、诚实守信的原则,合理分担风险,保证工程质量和安全,节约能源,保护生态环境,不得损害社会公共利益和他人的合法权益。因此,发包人与总承包人之间应合理分摊风险,如在招标文件中或在合同约定中采用无限风险、所有风险或类似的语句规定一方应承担的责任范围,一方主张显失公平的,应坚持合法、公平、诚实守信的原则,结合双方权利义务的对等程度、风险分担的合理性等因素进行综合考虑,不宜一味根据合同约定径直认定。

第1款的后半部分则是针对合同未作约定或约定不明时的责任分担规定。这一规定的核心意义是原则上由现场资料的提供方承担相关资料的准确性责任,但如果现场资料是由发包人提供的,总承包人应在合理期限内尽到一个有经验承包商的合理复核义务。这一规则的设定依据主要基于以下三方面的考虑:

(一)工程建设项目的基本要求

建设工程项目具有一定的复杂性和专业性,现场资料的获取往往需要付出大量的资金和时间成本,如果相关地下、水文及环境等现场资料由发包人提供,那么发包人作为相关资料的第一手获得方,对相关资料的形成背景、事实依据相对更加熟悉,规定由其对相关资料的准确性负责,有利于避免总承包人重复收集造成的资源浪费,更有利于实现工程建设效率,符合民商事交易的经济效益原则。但需要注意的是,工程总承包不同于传统的施工总承包,工程总承包项目的总承包人应实现“按图施工”向“按约施工”的转型,对于由发包人提供

的地下、水文及环境等现场资料,不能全盘照收直接适用,而应检查或检验其是否能够保证项目的"按约施工"。因此,对于由发包人提供的地下、水文及环境等现场资料,发包人和总承包人都应在一定程度上对其准确性负责。

(二)我国现有的相关规定

《房建市政工程总承包管理办法》《公路工程总承包管理办法》等规定明确将勘查阶段排除在工程总承包项目范围外,而很大部分的地下、水文及环境等现场资料是通过勘查获取的,不属于总承包人的工作范围。与此同时,《房建市政工程总承包管理办法》第9条规定的建设单位在发包前完成的水文地质、工程地质、地形等勘察资料,以及可行性研究报告、方案设计文件或者初步设计文件等作为由建设单位提供的资料和条件,属于招标文件的主要内容之一;《公路工程总承包管理办法》第11条第1款规定了招标人应当根据工程地质条件、技术特点和施工难度确定评标方法。这些由发包人提供的现场资料作为招标文件的内容、发包人评标方案以及双方签订合同的依据,往往由发包人决定,因此规定由发包人对其准确性负责符合公平、诚实信用的基本原则。但与此同时,《房建市政工程总承包管理办法》第3条也明确规定,承包单位对工程总承包项目的质量、安全、工期和造价等全面负责;《公路工程总承包管理办法》第16条第1款规定:"采用总承包的项目,初步设计应当加大设计深度,加强地质勘察,明确重大技术方案,严格核定工程量和概算。"因此,我国现有的相关规定在地下、水文及环境等现场资料的准确性问题上,对发包人和总承包人均提出了一定要求。

(三)相关合同范本的参照

《工程总承包合同示范文本》通用条款第5.2.1条约定发包人的义务,发包人应按合同约定、法律或行业规定,向承包人提供设计需要的项目基础资料,在设计开始前,提供与设计、施工有关的地上、地下已有的建筑物、构筑物等现场障碍资料,并对其真实性、准确性、齐全性和及时性负责。承包人无法核实发包人所提供的项目基础资料中的数据、条件和资料的,发包人有义务给予进一步确认。同时,第5.22条约定了承包人的义务,即承包人在收到发包人提供的上述资料后15日内,就其中的短缺、遗漏、错误、疑问向发包人提出进一步的要求。因承包人未能在上述时间内提出要求而发生的损失由承包人自行承担;由此造成工程关键路径延误的,竣工日期不予顺延。

FIDIC银皮书和黄皮书均在第2.5条[现场数据和参考项目]中明确载明

业主在基准日前后都应向承包商提供地下、水文、气候和环境条件的所有相关数据。但不同的是,银皮书第 2.5 条第 3 款明确载明,除第 5.1 款[一般设计义务]规定的情况外,业主对此类数据和/或参考项目的准确性、充分性或完整性不承担任何责任。[①] 此外,FIDIC 银皮书第 4.10 条[现场数据的使用]载明了承包商应负责核实和解释业主根据第 2.5 款[现场数据和参考项目]提供的所有数据。[②] 而 FIDIC 黄皮书第 4.10 条的表述则为承包商应负责解释第 2.5 款[现场数据和参考项目]中提及的所有数据。在可行的范围内(考虑到成本和时间),承包商应被视为已经获得了所有可能影响投标或工程的所有必要信息,已检验和检查了现场、进入现场的通道、周围环境、相关数据和其他可用信息,并在提交投标书之前对与工程实施有关的所有事项感到满意。[③]

对比分析可知:《工程总承包合同示范文本》载明发包人应对其提供的项目基础资料、现场障碍资料的真实性、准确性、齐全性和及时性负责,但承包人应对其进行复核,并就其中的短缺、遗漏、错误、疑问向发包人提出进一步的要求。即该范本将现场资料的准确性责任在发包人与承包人之间进行了分配。FIDIC 银皮书约定业主对其提供的现场数据的准确性、充分性或完整性不承担任何责任,由承包商负责核实和解释并对其准确性承担全部风险。而在 FIDIC 黄皮书中,承包商的义务仅限于解释,并在考虑到成本和时间的可行范围内视为已经获得、检验和检查了现场、进入现场的通道、周围环境、相关数据等所有可能影响投标或工程的必要信息。

结合我国工程总承包的现状,对于房建和市政工程总承包项目,我们认为

---

① *FIDIC® Conditions of Contract for EPC/Turnkey Projects*, 2.5 [*Site Data and Items of Reference*], ... *The Employer shall have no responsibility for the accuracy, sufficiency or completeness of such data and/or items of reference, except as stated in Sub-Clause* 5.1 [*General Design Obligations*], *Second Edition*, 2017.

② *FIDIC® Conditions of Contract for EPC/Turnkey Projects*, 4.10 [*Use of Site Data*], *The Contractor shall be responsible for verifying and interpreting all data made available by the Employer under Sub-Clause* 2.5 [*Site Data and Items of Reference*]. *Second Edition*, 2017.

③ *FIDIC® Conditions of Contract for Plant and Design-Build*, 4.10 [*Use of Site Data*], *The Contractor shall be responsible for interpreting all data referred to under Sub-Clause* 2.5 [*Site Data and Items of Reference*]. *To the extent which was practicable* (*taking account of cost and time*), *the Contractor shall be deemed to have obtained all necessary information as to risks, contingencies and other circumstances which may influence or affect the Tender or Works. To the same extent, the Contractor shall be deemed to have inspected and examined the Site, access to the Site, its surroundings, the above data and other available information, and to have been satisfied before submitting the Tender as to all matters relevant to the execution of the Works, including..., Second Edition*, 2017.

FIDIC 银皮书中将现场资料的准确性风险全部由承包方承担的规定不利于风险在发包人与承包人之间的合理分配，而《工程总承包合同示范文本》、FIDIC 黄皮书中的相关约定更为契合，故而参考《工程总承包合同示范文本》以及 FIDIC 黄皮书，规定总承包人在合理的复核义务范围内对由发包人提供的现场资料准确性承担责任是具备一定可行性的；如果总承包人在合理期限内尽到一个有经验承包商的合理复核义务后，仍未发现相关现场资料存在的错误，由此导致的风险责任应由发包人承担，这与《房建市政工程总承包管理办法》第 15 条将不可预见的地质条件造成的工程费用和工期的变化风险由建设单位承担的风险分担原则亦是一致的。但需要说明的是，对于双方选择参照 FIDIC 银皮书模式的能源类等其他工程总承包项目，在不违反法律和行政法规强制性规定的情形下，对于风险分担的约定，应当以当事人的真实意思表示为依据。

三、现场资料准确性责任对合同价款的影响

根据条文第 1 款的规定，当现场资料是由总承包人提供的，总承包人应对相关资料的准确性负责，如果因现场资料错误影响合同价款，总承包人主张调整合同价款的，不应予以支持，这一认定基本不存在争议。

比较复杂的情形是，当现场资料是由发包人提供的，此时发包人作为提供方应当对资料的准确性负责，但依据第 2 款规则，总承包人也应在合理期限内尽到一个有经验承包商的合理复核义务。那么，如何认定总承包人尽到了合理的复核义务，发包人与总承包人各自承担责任的范围是什么？我们认为，应结合项目类型、现场资料对项目的具体影响、双方过错程度、实际损失情况以及过错与损失之间的因果关系等因素进行综合认定。在此需要特别说明的是，该规则将项目类型作为总承包人主张调整合同价款时的参考因素之一，是因为不同的建设项目对发包人和总承包人的权利义务要求是不同的。例如，在普通房屋建筑和市政基础设施项目下，总承包人的承包范围不包括勘查阶段，而部分采用严格的 EPC 模式的能源工程项目，总承包人的承包范围更大，涉及地下、水文及环境等现场资料的工作多，此时，后者对总承包人复核义务的要求应高于前者，故应予以区分。

第4.2条 【发包人对其提供设计文件的准确性的责任承担】在工程总承包项目中,承包人以发包人在发包时提供的设计文件存在缺陷为由,主张因此导致的费用增加和(或)工期顺延的,除当事人另有约定外,应当按照以下情形分别处理:

(1)发包人提供的设计文件不属于承包人设计义务范围,或属于承包人设计义务范围,但构成对承包人的要求的,应予支持,但因承包人未在合理期限内发现设计缺陷,或在发现设计缺陷后未及时通知发包人而导致扩大的费用增加和(或)工期延误除外。

前述"构成对承包人的要求",是指发包人提供的设计文件并非仅供承包人参考,承包人不得脱离发包人提供的设计文件自行设计。

前述"合理期限",是指以一个有经验的工程总承包单位的能力为标准,在考虑合理的成本后,承包人可通过复核,发现发包人提供的设计文件存在缺陷的期限。

(2)发包人提供的设计文件属于承包人设计义务范围,且不构成对承包人的要求的,不予支持。

【条文主旨】

本条规定的是在采购(招标)文件、合同没有明确约定的情形下,如果发包人在采购工程总承包单位时提供了部分设计文件,发包人是否要对该设计文件的准确性承担责任。

【理解与适用】

一、发包人在发包时可能会提供部分设计文件

在工程总承包模式下,虽然设计总体属于承包人的承包范围,但发包人在采购时也可能会提供部分设计文件。

对房屋建筑项目而言,由于其个性化程度相对较高,发包人在采购工程总承包单位时,方案设计或初步设计通常已经完成。根据《房建市政工程总承包管理办法》的规定,对于政府投资的房屋建筑和市政基础设施项目,在采购工程总承包单位时,原则上初步设计文件应已完成[①]。公路项目亦是如此。[②]

对于工业、能源类项目,虽然其建设内容和技术要求相对明确,但发包人在采购时仍可能会提供部分设计文件。

在FIDIC官方编制的《菲迪克(FIDIC)合同指南》(the FIDIC Contracts Guide)中,将FIDIC黄皮书(DB)和FIDIC银皮书(EPC)中的设计工作划分为三个阶段:

1. 概念设计(Conceptual design)。由发包人完成,包含在发包人要求中,以便界定工程。这部分设计可能只包括不到全部设计10%的内容,而且可能需要对"早期想法"(early ideas)和"明确的要求"(definite requirements)加以区分。

2. 初步设计(Preliminary design)。由每一个投标人完成,包含在投标文件中。

3. 最终设计(Final design for the working drawings)。由承包人完成。[③]

基于上文,无论是在DB还是EPC模式下,FIDIC认为发包人都可能会完成概念设计工作,并将其包含在采购(招标)文件中。

综上,工程总承包项目中,发包人在采购承包人时可能会提供部分设计文件。

二、如果发包人提供的设计文件不属于承包人设计义务范围,则发包人应对其准确性承担责任,但承包人应负有复核和缺陷通知义务

(一)如果发包人提供的设计文件不属于承包人设计义务范围,则发包人应对其准确性承担责任,但承包人应负有复核义务

如果采购(招标)文件、合同或其他文件中明确规定,或从中可以判断,发包人提供的设计文件不属于承包人的设计义务范围,则承包人对该部分设计文件不负有设计义务,其准确性责任应由发包人承担。《公路工程总承包管理办法》

---

① 《房屋建筑和市政基础设施项目工程总承包管理办法》(建市规〔2019〕12号)第7条规定:"……采用工程总承包方式的政府投资项目,原则上应当在初步设计审批完成后进行工程总承包项目发包……"

② 《公路工程设计施工总承包管理办法》(交通运输部令2015年第10号)第8条规定:"总承包招标应当向投标人提供初步设计文件和相应的勘察资料,以及项目有关批复文件和前期咨询意见。"

③ 国际咨询工程师联合会、中国工程咨询协会编译:《菲迪克(FIDIC)合同指南》,机械工业出版社2000年版,第284~285页,相关术语的翻译为作者根据英文自译。该指南虽然是针对1999版的黄皮书和银皮书,但仍可作为关于FIDIC态度的参考。

第 8 条、第 16 条和第 18 条也规定，初步设计由初步设计单位负责，而总承包单位负责施工图设计[①]。据此，就发包人在公路工程中提供的初步设计文件，即是不属于承包人设计义务范围的情形。

虽然发包人对该部分设计文件的准确性承担责任，但承包人仍应负有审核义务。在工程总承包合同的框架下，考虑到承包人通常具有较强的设计能力，从及时发现设计缺陷、避免无谓浪费的角度，要求承包人对发包人提供的设计文件负有复核和及时通知的义务，也是较为合理的。

在 FIDIC 合同文本中，无论是 2017 版黄皮书还是银皮书，对于发包人提供的资料和文件，承包人也均有复核义务[②]。在九部委发布的《标准设计施工总承包招标文件》通用合同条款第 1.13 款中，也要求承包人应认真阅读、复核发包人要求，发现错误的，应及时书面通知发包人。

在该情形下，如果承包人在合理期限内发现发包人提供的设计文件存在缺陷，则因此增加的费用和影响的工期都应由发包人承担。

而如果承包人未在合理期限内发现发包人提供的设计文件存在缺陷，则属于未尽到复核义务的情形，就其未能及时发现缺陷而导致扩大的费用增加和（或）工期延误，应由承包人自行承担。

举例说明：假设在某工程总承包项目中，承包人本可在施工前发现设计缺陷（即合理期限截止到施工前），但其实际在施工后才发现，而在此时为修复缺陷，既需要拆除已完工程，也需要修改设计并按修改后的设计重新施工；但是，如果承包人在施工前发现缺陷，则为了修复缺陷，仅需要修改设计及按修改后的设计施工即可，而不需要拆除已完工程。

在该情形下，应由承包人自行承担的扩大费用 = 在施工后修复设计缺陷的费用（拆除已完工程的费用 + 修改设计的费用 + 按修改后的设计进行施工的费用）- 在施工前修复设计缺陷的费用（修改设计的费用 + 按修改后设计进行施工的费用 - 按修改前设计进行施工的费用）。经相减，应由承包人自行承担的

---

① 《公路工程设计施工总承包管理办法》第 8 条规定："总承包招标应当向投标人提供初步设计文件和相应的勘察资料，以及项目有关批复文件和前期咨询意见。"第 16 条规定："……初步设计单位负责总承包项目初步设计阶段的勘察设计，按照项目法人要求对施工图设计或者设计变更进行咨询核查。"第 18 条规定："总承包单位依据总承包合同，对施工图设计及工程质量、安全、进度负总责。负责施工图勘察设计、工程施工和缺陷责任期工程修复工作，配合项目法人完成征地拆迁、地方协调、项目审计及交竣工验收等工作。"

② 2017 版黄皮书第 1.9 款和第 5.1 款、2017 版银皮书第 5.1 款等。

扩大费用＝拆除已完工程的费用＋按修改前设计进行施工的费用。

而承包人可以主张的费用＝在施工后修复设计缺陷的费用（拆除已完工程的费用＋修改设计的费用＋按修改后的设计进行施工的费用）－应由承包人自行承担的扩大费用（拆除已完工程的费用＋按修改前设计进行施工的费用）。经相减，承包人可以主张的费用＝修改设计的费用＋按修改后的设计进行施工的费用－按修改前设计进行施工的费用。

而关于合理期限的判断，是指以一个有经验的工程总承包单位的能力为标准，在考虑合理的成本后，承包人可通过复核，发现发包人提供的设计文件存在缺陷的期限。

（二）承包人的及时通知义务

《民法典》第591条规定了合同当事方的减损义务[①]，第776条规定了承揽人的缺陷通知义务[②]，《建设工程质量管理条例》第28条也规定了施工单位在发现设计文件差错时提出意见建议的义务[③]，如果承包人在发现设计缺陷后未及时通知发包人，由此导致损失扩大的，承包人也不得就扩大的损失要求赔偿。

三、如果发包人提供的设计文件属于承包人设计义务范围，但构成对承包人的要求，则发包人仍应对其准确性承担责任，而承包人负有复核和通知义务

（一）如果发包人提供的设计文件属于承包人设计义务范围，则其可能构成对承包人的要求，也可能不构成

相比施工总承包项目，工程总承包项目最根本的特征是承包人负责设计，故除明确约定发包人提供的设计文件不属于承包人设计义务范围的情形外，在其他情形（包括合同约定属于承包人的设计义务范围或未作约定等）下，发包人提供的设计文件都应属于承包人设计义务范围。

而在属于承包人设计义务范围的情形下，发包人提供的设计在定性上又有

---

① 《民法典》第591条规定："当事人一方违约后，对方应当采取适当措施防止损失的扩大；没有采取适当措施致使损失扩大的，不得就扩大的损失要求赔偿。当事人因防止损失扩大而支出的合理费用，由违约方承担。"

② 《民法典》第776条规定："承揽人发现定作人提供的图纸或者技术要求不合理的，应当及时通知定作人。因定作人怠于答复等原因造成承揽人损失的，应当赔偿损失。"

③ 《建设工程质量管理条例》第28条第2款规定："施工单位在施工过程中发现设计文件和图纸有差错的，应当及时提出意见和建议。"

两种可能:(1)构成对承包人的要求;(2)不构成对承包人的要求,即对承包人的参考或建议。

就发包人提供的设计是对承包人的要求还是建议,虽然 FIDIC 合同文本的通用条款中未有约定,但其专用条款和解读中有所论及。在 2017 版银皮书和黄皮书的专用条款"说明"和第 5.1 款中,均提到发包人可将"概要设计"(outline design)包含在"发包人要求"中,[①]但投标人应被告知该概要设计在多大程度上是一项"建议"(suggestion)或"要求"(requirement)[②]。

同时,2017 版 FIDIC 黄皮书专用条款第 5.1 款中还特别提到,"承包人应首先仔细审查发包人的要求,其中可能包括一份概要设计。为确定项目的可行性,该等设计可能是必要的"。并且,如前所述,在《菲迪克(FIDIC)合同指南》中,也提出发包人应在发包人要求中对概念设计是"早期想法"(early ideas)或"明确的要求"(definite requirements)加以区分。

判断发包人提供的设计是否构成对承包人的要求,关键在于:发包人提供的设计文件是否仅供承包人参考(即承包人能脱离该设计文件自行设计),还是承包人仅能对其进行复核,而不能单方调整变动。如果根据采购(招标)文件、合同或其他文件,能够判断出发包人有关于承包人不得脱离发包人提供的设计文件而另行设计的要求,则发包人提供的设计应构成对承包人的要求。

发包人提供的设计可能会作为发包人要求的一部分,提供给承包人。虽然根据《房建市政工程总承包管理办法》第 9 条的规定,就发包人提供的设计文件,是作为"建设单位提供的资料和条件"的一部分,而不属于"发包人要求"。[③]但如前所述,在 FIDIC 合同文本中,根据银皮书和黄皮书的专用条款及官方合同指南,发包人提供的设计文件通常作为"发包人要求"的一部分。

---

① … These Conditions allow for the possibility that the Employer may include (in the Employer's Requirements) an outline design for the Works, but they are not intended for use where the Contractor is to construct the Works in accordance with a detailed design by the Employer. In this latter case, it is recommended that the Employer consider using FIDIC's Conditions of Contract for Construction, Second Edition 2017…

② If the Employer's Requirements include an outline design, tenderers should be advised of the extent to which the Employer's outline design is a suggestion or a requirement.

③ 《房屋建筑和市政基础设施项目工程总承包管理办法》第 9 条规定:"建设单位应当根据招标项目的特点和需要编制工程总承包项目招标文件,主要包括以下内容:……(四)发包人要求,列明项目的目标、范围、设计和其他技术标准,包括对项目的内容、范围、规模、标准、功能、质量、安全、节约能源、生态环境保护、工期、验收等的明确要求;(五)建设单位提供的资料和条件,包括发包前完成的水文地质、工程地质、地形等勘察资料,以及可行性研究报告、方案设计文件或者初步设计文件等……"

在采购（招标）文件中，因为发包人要求的性质即是发包人对承包人提出的各项要求，则当发包人将设计文件作为发包人要求的一部分提供给承包人时，除非采购（招标）文件、合同或其他文件另有规定，也通常可视为该部分设计文件构成对承包人的要求。

（二）如果发包人提供的设计文件属于承包人设计义务范围，则发包人应对其准确性承担责任，但承包人仍负有复核和缺陷通知义务

如果发包人提供的设计文件构成对承包人的要求，则承包人仅能对其进行复核，而不能自行重新设计。在该情形下，虽然发包人提供的设计文件属于承包人设计义务范围，但基于以下原因，由发包人对其准确性承担责任更为合理。

1.“构成对承包人的要求”对承包人设计义务的影响

在 FIDIC 合同中，无论是黄皮书还是银皮书，总承包单位均承担“符合预期目的”（fit for the purpose）的设计义务。在 2017 版 FIDIC 银皮书第 5.1 款和 2017 版 FIDIC 黄皮书第 4.1 款中，均约定：承包人应按照合同实施工程。工程完成后，工程（或区段，或工程的某个部分，或生产设备的主要部分）应能符合发包人要求中定义和描述的预期目的。如果发包人要求中没有定义和描述此类目的，应符合它们的通常目的。

“符合预期目的”义务在性质上为无过错责任，即只要承包人设计的工程没有符合预期目的，无论承包人是否存在过错，其均应承担责任。

但是，承包人在承担“符合预期目的”设计义务时，其应是可以自行设计的。如果发包人提供的设计文件构成对承包人的要求，则发包人实际代替承包人履行了部分设计工作，而承包人仅能对其进行复核。换言之，因为发包人的行为，导致承包人从可以自行设计的“符合预期目的”义务，变更为复核义务。在该情形下，如果承包人在合理期限内发现发包人提供的设计文件存在缺陷，则因此增加的费用和影响的工期都应由发包人承担。

就因承包人未在合理期限内发现设计缺陷而增加费用和（或）工期的认定，同前述第二部分第（一）、（二）节的分析。同样，如果承包人在发现设计缺陷后未及时通知发包人，由此导致损失扩大的，承包人也不得就扩大的损失要求赔偿。

2. 风险合理分配的角度

从风险合理分配的角度，根据财政部《PPP 项目合同指南（试行）》中规定的、风险理论中比较经典的风险分配原则，风险分配最好能遵循以下基本原则：

（1）承担风险的一方应该对该风险具有控制力；

(2)承担风险的一方能够将该风险合理转移(例如,通过购买相应保险);

(3)承担风险的一方对于控制该风险有更大的经济利益或动机;

(4)由该方承担该风险最有效率;

(5)如果风险最终发生,承担风险的一方不应将由此产生的费用和损失转移给合同相对方。

基于上述原则,因为发包人提供的设计文件是由发包人委托设计单位编制的,其对设计缺陷的风险更具有控制力,也能够将相关风险转移到设计单位身上,而承包人则难以在报价中估算其未能复核出的设计缺陷的风险,因此将相关风险分配给发包人,也是比较合理和有效率的。

四、如果承包人将不符合国家最低标准的设计缺陷通知发包人后,发包人仍要求承包人按照有缺陷的设计继续施工,且承包人亦按发包人要求继续施工的,则就因此出现的质量问题,承包人也应承担部分责任

设计缺陷分两种,一种是不能满足国家最低标准的设计缺陷,另一种是满足国家最低标准但低于发包人要求(包括性能指标等)的设计缺陷。对后一种设计缺陷,如果承包人提出后,但发包人仍要求承包人按此施工的,应视为发包人变更了要求,就工程后续不能达到发包人原先要求的责任,应由发包人自行承担。

但是,对于前一种设计缺陷,因为承包人对工程负有法定的质量责任,如果其基于发包人要求,按照不符合法定要求的设计文件继续施工的,则存在对工程质量问题的放任过错,且也未尽到减损义务,就由此出现的质量问题,承包人也应承担部分责任。

如最高院(2012)民提字第20号认为:"……作为专业施工单位,中兴公司在没有看到岩土详细勘查报告及经过审核的施工图情况下,即投标承揽工程,本身就不够慎重,发现特殊地质情况后虽提出建议,但在海擎公司不予认可之后仍不计后果冒险施工,对桩基出现的质量问题采取了一种放任态度。这种主观状态和做法应得到否定性评价。如果中兴公司真正关心工程质量,应当与海擎公司就地质情况所带来的问题进行协商,协商不成,明知工程无法继续应当采取措施避免损失的扩大。从案涉工程施工开始,中兴公司都可采取停止施工的止损措施,但其为了自己的合同利益,一味蛮干……综上,建设单位海擎公司对本案工程质量问题的发生应承担主要责任,施工单位中兴公司承担次要责

任。本院认为,应对二审法院确定的责任比例进行调整,由海擎公司对本案工程质量问题的发生承担70%的责任,中兴公司承担30%的责任。”

五、如果发包人提供的设计文件属于承包人的设计范围,且不构成对承包人的要求的,则承包人应对其准确性承担责任

如果采购(招标)文件、合同或其他文件明确规定,或从中可以判断,发包人提供的设计文件属于承包人设计义务范围,且仅供承包人参考,则设计责任应由承包人承担。其理由在于:如果完成该部分设计工作本就属于承包人的义务,而发包人提供的设计文件又不构成对承包人的要求,即仅是提供给承包人作为参考,则该义务并不因发包人善意提供帮助而免除。

第4.3条 【发包人要求承包人修改其已批准的图纸,承包人能否主张费用增加和工期顺延】工程总承包项目中,在未变更发包人要求的情形下,发包人要求承包人修改其此前编制并已取得发包人批准的图纸,承包人因此主张费用增加和(或)工期顺延的,应当按照以下情形分别处理:

(1)发包人已批准的图纸与发包人要求相符的,或者发包人已批准的图纸虽与发包人要求不符,但承包人能够证明发包人在批准时明确知晓且同意不符之处的,应予支持。

(2)发包人已批准的图纸与发包人要求不符,且承包人不能证明发包人在批准时明确知晓且同意不符之处的,不予支持。

【条文主旨】

本条规定的是在工程总承包项目中,如果发包人在未变更发包人要求的情形下,要求承包人修改其此前编制的、已取得发包人批准的图纸,承包人能否向发包人主张因此导致的费用增加和工期顺延的问题。

【理解与适用】

一、发包人已批准的图纸与发包人要求相符的情形

工程总承包项目通常采用固定总价,而合同总价对应的范围主要由发包人要求界定。一般而言,如果发包人要求不修改,合同总价也不调整。但是,因为发包人要求以文字表述为主,与图纸相比较为抽象、概括,这同时也赋予承包人更大的设计空间。因为满足发包人要求的方案可能不止一种,如何能够设计出既可满足发包人要求又可降低施工成本的方案,取决于工程总承包单位的专业能力和项目经验,也将直接影响工程总承包单位可在该项目中赚取的利润。

而当承包人提交的、符合发包人要求的图纸取得发包人批准后,其效果为:在能够满足发包人要求的多种方案中,承包人选择了其中一种,且取得发包人的同意。在该情形下,如果发包人要求承包人变更图纸,则可能因此导致承包人费用增加或工期延误。其中,承包人可能增加的费用及工期主要包括:

1. 承包人因修改图纸而增加的设计费及影响的工期;

2. 承包人因修改图纸而发生的拆除费(如承包人已按原图纸施工)及因此影响的工期;

3. 因两份图纸本身差异(如工程量、施工方式不同等),导致承包人按后一份图纸施工相比按前一份图纸所增加的费用及因此影响的工期。

针对承包人能否向发包人主张上述费用及延误的工期,我们倾向于认为可以。而就承包人能否基于变更提出前述主张,有两种观点:

1. 构成变更,承包人可基于变更主张费用和工期。当发包人批准承包人提供的、符合发包人要求的图纸后,就合同总价对应的范围,实际已经从发包人要求细化为经发包人批准的图纸。如果发包人要求变更其已批准的图纸,则构成变更,由此增加的费用和导致的工期延误应由发包人承担。"于细部设计审定后,有关厂商之工作内容及范围事实上亦应已确定。如业主于此之后,又另外再指示修改设计或增设新工作项目,而增加厂商之工作范围时,此时即应属业主指示变更之情形,而应依契约变更条款办理契约变更增加契约金额。"①

2. 不构成变更,但承包人可基于其他依据主张费用和工期。当发包人批准承包人提供的、符合发包人要求的图纸后,合同总价对应的范围仍应为发包人要求。如果发包人在未变更发包人要求的情形下,要求承包人修改发包人已批准的图纸,不构成变更。

但是,基于以下原因,对于承包人因此增加的费用和延误的工期,仍应由发包人承担:

① 李家庆主编:《工程与法律的对话》(修订三版),三民书局2016年版,第132页。

(1)《民法典》第 6 条规定:“民事主体从事民事活动,应当遵循公平原则,合理确定各方的权利和义务。”基于公平原则和一般法理,当承包人提供的图纸符合发包人要求且取得发包人批准后,承包人已经履行完成提交符合发包人要求的设计文件的合同义务;在承包人已履行义务、未违约、无过错的情形下,承包人不应因发包人的行为而处于比之前不利的地位。因此,对于因发包人要求承包人修改图纸的行为导致承包人增加的费用和延误的工期,应当由发包人承担。

(2)《民法典》第 7 条规定:“民事主体从事民事活动,应当遵循诚信原则,秉持诚实,恪守承诺。”诚实信用原则是民法中的帝王条款,是民事主体在履行合同时应当遵循的重要原则。当承包人提供的图纸符合发包人要求且发包人已经批准后,如果发包人再要求承包人进行修改,相当于无理由推翻了自己已经作出的批准,可能构成对诚实信用原则的违反,从而应承担因此给承包人增加的费用和延误的工期。

(3)从减少资源浪费、提高效率的经济学角度,要求发包人承担因修改已批准图纸而增加的费用和延误的工期,也有利于发包人更为审慎地进行审批,以减少因批准后再予修改而增加的资源浪费和降低的效率。

在承包人能否向发包人主张费用增加和工期延误的问题上,无论采用上述哪种观点,其结果是一样的,都是可以主张。但是,采用不同观点,将会影响以下问题的答案:在未变更发包人要求的情形下,如果发包人要求修改的图纸相比此前经发包人批准的图纸,减少了承包人实际投入的费用,发包人能否因此主张减少费用?

如果采用观点一,既然判断变更的依据已由发包人要求转化为经发包人批准的图纸,则对于图纸减少的内容,也应按变更处理,即发包人可以主张减少费用。

但是,如果采用观点二,因为判断变更的依据仍为发包人要求,则图纸减项不构成变更。虽然两份图纸给承包人带来的成本是不同的,但对发包人而言,因为其均能符合发包人要求,则发包人就此支付的对价应是相同的。从经济实质上看,承包人是把工程卖给发包人。对于买方而言,其关注的是工程能否满足买方的需求,而商品的价格也在一定程度上基于其对买方的价值,而卖方的成本,影响的是卖方的盈亏情况。一件商品,即便卖方投入巨额成本,但如果对买方没有价值,买方也不会出钱购买;同样,即便卖方花的成本较少,但如果这对于买方的价值较大,买方也会同意一个好价格。

综上,在关于发包人能否因此主张减少费用的问题上,基于观点二推演出的结果是更为合理的。一以贯之,就承包人能否主张费用增加和工期顺延的问题,我们也倾向于观点二。

二、发包人已批准的图纸与发包人要求不符,但承包人能够证明发包人在批准时明确知晓且同意前述不符之处的情形

如果承包人提交的图纸与发包人要求不符,但取得了发包人的批准,且发包人在批准时明确知晓并同意前述不符之处的,相当于发包人认可了图纸对发包人要求的修改,即发包人变更了发包人要求。在该情形下,承包人提交的、经发包人批准的图纸便是符合发包人要求的,如果发包人再要求承包人对其修改,则就因此导致承包人增加的费用和延误的工期,应当由发包人承担。

就发包人明确知晓并同意不符之处的认定,以下几个方面需重点关注:

一方面,承包人应向发包人主动提示不符之处。与专业的工程总承包单位相比,发包人存在专业知识不对等、信息不对称的劣势,从维护诚信、遵循公平的民法原则出发,承包人应向发包人主动、清晰地提示图纸与发包人要求之间的不符之处,确保发包人明确知晓。在该情形下,如果发包人又在批准时明确同意不符之处,则因此增加的工期和费用应由发包人承担。

另一方面,虽然承包人未主动提示,但如果承包人能够举证证明发包人已清晰了解图纸与发包人要求之间的不符之处,且发包人在批准时又明确同意不符之处,则从尊重发包人真意的角度,也应认定因此增加的工期和费用由发包人承担。

三、发包人已批准的图纸与发包人要求不符、且承包人不能证明发包人在批准时明确知晓且同意前述不符之处的情形

除非发包人明确同意图纸与发包人要求的不符之处,否则即使图纸得到发包人的批准,也不会免除承包人图纸与发包人要求不符的责任。在工程总承包合同中,设计责任由承包人承担,承包人有义务保证其设计的图纸与发包人要求相符。如果图纸与发包人要求不符,则属于承包人违反了设计义务,其应承担违约责任。

《民法典》第575条规定:"债权人免除债务人部分或者全部债务的,债权债

务部分或者全部终止,但是债务人在合理期限内拒绝的除外。”债务免除在性质上属于处分行为,免除债务人的义务和责任需要有债权人明确的意思表示,就承包人的设计义务和违反设计义务的违约责任,并不会因为发包人或第三方(包括发包人委托的图纸审查单位、施工图审查机构等)对图纸的概括批准而免除。

因此,如果发包人要求承包人修改其不符合发包人要求的图纸,是发包人在要求承包人更正其违约行为,由此产生的费用和对工期的影响,均应由违约方承包人承担。

《民法典》第800条规定:“勘察、设计的质量不符合要求或者未按照期限提交勘察、设计文件拖延工期,造成发包人损失的,勘察人、设计人应当继续完善勘察、设计,减收或者免收勘察、设计费并赔偿损失。”

参考上述规定,就承包人图纸不符合发包人要求,即属于设计的质量不符合要求,设计人应当继续完善设计,并赔偿发包人的损失。

在国内工程总承包合同示范文本和FIDIC合同文本中,亦秉持前述原则:

1. 在1999版FIDIC银皮书和黄皮书中,其通用条件第5.8款“设计错误”均约定:“如果在承包商文件中发现有错误、遗漏、含糊、不一致、不适当或其他缺陷,尽管根据本条做出了任何同意或批准,承包商仍应自费对这些缺陷和其带来的工程问题进行改正。”

2.《标准设计施工总承包招标文件》通用合同条款第5.7款“承包人文件错误”亦约定:“承包人文件存在错误、遗漏、含混、矛盾、不充分之处或其他缺陷,无论承包人是否根据本款获得了批准,承包人均应自费对前述问题带来的缺陷和工程问题进行改正。第1.13款发包人要求的错误导致承包人文件错误、遗漏、含混、矛盾、不充分或其他缺陷的除外。”

3.《工程总承包合同示范文本》通用合同条款第5.3.5款也约定:“发包人有权在第5.3.1款约定的各设计审查阶段之前,对相关设计阶段的设计文件、图纸和资料提出建议、进行预审和确认,发包人的任何建议、预审和确认,并不能减轻或免除承包人的合同责任和义务。”

在英美法中,裁判者也倾向于认为发包人对图纸的审核,并不意味着发包人对图纸的质量承担保证责任,否则有可能为承包人逃脱责任提供借口,增加项目履行过程中的摩擦。①

还需要说明的是，在判断承包人设计的图纸是否符合发包人要求时，既要看该部分图纸与发包人要求的某项或某几项具体要求是否相符，也要将部分图纸连同其他图纸综合考虑，看看从整体上是否符合发包人要求。举例说明：因为承包人可能会分批分部位提交图纸，就承包人提交的局部图纸，可能符合发包人要求中的具体要求，也取得了发包人的批准，但是，当全部图纸完成后，按此设计的工程可能达不到发包人要求中规定的性能指标和用途，则承包人设计的图纸仍应被认定为不符合发包人要求。

第4.4条 【工程量清单对合同价款的影响】在工程总承包项目中，承包人以发包人在发包时提供的工程量清单所列工程量、项目描述等与实际施工情况不符为由，主张调整合同价格的，不予支持，但合同另有约定的除外。

【条文主旨】

本条是关于发包人在发包时提供了工程量清单，且承包人以发包人提供的工程量清单所列工程量、项目描述等与实际施工情况不符为由，主张调整合同价格时如何处理的问题。

【理解与适用】

一、在工程总承包项目发包时，发包人提供工程量清单的情形

由于工程总承包项目的发包时点通常为可行性研究报告或方案设计完成或初步设计完成后，而此时的设计方案可能与承包人负责完成的施工图设计差异较大，因而发包人常常并不具备编制完整、准确的工程量清单的充分条件，实践中甚至存在采用模拟清单、费率下浮的方式进行发包。

① 例如，承包人会不断提供各种相似方案让发包人审批，以发包人的审批为由选择最有利于承包人的方案或借机规避自己的履约风险。参见 Joseph A. Huse, Understanding and Negotiating Turnkey and EPC Contracts (Second Edition), Thomson Reuters, England & Wales 2009, pp. 270 – 71 (stating "experience shows that in design – and – build owners can expect to encounter constant Contractor pressures offering ´just as good´alternatives or the pretext of supply or other difficulties, for example.")。

1999 版 FIDIC 黄皮书与银皮书,亦均默认招标文件不含工程量清单。例如,FIDIC 黄皮书定义条款中载明,"'资料表'(Schedules)指合同中由承包人填写并随投标函提交的名称为资料表的文件。此文件可能包括数据、列表以及支付表和(或)价格表"[①],FIDIC 银皮书定义条款中甚至没有"资料表""工程量清单"的相关定义。FIDIC 黄皮书的专用条款编写指南第 14.1 款[合同价格][②]指出,"……为了对变更进行估价,可以要求投标人附上详细的价格分解表,包括工程量、单价以及其他定价资料……在编制招标文件时,雇主必须决定他是否同意将受投标人的分解表的约束。"也就是说,在 FIDIC 合同体系中,通常发包人是不提供工程量清单的,而且只有当发包人明确同意投标人提交工程量清单作为合同组成部分,合同文件中才可以包含工程量清单;如果发包人未明确同意受到工程量清单的拘束,清单价格甚至不会直接作为变更估价的基础。2017 版 FIDIC 黄皮书延续了 1999 版黄皮书的约定,而 2017 版 FIDIC 银皮书虽新增了"资料表"的定义,但相关机制与前述黄皮书的约定仍系一致的。

实践中,也可能存在发包人在发包时提供工程量清单的情形。例如,结合《标准设计施工总承包招标文件》第二章投标人须知第 2.1 款[招标文件的组成]、第 3.1 款[投标文件的组成]以及第七章"投标文件格式"中的格式五"价格清单"可知,默认发包人在招标阶段提供了招标工程量清单(即"价格清单"),发包人可能在该清单中填写内容(例如,暂估价材料、设备、专业工程清单),而承包人按规定的格式和要求填写并标明价格之后,该价格清单即成为合同文件组成部分。若如此,在前述情形下,该清单中所列的工程量及项目描述是否对发包人产生约束力,承包人是否可以主张由于工程量清单所列的量以及项目描述等与实际施工情况不符而调整合同价格?

---

① Conditions Of Contract For Plant And Design - Build First Edition 1999, 1.1.1.6 "Schedules" means the document(s) entitled Schedules, completed by the Contractor and submitted with the Letter of Tender, as included in the Contract. Such document may include data, lists and Schedules of payments and/or prices.

② Conditions of Contract for EPC/Turnkey Projects First Edition 1999,专用条款编写指南第 14.1 款[合同价格]亦有同样的内容。

二、原则上以合同约定为准;如合同没有约定或约定不明,发包人不对其提供的工程量清单的完整性、准确性负责,清单中列出的任何工作量和价格数据应仅限用于变更和支付的参考资料,而不能用于其他目的

(一)原则上以合同约定为准

1. 合同有约定的几种常见情形

在国内外常见工程总承包范本合同中,均对此问题做出了明确约定。

FIDIC 黄皮书通用条款第 14.1 款[合同价格]约定,“除非专用条件中另有规定,否则:

(a)合同价格即指总价中标合同金额,并应根据合同对其进行调整;

(b)承包商应支付根据合同其应支付的所有税费、关税和费用,而合同价格不应因此类费用进行调整(第 13.7 款[立法变化引起的调整]的规定除外);

(c)资料表中可能列出的任何工程量仅为估算的工程量,不得将其视为要求承包商实施的工程的实际或正确的工程量;以及

(d)资料表中可能列出的任何工程量和价格数据应仅限用于资料表中说明的用途,而不能用于其他目的。”

专用条款编写指南第 14.1 款[合同价格]指出,“为了对变更进行估价,可以要求投标人附上详细的价格分解表,包括工程量、单价以及其他定价资料。此类资料也能用于期中支付的估价。但是,该资料可能是不具竞争性的定价。因此,在编制招标文件时,雇主必须决定他是否同意将受投标人的分解表的约束。如果不,他应确保工程师具有必要的专业知识以便对要求的任何变更进行估价。”也就是说,即使发包人在招标时提供了工程量清单并列出工程量,或者要求承包人提交了作为投标文件的已报价工程量清单,清单中所列的任何工程量仅是参考量,仅应用于变更估价和付款的目的,而不能用作其他用途。

《标准设计施工总承包招标文件》通用合同条款有以下约定:

“1.1.1.7 价格清单:指构成合同文件组成部分的由承包人按规定的格式和要求填写并标明价格的清单。”

“17.1 合同价格:除专用合同条款另有约定外,

(1)合同价格包括签约合同价以及按照合同约定进行的调整;

(2)合同价格包括承包人依据法律规定或合同约定应支付的规费和税金;

(3)价格清单列出的任何数量仅为估算的工作量,不得将其视为要求承包

人实施的工程的实际或准确的工作量。在价格清单中列出的任何工作量和价格数据应仅限用于变更和支付的参考资料,而不能用于其他目的。”

该招标文件第七章投标文件格式第五部分“价格清单”载明,“1.1　价格清单列出的任何数量,不视为要求承包人实施的工程的实际或准确的工作量。在价格清单中列出的任何工作量和价格数据应仅限用于合同约定的变更和支付的参考资料,而不能用于其他目的。”

根据一般法律原则,如果合同约定并不具备法定无效事由,并未违反法律、法规的强制性规定的,应遵守当事人的意思自治。

2. 合同约定与规范冲突时的处理原则

实践中,对于采用固定总价形式的施工合同,就发包人是否对其提供的工程量清单的完整性、准确性负责,是一类常见的争议。究其原因,一方面是由于招标人编制招标工程量清单依据的设计图纸深度不够,招标图纸与实际施工图纸差异较大;另一方面是招标人清单编制能力不足,导致工程量清单中所列的工程量不准确、清单项目出现缺漏项。发包人常主张应由承包人根据合同约定承担总价范围内的相关风险,并由承包人对清单的准确性和完整性承担复核义务和责任,而承包人往往主张应适用《2013 版清单计价规范》第 4.1.2 项的规定由发包人承担相关责任。①

关于合同约定是否能够突破《2013 版清单计价规范》这一争议,我们认为:一方面,建设工程施工质量规范的强制效力源于《标准化法》及其实施条例,而《标准化法》所规范的范畴是工业产品和建设工程的质量、安全等技术要求,并不涉及价格问题,因此《2013 版清单计价规范》和施工质量规范虽然在表面形式上相同,而且采用了“GB－50”系列的国家强制标准序列编号,但就其条文的法律强制性而言,并不像施工质量规范标准一样具有明确的法律、行政法规层面的上位法依据;另一方面,司法实践中亦有案例明确指出,清单计价规范并非法律、行政法规的强制性规定,例如,(2018)最高法民申 1815 号、(2018)陕民终 718 号、(2019)赣民终 190 号。因此,原则上合同约定应优先于《2013 版清单计

---

① 经我们的案例调研,司法实践中有很多法院亦支持该观点[例如,(2017)最高法民终 130 号],但也有法院认为应根据《建设工程工程量清单计价规范》第 4.1.2 项的规定由招标人承担清单漏项的责任和费用[例如,辽宁省高级人民法院(2016)辽民终 216 号],甚至有法院从公平合理的原则考虑,并结合发承包双方对造成漏量漏项差异造价的责任和过错,酌情确定[例如,广东省高级人民法院(2015)粤高法民终字第 12 号]。

价规范》予以适用。

需要说明的是,《2013 版清单计价规范》是为了规范施工发承包计价,仅适用于施工阶段的发承包计价活动,其执行必须建立在招标工程量清单基础上,并不适用于包含勘察、设计、采购、施工等内容的工程总承包项目造价管理。[①]《房建市政工程总承包管理办法》第 16 条规定,“建设单位和工程总承包单位可以在合同中约定工程总承包计量规则和计价方法。依法必须进行招标的项目,合同价格应当在充分竞争的基础上合理确定”,而并未直接要求适用《2013 版清单计价规范》。《工程总承包计价计量规范意见稿》编制说明中亦指出,“对于采用工程总承包的项目,由于没有与之相适应的计价计量规则,实践中往往采用模拟清单、费率下浮的方式进行招标发包,无法形成总价合同,不利于发包人控制项目投资,也不利于承包人优化施工设计,制约了工程总承包的推行。本规范制订了适用于可行性研究或方案设计后或初步设计后的工程总承包项目计价计量规则。”可知,日后将会出台适用于工程总承包项目的特定计量计价规范。

综上,虽然现有的《2013 版清单计价规范》并不适用于工程总承包项目,但不难看出,即便日后关于工程总承包的计价计量规范正式出台,且出现与当事人合同约定矛盾的条文,原则上仍应优先适用合同约定。这是由于其文件性质和效果应与《2013 版清单计价规范》类同,即工程总承包计价计量规范系用来规范建设工程的计价规范,并非法律、行政法规所规定的效力性强制性规定,不能替代双方当事人对自身权利处分所达成的合意,应尊重当事人意思自治的内容,优先适用当事人的合同约定。

综上所述,如发承包双方对发包人提供的工程量清单的完整性、准确性的责任承担原则已在合同中作出明确约定,应适用当事人的合同约定。

(二)合同没有约定或约定不明的情形

由于工程总承包项目的设计责任由承包人承担,且基本采用固定总价的价

---

① 《2013 版清单计价规范》有以下规定:“1.0.1　为规范建设工程造价计价行为,统一建设工程计价文件的编制原则和计价方法,根据《中华人民共和国建筑法》、《中华人民共和国合同法》、《中华人民共和国招标投标法》,制定本规范。”“1.0.2　本规范适用于建设工程发承包及实施阶段的计价活动。”“4.1.2　招标工程量清单必须作为招标文件的组成部分,其准确性和完整性由招标人负责。”“4.1.3　招标工程量清单是工程量清单计价的基础,应作为编制招标控制价、投标报价、计算或调整工程量、索赔等的依据之一。”

格形式,固定总价针对的范围是“发包人要求”而不是图纸,所以招标图纸与实际施工图纸的差异风险属于承包人承担的总价风险范围;也正是因为图纸深度不够,即便发包人提供了工程量清单,该清单也不是准确的。因此,在不构成合同约定的变更的情形下,工程量清单本身所列的工程量偏差以及缺漏项的风险应由承包人承担。

《工程总承包计价计量规范意见稿》拟制定规范工程总承包计价行为的统一标准。虽然该规范仍未正式出台,但仍能够反映主管机构以及行业主流观点对工程总承包计价规则的实践,基本与 FIDIC 黄皮书采取了相同的思路,即发包人不对其提供的工程量清单的完整性、准确性负责,清单中列出的任何工作量和价格数据应仅限用于变更和支付的参考资料,而不能用于其他目的。从该征求意见稿“2.0.20 项目清单:发包人提供的载明工程总承包项目勘察费、设计费、建筑安装工程费、设备购置费、总承包其他费和暂列金额的名称和相应数量等内容的项目明细”,“2.0.21 价格清单:构成合同文件组成部分的由承包人按发包人提供的项目清单规定的格式和要求填写并标明价格的报价明细”,“4.1.5 项目清单和价格清单列出的数量,不视为要求承包人实施工程的实际或准确的工程量”,“4.1.6 价格清单中列出的工程量和价格应仅作为合同约定的变更和支付的参考,不能用于其他目的”等条文规定均可以看出,《工程总承包计价计量规范意见稿》关于工程量清单中所列的数量及价格的性质界定。

另外,可以发现,不同于《2013 版清单计价规范》第 4.1.2 项的规定,“招标工程量清单必须作为招标文件的组成部分,其准确性和完整性应由招标人负责”,《工程总承包计价计量规范意见稿》中并未要求招标人对工程量清单的准确性和完整性负责。

相反,《工程总承包计价计量规范意见稿》第 4.5.9 项的规定:“招标人在初步设计后编制项目清单,对于土石方工程、地基处理等无法计算工程量的项目,可以只列项目、不列工程量。但投标人应在投标报价时列出工程量”;第 6.2.2 项更要求投标人在编制投标报价时应承担复核义务,“招标人在初步设计图纸后招标的,若投标人发现招标图纸和项目清单有不一致,投标人应依据招标图纸按下列规定进行投标报价。1. 如项目有不一致,有增加的,列在章节后‘其他’项目中,有减少的,在项目清单对应位置填写‘零’。2. 如内容描述有不一致,依据招标图纸报价,将不一致的地方予以说明。3. 如项目工程量有不一致,投标人应在原项目下填写新的数量。4. 如投标人的做法与项目清单中描述的不一致,投标人应在原做法下填写新做法,并报价,但原内容不能删除,对应价格位置应填写'零'",即承包人应对工程量清单所列的量和项目描述的准确性和完整性负责,承包人在投标时可对项目清单中认为需要增加的内容(包括项目描述、数量、做法等)自行增加并报价,一切在报价时未报价项目,均被视为已包括在报价金额内,如承包人的投标报价已被发包人接受,承包人不得再以工程量清单所列的量和项目描述与实际施工情况不符为由而主张调整合同价格。

综上所述,关于发包人是否就工程量清单的完整性和准确性承担责任的问题,首先应以合同约定为准,但在合同没有约定或约定不明的情况下,如果承包人填报的已标价工程量清单已被发包人接受,承包人再以工程量清单所列工程量、项目描述等与实际施工情况不符为由,主张调整合同价格的,应不予支持。

第4.5条 【因初步设计错漏引起设计变更导致工程量变化对合同价款的影响】工程总承包合同对因初步设计错漏引起设计变更导致工程量变化的责任分配作出明确约定的,按约定处理。合同未明确约定的,工程总承包项目在初步设计审批完成后发包,发包人以初步设计文件作为发包人要求,且要求承包人不得高于初步设计概算进行限额设计的,发包人应当对初步设计文件(及工程概算)的准确性负责。承包人因初步设计错漏主张增加费用和(或)延长工期的,应予支持,但承包人未在合理期限内尽合理的复核义务而未发现初步设计错漏或在发现设计错漏后未及时通知发包人的除外。

【条文主旨】

本条拟解决的是关于因初步设计错漏导致工程量变化时,工程总承包项目的发承包双方是否有权要求调整合同价款的问题。

【理解与适用】

由于工程总承包项目在施工报价或招标阶段大多处于设计初期阶段,尚无完整的施工图纸,因此实践中投标人中标后在实际履行合同时才发现实际工程造价远超中标价的情况并不鲜见。本条主要解决的是因初步设计错漏导致工程量变化的风险分配，具体而言，如投标人依据初步设计编制投标文件，发承包双方在确定中标人后发现初步设计错漏导致工程量变化的，是否有权要求调整合同价款。

一、因初步设计错漏导致工程量变化的主要原因分析

（一）初步设计深度不足

《2016版工程设计深度规定》对于各阶段的设计深度作出了具体的要求。如果初步设计文件的编制深度不符合国家相关标准的规定，基于该初步设计编制的概算与控制价及投标报价均将继承因其设计深度不足导致的错误。①

（二）招标时工程勘察未完成，导致承包人难以在投标时预估工程量

一般而言，初步设计、概算审查需等设计方案确定后才能开展；项目设计方案修改，也导致总平面图出图时间推后，勘察（由发包方完成）完成时间推后，施工图需待勘察成果出来后才能完成。从工程量的确定方面而言，根据施工图纸计量的工程量相对准确。一般而言，经过勘察后，有经验的承包人对于工程量（尤其是地下工程）方有相对准确的预估。根据《建设工程勘察设计管理条例》第4条的规定，从事建设工程勘察、设计活动，应当坚持先勘察、后设计、再施工的原则。实践中，勘察活动实质处于与设计、施工活动交叉共进的状态，即自可研阶段开始到工程施工阶段都多少对勘察有所涉及。

（三）投标人对于工程总承包项目风险估算不足，投标价过低

工程总承包模式系工程建设的一种实施方式，虽我国早在1984年就发文开始推行工程总承包，但目前我国建筑工程通常以施工总承包方式为主，因此工程总承包项目的投标方通常对投资风险预估不足。虽然投标时有总体设计方案/初步设计，但由于初步设计/施工图设计未完成，土建估价存在较大误差。实践中因投标人在合同履行过程中发现实际造价远远高于合同中标价导致双方产生合同纠纷亦不鲜见。

---

① 李杰：《关于某工程初步设计漏项造成EPC工程索赔的探讨》，载《工程建设与设计》2019年第3期。

二、裁判指引条文的解读

（一）当事人对因初步设计错漏引起设计变更导致工程量变化的责任分配作出明确约定的，按约定处理

合同中对因初步设计错漏引起设计变更导致合同履行过程中工程量变化的责任承担方式的约定，属于当事人意思自治的范畴，如未违反法律、法规的强制性规定，系双方的真实意思表示，该约定应为合法有效，双方当事人应当按照合同的约定履行相关义务，不得擅自变更或者解除合同。如吐鲁番中院（2018）新21民终71号认为："在该工程招标文件及双方签订的合同价格部分，均明确本工程为EPC总承包工程，合同价格为含税价，涵盖了承包商为履行本合同规定的义务和风险所需的全部费用，在合同有效期内为固定不变价"，因此法院对上诉人主张的因工程量增加而产生的费用，不予支持。

（二）当事人未明确约定的，初步设计错漏引起设计变更导致工程量变化的责任承担主体应根据发包时间的不同作区分讨论

《房建市政工程总承包管理办法》第7条规定："建设单位应当在发包前完成项目审批、核准或者备案程序。采用工程总承包方式的企业投资项目，应当在核准或者备案后进行工程总承包项目发包。采用工程总承包方式的政府投资项目，原则上应当在初步设计审批完成后进行工程总承包项目发包……"鉴于工程总承包项目可以在不同的建设阶段发包，因此初步设计文件可能由发包人作出，亦有可能由承包人负责。无论如何，初步设计文件在很大程度上都是当事人确定合同总价的重要依据。因此，因初步设计错漏导致工程量变化的责任承担主体，应根据项目发包时间的不同做区分讨论。

1. 工程总承包项目在初步设计审批完成后发包，发包人以初步设计文件作为发包人要求，且承包人不得高于初步设计概算进行限额设计的，发包人应当为初步设计文件（及工程概算）的准确性负责。因初步设计错漏引起工程设计变更导致工程量变化的，承包人有权主张增加费用和（或）延长工期。但承包人应复核初步设计，发现错漏的，应及时书面通知发包人。因承包人未在合理期限内发现初步设计错漏的，或在发现设计错漏后未及时通知发包人而导致扩大的费用增加和（或）工期延误除外。

经审批的初步设计及概算对招投标以及合同的履行具有重要的意义。根据浙江省《关于深化建设工程实施方式改革积极推进工程总承包发展的指导意

见》(浙建〔2016〕5 号)的规定,发包人可以依据经审批同意的方案设计(或初步设计),以工程估算(或工程概算)为经济控制指标,以限额设计为控制手段,以相关技术规范、标准和确定的建设规模、建设标准、功能需求及工程质量、工期进度要求为标的,开展工程总承包的招标工作。《杭州市江干区政府投资项目工程总承包实施办法(试行)》(2016 年)中更是直接规定:“评标对投标文件提出的建设规模、建设标准、建设内容、合同价格等应当控制在初步设计及概算文件范围内。”除浙江之外,四川①、广西②等多地政府亦作出类似规定。又如,虽然福建省住建厅明确工程量变化超过一定幅度的,应当调整模拟清单合同单价。福建省住建厅 2020 年 1 月 12 日发布的《福建省房屋建筑和市政基础设施项目标准工程总承包招标文件》第四章“合同条款及格式”的专用条款部分第 17.5 款约定了模拟清单结算单价调整条件及方式,但亦明确要求初步设计及概算批复后,承包人应当在初步设计及概算批复的范围内完成施工图设计,因其施工图设计原因(非发包人的要求)造成造价超出概算的,超出部分由承包人承担③。在这种情况下,初步设计文件的准确性、重要性不言而喻,依据初步设计文件编制的工程概算可能被发包人引为承包人限额设计的上限,在工程总承包合同中,发包人要求亦可能多次引用初步设计文件。在这种情况下,初步设计文件作为招标阶段发包人提供给投标人报价参考的资料,应视为各投标人报价的基础,应属于发包人要求中引用的原始数据和资料。此时,初步设计文件的准确性应当由发包人负责,中标人依据初步设计文件进行扩初设计、施工图设计,如实际工程量增加时,应当调整合同价款。但基于工程总承包项目承包人较发包人更强的专业能力,我们认为,工程总承包人应复核初步设计,发现错漏的,应及时书面通知发包人。因工程总承包人未在合理期限内发现初步设计错漏的,或在发现初步设计错漏后未及时通知发包人而导致扩大的费用增加和

---

① 四川省人民政府办公厅《关于促进建筑业持续健康发展的实施意见》(川办发〔2018〕9 号)第 7 条。

② 《关于推进广西房屋建筑和市政基础设施工程总承包试点发展的指导意见》第 4 条、《贵港市房屋建筑和市政基础设施工程总承包(EPC)项目操作流程》第 2.2 条。

③ 《福建省房屋建筑和市政基础设施项目标准工程总承包招标文件》第四章“合同条款及格式”的专用条款部分第 17.5.3.3 目规定,“属于变化工程量的项目(对比初步设计文件,包括发包人或承包人的原因),工程量变化在 ±30% 以内的,执行模拟清单合同单价;工程量变化超过 ±30% 的,合同双方认为合同单价合理的,仍执行合同单价。工程量变化超过 ±30% 的,合同中有一方认为继续执行合同单价不合理的,则增加或减少的工程量部分同‘按实结算办法’确定综合单价(原工程量执行原单价)”。

(或)工期延误除外。对于承包人复核的“合理期限”不可一概而论,应根据项目的复杂程度、施工难度等综合考虑,通常认为可以一个有经验的承包人的能力为标准,在考虑合理的成本后,承包人可通过复核,发现发包人提供的设计文件是否存在错、漏的期限。(但应考虑到以上仅仅为一些地区、行业的规定,而且经常限定在政府投资项目,所以普适性有待检验。对于目前炼化工程行业工程总承包来说,如发包人提供初步设计文件及参考工程量清单,则承包人需要对设计文件检查补缺,并评估报价工程量并对其负责,即除非重大方案、标准规范、工作范围等变更,一般的设计遗漏错误、工程量变化不调整合同约定的固定总价。)

2. 发包人在可研阶段之后进行工程总承包发包的,承包人基于自行作出的方案设计、初步设计等编制投标文件,应当认为承包人已确信投标文件的正确性和充分性,由承包人承担实际工程量变化的风险。工程总承包合同履行过程中实际工程量增加的,承包人不得要求增加价款和(或)延长工期。相应地,承包人在满足发包人要求的情况下优化设计后减少工程量的,发包人不得要求减少价款。

施工总承包模式由招标人提供设计图纸和工程量清单,投标人按规定进行应标和报价,而工程总承包招标时只提供概念设计/方案设计/初步设计、建设规模和建设标准,不提供工程量清单,投标人需自行编制用于报价的清单。① 实践中,工程范围包括初步设计的项目并不鲜见,甚至是带方案设计投标的项目。对此,各地政府已有充分认识,并出台各相关规定,如《EPC 工程总承包招标工作指导规则(试行)》明确,EPC 工程总承包招标在需求统一、明确的前提下,由投标人根据给定的概念方案(或设计方案)、建设规模和建设标准,自行编制估算工程量清单并报价。建议采用总价包干的计价模式,但地下工程不纳入总价包干范围,而是采用模拟工程量的单价合同,按实计量。

实践中,有投标人中标后在实际履行合同时才发现实际工程造价远超中标

---

① 《EPC 工程总承包招标工作指导规则(试行)》(深建市场〔2016〕16 号)。个别地区对招标人是否提供工程量清单有不同指导意见,如福建省住建厅规定工程总承包费实行模拟清单计价,项目模拟清单由招标人另册提供(随附电子文档)。模拟清单作为招标文件的组成部分,是投标报价的共同基础,应与招标文件中的其他章节内容一起阅读和理解。参见《福建省房屋建筑和市政基础设施项目标准工程总承包招标文件(2020 年版)》《福建省房屋建筑和市政基础设施工程总承包模拟清单计价与计量规则(2020 年版)》。

价。[1] 但是,如初步设计文件甚至是建设项目方案设计均系投标人自行编制,经招标人认可依法中标后,中标人所作的初步设计文件应作为合同签订并履行的基础。此时,由承包人为初步设计文件等投标文件的准确性负责亦是应有之义。

三、实务建议

(一)认真研究招标文件,对可能存在的问题及时要求招标人答疑

工程总承包项目投标单位应认真研究和理解初步设计原则、勘察资料、初步设计文件等招标文件,对招标文件中存在的问题应及时提出质疑,建设单位应抓紧研究并按规定对质疑进行解答。《2013 版清单计价规范》规定工程量清单计价格式中列明的所有需要填报的单价和合价,投标人均应填报,未填报的单价和合价,视为此项费用已包含在工程量清单的其他单价和合价中。这一规则对于施工总承包项目不难理解,因为发包人在已经拥有施工图纸的前提下按照计价清单规范编制的工程量清单中,无论是清单项目设置还是工程量都与实际施工差异不大,承包人也容易报出相对准确的价格。但在工程总承包项目中,由于缺乏详细准确的工程量清单,清单项目的设置和工程量估算具有很大的不确定性。在这种情况下,客观上对承包人也提出了更高的要求,即承包人不仅要依据初步设计甚至是方案设计进行投标报价,而且要最大限度地对项目加强了解,分析发包人提供的初步设计文件、招标工程量清单(如有)等招标文件的准确性,以此作为报价的重要依据。承包人如能在报价阶段就要求发包人对报价格式及工程量范围等可能存在的问题进行有效的澄清,有助于避免合同履行过程中产生争执,保护自身的合法利益。概言之,承包人宜重视合同前期阶段的技术商务风险评估,充分识别、充分论证、审慎决策。

(二)地下工程不宜采用固定总价的计价方式

地质情况复杂难以事先预测,地下工程的工程量通常处于不确定的状态,尤其是发包时未完成完整的地质勘察成果的工程总承包项目。为避免招投标双方日后对工程量产生争议,我们建议对于地下工程不宜采用固定总价的计价方式。正如 2017 版 FIDIC 银皮书在其序言中明确,银皮书不适用的情况之一为如果建设内容涉及相当数量的地下工程,或投标人未能调查的区域内的工

---

① 浙江省高级人民法院(2019)浙民终 220 号民事判决书。

程。《EPC工程总承包招标工作指导规则(试行)》(深建市场〔2016〕16号)第4条在建议EPC工程总承包采用总价包干的计价模式的同时,亦认为地下工程不纳入总价包干范围,而是采用模拟工程量的单价合同按实计量更为妥当。

(三)采用固定总价与固定综合单价结合的计价方式

对于发包人而言,防止承包人设计人为增加工程量,是采用EPC承包模式的关键。在采用固定总价的计价方式下,对于承包人而言,如现场出现未料及的情况,在相对低价中标的前提下,寻求合同价款的提高亦不鲜见。实践中,双方的争议通常由此产生。对此,我们建议工程总承包EPC项目采用固定总价与固定综合单价结合的计价方式,以期平衡发承包双方的利益。具体而言:

在采用工程量清单计价方式的情况下,通过合同中已标价工程量清单确定合同暂定总价,清单中除分部分项清单中工程量暂定外,一般项目费、设计费等可以约定为固定总价;待扩初图纸完成并经发包人审查合格后按扩初图纸重新计算工程量;工程量计算原则依据已签订合同、招标文件等合同类文件的要求确定[①]。需要注意的是,在何时确定双方认可的工程量,原则上属于当事人意思自治的范围,既可以在初步设计完成后,亦可以在施工图纸完成审批后确定。基于平衡发承包双方权益的考虑,我们倾向于折中考虑,以扩初设计图纸为确定工程量的时间点,以期实现发包人投资成本的控制与承包人所承担的工程量风险的平衡。在实践中,扩初图纸可能并非只有一个版本,需要经过双方反复的充分磋商确定。也就是说,确定最终合同总价的原则为:一般项目费、设计费等费用执行合同价格固定总价包干,实体工程的工程量依据上述原则进行计算,综合单价执行合同约定价格固定不变。当然,为兼顾工程总承包项目发包人追求价格确定性的特点,双方可以在采用混合合同计价方式的基础上,约定重新计量合同价与合同暂定总价的变化幅度超出一定比例后方调整合同暂定总价,如当(重计量合同价-合同暂定总价)/合同暂定总价的百分比超出±×%时,超出±×%以外的部分给予调整,合同双方签订补充协议确定合同总价,否则合同约定的暂定总价即为合同总价。需要注意的是,在实践中宜对合同固定总价的组成、待定价款部分计价时的"发包人审查合格"的标准提前作出约定,以避

① 扩初设计是介于方案和施工图之间的过程,是初步设计的延伸,相当于一幅图的草图,一般做设计的在没有最终定稿之前的设计都统称为初步设计。参见百度百科"扩初设计",载https://baike.baidu.com/item/扩初设计/10796525?fr=aladdin,2020年2月15日最后访问。

免在“发包人审查”出现僵局时,如无法寻找合适的方式解决造价调整争议,双方当事人或许均得对合同本身约定的不明确、不完善承担一定的责任。[①]

第4.6条 【工程总承包合同发包人实质性变更认定及合同价款调整】 采用总价合同的工程总承包项目,承包人主张发包人作出的影响合同的价款和/或工期的设计变化指示构成实质性变更,要求调整价款和/或工期的,除承包人自身原因导致设计修改或合同约定属于承包人应承担风险范围以内情形的,应予支持。合同对于价款调整未约定或者约定不明的,应按照以下原则进行处理:

(1)价格清单中有适用于变更工程项目的,采用该项目的单价;

(2)价格清单中没有适用但有类似于变更工程项目的,参照类似项目的单价;

(3)价格清单中没有适用也没有类似于变更工程项目的,应结合承包人根据变更工程资料、计量规则,通过市场调查等取得有合法依据的市场价格提出变更工程项目的单价以及承包人获得工程变更指示时适用的工程所在地政府部门发布的综合定额或计价依据调整合同价款。

【条文主旨】

本条是关于工程总承包合同中,因发包人提出的实质性设计变更,承包人主张该设计指示影响到合同的价款和/或工期,能否要求调整价款和/或工期以及调整幅度的规定。

【理解和适用】

一、发包人要求发生的设计变更对合同价款的影响

工程总承包在采用总价合同时,通常情况下,合同总价不予调整。但是,当发包人基于对工程的功能使用、规模标准等方面提出新的调整要求构成实质性变更的应当调整。因为实质性变更发生时,往往可能伴随发生巨额的工程费用

① 海南省高级人民法院(2017)琼民终54号民事判决书。

增加或者工期的大幅增加，如果合同未约定实质性变更金额调整范围，发包人以工程总承包合同为固定总价合同为由，拒绝对承包人的工作和费用进行签证确认，将导致承包人权益得不到有效保障。为此，在发生实质性变更情形时，双方应就合同价款调整内容达成一致。在双方达成一致意见之前，承包人对发包人变更指示可以不予以执行，并可依此对变更是否构成实质性变更进行认定。

(一)发包人实质性变更的认定

发包人提出的设计变更对工程价款和工期造成影响的，构成实质性变更。

1. 实质性变更的理解。如果发包人在合同履行的过程中，向承包人提出设计变更指示，该指示影响了合同总价赖以确定的基础；或突破了原设计要求约定的功能、工期、质量要求；或使承包人不得不承担原设计要求以外的工作量或不能在原有工期内不增加支出地完成工作量；或使承包人需要承担其投标时或签约时无法预料或未加以估算的风险等情形，应当认为发包人的该设计变更指示构成实质性变更。

2. 实质性变更价款调整的理由。工程总承包项目采用总价合同的，该总价一般是以发包人提供的或明确认可的设计要求相对应的施工图、已标价工程量清单或预算书等为基础，在约定的设计要求和工程量范围内合同总价不做调整。但是，发包人提出的实质性变更，如突破了承包人赖以确定合同总价的基础，不属于原合同总价范围内对应的义务，则应当给予相应调整价款。

3. 实质性变更的认定：国家能源局《关于印发水电工程勘察设计管理办法和水电工程设计变更管理办法的通知》(国能新能〔2011〕361 号)附件二第 5 条第 1 款规定："设计变更分为一般设计变更和重大设计变更。重大设计变更是指涉及工程安全、质量、功能、规模、概算，以及对环境、社会有重大影响的设计变更。除此之外的其他设计变更为一般设计变更。"《水利工程设计变更管理暂行办法》第 7 条规定："重大设计变更是指工程建设过程中，工程的建设规模、设计标准、总体布局、布置方案、主要建筑物结构形式、重要机电金属结构设备、重大技术问题的处理措施、施工组织设计等方面发生变化，对工程的质量、安全、工期、投资、效益产生重大影响的设计变更。其他设计变更为一般设计变更。"这些领域有明确规定的重大变更是实质性变更的一种情形。其他工程领域没有此规定的，可依据变更对价款和工期的影响来进行认定。

(二)发包人要求的一般性变更，合同价款不予调整

一般性变更不应调整价款的理由：按照通常的实践做法，工程总承包项目

的发包人会提供初步的方案设计或简单功能要求或图纸等，承包人则依据发包人要求完成设计文件，初步设计文件一般在投标阶段就提供给发包人，但施工图设计文件需在实施阶段才由发包人或其代表确认，在实施阶段还可能存在设计文件的深化或优化问题。如果一项变更不影响发包人的原设计要求或已确定的初步方案设计，属于结合工程现场需要，为控制成本、进度或材料选用等原因而进行一些非主要的变更、降低、增删或对一些图纸和现场不相吻合的地方进行必要的修改或完善等情形，因没有突破承包人赖以确定合同总价的基础以及承包商应承担的合同风险范围，是承包商工程管理能力的综合体现，由此产生的费用不应调整合同价款。

DBIA(美国设计建造学会)，《设计—建造总承包合同通用条款标准格式》(Standard Form of General Conditions)第9.3款：工程小变化(Minor Changes in the Work)：发包人作出设计变化指示不实质影响合同价款和/或工期的，也就是不超过总承包合同固定总价所包含的范围的，构成一般变更。

AIA(美国建筑师学会，The American Institute of Architects)在其出版的建设工程总承包合同范本中也直接规定，对于一些不影响合同工期或价格且不违背合同初衷的小的变化(Minor Changes in the Work)，业主可直接签发书面指令变更，而不需要承包人的事先同意，合同价款也不予调整。除此之外，均属于重大变更。在实施重大变更前，承包人有权要求与业主/工程师订立变更协议(Change Order)。

综上，根据发包人作出设计变化指示是否实质影响合同价款和/或工期，可以分成一般性设计变更和实质性设计变更。《民法典》第509条规定："当事人应当按照约定全面履行自己的义务。当事人应当遵循诚信原则，根据合同的性质、目的和交易习惯履行通知、协助、保密等义务……"工程总承包合同项下，对于发包人发出的一般性设计变更指示，由于没有实质影响合同价款和/或工期，基于合同全面履行、根据合同的性质、目的和交易习惯履行的原则，承包人应无条件实施协助发包人实现其合同完整目的义务而不能要求增加合同价款或延长工期。

对于发包人发出的实质性设计变更指示，由于实质影响了合同价款和/或工期，导致了合同工作内容的增减、合同工程量的变化、发生合同外的工作等，构成一项类似于合同履行发生情势变更的情形。《民法典》第533条规定，"合同成立后，合同的基础条件发生了当事人在订立合同时无法预见的、不属于商业风险的重大变化……当事人可以请求人民法院或者仲裁机构变更或者解除合同。”承包人可以根据合同约定程序要求发包人进行合同价款和/或工期变更签证。如合同没有关于合同价款和/或工期变更的约定的，承包人也有权根据法律规定，要求发包人变更合同的价款和/或工期。

二、由于承包人自身原因导致发包人要求修改设计文件的，合同总价也不予调整

承包人原因引发的设计变更可以归纳为以下几种情形：

1. 承包人的设计文件被审图机构发现不符合公共利益、公众安全、工程建设强制标准等而被提出要求修改。《建设工程质量管理条例》第 11 条第 2 款规定：“施工图设计文件未经审查批准的，不得使用。”

2. 发包人在审图过程中发现承包人设计错误，不符合发包人要求，提出要求承包人修改设计的指示。

3. 承包人为修补其设计缺陷而做的修订、调整和补充等。

4. 其他属于合同约定或法律、法规以及规范性文件规定属于承包人应承担的风险范围内的情形。

对于以上情形，基于合同商业风险和过错责任自担原则，由于发生需要承包人承担的商业风险或者承包人过错导致费用增加或工期延误的，相应的后果应由承包人承担。《民法典》第 577 条规定：“当事人一方不履行合同义务或者履行合同义务不符合约定的，应当承担继续履行、采取补救措施或者赔偿损失等违约责任。”因此，发生承包人一方过错违约情形的，则承包人无权要求变更合同价款和/或工期。

三、发生实质性变更情形时合同价格的调整规则

《建设工程司法解释》第 16 条规定：“因设计变更导致建设工程的工程量或者质量标准发生变化，当事人对该部分工程价款不能协商一致的，可以参照签订建设工程施工合同时当地建设行政主管部门发布的计价方法或者计价标准结算工程价款。”

北京高院《解答》第 11 条规定：“建设工程施工合同约定工程价款实行固定总价结算，在实际履行过程中，因工程发生设计变更等原因导致实际工程量增减，当事人要求对工程价款予以调整的，应当严格掌握，合同对工程价款调整有

约定的，依照其约定；没有约定或约定不明的，可以参照合同约定标准对工程量增减部分予以单独结算，无法参照约定标准结算的，可以参照施工地建设行政主管部门发布的计价方法或者计价标准结算。主张工程价款调整的当事人应当对合同约定施工的具体范围、实际工程量增减的原因、数量等事实承担举证责任。”

《民法典》第 510 条及第 511 条中规定：“合同生效后，当事人就质量、价款或者报酬、履行地点等内容没有约定或者约定不明确的，可以协议补充；不能达成补充协议的，按照合同相关条款或者交易习惯确定。”“价款或者报酬不明确的，按照订立合同时履行地的市场价格履行。”

结合以上规定和工程案件处理实践，我们认为，合同总价应按以下原则予以相应调整：

首先，价格清单中有适用于变更工程项目的，应采用该项目的单价。

其次，价格清单中没有适用但有类似于变更工程项目的，可在合理范围内参照类似项目的单价。

最后，价格清单中没有适用也没有类似于变更工程项目的，应结合承包人根据变更工程资料、计量规则，通过市场调查等取得有合法依据的市场价格提出变更工程项目的单价以及承包人获得工程变更指示时适用的工程所在地政府部门发布的综合定额或计价依据确定应调整合同价款的金额。

第 4.7 条 【变更程序对工程总承包合同价款及工期的影响】工程总承包合同约定承包人未按工程变更的程序报送顺延工期、增加价款申请视为丧失顺延工期、增加价款权利的，或者约定发包人在一定期限内未予答复视为认可承包人申请的，按照约定处理，但在约定期限后双方又达成一致意见、一方当事人提出未在约定期限内报送申请或者答复申请的合理理由的除外。

承包人没有按照约定的变更程序主张权利，依约已失去调整工期、价款的权利，又按照索赔程序索赔工期或价款的，不予支持，发包人同意的除外。

【条文主旨】

本条解决的是承包人未按工程总承包合同约定的变更程序报送顺延工期、

增加价款申请以及发包人未在约定期限内答复承包人申请的，是否应当顺延工期、增加价款的问题；以及在工程变更程序中已经丧失调整工期、价款权利的，能否再按照索赔程序索赔工期、费用的问题。

【理解与适用】

工程建设过程中，难免因客观情形的出现、发包人新增需求等原因导致工程变更。工程变更后，对发承包双方的权利义务均有较大影响。发承包双方在签订合同时，一般会约定工程变更的程序、期限等内容，以减少双方因变更导致的权利义务分歧，影响工程建设进程。

一、国内外工程总承包合同文本关于工程变更约定的对比

目前，国内的工程总承包合同文本是《工程总承包合同示范文本》[①]，国际上使用较多的是 FIDIC 银皮书。这两个合同文本关于变更程序的约定不尽相同。

（一）《工程总承包合同示范文本》相关内容

《工程总承包合同示范文本》（以下简称通用条款）第 13 条详细约定了变更的内容、程序及价款调整。

1. 变更的发起

变更的发起主要有三个途径：

（1）发包人的变更通知。工程总承包中，工程发包时，由于设计深度不足，发包人对工程建设通常只提宏观要求，如建设规模、建设标准、功能需求、投资限额等[②]。承包人承揽工程后，结合现场展开初步设计/施工图设计，组织施工。如发包人对项目有区别于合同承包范围的进一步要求[③]，应先征询工程总承包单位的意见，由工程总承包单位结合实际情况，对发包人的变更通知作出反馈。

---

① 九部委《关于印发简明标准施工招标文件和标准设计施工总承包招标文件的通知》（发改法规〔2011〕3018 号）附件二《标准设计施工总承包招标文件》，其中第四章“合同条款及格式”之通用条款第 15 条亦有关于变更的相关约定，但该约定过于粗放，如变更后的价款及工期由监理单位确认，无需承包人和发包人参与。因此，对国内通行的示范文本，我们以《建设项目工程总承包合同示范文本（试行）（GF－2011－2016）》作为研究对象。

② 此处以房建及市政工程为例，其他专业的发包标准，也多对建设效果的描述性要求作为发包标准，如机电工程等非传统类总承包合同一般会对能源消耗、产出标准等作出明确约定。

③ 《工程总承包合同示范文本》通用条款第 13.2 条详细列举了变更的范围。

承包人接到变更通知后，应在10日内提交书面建议报告：同意变更的，列明变更的可行性及执行变更的措施、计划等事项，并提出估算的可能增加的价款及工期，未明确需增加价款及工期的，视为承包人执行该变更不涉及合同价款及工期的调整；承包人拒绝变更的，应说明详细理由①。

(2)承包人提出变更建议。变更建议的主要内容是变更能够产生的积极意义，如经济利益、缩短工期等。发包人同意后，向承包人发出变更通知，后续程序同(1)。

(3)紧急性变更。情况紧急的，发包人可以书面形式或口头形式发出紧急性变更指令，责令承包人立即执行此项变更。

2. 变更指令的发出与执行

依据变更发起的三种不同途径，变更及其执行也有以下区别：

(1)通过发包人变更通知方式(包括承包人提出变更建议后发包人发出变更通知)启动的变更，应下达正式变更指令。

变更指令对承包人提出的增加价款或工期的申请未作确认的，视为认可承包人的申请。

(2)承包人接到发包人紧急变更指令后，立即执行。

可见，《工程总承包合同示范文本》中，变更的决定权在发包人，变更决定权的行使依据是变更指令。

3. 变更执行完毕后价款及工期的确定

(1)正常的变更程序中，变更工作完成后30日内，承包人将变更增加的价款及工期通知发包人。发包人在15日内不作出确认也不提出修改意见的，视为同意。

(2)承包人完成紧急变更工作10日内，应向发包人提出增加的价款及工期估算量，逾期不提出的，视为不增加价款和工期。

发包人应在收到承包人上述报告后10日内完成审批，否则视为批准。

综上，《工程总承包合同示范文本》关于工程变更的价款及工期调整的约定包含两个程序：首先，在发包人发出正式变更指令之前，承包人对变更事项已提

---

① 根据《工程总承包合同示范文本》，可作为承包人拒绝变更的理由有：(1)此变更不符合法律、法规等有关规定；(2)承包人难以取得变更所需的特殊设备、材料、部件；(3)承包人难以取得变更所需的工艺、技术；(4)变更将降低工程的安全性、稳定性、适用性；(5)对生产性能保证值、使用功能保证的实现产生不利影响等。

出价款和工期估算;其次,变更事项完成后,承包人再报送正式的价款和工期调整报告。两个程序均涉及行使期限,也均约定了发包人默示审核的法律后果。

(二)FIDIC银皮书的相关内容

FIDIC银皮书约定的变更程序大致如下:

1. 变更的启动

FIDIC银皮书中变更有两个启动途径:(1)发包人直接发出变更指令;(2)承包人提出变更建议书。承包人的变更建议书,可以基于业主的征求变更建议书作出,也可以在价值工程基础上,自行向发包人提起。

2. 变更指令的发出与执行

发包人享有最终的变更权,其决定变更的,应向承包人发出变更指令。承包人依据发包人变更指令开展工作。

3. 变更执行完毕后价款及工期的确定

FIDIC银皮书约定,承包人应在收到发包人变更指令后的28日内(该时间发承包双方可约定调整)向发包人报送该变更可能涉及的资料消耗、施工措施、工期变化等方面的材料,发包人收到承包人报送的上述材料后,应在42日内作出审批决定。

值得注意的是,如果承包人未在28日内或者约定的其他时间内报送价款、工期估算材料,FIDIC银皮书并不认为承包人当然失权,相反,只要存在变更,FIDIC银皮书认为承包人当然享有顺延工期和调价的权利,甚至不需要经过索赔程序(发送索赔通知、发送索赔报告等),这是较1999版改进的地方[①]。

同时,发包人未在42日内完成审批的,FIDIC银皮书认为承包人提出的变更价款、工期存在争议,应提交争端委员会DAAB解决(合同条款明确此情形下,排除适用不满意通知程序、不满意审批抗辩、DAAB裁决后的争议解决三项制度)。

二、条文解析

(一)实务中未按工程变更程序申请价款、工期可能产生的问题

从上文分析可以看出,《工程总承包合同示范文本》和FIDIC银皮书两个合

---

① 1999版银皮书中关于变更后价款调整是否需要经过索赔程序并不明确,实务中也有争议。参见张玲、朱星宇等:《FIDIC 2017版系列合同条件中变更问题分析》,载《国际经济合作》2018年第6期。

同文本在变更程序及价款、工期调整上有相似性,也存在差异,《工程总承包合同示范文本》对承包人因工程变更而申请调整价款、工期的,有程序和期限的限制。

1.《工程总承包合同示范文本》在承包人调整价款、工期的申请及发包人审批方面均有严格绝对的时间限制,且有明确的未主张失权的约定,但 FIDIC 银皮书明显放松了工程变更后,在程序、时间上对承包人调整价款、工期权利的限制。因此,我国工程总承包司法实务中,应如何对待未严格按照变更程序主张权利一方是否失权的问题?

2. 承包人未在接到变更通知后约定时间内提出附有价款、工期估算的书面建议报告,按照《工程总承包合同示范文本》,承包人此时已失权,但承包人可否在变更事项完成后的 30 日内按照索赔程序索赔费用、工期?

(二)合同约定承包人未按变更程序就工期、价款主张权利失权的,应遵从合同约定

1. 调整工期、价款的权利,只有当事人在约定的期间内主张,才实际取得该权利

学者王轶在解释保证期间(《担保法》第 26 条)及买卖关系中的买受人异议期间(《合同法》第 158 条)性质类属时提出了"或有期间"的概念[①]。王轶教授提出该概念后,中国民法学会在我国民法典专家意见稿草案中,一度将或有期间制度与权利失效制度作为与除斥期间、诉讼时效并行的制度规定于"第八章 时效"[②]。

从字面上看,"或有"本就意示着权利的不确定性,权利是否最终取得,取决于当事人在法定或约定期间内是否为一定的行为。或有期间制度的运行规则是:权利人只有依据法律或者当事人之间约定在一定期间内为一定行为,才能取得特定的请求权,否则不能获取该请求权[③]。

或有期间的上述运行模式,已完全区别于期限制度对权利的规制模式及效力。民事法律中的期限异于生活中常常提及的期限,法律上的期限是对期间的

---

① 王轶:《诉讼时效制度三论》,载《法律适用》2008 年第 11 期。

② 《中华人民共和国民法典民法总则专家建议稿(征求意见稿)》,2015 年 4 月 20 日刊于中国民商法律网,http://www.civillaw.com.cn/zt/t/? id = 29169,2020 年 3 月 23 日最后访问。

③ 或有期间的详细制度设置建议,参见夏沁:《或有期间三论》,载《北方法学》2017 年第 11 期。

经过从而影响权利产生的制度的统称[①]，如诉讼时效制度、除斥期间制度等。可见，处于期限内权利人的权利状态具体、明确。但期间不同于期限，当事人在期间内，其权利状态处于不确定[②]或者权利未触发状态，如保证期间。学界定义的或有期间，即为当事人取得权利、固定权利、触发权利产生条件等的期间，可由法律规定，也可由当事人约定。

变更事件发生后，一方当事人未在约定期间行使调价、调整工期权利的，将丧失权利，该约定期间即为或有期间，即通过时间的流逝，间接影响承包人调价、调工期请求权的取得与实现，这区别于诉讼时效直接限制权利人权利的行使、除斥期间直接剥夺权利人权利。

2. 合同约定承包人逾期主张权利视为失权、发包人逾期审核视为认可的，是双方的真实意思表示，不违反法律、行政法规的强制性规定，应得到司法支持

合同约定的变更程序中，承包人、发包人各自调整价款及工期的权利行使期限，与一般期限或期间制度具有相似的目的，如敦促当事人及时主张权利、避免权利长期处于不确定的状态、方便双方举证、提高司法资源利用效率等[③]，此为变更后双方权利义务重新分配的正当性基础。此外，作为工程实务中较为成熟的制度，该期限还有其特有的制度价值。

首先，该期限已充分考量了处于不利地位一方的利益，也能使发承包双方处于衡平状态。变更启动后，处于不利地位当事人的要求应在短期内得到回复，否则将影响其建设活动的进一步安排，如发包人应对承包人提出的价款、工期估算等进行经济评价，安排筹资活动，以进一步确定是否下达变更指令；若发包人对承包人的估价不及时作出审核，会影响承包人对材料、设备、人工及进度计划的安排等。因此，基于诚实信用原则，发承包双方在合同约定的期限内未行使调整价款、工期的权利，且基于此进行了其他建设活动，则发承包双方此时的约定利益应受特别保护。

其次，从效率角度看，司法上也有必要认可工程中一定期限内行使权利的合同安排[④]。变更事项发生后，双方应在短时间内对事件的责任做好划分，如责

① 房绍坤主编：《民法》，中国人民大学出版社 2009 年版，第 92 页。

② 夏沁：《或有期间三论》，载《北方法学》2017 年第 11 期。

③ 梁慧星：《民法总论》，法律出版社 2004 年版，第 238 页。

④ 黄立：《检视德国债编各论新修正工程合同规定的定作人变更权》，载《北京航空航天大学学报》（社会科学版）2019 年第 5 期。

任长期得不到分配，将影响工程建设的效率。且变更事项涉及的利益一般占工程总承包合同标的的比例较低，根据比例原则，变更产生的利益也不应影响整个合同的顺利履行。因此，有必要从速完成变更后权利义务的重新分配。

最后，司法上应充分尊重双方当事人在合同中约定的变更程序及权利义务调整的期限要求。工程变更时，当事人约定未按照约定的程序和期限提出调整价款、工期视为失权或未按照约定的期限对价款调整或工期要求回复或者提出异议视为认可的，司法上应予以支持。

3. 因逾期主张权利导致失权后，双方就变更产生的价格调整或工期顺延又达成一致意见的，或者一方当事人提出未在约定期限内报送申请或者答复申请的合理理由的，司法上应结合具体案情作出认定

首先，当事人因逾期主张权利导致失权后，但双方又达成一致意见的，属于双方对民事权利的自由处分，应予支持。

其次，如果一方当事人提出未在约定期限内报送申请或者答复申请的合理理由作为抗辩的，则不应认定为失权或者视为认可。比如，因不可抗力原因或者发包人原因导致承包人未在约定的期限内提交申请、双方协商过程较长导致发包人未及时答复等，应当属于合理抗辩的情形。

4. 工程联系单、会议纪要等文件，可以作为双方在工程变更中履行权利义务的载体

合同对变更相关的文件形式常有明确约定，如发包人的变更通知、变更指令，承包人的附有工期、价款的变更建议，变更工作完成后承包人向发包人报送的价款、工期调整申请等。但在工程实务中，发承包双方很可能以其他文件形式完成变更事项，如工程联系单、会议纪要、信函、审批单等。这些文件只要记载了变更指示、变更调价等内容的，应当视为当事人已经履行了相关义务或主张了权利。

（三）承包人已在变更程序中失权后，又在索赔程序中主张权利的，不应支持

《工程总承包合同示范文本》第13条变更程序约定，承包人应在接到发包人变更通知后10日内提出附有价款、工期估算的书面建议报告，否则视为变更不涉及价款、工期的调整。而第16.2.2条约定，发包人未能履行合同约定的职责、责任和义务，且根据本合同的任何条款的约定、与本合同有关的文件、资料的相关情况和事项，发包人应承担损失、损害赔偿责任及延长竣工日期的，发包

人未能按合同约定履行其赔偿义务或延长竣工日期时,承包人有权向发包人提出索赔。承包人应在索赔事件发生后30日内,向发包人发出索赔通知,且在发出索赔事件通知后的30日内,以书面形式向发包人提交详细的索赔报告,否则丧失索赔的权利。

可见,在《工程总承包合同示范文本》项下,变更程序中承包人主张调整价款、工期的时间远少于索赔程序,变更程序逾期时,索赔期限还未届期。但承包人在变更程序中,因未及时主张权利而失权后,不应得到支持其就变更事项启动索赔程序主张权利。理由如下:

1. 变更、索赔的适用对象不同,变更后调整价款、工期应在变更程序中解决,不适用索赔程序

变更和索赔是工程建设领域两个不同的程序①,核心的区别在于变更程序和索赔程序的适用对象不同。

《工程总承包合同示范文本》通用条款中明确作为变更事项的有:

(1)设计变更范围。包括:①对生产工艺流程的调整;②对平面布置、竖面布置、局部使用功能的调整;③对配套工程系统的工艺调整、使用功能调整;④对区域内基准控制点、基准标高和基准线的调整;⑤对设备、材料、部件的性能、规格和数量的调整;⑥因执行基准日期之后新颁布的法律、标准、规范引起的变更(第5.2.3条相似);⑦其他超出合同约定的设计事项;⑧上述变更所需的附加工作。

(2)采购变更范围。包括:①承包人已按合同约定的程序,与相关供货商签订采购合同或已开始加工制造、供货、运输等,发包人通知承包人选择另一家供货商;②因执行基准日期之后新颁布的法律、标准、规范引起的变更;③发包人要求改变检查、检验、检测、试验的地点和增加的附加试验;④发包人要求增减合同中约定的备品备件、专用工具、竣工后试验物资的采购数量;⑤上述变更所需的附加工作。

(3)施工变更范围。包括:①根据设计变更,造成施工方法改变、设备、材料、部件、人工和工程量的增减;②发包人要求增加的附加试验、改变试验地点;③新增加的施工障碍处理(第7.1.8条相似);④发包人对竣工试验经验收或视

---

① FIDIC合同文本下的变更和索赔程序的区别大同小异,详细参见张玲、朱星宇等:《FIDIC 2017版系列合同条件中变更问题分析》,载《国际经济合作》2018年第6期。

为验收合格的项目,通知重新进行竣工试验;⑤因执行基准日期之后新颁布的法律、标准、规范引起的变更;⑥现场其他签证;⑦上述变更所需的附加工作。

(4)发包人的赶工指令。

(5)调减部分工程。

(6)其他变更。

通用条款中,明示属于变更的其他情形还有:

(1)因发包人采购提供的工程物资(包括建筑构件等)不符合国家强制性标准、规范的规定,存在质量缺陷、延误抵达现场,给承包人造成窝工、停工、或导致关键路径延误的,按第 13 条变更和合同价款调整的约定执行。

在履行合同过程中,由于国家新颁布的强制性标准、规范,造成发包人负责提供的工程物资(包括建筑构件等)不符合新颁布的强制性标准时,由发包人负责修复或重新订货。如委托承包人修复,作为一项变更。

在履行合同过程中,由于国家新颁布的强制性标准、规范,造成承包人负责提供的工程物资(包括建筑构件等),虽符合合同约定的标准,但不符合新颁布的强制性标准时,由承包人负责修复或重新订货,并作为一项变更。

(2)在承包人实施职业健康、安全、环境保护管理实施计划的过程中,发包人需要在该计划之外采取特殊措施的,按第 13 条变更和合同价格调整的约定,作为变更处理。

(3)发包人在合同实施过程中委托承包人进行竣工试验的,依据第 13 条变更和合同价格调整的约定,作为变更处理。

无论发包人和(或)监理人是否参加竣工试验和验收,发包人均有权责令重新试验。如重新试验合格,承包人增加的费用,和(或)竣工日期的延长,按照第 13 条变更和合同价格调整的约定,作为变更处理。

《工程总承包合同示范文本》中,明确通过索赔程序主张权利的有:

(1)未能通过竣工试验,使整个工程丧失了生产和(或)使用功能时,发包人有权指令承包人重新设计、重置相关部分,承包人承担因此增加的费用(包括发包人的费用);竣工日期延误的,并应承担误期损害赔偿责任。发包人有权向承包人提出索赔,或解除合同。

(2)因承包人的原因造成竣工后试验延误造成发包人的费用增加时,发包人有权向承包人提出索赔。

(3)因承包人原因,重新进行竣工后试验,给发包人增加了额外费用时,发包人有权向承包人提出索赔。

(4)因承包人的原因,工程和(或)单项工程未能通过竣工后试验,并使整个工程丧失了生产价值或使用价值时,发包人有权提出未能履约的索赔。

(5)发包人的延误付款达60日以上,并影响到整个工程实施的,承包人有权解除合同,并有权就因此增加的相关费用向发包人提出索赔。

《工程总承包合同示范文本》明确约定为变更事项的条款,如承包人认为应调整价款、延长工期,应按照变更程序主张权利,否则失权。而索赔则是相关事件完成后,合同一方向对方主张的、基于合同任何条款或在履行合同中产生的权利或救济。一般来讲,与变更的基于主动行为(变更事件发生前,发承包双方即有对价款、工期的磋商)不同,索赔一般是事件完成后的被动行为。

因此,变更和索赔有明显的区别,两者的适用对象不同。属于变更的事项,当事人的相关权利应通过变更程序行使,不能通过索赔程序行使。

2.从性质上看,变更是债的更新,索赔是权利救济,两者请求权基础不同,因此变更项下的权利义务不能通过索赔程序实现

我国台湾地区学者黄立认为,发包人变更、承包人提出调价的过程是契约过程[①]。但建设工程有其特殊性,即承包人对发包人指示的工作有严格的人身属性,一般不允许拒绝,即承包人有强制缔约的义务[②]。该强制缔约义务,可以解决实务中的矛盾:发包人同意承包人提出的变更建议的实施方案,但对价款调整或工期顺延估算持有异议时,发包人可以通过变更指令命令承包人进行变更工作,对价款、工期问题可采用争议解决等方式处理。强制缔约义务一般不允许承包人以价款、工期调整未达成一致为由拒绝变更方案。

根据《工程总承包合同示范文本》及工程惯例,索赔事件大致可归纳为发包人责任事件(如发包人未及时履行必要的协助义务)、维护公共利益事件(如文物保护)、不可抗力事件,从请求权角度看,该三类事件均可归结为损失赔偿请求权,发包人赔偿的理由是违约(发包人责任)及公平原则(不可抗力出现后损失的分担)。

可见,索赔和变更在性质上存在区别。变更是合同履行过程中债的局部更

---

① 黄立:《检视德国债编各论新修正工程合同规定的定作人变更权》,载《北京航空航天大学学报》(社会科学版)2019年第5期。

② 黄喆:《建设工程合同发包人单方变更权的合理限度》,载《政治与法律》2012年第11期。

新,承包人在合同约定的变更期限内完成价款和工期调整的,是达成契约的过程。承包人因未在约定期限内行使权利导致失权,是放弃要求取得变更对价的权利。这与权利人未按约定期限行使索赔权导致丧失索赔请求权,完全不同。

因此,如果承包人在变更程序中,因未及时主张权利而失权后,不能通过索赔程序就变更事项寻求救济。

第4.8条 【约定变更不调整费用的例外情形】非经招投标签订的工程总承包合同约定变更引起的费用增减不调整合同价款的,如构成格式条款,按相关法律规定处理;如不构成格式条款,按照约定处理,但变更导致双方权利义务严重失衡的除外。

招投标签订的工程总承包合同约定变更引起的费用增减不调整合同价款的,约定无效,发包人要求发生变更,当事人请求调整合同价款的,应予支持。

【条文主旨】

工程实务中,一般约定工程发生变更发生后价款作相应调整,但不排除发包人利用其优势地位,在合同中约定任何变更引起的费用增减均不调整价款。该种情形下,工程变更发生后,承包人要求调整价款的,应当如何处理?本条即解决此问题。

【理解与适用】

一、变更调整合同价款的相关规定

《房建市政工程总承包管理办法》规定:"企业投资项目的工程总承包宜采用总价合同,政府投资项目的工程总承包应当合理确定合同价格形式。采用总价合同的,除合同约定可以调整的情形外,合同总价一般不予调整。"《公路工程总承包管理办法》第25条第2款规定,"设计变更引起的工程费用变化,按照风险划分原则处理。其中,属于总承包单位风险范围的设计变更(含完善设计),超出原报价部分由总承包单位自付,低于原报价部分,按第二十四条规定支付。属于项目法人风险范围的设计变更,工程量清单与合同总价均调整,按规定报批后执行……”

实务中，工程总承包合同通常采用固定总价的计价方法，除合同约定可以调整价款的情形外，合同价款一般不予调整。一般来说，属于承包人风险范围的变更，价款不调整；属于发包人风险范围的变更，合同价款相应调整。

二、约定“任何变更均不调整价款”的效力分析

工程总承包合同中约定，任何变更引起的费用增减均不调整合同价款，约定是否有效、司法上应否调整？

（一）承包人是否可依据情势变更制度要求调整合同价款

《民法典》第533条第1款规定了情势变更制度，“合同成立后，合同的基础条件发生了当事人在订立合同时无法预见的、不属于商业风险的重大变化，继续履行合同对于当事人一方明显不公平的，受不利影响的当事人可以与对方重新协商；在合理期限内协商不成的，当事人可以请求人民法院或者仲裁机构变更或者解除合同”。该制度设定的情形是，合同成立后，合同的基础条件发生重大变化，且此种变化是在订立合同时无法预见、不属于商业风险的变化，发承包双方协商不成的，受到不利影响的一方可以请求法院、仲裁机构变更或撤销合同。

可见，情势变更制度的适用前提是外部条件发生变化，致使按照原合同履行会使双方权利义务明显失衡。因此，若外部条件没有发生明显变化，仅是发包人要求变化、增加个性化或偏好性的修改等造成成本的增加，承包人无法适用情势变更请求法院或仲裁机构变更或撤销合同。

（二）承包人可否以“任何变更均不调整价款”的约定显失公平而主张撤销

《民法典》第151条规定：“一方利用对方处于危困状态、缺乏判断能力等情形，致使民事法律行为成立时显失公平的，受损害方有权请求人民法院或者仲裁机构予以撤销。”作为成熟的承包商，承包人在签订合同时对约定“任何变更均不调整合同价款”的后果应当是明知的。适用《民法典》第151条主张撤销，承包人需证明签订合同时，发包人利用承包人处于危困状态、缺乏判断能力等，导致相关条款的约定显失公平。显然，承包人难以完成这样的证明责任。因此，承包人在合同签订后，再主张任何变更均不调整价款的约定显失公平的，难以得到法院或者仲裁机构的支持。

(三)承包人可否以“任何变更均不调整价款”的约定属于格式条款为由主张撤销、不成为合同内容或者无效

《民法典》第496条规定:“格式条款是当事人为了重复使用而预先拟定,并在订立合同时未与对方协商的条款。采用格式条款订立合同的,提供格式条款的一方应当遵循公平原则确定当事人之间的权利和义务,并采取合理的方式提示对方注意免除或者减轻其责任等与对方有重大利害关系的条款,按照对方的要求,对该条款予以说明。提供格式条款的一方未履行提示或者说明义务,致使对方没有注意或者理解与其有重大利害关系的条款的,对方可以主张该条款不成为合同的内容。”第497条规定:“有下列情形之一的,该格式条款无效:(一)具有本法第一编第六章第三节和本法第五百零六条规定的无效情形;(二)提供格式条款一方不合理地免除或者减轻其责任、加重对方责任、限制对方主要权利;(三)提供格式条款一方排除对方主要权利。”

因此,如果提供格式条款的一方,未以合理方式提示对方注意免除或者减轻其责任等与对方有重大利害关系的条款,则对方可以主张该条款不成为合同内容;即使提供格式条款的一方履行了提示义务,如格式条款存在不合理地免除或减轻其责任、加重对方责任、限制或者排除对方主要权利的情形的,对方仍可以主张该格式条款无效。

需要注意的是,《民法典》施行前,对于提供格式条款的一方存在未履行提示和说明义务的,对方仍然应当适用《合同法解释(二)》第9条的相关规定,申请撤销该条款[①]。但《民法典》施行后,根据《民法典》第496条的规定,可主张“任何变更均不调整合同价款”的条款不成为合同内容,而无须申请法院或者仲裁机构撤销。《民法典》的此条规定,避免了因超过撤销权除斥期间而导致撤销权消灭,但格式条款仍然需要遵照履行的不利局面,更有利于对弱势一方的保护。

就工程总承包而言,发包人提供的格式文本中约定“任何变更均不调整合同价款”,显然属于免除或者减轻发包人责任、加重投标人责任、限制或者排除投标人主要权利的条款,此条款可被解释为发包人在招标文件或者直接发包过

---

① 《合同法解释(二)》第9条规定:“提供格式条款的一方当事人违反合同法第三十九条第一款关于提示和说明义务的规定,导致对方没有注意免除或者限制其责任的条款,对方当事人申请撤销该格式条款的,人民法院应当支持。”

程中设置的格式条款,承包人在投标、中标、签订合同过程中,均无机会就此条款与发包人进行协商。但是,格式条款的性质是“为了重复使用而预先拟定、并在订立合同时未与对方协商的条款”。承包人主张适用格式条款的规定认定“任何变更均不调整价款”的条款不成为合同内容或者无效,难点在于如何证明该条款是“为了重复使用而预先拟定、并在订立合同时未与对方协商”。如果发包人在多个项目中均设置了“任何变更均不调整合同价款”的条款,则承包人完成举证相对容易,如果发包人只在这一个项目的合同文本中设置了该条款,承包人将难以以格式条款作为其请求权基础。

因此,工程总承包合同约定“任何变更均不调整价款”的条款在一定条件下可被认定为格式条款,存在发包人违反提示和说明义务情形的,承包人可请求法院或仲裁机构认定该条款不成为合同内容;构成免除或者减轻发包人责任、加重承包人责任、限制或者排除承包人主要权利的,承包人可请求法院或仲裁机构确认该条款无效。

(四)变更导致费用增加超过承包人可以承受的风险幅度的,承包人可以请求法院或者仲裁机构依据公平原则调整合同价款

工程实务中,变更是正常现象,也是发包人的权利。变更的本质,是合同履行过程中,债的局部更新的过程。因建设工程有其特殊性,即承包人对发包人指示的工作有严格的人身属性,一般不允许拒绝,即承包人有强制缔约的义务①。发、承包双方在合同中作出“任何变更均不调整工程价款”的约定时,说明承包人在其工程经验中已预估到发包人变更的工程量,且在报价中已经考虑了相应的风险系数,只要发包人变更没有超出一定幅度,一般应当按约定履行,不允许调整价款。但发包人变更累计的变更量超出一定幅度时,显然超出一个成熟的承包商能预见到风险范围的,双方的权利义务出现严重失衡,合同基础已被动摇。此时如不予调整,发包人从利益最大化出发,将不正当地无限制变更,增加承包人的费用支出,显然有违公平原则,司法上应当予以调整。

首先,变更增加费用的幅度是否导致双方权利义务严重失衡,应考察行业利润率及工程惯例中发、承包双方的各自风险幅度范围。

工程总承包合同价款的确定,一般是承包人在概预算基础上下浮一定比例确定,而承包人的利润率随承包人的技术水平、管理水平高低有较大差别。平

---

① 黄喆:《建设工程合同发包人单方变更权的合理限度》,载《政治与法律》2012 年第 11 期。

均来说，承包人的利润一般是价款的5%左右。如《建设项目工程总承包合同示范文本（征求意见稿）》（建司局函市〔2020〕119号）第1.1.6条“利润：系指专用合同条件中所列的适用的利润百分比［如未列出，则为百分之五（5%）］……”，将5%作为工程总承包行业的正常利润率。

工程惯例中，一般将5%～10%作为发、承包双方承担风险幅度的范围。如《2013版清单计价规范》第9.7.3条规定：“承包人采购材料和工程设备的，应在合同中约定可调材料、工程设备价格变化的风险范围或幅度，如没有约定，则按照本规范第9.7.1条规定的材料、工程设备单价变化超过5%，施工机械台班单价变化超过10%，则超过部分的价格应予调整”；《2017版施工合同示范文本》通用条款第11条中约定，当专用合同条款无约定时，出现材料价格高于或低于基准价格5%时，超过部分据实调整。地方政策中，江苏省《关于加强建筑材料价格风险控制的指导意见》（苏建价〔2008〕67号）规定，一般风险包干幅度不应大于10%；湖北省《关于建设工程材料价格风险管控的指导意见》（2019年6月14日）第3条规定：“施工合同中，主要材料价格约定的风险幅度按《建设工程工程量清单计价规范（GB 50500－2013）》规定，宜控制在5%以内。风险幅度以内的由承包人承担或受益，风险幅度以外的由发包人承担或受益。”上引文件规定的承包人承担的风险幅度，均在5%～10%之间。

其次，承包人在合同中作出“任何变更均不调整工程价款”的无限风险约定，其风险范围应略大于行业利润率及工程惯例中承包人可接受的风险幅度。超过该风险范围的变更，调整由发包人承担为宜。

（五）招投标签订的工程总承包合同中约定“任何变更均不调整价款”的，违反《招标投标法》，约定无效，发包人要求发生变更的，双方均有权要求调整价款

发包人要求的变更，带来的结果是工程范围和/或工程质量、功能、能效或技术指标等标准的变化。《招标投标法》的立法目的是保护国家利益、社会公共利益和招标投标活动当事人的合法权益，通过招投标确定中标人后，工程范围、质量、工期、价款以及功能、能效或技术指标等标准，属于合同的实质性内容，应当是确定且不允许在履行中调整的。而“任何变更均不调整价款”对招投标及合同履行均产生严重影响。招标时，会造成大量潜在投标人失去投标意愿，影响中标结果；合同履行中，当发生工程范围增加和/或工程质量、功能、能效或技术指标等标准提高的正向变更时，如工程价款不作调整，会导致承包人对发包人的变相让利，损害承包人利益；当发生工程范围减少和/或工程质量、功能、能

效或技术指标等标准降低等负向变更时，如工程价款不作调整，则导致发包人向承包人的利益输送，损害国家利益或者社会公共利益。因此，经过招投标程序签订的工程总承包合同，约定“任何变更均不调整价款”的，因该约定不符合《招标投标法》的立法目的，约定无效，发包人要求发生变更时，双方均有权要求相应调整价款。

三、条文适用分析

（一）发包人与承包人就变更事项形成签证或补充协议的，按照签证或补充协议处理

根据《工程总承包合同示范文本》，变更的发起主要有三种途径：一是发包人的变更通知；二是承包人提出变更建议；三是紧急性变更。工程变更的决定权在发包人，除紧急性变更外，变更均需经业主指示或者批准。

一般情况下，变更工作完成后，承包人按照合同约定的程序就变更事项向发包人索赔价款，发包人同意的，形成调整价款的签证。如（2018）皖11民终2326号案件中，法院认为工程总承包模式下，监理人负有施工现场监督、协调和管理的职责，监理人签署的工程签证单能够证明变更签证项目的实际发生，可以据此调整合同价款。此外，发承包双方就变更事项达成补充协议的，应当按照补充协议处理。如南京中院（2016）苏01民终5015号认为，双方签订的是固定总价合同，江南环保公司系因本属于其施工范围内的增压风机项目被取消而需返还众泰发电公司已支付的相应工程款，众泰发电公司于2008年1月8日发函要求扣除增压风机费用250万元，江南环保公司亦回函确认，应视为双方对增压风机项目应扣减款项达成一致，故江南环保公司应当向众泰发电公司返还增压风机款项250万元。

（二）非招标项目，合同约定“任何变更均不调整价款”构成格式条款的，按格式条款的相关规定处理

约定“任何变更均不调整合同价款”条款的情形，是发包人利用优势地位，在其提供的格式合同文本中设置了该条款，往往构成格式条款，如果构成格式条款的，则应按格式条款的相关规定处理。具体裁判规则如下：

1. 存在发包人违反提示和说明义务情形的，《民法典》施行前，承包人可以请求法院或者仲裁机构撤销该条款；《民法典》施行后，承包人可请求法院或仲裁机构认定该条款不成为合同内容。

2. 构成免除或者减轻发包人责任、加重承包人责任、限制或者排除承包人主要权利的，承包人可请求法院或仲裁机构确认该条款无效。

(三)非招标项目，合同约定"任何变更均不调整价款"不构成格式条款的，发包人变更引起的费用增减未超过当事人风险承担幅度的，从其约定；费用增减超过当事人风险承担幅度的，依公平原则调整价款

工程变更可能增加工程费用，也可能减少工程费用，变更引起的费用增减占合同价款的比例较小时，属于发承包双方可以承受的风险范围，从促进交易和尊重当事人约定的角度，应从其约定。如贵州高院(2015)黔高民初字第 14 号认为，双方约定合同总价为固定不变含税价 1.8318 亿元，因变更发生工程量的增减，施工费累计增减在正负 3% 之内的不予调整，之外的予以调整，因地质条件发生重大变化除外。法院判决认可了约定费用增减在正负 3% 之内不予调整的效力。该案中双方虽未约定变更不调整合同价款，但约定了变更造成施工费累计增减正负 3% 之内的不调整价款。可见，对一定的风险幅度范围内的变更不调整，法院还是肯定此类约定的效力的。

但发包人变更累计的量超出了作为成熟的承包商能够预见到的风险范围时，双方的权利义务出现了严重失衡，不予调整合同基础将不复存在，司法上应当适用公平原则予以调整，超出风险幅度外的部分由发包人承担。

(四)招标项目，约定"任何变更均不调整价款"的条款无效

招标签订的工程总承包合同，约定"任何变更均不调整价款"的，违反《招标投标法》的规定，当事人可以依据《建设工程司法解释(二)》第 1 条的规定，请求确认该条款无效。发包人的要求发生变更的，双方均有权要求相应调整合同价款。

第 4.9 条 【工程总承包人设计优化的费用增加及利益分配规则】工程总承包合同约定设计文件需经发包人审核批准的，设计文件经审核批准后承包人提出优于发包人要求的项目功能、适用性、工期等建议，增加了发包人的收益，承包人主张对收益进行分配的，除合同另有明确约定外，应当按照以下情形分别进行利益分配(或补偿)：

(1)发包人接受优化建议并同意施工导致工程费用增加的，承包人请求发包人支付实施该建议而增加的费用或就功能显著提升要求予以奖励的，

应予以支持;如发包人接受该优化建议,导致承包人工程费用减少的,发包人和承包人应分享所节省工程费用利益;

(2)承包人未经发包人确认或者同意实施该项优化措施的,承包人要求发包人给予补偿或奖励的,不予支持,但发包人予以追认的除外。

【条文主旨】

本条是关于承包人利用自身经验进行设计优化,提升项目功能,增加收益或缩减成本,如果合同未约定收益分成的,对发包人取得的收益和节省的费用,承包人是否有权要求与发包人分享以及如何分享的规定。

【理解和适用】

一、设计优化属于工程变更的一种情形,应遵守变更对价款调整的规定

根据《2013 版清单计价规范》中变更发起一般包括四种情形:一是发包人基于对工程的功能使用、规模标准等方面提出新的调整要求提出变更;二是设计人基于设计文件的修改提出变更,并以设计变更文件的形式提出;三是监理人认为施工合同履行过程中有关技术经济事项的处理不合适,提出针对原合同内容的调整;四是由承包人提出合理化建议,该建议获得监理人和发包人同意后可以变更形式发出。第四种情形则属于设计优化的情形。

实施设计优化的后果主要有三种:提升原设计要求的性能且工程费用和(或)工期不变;原设计要求的性能显著提升但导致工程费用和(或)工期相应增加;保持原设计要求的性能不变但缩减了工期或节省了工程费用。

因设计优化带来的功能提升、费用节约问题,在实践中大量存在,但利益如何分配却没有相应的明确规则。

FIDIC 银皮书第 13 条则详细约定了承包人基于价值工程有权提变更建议(Value Engineering)。但对于利益分配如何处理并没有明确处理规则,只是概括性地提到价值工程适用变更的规则,即由承包人提出费用预估提交发包人(工程师)审核。

《标准设计施工总承包招标文件》通用合同条款第 15.2.2 款约定:“承包人提出的合理化建议降低了合同价格、缩短了工期或者提高了工程经济效益的,

发包人可按国家有关规定在专用合同条款中约定给予奖励。”第15.3.2款规定：“变更估价 监理人应按照第3.5款商定或确定变更价格。变更价格应包括合理的利润，并应考虑承包人根据第15.2款提出的合理化建议。”

可见，设计优化属于工程变更的一种情形，必然会涉及合同工作内容的增减、合同工程量的变化、发生合同外的工作等，均属于发生类似合同履行发生变更的情形。工程变更发生时，由于合同价款约定的范围没有覆盖发生变更的部分，导致工程价款增减情形的，发包人和承包人均有权提出对合同价款进行相应调整的要求。

二、承包人提出设计优化增加费用和工期的应当给予承包人补偿。费用节省、工期缩短和发包人获得其他利益的，如果有约定依约定处理，无约定的应当按公平原则分享利益和/或给予承包人合理奖励

如合同未明确约定利益分享或奖励的计算方法，则根据公平原则，双方应当公平共享收益。降低合同价格的，发包人和承包人应各分享所节省的工程费用的一半。《工程总承包合同示范文本》第13.6款约定：“建议变更的利益分享 因发包人批准采用承包人根据第13.1.3款提出的变更建议，使工程的投资减少、工期缩短、发包人获得长期运营效益或其他利益的，双方可按专用条款的约定进行利益分享，必要时双方可另行签订利益分享补充协议，作为合同附件。”

《民法典》第533条规定：“合同成立后，合同的基础条件发生了当事人在订立合同时无法预见的、不属于商业风险的重大变化……当事人可以请求人民法院或者仲裁机构变更或者解除合同。”发生设计优化时，类似于发生合同的基础条件和范围发生变化，既可能导致工程费用增加，也可能导致工程费用的节约，一方有权要求相应增加工程费用或者分享由此带来的利益。

《民法典》第6条规定：“民事主体从事民事活动，应当遵循公平原则，合理确定各方的权利和义务。”如发包人接受该优化建议，在工程费用发生节约的情形，有约定的依约定，无约定的，发包人和承包人应公平地分享所节省工程费用利益，因此均分节约的费用是最符合这一原则的规定。

三、承包人提出设计优化应当按设计变更批准程序实施

工程总承包合同的设计工作根据发包阶段的不同可能包括方案设计、初步

设计和施工图设计等不同阶段,其中施工图设计一般应经发包人(或者监理人)批准后方可组织实施。

施工开始前,由于设计属于承包人的工作范畴和风险范围,承包人进行设计深化,不需要发包人认可。施工开始后,承包人利用自身经验进行设计优化,应当保证产品质量,设计规模、功率等发包人要求不变。设计优化应当达到降低成本、缩短工期或增加收益的效果。在施工图设计文件经发包人审核批准、施工开始后,承包人提出设计优化构成一项变更,需要按合同约定的变更流程实施。

《2017 版施工合同示范文本》通用合同条款第 10.5 款约定:"承包人提出合理化建议的,应向监理人提交合理化建议说明,说明建议的内容和理由,以及实施该建议对合同价格和工期的影响。除专用合同条款另有约定外,监理人应在收到承包人提交的合理化建议后 7 天内审查完毕并报送发包人,发现其中存在技术上的缺陷,应通知承包人修改。发包人应在收到监理人报送的合理化建议后 7 天内审批完毕。合理化建议经发包人批准的,监理人应及时发出变更指示,由此引起的合同价格调整按照第 10.4 款〔变更估价〕约定执行。发包人不同意变更的,监理人应书面通知承包人。合理化建议降低了合同价格或者提高了工程经济效益的,发包人可对承包人给予奖励,奖励的方法和金额在专用合同条款中约定。"

《工程总承包合同示范文本》通用合同条款第 13.1.3 款约定:"变更建议权　承包人有义务随时向发包人提交书面变更建议,包括缩短工期,降低发包人的工程、施工、维护、营运的费用,提高竣工工程的效率或价值,给发包人带来的长远利益和其它利益。发包人接到此类建议后,应发出不采纳、采纳或补充进一步资料的书面通知。"承包人向发包人提出合理化建议时,应当依合同约定与相关法律规定以恰当的方式审慎而全面地向发包人提交详尽的工程变更建议文件,必要时附图予以阐释,使合理化建议具有可操作性且对具体施工的优化效果有明确指向。

承包人提出设计优化应当按设计变更程序实施。首先,基于权利可以放弃的原则,如果承包人没有按合同约定的变更程序实施设计优化(价值工程)的,视为其已放弃请求价款调增的权利。其次,工程总承包合同的宗旨是鼓励承包人利用其经验和资源整合,在确保实现合同目的的情况下,达到降低总体成本并增加工程效益的目的。《民法典》第 544 条规定:"当事人对合同变更的内容约定不明确的,推定为未变更。”也就是说,如承包人对设计变更(价值工程)内容没有与发包人进行签证明确,应视为没有发生变更。因此,承包人没有履行相应的程序,都不应当予以奖励或补偿如承包人没有征得发包人同意实施设计优化(价值工程)的行为应解释成其正常实施工程建设行为。由此导致工程费用和工期减少以及发包人实现其他利益的,该利益归发包人。但是,发包人在承包人擅自实施设计优化(价值工程)后予以追认的,视为发包人同意设计优化。

四、承包人提出设计优化,发包人明确表示不同意的情况下,承包人主张增加费用和工期不予支持。发包人对承包人提出的设计优化在合理期限内既不表示同意、又不表示反对的,不能视为发包人同意

承包人提出设计优化后,发包人合理期限内不明确表态的,除非在合同中事先有约定,否则目前国内并无相应的法律法规规定视为发包人同意了承包人的建议。为避免争议的发生,发包人和承包人可以在总承包合同专用条款或补充协议中针对发包人的默示进行专门约定。该等约定应包括但不限于合理化建议的提交对象与审批人、审查时限、“合理化”的具体界定、合理化建议审查与论证的成本由谁承担、经审查后采取的工程变更带来不利后果的责任由谁承担、合理化建议取得实效后的奖励或利润分配方案。

需要注意的是,如果承包人提出设计优化方案,在不降低发包人要求的前提下实现费用减少,是否需要发包人同意,减少的费用是否需要在发包人与总承包人之间分享,存在较大争议。特别是在工程总承包合同未约定设计文件需要发包人审核批准的情形下,如何设计是总承包人权利范围,即使总承包人向发包人报送了设计文件,亦不表示总承包人进一步优先设计需要征得发包人同意,同时设计优先而减少的费用,亦不需要与发包人分享。

第 4.10 条 【总承包人设计错漏的价款调整】工程总承包合同未约定或者约定不明时,总承包人设计文件存在错误、遗漏、含混、矛盾、不充分或其他缺陷,总承包人以设计文件已获得发包人审核或批准为由,要求增加因消除上述缺陷而发生的费用的,不予支持,但该缺陷系因发包人要求错误导致的除外。

发包人与总承包人对于承包人设计文件存在错误、遗漏、含混、矛盾、不充分或其他缺陷均有过错的，按照过错比例各自承担因消除上述缺陷而增加的费用。

施工分包人以总承包人设计文件存在错误、遗漏、含混、矛盾、不充分或其他缺陷为由，要求总承包人承担因消除上述缺陷而增加的费用的，应予支持。

【条文主旨】

本条是关于工程总承包合同因设计错漏能否调整工程价款以及因设计错漏，工程总承包项目施工分包合同能否调整工程价款的规定。

【理解与适用】

设计错漏是建设工程设计环节常见的问题。造成设计错漏的主要原因在于项目前期方案论证深度不够、设计周期短、地质、水文等基础资料不完整等。设计错漏会造成质量和安全隐患，往往通过设计变更才能消除缺陷。在工程总承包领域，由于工程发包阶段较传统的施工总承包而言更为靠前，因此，设计错漏的现象也较为常见。

一、合同未约定或者约定不明，设计错漏原则上由工程总承包人负责

FIDIC 黄皮书和银皮书均规定了“5.8 设计错误(Design Error)”。而且无论是 1999 版还是 2017 版，基本原则均未发生变化：既然设计是承包人工作的一部分，承包人当然应对设计负责。即使工程师(业主代表)批准(不反对)承包商的各类文件，其后果还是由承包商负担。业主方的批准或许可只是一种监督，承包商在合同下的责任是向业主提交一个符合合同要求的“最终产品”。但是结合“1.9 业主要求中的错误”的规定，如果承包商的设计错误是由于业主的要求中的问题引起的，则承包商还是有可能进行索赔的。[①]

《标准设计施工总承包招标文件》通用合同条款第 5.7 条约定：“承包人文

---

① 张水波、何伯森编著：《FIDIC 新版合同条件导读与解析》(第二版)，中国建筑工业出版社 2019 年版，第 319 ~ 320 页。

件存在错误、遗漏、含混、矛盾、不充分之处或其他缺陷，无论承包人是否根据本款获得了批准，承包人均应自费对前述问题带来的缺陷和工程问题进行改正。第1.13款发包人要求的错误导致承包人文件错误、遗漏、含混、矛盾、不充分或其他缺陷的除外。”

《工程总承包合同示范文本》通用合同条款第5.2.2条“承包人的义务”第2项约定：“承包人有义务按照发包人提供的项目基础资料、现场障碍资料和国家有关部门、行业工程建设标准规范规定的设计深度开展工程设计，并对其设计的工艺技术和（或）建筑功能，及工程的安全、环境保护、职业健康的标准、设备材料的质量、工程质量和完成时间负责。因承包人设计的原因，造成的费用增加、竣工日期延误，由承包人承担。”第13.1.2条第2款约定：“承包人对自身的设计、采购、施工、竣工实验、竣工后试验存在的缺陷，应自费修正、调整和完善，不属于变更。”

可见，工程总承包合同中，承包人应对其总承包范围内的设计工作负责，在发生设计错漏时，承包人应当自费进行缺陷消除或者改正，造成的费用增加只能由承包人自行承担，不应由发包人承担。

二、发包人要求错误造成的设计错漏，由发包人负责

《标准设计施工总承包招标文件》通用合同条款第1.1.1.6项将发包人要求定义为，“构成合同文件组成部分的名为发包人要求的文件，包括招标项目的目的、范围、设计与其他技术标准和要求，以及合同双方当事人约定对其所作的修改或补充”。该定义来自于FIDIC银皮书第1.1.1.3项和黄皮书第1.1.1.5项的“雇主要求”。《标准设计施工总承包招标文件》在其第五章“发包人要求”中，列出了发包人要求通常包括的内容，主要有：功能要求、工程范围、工艺安排或要求、时间要求、技术要求、竣工试验、竣工验收、竣工后试验、文件要求、工程项目管理规定、其他诸如承包人主要人员资格、相关审批、核准和备案手续办理、对业主人员培训、分包、设备供应商等要求。在FIDIC银皮书的《专用条件编写指南》中对于“雇主要求”特别说明雇主要求中应规定竣工工程在功能方面的特定要求，包括质量和范围的详细要求，还可以包括要求承包商供应的物品，如消耗品等。

发包人要求是承包人履行合同的重要依据，如果发包人要求出现错误，就可能会对设计工作产生影响，甚至会导致设计错漏等问题出现。FIDIC黄皮书

第 1.9 款就规定了雇主要求错误情况下，承包商的索赔权以及索赔条件等。但根据该款的规定，雇主要求的错误必须是一个有经验的承包商经过认真核查也无法发现的，承包商才可以提起索赔。2017 版黄皮书和银皮书都为承包商设置了一定的责任豁免，但是银皮书中承包商对业主提供的数据和信息所承担的审查和校核义务要比黄皮书大很多。①

发包人要求的范围较为广泛，一般认为主要是发包人要求中有关项目的目的、引用的原始数据和资料、对工程范围的说明、工程或其任何部分的功能要求、对工程的工艺安排或要求、技术要求、试验和检验标准等都会影响到设计质量。如果发包人的这些要求出现错误，造成承包人出现设计错漏，应当由发包人承担相应的责任。

三、发包人与总承包人对于设计错漏均有过错的，按照过错比例承担责任

工程实践中，造成设计错漏往往既有发包人的原因，也有总承包人的原因。《标准设计施工总承包招标文件》通用合同条款第 1.13 款规定，发包人要求中的错误（A）、（B）均要求“承包人应认真阅读、复核发包人要求，发现错误的，应及时书面通知发包人”。其中，第 1.13（A）款约定：“发包人要求中的错误导致承包人增加费用和（或）工期延误的，发包人应承担由此增加的费用和（或）工期延误，并向承包人支付合理利润。”第 1.13（B）款第 1.13.2 项约定：“承包人未发现发包人要求中存在错误的，承包人自行承担由此导致的费用增加和（或）工期延误，但专用合同条款另有约定的除外。”第 1.13.3 项约定：“无论承包人发现与否，在任何情况下，发包人要求中的下列错误导致承包人增加的费用和（或）延误的工期，由发包人承担，并向承包人支付合理利润。（1）发包人要求中引用的原始数据和资料；（2）对工程或其任何部分的功能要求；（3）对工程的工艺安排或要求；（4）试验和检验标准；（5）除合同另有约定外，承包人无法核实的数据和资料。”可见，该条文（A）方案与（B）方案相比，（A）方案发包人对于发包人错误承担责任，（B）方案对于发包人要求中引用的原始数据和资料等五项内容，发包人对于发包人要求错误承担过错责任；除五项内容以外的发包人

---

① 陈永强、吕文学、张水波等编著：《FIDIC 2017 版系列合同条件解析》，中国建筑工业出版社 2019 年版，第 41 页。

错误,承包人未尽到审核义务的将由承包人承担责任。

《工程总承包合同示范文本》第5.1.2项将“发包人提供工艺技术和(或)建筑设计方案的要求和责任”规定为:“发包人负责提供的生产工艺技术(含专利技术、专有技术、工艺包)和(或)建筑设计方案(含总体布局、功能分区、建筑造型、主体结构,或发包人委托第三方设计单位提供的建筑设计方案)时,应对所提供的工艺流程、工艺技术数据、工艺条件、软件、分析手册、操作指导书、设备制造指导书和其他承包人的文件资料、发包人的要求,和(或)总体布局、功能分区、建筑造型、主体结构等,或第三方设计单位提供的建筑设计方案负责。发包人有义务指导、审查由承包人根据发包人提供的上述资料所进行的生产工艺设计和(或)建筑设计,并予以确认。”

结合国内工程总承包的实际情况,我们认为,在合同没有约定或者约定不明的情况下,不宜对发包人要求做过细的划分,只要发包人要求错误导致设计错漏,发包人即应承担相应的过错责任。如果总承包人未尽到在合理的期限内审核并发现错误的义务,可以认定总承包人对设计错漏也有过错,可以减轻发包人的责任。此种混合过错情况下,设计错漏造成的费用增加,应由发包人和总承包人按照各自的过错比例分担。

四、施工分包人不对总承包人的设计错漏承担责任

如前所述,工程总承包合同中,承包人应对其总承包范围内的设计工作负责,在发生设计错漏时,承包人应当自费进行缺陷消除或者改正,造成的费用增加只能由承包人自行承担,不应由发包人承担。实践中,在工程总承包项目存在施工分包时,承包人往往与施工分包人之间订立固定总价合同,以转移承包人对发包人承担的设计错漏风险。但是,施工分包合同采用的一般仍是传统的施工发承包模式,固定总价一般以施工图预算包干的形式,即固定总价以施工图为基准。而在实际施工中,消除设计错漏常常导致设计变更,则固定总价的计价基础发生变化。因而在施工总承包模式下,其固定总价通常“不能固定”。尤其是在设计图纸与现场不一致的情况下,设计变更往往导致工程量大幅增加,而施工分包人对此并没有过错,强行要求施工分包人承担因消除设计错漏

而增加的费用,没有道理,且有违公平原则。[①] 因而,施工分包人以总承包人设计文件存在错误、遗漏、含混、矛盾、不充分或其他缺陷为由,要求总承包人承担因消除上述缺陷而增加的费用的,人民法院或仲裁机构应予以支持。

第4.11条 【工程总承包中"不可抗力"规则运用】因不可抗力事件造成工程总承包费用和工期的变化,合同对风险分配有约定的,从其约定;合同没有约定的,由发包人承担。工程费用以外的其他损失,包括人员伤亡、停工损失等由发包人和总承包人各自承担。不可抗力事件发生在总承包人迟延履行期间的,相应责任由总承包人承担。

总承包人因不可抗力不能履行合同的,应及时通知发包人并提供相应的证据。如总承包人未通知造成发包人损失的,应承担损害赔偿责任。

不可抗力事件发生后,总承包人负有减少损失的义务。总承包人未在合理范围内履行该义务,造成损失扩大的部分,由总承包人承担。

【条文主旨】

本条是关于工程总承包实施过程中,因发生不可抗力导致工程费用的增加和竣工日期的延误时,由哪一方当事人承担责任的规定。不可抗力是指不能预见、不能避免并不能克服的客观情况。各个建设工程合同示范文本中都对不可抗力有规定,且列举了构成不可抗力的事由。发、承包双方也可以在合同专用条款中对不可抗力进行特别约定,包括范围、损失分担等。在不可抗力发生后,受影响的一方当事人应当履行通知、通报、提供证明以及减损的义务。承包人因不可抗力不能履行合同的,不承担违约责任。因不可抗力造成工程费用增加和竣工时间延长的,由发包人承担。工程费用以外的其他损失,由发包人和承包人各自承担。如因承包人原因导致工期延误发生不可抗力的,承包人不能免除责任。如不可抗力的发生导致合同目的不能实现的,发包人与承包人均有权解除合同,且发包人应当支付相关的费用。

---

① 上海市建纬律师事务所编著:《工程总承包(EPC/DB)诉讼实务——基于裁判文书网之大数据检索研析》,法律出版社2020年版,第197页。

【理解与适用】

一、不可抗力的定义和范围

《民法典》第180条第2款对“不可抗力”作出了定义，是指不能预见、不能避免并不能克服的客观情况。不可抗力是法定的民事责任免责事由，无论合同中是否有约定，都不影响不可抗力发生时受影响的一方当事人免责的法律效果。《标准设计施工总承包招标文件》通用合同条款第21.1款指出：“不可抗力是指承包人和发包人在订立合同时不可预见，在履行合同过程中不可避免发生并不能克服的自然灾害和社会性突发事件，如地震、海啸、瘟疫、水灾、骚乱、暴动、战争和专用合同条款约定的其他情形。”

(一)不可抗力的构成

我国法律对“不可抗力”的构成有四点要求，即客观情况、不能预见、不能避免、不能克服。所谓“客观情况”，是指该情况必须独立存在于人的行为之外，既非当事人的行为所派生，亦不受当事人意志左右。[①] 同时，我国法律要求该“客观情况”是不能预见、不能避免，且不能克服的，三个“不能”必须同时具备，方能认定不可抗力。

但境外相关规定对于不可抗力则不要求三个“不能”同时具备。如《国际商事合同通则》第7.1.7条规定：“若不履行的一方当事人证明，其不履行是由于非他所能控制的障碍所致，而且在合同订立时该方当事人无法合理预见，或不能合理地避免、克服该障碍及其影响，则不履行一方当事人应予免责。”《联合国国际货物销售合同公约》第79条规定：“当事人对不履行义务，不负责任，如果他能证明此种不履行义务，是由于某种非他所能控制的障碍，而且对于这种障碍，没有理由预期他在订立合同时能考虑到或能避免或克服它的后果。”FIDIC银皮书中规定“不可抗力”系“指某种特殊的事件或情况：(a)一方无法控制的；(b)该方在签订合同前，不能对之进行合理准备的；(c)发生后，该方不能合理避免或克服的；(d)不能主要归因于他方的”。

(二)不可抗力的范围和识别

不可抗力的范围因对不可抗力内涵认识的不同而会有所出入，大多立法例

---

① 佟柔主编：《中国民法》，法律出版社1990年版，第575页。

一般不作列举规定。[①] 从一般学理上说，不可抗力是指合同签订以后发生的意外事故，它的发生与合同任何一方当事人的意志无关，是当事人所无法预见、无法避免和无法控制的。由自然界的原因引起的不可抗力事故，包括水灾、旱灾、地震等；由社会原因造成的不可抗力事故，如战争状态、军事行动和封锁禁运等。[②] 我国仅在《海商法》第 51 条规定的海上货物承运人的免责事由中列举了一些不可抗力的情形，包括：(1) 火灾，但是由于承运人本人的过失造成的除外；(2) 天灾，海上或者其他可航水域的危险或者意外事故；(3) 战争或者武装冲突；(4) 政府或者主管部门的行为、检疫限制或者司法扣押；(5) 罢工、停工或者劳动受到限制。

FIDIC 银皮书第 19.1 款约定“不可抗力”(意外事件) 可以包括但不限于下列各种异常事件或情况：(1) 战争、敌对行动(无论宣战与否)、入侵、外敌行动；(2) 叛乱、恐怖主义、革命、暴动、军事政变或篡夺政权、或内战；(3) 承包商人员和承包商及其分包商其他雇员以外的人员的骚动、喧闹、混乱、罢工或停工；(4) 战争军火、爆炸物资、电离辐射或放射性污染，但可能因承包商使用此类军火、炸药、辐射或放射性引起的除外；(5) 自然灾害，如地震、飓风、台风、或火山活动。

当事人在工程总承包合同中对于构成不可抗力的具体事件有约定的，如将高考、暴雨、持续的恶劣天气等列为不可抗力事件的，应当尊重当事人的约定，在发生合同约定的事件时，按照不可抗力的规则进行处理。对于客观发生的事件虽未包含在合同约定的不可抗力范围内，但该事件对合同的正常履行造成了重大障碍，且不可归责于合同的任何一方当事人的，裁判者应根据《民法典》第 180 条的规定，审查该事件是否符合法律规定的不可抗力判断标准，即是否属于“不能预见、不能避免并不能克服的客观情况”，进而判断是否适用不可抗力规则进行处理。

（三）重大疫情可能构成不可抗力

在 2003 年“非典”疫情中，法院亦是将疫情作为不可抗力进行处理。最高院发布了《关于在防治传染性非典型肺炎期间依法做好人民法院相关审判、执行工作的通知》(已废除)，指出：“因政府及有关部门为防治‘非典’疫情而采取

① 韩世远：《合同法总论》(第四版)，法律出版社 2018 年版，第 483 页。

② 梁慧星：《中国民法经济法诸问题》，中国法制出版社 1999 年版，第 255 页。

行政措施直接导致合同不能履行，或者由于'非典'疫情的影响致使合同当事人根本不能履行而引起的纠纷，按照《中华人民共和国合同法》第一百一十七条和第一百一十八条的规定妥善处理。"而在2020年的新冠肺炎疫情，也被认为属于不可抗力。如全国人大常委会法工委发言人、研究室主任臧铁伟在对疫情防控中社会普遍关心的法律问题进行解答时表示，"……对于因此不能履行合同的当事人来说，属于不能预见、不能避免并不能克服的不可抗力。根据合同法的相关规定，因不可抗力不能履行合同的，根据不可抗力的影响，部分或者全部免除责任，但法律另有规定的除外。"浙江高院发布的《关于审理涉新冠肺炎疫情相关商事纠纷的若干问题解答》中亦指出："2020年1月20日，国家卫健委发布公告，将新冠肺炎纳入《传染病防治法》规定的乙类传染病，并采取甲类传染病的预防、控制措施；1月30日，世界卫生组织（WHO）宣布新冠肺炎疫情为'国际关注的突发公共卫生事件'（PHEIC）；各地政府也采取了具有行政强制力的疫情防控措施。故对因此不能履行合同的当事人而言，属于《民法总则》和《合同法》所规定的不能预见、不能避免并不能克服的不可抗力。"

二、不可抗力发生后的当事人义务

（一）通知、通报及提供证明义务

《民法典》第590条规定："因不可抗力不能履行合同的，应当及时通知对方，以减轻可能给对方造成的损失，并应当在合理期限内提供证明。"第509条第2款规定："当事人应当遵循诚信原则，根据合同的性质、目的和交易习惯履行通知、协助、保密等义务。"在不可抗力发生后，承包人根据合同履行的诚实信用原则，负有向发包人通知不可抗力发生的义务，书面说明合同履行因不可抗力而遭受阻碍的详细情况，并提供证据予以证明。即不可抗力的通知不但要包含不可抗力发生的事实，而且必须包含该不可抗力导致合同不能履行的事实。"不可抗力即便规模、程度、破坏力空前，但只要对系争合同的履行没有影响，合同当事人就不得援用不可抗力条款，故当事人仅仅通知不可抗力发生的事实，而无系争合同受到不可抗力影响的事实，是不得产生不可抗力的法律效果的。只有同时含有不可抗力导致系争合同不能履行两大方面事实的通知，才可能引发不可抗力的法律效果。"①

① 崔建远：《不可抗力条款及其解释》，载《环球法律评论》2019年第1期。

承包人之所以负有通知和证明的义务，一方面是使作为合同相对方的发包人对于己方的合同履行作出相应的安排，减少损失；另一方面也是便于发包人及时锁定证据，避免发包人在不可抗力事件结束后举证不能。如果承包人在不可抗力事件发生后，未在合理期限内履行通知义务的，使发包人本能够采取措施避免或减少损失，但因未收到通知而产生损失或损失扩大的，承包人应承担损害赔偿责任。判断期限是否合理，需要裁判者综合个案情况来确定，具体应当包括：一是承包人的行动是否自由；二是通信是否畅通；三是发包人能否接收到通知。

不同工程建设模式的示范文本或合同条件中，均规定了承包人在因不可抗力不能履行合同情况下的通知和证明义务：

《工程总承包合同示范文本》通用合同条款第 17.1.1 项约定了当事人的通知义务，"觉察或发现不可抗力事件发生的一方，有义务立即通知另一方。"第 17.1.2 项规定"工程现场发生不可抗力时，在不可抗力事件结束后的 48 小时内，承包人（如为工程现场的照管方）须向发包人通报受害和损失情况。当不可抗力事件持续发生时，承包人每周应向发包人和工程总监报告受害情况。对报告周期另有约的除外。"

《标准设计施工总承包招标文件》通用合同条款第 21.2.1 项约定："合同一方当事人遇到不可抗力事件，使其履行合同义务受到阻碍时，应立即通知合同另一方当事人和监理人，书面说明不可抗力和受阻碍的详细情况，并提供必要的证明。"第 21.2.2 项约定："如不可抗力持续发生，合同一方当事人应及时向合同另一方当事人和监理人提交中间报告，说明不可抗力和履行合同受阻的情况，并于不可抗力事件结束后 28 天内提交最终报告及有关资料。"

FIDIC 银皮书第 19.2 款约定了"不可抗力的通知"，如果一方因不可抗力使其履行合同规定的任何义务已或将受到阻碍，应向他方发出关于构成不可抗力的事件或情况的通知，并应明确说明履行已或将受到阻碍地各项义务。此项通知应在该方察觉或应已察觉到构成不可抗力的有关事件或情况后 14 天内发出。发出通知后，该方应在该不可抗力阻碍其履行义务期内免于履行该义务。不管本条的其他任何规定，不可抗力的规定不应适用于任一方根据合同的另一方支付的义务。

（二）减损义务

在不可抗力发生时，虽然承包人可以根据法律的规定和（或）合同的约定，部分或全部免除责任,但根据合同履行的诚实信用原则,承包人应当负有减损的义务。在不可抗力事件或情况发生后,承包人应当尽所有合理范围内的努力,减少损失或避免损失的扩大。如果因承包人怠于采取措施,放任损失的扩大,对于损失扩大的部分,由承包人承担责任。

FIDIC 银皮书第 19.3 款规定了"将延误减至最小的义务",每方都应始终尽所有合理的努力,使不可抗力对履行合同造成的任何延误减至最小。当一方不再受不可抗力影响时,应向另一方发出通知。《工程总承包合同示范文本》通用合同条款第 17.1.1 项约定:"根据本合同约定,工程现场照管的责任方,在不可抗力发生时,应在力所能及的条件下迅速采取措施,尽力减少损失;另一方全力协助并采取措施。需暂停实施的施工或工作,立即停止。"《标准设计施工总承包招标文件》通用合同条款第 21.3.3 项"避免和减少不可抗力损失"约定:"不可抗力发生后,发包人和承包人均应采取措施尽量避免和减少损失的扩大,任何一方没有采取有效措施导致损失扩大的,应对扩大的损失承担责任。"

三、不可抗力造成损害的责任承担

(一)免除承包人的违约责任

《民法典》第 180 条第 1 款规定:"因不可抗力不能履行民事义务的,不承担民事责任。"第 590 条规定:"当事人一方因不可抗力不能履行合同的,根据不可抗力的影响,部分或者全部免除责任……当事人迟延履行后发生不可抗力的,不免除其违约责任。"不可抗力作为免责事由,只是说在不可抗力影响所及的范围内不发生责任,在此范围内可以说是完全免责(非严格意义上);如果不可抗力与债务人的原因共同构成损害发生的原因,则应本着"原因与责任相比例"的精神,由债务人承担相应部分的责任,此时可以说是部分免责(非严格意义上)。[①] 如果承包人在履行工程总承包合同的过程中遭遇不可抗力,导致不能履行合同义务的情况下,根据法律的规定,当然不应承担不履行的违约责任。

(二)工程费用和工期风险由发包人承担

《房建市政工程总承包管理办法》第 15 条第 2 款第 5 项规定,"不可抗力造成的工程费用和工期的变化"的风险由建设单位承担。

《民法典》第 788 条规定:"建设工程合同是承包人进行工程建设,发包人支

---

① 韩世远:《合同法总论》(第四版),法律出版社 2018 年版,第 487~488 页。

付价款的合同。"工程总承包合同中,发包人的主要义务是支付价款,承包人的主要义务是根据合同约定进行工程建设。不可抗力事件的发生,一般情况下只影响承包人义务的履行。在不可抗力事件导致承包人无法按照约定履行合同时,由此可能会招致工程费用的增加及竣工时间的延误。但根据法律的规定,承包人因不可抗力不能履行合同的不承担责任,发包人不能追究承包人的违约责任。此时,工程费用的增加以及竣工时间的延误,只能由发包人承担。工程费用一般包括:工程所需清理、修复费用,承包人应发包人要求留在施工现场的必要的管理人员及保卫人员的费用等。在发包人拒绝承担相应工程费用时,承包人有权向发包人索赔。

FIDIC 银皮书和黄皮书对于不可抗力的后果有相同的规定,如果承包商根据合同约定发出了关于不可抗力的通知,妨碍其履行合同约定的任何义务,使其遭受延误和(或)招致增加费用,承包商应有权向雇主索赔:如果竣工已(或)将受到延误,对任何此类延误给予延长期;如果不可抗力事件发生在工程所在国,对任何此类费用给予支付。

(三)非工程费用以外的损失,由当事人自行承担

因不可抗力事件导致的工程总承包合同当事人的人员伤亡、财产损失等,由当事人各自承担。一般而言,合同工程本身的损害、因工程损害导致第三方人员伤亡和财产损失以及运至施工现场用于施工的材料和待安装的设备的损害,由发包人承担;发包人、承包人人员伤亡由其所在单位负责,并承担相应费用;承包人的停工机械设备损害以及停工损失,由承包人承担。

《标准设计施工总承包招标文件》通用合同条款第 21.3.1 项"不可抗力造成损害的责任"约定,"除专用合同条款另有约定外,不可抗力导致的人员伤亡、财产损失、费用增加和(或)工期延误等后果,由合同双方按以下原则承担:(1)永久工程,包括已运至施工场地的材料和工程设备的损害,以及因工程损害造成的第三者人员伤亡和财产损失由发包人承担;(2)承包人设备的损坏由承包人承担;(3)发包人和承包人各自承担其人员伤亡和其他财产损失及其相关费用;(4)承包人的停工损失由承包人承担,但停工期间应监理人要求照管工程和清理、修复工程的金额由发包人承担;(5)不能按期竣工的,应合理延长工期,承包人不需支付逾期竣工违约金。发包人要求赶工的,承包人应采取赶工措施,赶工费用由发包人承担。"

《工程总承包合同示范文本》第 17.2 款规定了"不可抗力的后果",因不可

抗力事件导致的损失、损害、伤害所发生的费用及延误的竣工日期，按如下约定处理：(1)永久性工程和工程物资等的损失、损害，由发包人承担；(2)受雇人员的伤害，分别按照各自的雇用合同关系负责处理；(3)承包人的机具、设备、财产和临时工程的损失、损害，由承包人承担；(4)承包人的停工损失，由承包人承担；(5)不可抗力事件发生后，因一方迟延履行合同约定的保护义务导致的延续损失、损害，由迟延履行义务的一方承担相应责任及其损失；(6)发包人通知恢复建设时，承包人应在接到通知后的20日内、或双方根据具体情况约定的时间内，提交清理、修复的方案及其估算，以及进度计划安排的资料和报告，经发包人确认后，所需的清理、修复费用由发包人承担。恢复建设的竣工日期合理顺延。

(四)承包人迟延履行后发生不可抗力，不能免除责任

迟延履行，又称债务人迟延或逾期履行，是指债务人能够履行，但在履行期限届满时却未能履行债务的现象。[①] 债务人在迟延履行时，对于不可抗力造成的损害，仍应当承担责任。《民法典》第590条也规定，当事人迟延履行后发生不可抗力的，不能免除其违约责任。《标准设计施工总承包招标文件》合同条款第21.3.2款规定："合同一方当事人延迟履行，在延迟履行期间发生不可抗力的，不免除其责任。"如果承包人未在合同约定的时间内交付符合发包人要求的工程项目的，在约定时间后发生的不可抗力事件，所造成的工程费用的增加和竣工时间的延误，均由承包人承担，其无权向发包人提出索赔。

四、因不可抗力导致的合同解除

(一)不可抗力致使合同目的不能实现的，当事人可以解除合同

《民法典》第563条第1款第1项规定，因不可抗力致使不能实现合同目的，当事人可以解除合同。不可抗力事件的发生不足以发生解除权，只有因不可抗力致使合同目的不能实现时，当事人方享有合同解除权。如果不可抗力只是暂时性阻碍合同的履行，合同目的可以通过延期履行来实现时，当事人不得行使解除权。但如果不可抗力持续发生或持续产生影响，致使当事人在较长的时间内仍不能履行合同的，严重影响合同目的的实现的，应当承认当事人的解除权。具体到工程总承包合同中，因不可抗力事件的发生阻碍了承包人的工程实

① 崔建远：《合同责任研究》，吉林大学出版社1992年版，第101页。

施,承包人可以部分或全部停止施工,并有权向发包人索赔,待不可抗力影响消失后再恢复施工。但如果不可抗力事件使工程项目恢复施工成为不可能,如地震摧毁了整个项目;或不可抗力阻碍的时间过长,继续履行会使双方都产生巨大损失时,发包人和承包人均有权解除合同。

我国和国际上的合同条件中对此亦有规定:《工程总承包合同示范文本》通用合同条款第 18.2.1 款约定,出现第 17 条约定的不可抗力事件,导致继续履行合同主要义务已成为不可能或不必要时,承包人有权以书面形式通知发包人解除合同。FIDIC 银皮书中对此也有约定,如果因已发出通知的不可抗力,使基本上全部进展中的工程实施受到阻碍已连续 84 天,或由于同一通知的不可抗力断续阻碍几个期间累计 140 天,任何一方可以向他方发出终止合同的通知。在次情况下,终止应在该通知发出 7 天后生效,承包商应当停止工作并撤离。

(二)合同解除后的付款

《民法典》第 566 条第 1 款规定:“合同解除后,尚未履行的,终止履行;已经履行的,根据履行情况和合同性质,当事人可以请求恢复原状或者采取其他补救措施,并有权请求赔偿损失。”工程总承包合同具有一定的特殊性,尤其是施工部分,发包人取得的财产形式上是承包人建设的工程,实际上是承包人对工程建设投入的劳务及建筑材料①,而无法恢复原状(或恢复原状会造成更大的损失)。对于承包人为完成工程所支出的费用,发包人应当予以支付。对于发包人是否应当向承包人支付履行利益,虽然《民法典》第 566 条规定当事人有权要求赔偿损失,第 584 条规定了违约赔偿的范围包括“合同履行后可以获得的利益”,但其前提是合同解除系因一方违约导致的。在不可抗力导致的合同解除中,因当事人均不存在过错,故不存在违约损害赔偿的问题,承包人无权要求发包人支付履行利益。当然,如果是当事人过错与不可抗力共同作用导致合同解除的,另一方当事人可以要求赔偿损失。

《标准设计施工总承包招标文件》通用合同条款第 21.3.4 项“因不可抗力解除合同”约定:“合同一方当事人因不可抗力不能履行合同的,应当及时通知对方解除合同。合同解除后,承包人应按照第 22.2.4 项约定撤离施工场地。已经订货的材料、设备由订货方负责退货或解除订货合同,不能退还的货款和

---

① 最高人民法院民事审判第一庭编著:《最高人民法院建设工程施工合同司法解释的理解与适用》,人民法院出版社 2015 年版,第 30 页。

因退货、解除订货合同发生的费用,由发包人承担,因未及时退货造成的损失由责任方承担。合同解除后的付款,参照第 22.2.3 项约定,由监理人按第 3.5 款商定或确定。”

FIDIC 银皮书和黄皮书规定了如果合同因不可抗力而解除的,雇主应当向承包商支付以下费用,包括:(1)承包商已完成的且合同中有约定价格的任何工作的应付费用;(2)承包商为工程订购的、已交付给承包商或承包商有责任接受交付的生产设备和材料的费用;当雇主支付上述费用后,此项生产设备和材料应成为雇主的财产(风险也由其承担),承包商应将其交由雇主处理;(3)承包商为完成工程所支出的合理的任何其他费用或债务;(4)承包商将临时工程和设备撤离现场并运回承包商本国设备基地的合理费用(或运往其他目的,但不能超过运回本国基地的费用);(5)承包商在合同终止日期前完全是为工程雇佣的承包商的员工遣返回国的费用。

五、不可抗力在联合体内部的风险承担问题

2003 年原建设部在《关于培育发展工程总承包和工程项目管理企业的指导意见》中指出:“工程勘察、设计、施工企业也可以组成联合体对工程项目进行联合总承包。”《房建市政工程总承包管理办法》第 10 条第 1 款规定:“工程总承包单位应当同时具有与工程规模相适应的工程设计资质和施工资质,或者由具有相应资质的设计单位和施工单位组成联合体……”同时第 2 款指出,“设计单位和施工单位组成联合体的,应当根据项目的特点和复杂程度,合理确定牵头单位,并在联合体协议中明确联合体成员单位的责任和权利。联合体各方应当共同与建设单位签订工程总承包合同,就工程总承包项目承担连带责任。”因此,以联合体形式承包工程总承包项目的,在不可抗力事件发生后,所产生的法律后果,应当区分对外和对内来具体分析。

对外而言,因联合体各方共同与建设单位签订工程总承包合同,同时对工程总承包项目承担连带责任。虽然联合体中包括设计单位和施工单位,不同单位各司其职,明确具体分工,但对建设单位而言,是一个整体的承包人,其内部关系并不能对抗建设单位。在不可抗力事件发生并对工程总承包合同的履行产生影响后,联合体成员应当作为一个整体,依据合同约定及法律规定,适用不可抗力规则进行免责或提出索赔。

对内而言,联合体成员之间应当根据联合体协议来确定不可抗力风险的承

担。对于组成联合体承接工程总承包项目的,联合体成员之间会签订联合体协议,明确联合体单位的责任和权利。如果联合体协议中对于不可抗力发生后的风险承担作出了约定,裁判者应当尊重当事人的约定。如联合体协议中对此未作约定的,则应当区分合同履行的不同阶段,结合具体情况进行裁判。如不可抗力事件发生时,工程总承包合同的履行尚在设计阶段,工程尚未展开施工的,不可抗力事件产生的损失,原则上由联合体中承担设计工作的成员承担。同理,如不可抗力事件发生时,工程总承包合同履行已进入施工阶段,对此产生的损失,原则上由联合体中承担施工工作的成员承担。但如果是迟延履行后发生不可抗力的,则需要依据迟延履行的发生原因,结合联合体内各成员之间的过错,进行损失的分配或分担。

第4.12条 【工程总承包中“情势变更”规则运用】工程总承包合同成立后,合同的基础条件发生了当事人在订立合同时无法预见的、不属于商业风险的重大变化,继续履行合同对于当事人一方明显不公平的,受不利影响的当事人可以与对方重新协商;在合理期限内协商不成的,当事人可以请求人民法院或者仲裁机构变更或者解除合同。

工程总承包合同对主要工程材料、设备、人工价格的风险分担有约定的,从其约定。当上述要素价格异常波动导致继续履行合同对合同一方当事人明显不公平的,当事人可以请求变更或解除合同。

在审理工程总承包合同纠纷案件过程中,裁判者应当严格区分情势变更和商业风险,谨慎适用情势变更原则变更或解除合同。

【条文主旨】

本条是关于工程总承包合同能否以及如何适用情势变更原则的规定。工程总承包合同中通常会对于主要材料、设备、人工价格的风险进行约定。如果合同中未进行约定,或约定在任何情况下均不予调整的,当上述价格的异常上涨导致履行合同对承包人明显不公平的,承包人可以要求与发包人重新协商,在合理期限内协商不成的,承包人可以提起诉讼或仲裁,请求变更或者解除合同。人民法院或仲裁机构在审理工程总承包合同纠纷案件时,应当根据合同约定和具体情势,严格区分情势变更和商业风险,谨慎适用情势变更原则变更或解除合同,避免任意干预当事人合同自由。

【理解与适用】

一、关于情势变更原则

情势变更原则,是指合同有效成立后,因不可归责于双方当事人的事由发生重大变化而使合同的基础动摇或者丧失,若继续维持合同会显失公平,因此允许变更合同内容或解除合同的原则①。我国在《合同法》中未规定情势变更原则,而是在《合同法解释(二)》第26条中予以明确,该条规定:"合同成立以后客观情况发生了当事人在订立合同时无法预见的、非不可抗力造成的不属于商业风险的重大变化,继续履行合同对于一方当事人明显不公平或者不能实现合同目的,当事人请求人民法院变更或者解除合同的,人民法院应当根据公平原则,并结合案件的实际情况确定是否变更或者解除。"

《民法典》则在法律层面正式确立了"情势变更"制度,第533条规定:"合同成立后,合同的基础条件发生了当事人在订立合同时无法预见的、不属于商业风险的重大变化,继续履行合同对于当事人一方明显不公平的,受不利影响的当事人可以与对方重新协商;在合理期限内协商不成的,当事人可以请求人民法院或者仲裁机构变更或者解除合同。人民法院或者仲裁机构应当结合案件的实际情况,根据公平原则变更或者解除合同。"

情势变更原则主要针对经济形势、经济政策的巨大变化,与国家对经济生活干预有直接关系,如价格调整、经济危机、通货膨胀等。现实生活中的情势是复杂多变的,相应地,司法实践应根据具体个案作出合法合理的判断。以下情形一般可以认定为情势变更:(1)物价飞涨(需要量化);(2)合同基础丧失(如合同标的物灭失);(3)汇率大幅度变化;(4)国家经济贸易政策变化。②

(一)情势变更与不可抗力

《合同法》在制定过程中,对于是否应当规定"情势变更",产生了很大的争议。不同意在合同法中规定情势变更的理由之一便是认为,情势变更被不可抗力包含,既已规定不可抗力,就没有再规定情势变更的必要③。因而《合同法解

---

① 王家福主编:《中国民法学·民法债权》,法律出版社1991年版,第393页。
② 孙礼海主编:《〈中华人民共和国合同法〉立法资料选》,法律出版社1999年版,第162页。
③ 梁慧星:《民法学说判例与立法研究(二)》,国家行政学院出版社1999年版,第191页。

释(二)》中在规定情势变更时,着重强调了“非不可抗力”,“力图撇清情势变更与不可抗力的关系,使二者泾渭分明”[①]。但是,在司法实践中,一些不可抗力情形同样可以适用情势变更规范解决纠纷,二者并不绝对排斥,因而《民法典》第533条并未将“非不可抗力”作为构成情势变更的前提条件。

虽然不可抗力与情势变更都会规范到当事人支配领域外的风险,但两者仍然存在很大的差异。第一,法律效果不同。对于不可抗力,《民法典》第563条规定,因不可抗力致使不能实现合同目的,当事人可以解除合同;第590条规定,当事人一方因不可抗力不能履行合同的,根据不可抗力的影响,部分或者全部免除责任。可见,不可抗力可以作为解除事由和免责事由,其法律效果体现在合同的解除或违约责任的免除。而《民法典》第533条规定的情势变更,在效果层面则是合同的变更或者解除。第二,合同解除方式不同。不可抗力场合的合同解除是基于当事人行使合同解除权的解除,一方当事人依意思通知即可完成。而情势变更场合的合同解除,则需要当事人向法院或仲裁机构提出解除合同的请求,再由法院或仲裁机构审理后根据公平原则判断是否解除。

(二)情势变更与商业风险

商业风险是指在商业活动中,由于各种不确定因素引起的,给商业主体带来获利或损失的机会或可能性的一种客观经济现象。[②] 现实生活中,物价的涨跌、政策的变化、市场的兴衰,都属于商业风险,但也可能构成情势变更。司法实践中,有当事人会基于商业风险的事实而依据情势变更原则向法院请求变更或解除合同,在很大程度上造成了情势变更原则的滥觞,给司法审判工作造成极大的困扰。因此,如何区分情势变更与商业风险尤为重要。

情势变更与商业风险最重要的区别在于是否可以预见,《民法典》第533条也强调了情势变更是“合同成立后,合同的基础条件发生了当事人在订立合同时无法预见的”重大变化。这里的“无法预见”,既包括无法预见客观情况的发生,也包括无法预见发生的客观情况对合同的影响程度。有学者曾作以下比喻,“情事”就是合同的基础,好比支撑建筑物的数根柱子;“商业风险”就好比作用于这些柱子的外力(如汽车撞击);如果由于外力过大,导致柱子断掉,合同

---

① 韩世远:《情势变更若干问题研究》,载《中外法学》2014年第3期。

② 最高人民法院研究室编著:《最高人民法院关于合同法司法解释(二)理解与适用》,人民法院出版社2009年版,第199页。

的基础便丧失了,这时,要维持合同的平衡,就有必要对合同作出调整。①

二、工程总承包合同中可以适用情势变更原则调差

工程总承包模式下,合同中对价格形式的约定通常为固定总价。如果合同中对于建筑材料、人工的价格调差有约定,法院应当尊重合同的约定进行调差。《房建市政工程总承包管理办法》第15条规定了建设单位承担的风险包括“主要工程材料、设备、人工价格与招标时基期价相比,波动幅度超过合同约定幅度的部分”。但如果合同中明确约定合同价格在任何情况下均不作调整,或仅约定固定总价而未约定调差事项时,当材料或人工价格因市场因素或政策因素而大幅度上涨时,承包人无法依据合同约定进行调差。在与发包人协商不成时,承包人通常会以情势变更为由请求法院变更或解除合同。

1. 在《合同法解释(二)》出台之前,最高院和地方法院对于未约定调差的固定价合同,如出现材料、人工价格变化幅度较大,显失公平的,法院可以适用公平原则和情势变更原则,对合同予以变更或解除。例如:2002年最高院《关于审理建设工程合同纠纷案件的暂行意见》规定:“建设工程合同约定对工程总价或材料价格实行包干的,如合同有效,工程款应按该约定结算。因情势变更导致建材价格大幅上涨而明显不利于承包人的,承包人可请求增加工程款。但建材涨价属正常的市场风险范畴,涨价部分应由承包人承担。”

1998年山东高院《意见》第29条规定:“审理建筑工程承包合同纠纷案件,要增强合同意识,对依法确认为有效的合同,一般应以合同作为处理纠纷的依据。但合同订立后,如果出现当事人无法预见和克服的因素,如国家产业政策调整、国家政策性价格调整、税率调整、国家规费调整等,致使双方或一方当事人继续履行合同显失公平的,应适用情势变更原则,公平合理地对合同内容予以变更或解除。”

《广东省高级人民法院关于审理建设工程合同纠纷案件的暂行规定》(粤高法〔2000〕31号)第27条规定:“……因情势变更导致建材价格大幅上涨而明显不利于承包人的,承包人可请求增加工程款。但建材涨价属正常的市场风险范畴,涨价部分应由承包人承担。”

江苏省建设厅于2008年4月发布的《关于加强建筑材料价格风险控制的

---

① [德]卡斯腾·海尔斯特尔、许德风:《情势变更原则研究》,载《中外法学》2004年第4期。

指导意见》(苏建价〔2008〕67 号)第 3 条规定:“本意见发布前已经签订固定价格施工合同(包括固定总价与固定单价合同),尚未完成工程竣工结算的招投标工程,如果合同中未约定材料价格风险控制条款的,经发承包双方协商一致,可按下述原则签订补充协议,到工程所在地建设行政主管部门备案后调整工程造价。采用固定价格合同形式的:当工程施工期间非主要建筑材料价格上涨或下降的,其差价均由承包人承担或收益;当工程施工期间第一类主要建筑材料价格上涨或下降幅度在 10% 以内的,其差价由承包人承担或受益,超过 10% 的部分由发包人承担或受益;当工程施工期间第二类主要建筑材料价格上涨或下降幅度在 5% 以内的,其差价由承包人承担或受益,超过 5% 的部分由发包人承担或受益。”

2. 在《合同法解释(二)》出台后,最高院和各地法院纷纷对情势变更的适用开始从严把握,不再轻易适用情势变更原则对固定价合同进行调差。例如:山东高院《2011 审判工作纪要》第 3 条第 5 项规定:“建设工程施工合同约定工程价款实行固定价格结算,在合同履行中,发生建筑材料价格或者人工费用过快上涨,当事人能否请求适用情势变更原则变更合同价款或者解除合同。如果建筑材料价格或者人工费用的上涨没有超出固定价格合同约定的风险范围,当事人请求适用情势变更原则调整合同价款的,不予支持;如果建筑材料价格或者人工费用的上涨超出了固定价格合同约定的风险范围,发生异常变动的情形,如继续履行固定价格合同将导致当事人双方权利义务严重失衡或者显失公平的,则属于发生了当事人双方签约时无法预见的客观情况,当事人请求适用情势变更原则调整合同价款或者解除合同的,可以依照最高人民法院《关于适用〈中华人民共和国合同法〉若干问题的解释(二)》第 26 条和最高人民法院《关于当前形势下审理民商事合同纠纷案件若干问题的指导意见》的相关规定,予以支持。”

广东高院《2012 审判工作纪要》第 26 条规定:“当事人在合同中对建筑材料价格变动的风险有约定的,按约定处理。没有约定的,约定工期内的建筑材料价格变动的风险由承包人承担;逾期竣工的,延误工期期间的建筑材料价格变动的风险,由对工期延误有过错的一方承担;双方均有过错的,按过错大小分担损失。建筑材料价格大幅变动,当事人以情势变更为由请求调整工程价款的,应从严把握。”

3. 也有法院避开情势变更原则,对于当事人要求调差的,在市场风险范围和幅度之外酌情予以支持。2012 年北京高院《解答》第 12 条规定："建设工程施工合同约定工程价款实行固定价结算，在实际履行过程中，钢材、木材、水泥、混凝土等对工程造价影响较大的主要建筑材料价格发生重大变化，超出了正常市场风险的范围，合同对建材价格变动风险负担有约定的，原则上依照其约定处理；没有约定或约定不明，该当事人要求调整工程价款的，可在市场风险范围和幅度之外酌情予以支持；具体数额可以委托鉴定机构参照施工地建设行政主管部门关于处理建材差价问题的意见予以确定。因一方当事人原因导致工期延误或建筑材料供应时间延误的，在此期间的建材差价部分工程款，由过错方予以承担。"

三、司法审判中应当谨慎适用情势变更原则

（一）人民法院适用情势变更原则的，需要报高院或最高院审核

最高院《关于正确适用〈中华人民共和国合同法〉若干问题的解释（二）服务党和国家工作大局的通知》（法〔2009〕165 号）中指出："对于上述解释条文，各级人民法院务必正确理解、慎重适用。如果根据案件的特殊情况，确需在个案中适用的，应当由高级人民法院审核。必要时应提请最高人民法院审核。"

如甘肃高院（2014）甘民一终字第 275 号认为："根据最高人民法院《关于正确适用〈中华人民共和国合同法〉若干问题的解释（二）服务党和国家工作大局的通知》规定'对于上述解释条文，各级人民法院务必正确理解、慎重适用。如果根据案件的特殊情况，确需在个案中适用的，应当由高级人民法院审核。必要时应提请最高人民法院审核。'一审法院在适用该原则时并未由我院审核。故，一审判决适用《最高人民法院关于适用中华人民共和国合同法若干问题的解释（二）》第二十六条不当，应予以纠正。"

（二）慎重适用情势变更原则

最高院《关于当前形势下审理民商事合同纠纷案件若干问题的指导意见》（法发〔2009〕40 号）中亦指出要"慎重适用情势变更原则，合理调整双方利益关系"：

1. 严格审查变更或解除合同的请求。当前市场主体之间的产品交易、资金流转因原料价格剧烈波动、市场需求关系的变化、流动资金不足等诸多因素的影响而产生大量纠纷，对于部分当事人在诉讼中提出适用情势变更原则变更或者解除合同的请求，人民法院应当依据公平原则和情势变更原则严格审查。

2. 严格审查“无法预见”的主张。人民法院在适用情势变更原则时，应当充分注意到全球性金融危机和国内宏观经济形势变化并非完全是一个令所有市场主体猝不及防的突变过程，而是一个逐步演变的过程。在演变过程中，市场主体应当对于市场风险存在一定程度的预见和判断。人民法院应当依法把握情势变更原则的适用条件，严格审查当事人提出的“无法预见”的主张，对于涉及石油、焦炭、有色金属等市场属性活泼、长期以来价格波动较大的大宗商品标的物以及股票、期货等风险投资型金融产品标的物的合同，更要慎重适用情势变更原则。

3. 人民法院要合理区分情势变更与商业风险。商业风险属于从事商业活动的固有风险，诸如尚未达到异常变动程度的供求关系变化、价格涨跌等。情势变更是当事人在缔约时无法预见的非市场系统固有的风险。人民法院在判断某种重大客观变化是否属于情势变更时，应当注意衡量风险类型是否属于社会一般观念上的事先无法预见、风险程度是否远远超出正常人的合理预期、风险是否可以防范和控制、交易性质是否属于通常的“高风险高收益”范围等因素，并结合市场的具体情况，在个案中识别情势变更和商业风险。

4. 在调整尺度的价值取向把握上，人民法院仍应遵循侧重于保护守约方的原则。适用情势变更原则并非简单地豁免债务人的义务而使债权人承受不利后果，而是要充分注意利益均衡，公平合理地调整双方利益关系。在诉讼过程中，人民法院要积极引导当事人重新协商，改订合同；重新协商不成的，争取调解解决。为防止情势变更原则被滥用而影响市场正常的交易秩序，人民法院决定适用情势变更原则作出判决的，应当按照最高院《关于正确适用〈中华人民共和国合同法〉若干问题的解释（二）服务党和国家工作大局的通知》的要求，严格履行适用情势变更的相关审核程序。

（三）情势导致合同基础变化，继续履行对一方当事人显失公平的，应当适用情势变更原则

合同成立后，如果合同的基础条件发生了承包人在订立合同时无法预见的、不属于商业风险的重大变化，继续履行合同对于承包人一方明显不公平时，对于承包人请求变更或者解除合同的请求，应当予以支持。如湖南高院（2015）湘高法民一终字第68号认为：“本案合同虽然为固定价格，但本案发生以下情形：1. 情势已经变更，即合同赖以存在的基础有变。一是工期有变，原合同计划6个月完工，但实际施工工期五年，导致工期延长的原因包括当地村民的持续阻

工、2006年夏天郴州市区的持续降雨以及施工场地挡土墙护坡未能及时修复达标。二是材料价格有变，当地村民对材料供应及价格的垄断导致施工成本显著增加。2. 情势变更具有不可预见性……本案中该风险已超出了正常人的合理预期，超出了市场系统固有的风险，且可防范性和控制性较低……3. 出现上述情形的主要过错不可归责于当事人……4. 如继续按原合同履行，对承包人显失公平……综上所述，本案符合情势变更的要件，白马桥公司请求变更合同价款有事实及法律依据。”

（四）工程总承包合同纠纷案件适用情势变更原则应当更加严格审慎

法院在审理工程总承包合同纠纷案件中，与施工合同相比，适用情势变更原则调整合同价格时，应当更加严格审慎。工程总承包模式，是发包人将设计和施工均发包给一个承包人，由一个承包人对整个工程的设计、施工整体负责。与施工总承包模式相比，工程总承包模式下的承包人对工程项目建设的参与度更深更广，对于整个工程项目的特点、细节上了解和把握也更加充分。且工程总承包模式下对承包人通常要求是同时具备设计和施工双重资质，也就是说，工程总承包人的资金、技术实力也相对更为雄厚，大多数时候并非弱势的一方。同时，由于工程总承包合同多采用固定价格形式，承包人可以通过设计和施工的深度融合来获取更高的利润。利益和风险成正比，因而，承包人所承担的风险自然应当更大。人民法院或仲裁机构在审理工程总承包合同纠纷案件时，需要考虑承包人的经济实力、工程经验、利润和风险等，来合理把握商业风险和情势变更的界限。

第4.13条 【因国家法律法规政策变化引起的价格变化对工程总承包价款的影响】在基准日期之后，因法律、法规、规章和政策发生变化引起工程造价增减变化的，合同对此有约定的，从其约定。合同双方对风险分配未约定或约定不明的，一方当事人请求按照建设主管部门或其授权的工程造价管理机构据此发布的规定调整合同价款的，应予支持。

因承包人原因导致工期延误，且法律变化发生在原定竣工时间之后，法律变化引起工程造价增加，承包人请求调增合同价款的，不予支持；法律变化引起工程造价减少，发包人请求调减合同价款的，应予支持。

【条文主旨】

本条是关于法律法规政策变化对工程总承包合同价款影响的问题。在基准日期之后,因国家法律法规政策变化引起的合同价款的变化的风险,由发包人承担。法律变化导致合同价款增加的,承包人可以请求调增;法律变化导致合同价款减少的,发包人可以要求调减。因承包人原因导致工期延误,且法律变化发生在原定竣工时间之后,法律变化引起工程造价增加的,增加的部分属于承包人违约给发包人造成的损失,承包人请求调增合同价款的,人民法院或仲裁机构不应予以支持。法律变化引起工程造价减少的,发包人可以请求调减合同价款。

【理解与适用】

一、"法律"的范围

法律变化引起工程造价的增加变化,进而导致合同价款变化,首先需要明确的是"法律"的范围。《工程总承包合同示范文本》通用合同条款第1.4款约定:"本合同遵循中华人民共和国法律,指中华人民共和国法律、行政法规、部门规章以及工程所在地的地方法规、自治条例、单行条例和地方政府规章。"除法律、法规、规章之外,政策变化同样会导致工程造价的增减变化。国务院或国家发展改革委、财政部,省级人民政府或省级财政、物价主管部门在其授权范围内,通常以政策文件的方式制定或调整行政事业性收费项目或费率,这些行政事业性收费计入工程造价,当然也应该对合同价款进行调整。[①] 此外,一些标准或规范的变化,也可能引起工程造价的变化,此时也应对合同价款进行增减调整。《工程总承包计价计量规范意见稿》第8.1.1款规定:"基准日期后,因国家的法律、法规、规章、政策和标准、规范发生变化引起工程造价变化的,应调整合同价款。"

FIDIC银皮书和黄皮书对于因法律变化引起的价格调整做了一致的规定。FIDIC黄皮书第13.6款约定:"根据以下情形,合同价格应当根据下列变化导致的费用增加或减少而进行调整:(a)工程所在国的法律发生变化(包括施用新

---

① 严敏、李建苹、王飞编著:《〈建设工程工程量清单计价规范〉释义与解读》,中国建材工业出版社2013年版,第101页。

的法律,废除或修改现有法律);(b)对本条(a)项中提及法律的司法或政府解释发生变化;(c)基于1.13[遵守法律](a)或(b)下业主或承包商取得的任何许可、准许、执照或批准发生变化;(d)基于1.13[遵守法律](b)款下承包商获得任何许可、准许、执照或批准的资格或条件发生变化。"

二、除双方另有约定外,法律法规政策变化引起的合同价款变化的风险,由发包人承担

工程总承包合同的当事人都是国家法律、法规、规章和政策的执行者,发、承包双方在进行合同磋商时,均以当时国家法律、法规、规章和政策的规定作为进行商业判断的基础。在合同履行的过程中,当国家的法律、法规、规章及政策发生变化,将直接导致合同当事人订立合同的基础发生变化,由此导致合同价款发生增减变化的,应当进行调整。同时,因发包人是建设工程项目的投资建设者,亦是工程项目的最终受益者,国家的法律、法规、规章及政策变化引起合同价款变化的,将直接影响到工程造价以及发包人对工程投资效益,而承包人签订工程合同的目的仅仅在于获取经营利润,且法律等变化一般属于承包人无法预见的风险。故,无论是施工总承包还是工程总承包,相关工程合同范本以及政策性文件均规定国家法律法规政策变化引起的合同价款变化的风险由发包人承担。

根据《2013版清单计价规范》第9.2.1条的规定,国家的法律、法规、规章和政策法律变化引起工程造价增减变化的,发承包双方应当按照省级或行业建设主管部门或其授权的工程造价管理机构据此发布的规定调整合同价款。《房建市政工程总承包管理办法》第15条规定:"建设单位承担的风险主要包括:……(二)因国家法律法规政策变化引起的合同价格的变化;……"《工程总承包合同示范文本》通用合同条款第1.4条"适用法律"第2款约定:"在基准日期之后,因法律变化导致承包人的费用增加的,发包人应合理增加合同价格。"

《标准设计施工总承包招标文件》通用合同条款第16.2条"法律变化引起的调整"约定:"在基准日后,因法律变化导致承包人在合同履行中所需费用发生除第16.1款(物价波动引起的调整)约定以外的增减时,监理人应根据法律、国家或省、自治区、直辖市有关部门的规定,按第3.5款商定或确定需调整的合同价格。"FIDIC黄皮书和银皮书也规定,在基准日期后法律法规政策发生变化,使承包人费用增加的,承包人应当向发包人发出索赔通知。

三、基准日期作为风险划分的界限

因法律变化导致承包人在合同履行中所需要的工程费用发生除物价变化以外的增减时，在基准日期之前合同价款不予调整，即其风险由承包人承担；在基准日期之后合同价款予以调整，即其风险由发包人承担。但工程总承包模式下应注意合同约定的基准日期与施工总承包是否有所区别。

施工总承包模式下，相关规范和合同示范文本中对于“基准日期”的认定，均为投标截止日或合同签订日前28天。《2013版清单计价规范》第9.2.1条规定：“招标工程以投标截止日前28天、非招标工程以合同签订前28天为基准日……”《2017版施工合同示范文本》通用合同条款第1.1.4.6条“基准日期”约定：“招标发包的工程以投标截止日前28天的日期为基准日期，直接发包的工程以合同签订日前28天的日期为基准日期。”

但工程总承包模式下，政府发布的一些文件对于“基准日期”的认定存在分歧。《工程总承包合同示范文本》通用合同条款第1.1.46项“基准日期”约定：“指递交投标文件截止日期之前30日的日期。”但《标准设计施工总承包招标文件》通用合同条款第1.1.46项“基准日期”则约定：“指投标截止之日前28天的日期。”

基准日期的认定直接关系到法律变化风险的分担，在工程总承包合同对于基准日期的界定由约定时，应当从其约定。如合同中未约定的，建议按照《2013版清单计价规范》中确定的投标截止日或合同签订日前28天来认定基准日期。

四、竣工时间延误后发生法律变化的价格调整

《2013版清单计价规范》第9.2.2条规定：“因承包人原因导致工期延误的，按本规范第9.2.1条规定的调整时间，在合同工程原定竣工时间之后，合同价款调增的不予调整，合同价款调减的予以调整。”《工程总承包合同示范文本》通用合同条款中未对该问题进行约定，但《2017版施工合同示范文本》通用合同条款第11.2条“法律变化引起的调整”第3款约定：“因承包人原因造成工期延误，在工期延误期间出现法律变化的，由此增加的费用和（或）延误的工期由承包人承担。”可见，因承包人原因导致工期延误而引起事件状态发生变化的，应遵循违约人不受益原则，即因己方原因引起事件状态发生变化不能从事件状

态变化中获得益处,风险自担。[1] 一般而言,法律变化引起工程造价增减变化的,合同价款也应当要随之增减变化。但在承包人原因导致工期延误的情况下,法律变化发生在合同原定竣工时间之后,此时法律变化引起工程造价增加的部分,显然属于承包人违约给发包人造成的损失。两相抵销,承包人请求调增的,自然不应得到支持。

但法律变化引起合同价款调整与一方当事人违约引起损害赔偿属于两个不同的范畴,在案件审理过程中应当分别进行判断。如因发包人原因导致工期延误,法律变化发生在原定竣工时间之后,顺延竣工时间之前的,则合同价款应当随着法律变化引起的工程造价增减变化而变化。即法律变化引起工程造价增加的,则承包人有权要求调增;法律变化引起工程造价减少的,但减少的部分并不能直接视为承包人的损失,故发包人同样有权调减。如承包人能够证明存在损失的,可以在确定损失具体数额后进行抵销。

第 4.14 条 【不可预见的物质条件对工程总承包价款的影响】总承包人因遭遇不可预见的物质条件而主张增加费用或顺延工期的,应予支持。

前款中的"物质条件",除合同另有约定外,是指工程总承包人在施工现场遭遇的自然物质条件以及物质障碍(自然的或人为的)和污染物,包括地下条件和水文条件,但不包括气候条件及气候条件的影响。

【条文主旨】

本条解决的是在施工过程中遭遇不可预见的物质条件时,承包人是否有权调整合同价款、工期的问题。

【理解与适用】

《标准设计施工总承包招标文件》通用合同条款第 4.11 款"不可预见物质条件"约定了承包人在施工现场中遇到不可预见的外界自然条件及人为的条件和其他外界障碍和污染物时的风险分担方式。FIDIC 黄皮书第 4.12 款以"不

---

① 严敏、李建苹、王飞编著:《〈建设工程工程量清单计价规范〉释义与解读》,中国建材工业出版社 2013 年版,第 102 页。

可预见的外界条件”(Unforeseeable Physical Conditions)为名作出了类似约定。二者虽在表达方式上存在一些差异,内涵却是相同的,均是指工程总承包人在施工现场遭遇的自然物质条件及物质障碍(自然的或人为的)和污染物,包括地下条件和水文条件,但不包括气候条件及这些气候条件的影响。实践中,在订立合同时,发包人往往以有经验的总承包人能够合理预见为由,将不可预见的物质条件的风险分配给总承包人,以弥补发包人专业技能方面的弱势,提高对不可预见物质条件风险的抵抗能力,由此形成了一种由总承包人风险包干的行业惯例。

一、因不可预见的物质条件索赔易产生争议的原因分析

由于物质条件问题复杂,与工程关系密切,可能涉及的索赔数额往往较大,因不可预见的物质条件引起的索赔,工程总承包人和发包人容易出现分歧,争议较多。

争议原因之一系出于“不可预见”判断标准的模糊性,导致“不可预见”逐渐沦为发包人推脱各种自然不利物质条件和非自然物质条件的工具。争议原因之二在于“有经验的承包人”的模糊性。实践中,没有两个工程是完全一致的,即使是类似工程在不同区域的承包施工,由于不同区域的地下与水文条件存在差异,一个再有经验的总承包人也不存在完全预见所有状况的可能。正是由于“有经验的承包人”外延的不确定性,导致无形间扩大了总承包人的压力与责任范围。有学者认为,“一个有经验的承包人”的一般解释是:作为对未来的实际条件预测的主体应具有专家知识,在进行预测和解释过程中,是以专家所具有的一般的理论和知识为基础来判断是否是“无法合理预见的”。但是该解释仍然未能解决“有经验”的范围界定问题,只是从“有经验的”跳入了“专家”的深渊。

二、不可预见的物质条件风险负担

与红皮书相对应的,银皮书对于不可预见的外界条件风险的分配始终表现出“亲雇主”的倾向:1999 版 FIDIC 银皮书中虽未对“不可预见的外界条件”作出相关的约定,但第 4.12 款 b 项明确规定,“除合同另有约定之外,通过签署合同,承包人接受对预见到的为顺利完成工程的所有困难和费用的全部职责”。2017 版 FIDIC 银皮书第 4.12 款“不可预见的困难”则规定,承包人应被视为已

经获得所有关于风险、意外事件以及其他情况的必要资料，合同价格不能因任何不可预见的困难进行调整（除非专用条件另有规定）。[①] 那么，是否可以视为在工程总承包模式下承包人应当承担施工过程中因不可预见的物质条件导致的全部风险？

建设工程具有建设时间长、空间跨度大、工艺复杂的特点，由于自然原因，外界条件对工程建设的影响不容忽视。在工程招投标阶段，发包人虽然已委托专业机构进行某些阶段的前期地质勘察工作，但有可能出现误差以及凭当时的勘察技术、方法无法查明的情形。工程现场真实的物质条件只有承包人施工后才能最终确定。也就是说，在工程施工前，无论是承包人还是雇主，都可能没有完全准确地获得现场物质条件。在工程实施过程中，物质条件的变化对建设工程存在较大的风险，尤其是水利工程等涉及大量地下作业的专业工程。在投标过程中，现场物质条件是影响承包人报价的关键因素之一。

在招投标阶段，发包人进行前期现场勘察获取现场资料的目的和作用，一般有以下四点：(1)确定或阐明工程的可行性；(2)为编制设计文件提供依据；(3)为承包人编制投标书提供依据；(4)作为预见性模型的主要资料之一，用于在索赔时阐明所能合理预见的责任条件。现场勘察本应为上述全部目标服务，但在编写勘察报告时往往忽视了第四个目的。[②]

在施工总承包模式下，1999 版 FIDIC 红皮书在第 4.10 条规定："在一定程度上只要可行（考虑到费用和时间），承包人应被认为已取得了可能对投标文件或工程产生影响或作用的有关风险、意外事故及其他情况的全部必要的资料。在同一程度上，承包人也被认为在提交投标文件之前已对现场及其周围环境、上述数据及提供的其他资料进行了检查与审核，并对所有相关事宜感到满意。"我国《2017 版施工合同示范文本》通用合同条款第 3.4 条也通过承包人的现场踏勘义务作出了类似规定。但是发包人前期花费较长时间进行项目的可行性研究都不能预见的物质条件，却要总承包人在短短的投标期中通过阅读发包人提供的资料和现场考察合理预见，显然有失偏颇。[③] 原因如下：

首先，总承包人获得信息的切实性明显依赖于编制投标书的允许时间，以

---

① 陈勇强、吕文学、张水波等编著：《FIDIC 2017 版系列合同条件解析》，中国建筑工业出版社 2019 年版，第 113 页。

② 丁晓明：《FIDIC 条件下"不利的自然条件和障碍"的索赔》，载《建设监理》1998 年第 6 期。

③ 张之梁：《不可预见地质条件索赔问题探讨》，载《山西水利科技》2013 年第 8 期。

及现场的可进场补充勘察等因素;总承包人被认为已在实际可行范围内所获的必要信息的范围,明显依赖于在规定的投标期限内获取该信息所需要的费用和时间。即由于投标时间短和费用限制,总承包人难以甚至不可能对雇主提供的全部数据进行深度核实,补充勘察一般也很难实现。因此,总承包人一般无法准确评估不可预见的物质条件对投标报价的影响。

其次,不可预见的物质条件风险不能因总承包人负有现场踏勘义务而全部转移。由于不可预见的物质条件具有天然的隐蔽性,因此即便是进行充分的现场调查也不能减少或增加遭遇不可预见的物质条件的风险。

最后,工程总承包人的投标报价难以包含充足的风险费,可能无法充分估算不可预见的风险费用。况且,在目前的现实条件下,投标人很清楚,能否中标的关键在于是否能够提供相对低的报价。在投标过程中,风险费用因其不确定性,招标人不愿额外支出,投标人为避免提升总价亦尽量压制。

相对于施工总承包单位,工程总承包人显然存在不同的义务和回报,但这并不意味着就应该将不可预见的物质条件的风险全部转移给工程总承包人。事实上,1999 版 FIDIC 银皮书在其“序言”中即指出,由于近几年有许多项目是靠私人资金融资的,贷款人要求雇主的项目成本有更大的确定性,因此建设市场需要一种固定最终价格,经常还有固定竣工日期的合同格式。雇主对此类交钥匙项目,往往愿意支付更高甚至中相当高的费用,只要能确保商定的最终价格不被超过。为了取得最终价格的更大确定性,工程承包人往往被要求承担诸如出现不良或未预计到的场地条件等风险。可见,银皮书的出现是经济发展的产物,并不意味着工程总承包模式下,不可预见的物质条件的风险就得由工程总承包人承担。因此,FIDIC 在合同的介绍性说明(introductory notes)中规定了这一点:“如果承包人要承担这些风险(不可预见的外界条件带来的风险),雇主显然必须给他时间和机会获得和考虑所有相关信息,然后要求承包人以固定合同价签订。”即使是 2017 版 FIDIC 银皮书也在其专用条件编写指南中提示,如果工程包含如隧道或其他大量地下工程施工,对工程总承包人而言,此类风险不可能或很难事先预估,通常更倾向于将不可预见的地质风险分配给业主,因此建议此类工程采用黄皮书。[①]《房建市政工程总承包管理办法》第 15 条规定:

---

① 陈勇强、吕文学、张水波等编著:《FIDIC 2017 版系列合同条件解析》,中国建筑工业出版社 2019 年版,第 113 页。

"建设单位承担的风险包括:……不可预见的地质条件造成的工程费用和工期的变化,具体风险分担内容由双方在合同中约定。"对于因不可预见的地质条件引起的工程费用和工期的变化,原则上是由建设单位承担。

但是,在此情形下,有关不可预见的物质条件的风险责任的判定也并非"一刀切"地由发包人承担。无论是 FIDIC 黄皮书还是《标准设计施工总承包招标文件》中均在约定不可预见物质条件风险责任的同时亦约定了承包人的相关义务,即承包人是否按照一个有经验的承包人履行了对招标文件的检查义务,是否履行了现场勘察的义务,在不可预见的物质条件发生后,承包人是否采取合理的措施防止损失扩大。在承包人的这些履约行为可以得到证实的情况下,才能判断该风险属于不可预见的物质条件且责任不在于承包人,进而才有可能获得发包人的合理补偿。[①]

综上所述,在工程总承包模式下,不可预见的外界自然条件及人为的条件和其他外界障碍和污染物,包括地表以下和水文条件(但不包括气候条件)等不可预见的物质条件导致工程费用增加和工期延误等风险由发包人承担为宜。为避免双方对物质条件是否"不可预见"产生争议,我们建议在投标阶段,工程总承包人可根据发包人提供的一切有关现场地表以下、水文条件以及环境数据等资料,了解清楚地层结构、围岩成因和成分、围岩力学特性、可钻性、围岩稳定分类、地下涌水量及渗透系数等物质条件和特性,特别是一些可能存在多种解释的数据,并在投标文件中列出可以合理预见的物质条件风险,为解决因遭遇不可预见的物质条件提出索赔争议提供一定的参考作用。

第 4.15 条 【审计结论对工程总承包价款的影响】政府投资或以政府投资为主的工程总承包项目采用总价合同的,发包人要求未发生变化,而实际施工工程量少于投标工程量,发包人主张总价范围部分应当依照审计机关的审计结论减少工程价款的,不予支持,合同有明确约定的除外。

---

① 严玲、丁乾星、张笑文:《不利物质条件下建设项目合同补偿研究》,载《建筑经济》2015 年第 11 期。

【条文主旨】

本条是关于政府投资项目实际工程量小于投标工程量时,审计机关按照实际发生的工程量进行审计后,工程价款是否应当因此调整的规定。

【理解与适用】

我国当前在工程建设领域正在大力推广工程总承包模式。住建部2016年5月20日印发的《关于进一步推进工程总承包发展的若干意见》(建市〔2016〕93号)要求政府投资项目和装配式建筑应当积极采用工程总承包模式。政府投资的特有属性造成了工程总承包在计价模式上不可能真正实现固定总价。一方面,"费率招标"形式较为常见;另一方面,由于执行严格的概算"封顶",行政审计时只调减不调增,不允许"超概"。《房建市政工程总承包管理办法》第7条规定,对于采用工程总承包方式的企业投资项目,应在核准或备案后进行发包;对于采用工程总承包方式的政府投资项目,原则上应当在初步设计审批完成后进行发包,其中对于依规简化报批文件和审批程序的政府投资项目,还应当在完成相应的投资决策审批后进行发包。就发包阶段而言,政府投资的工程总承包项目,原则上在初步设计审批完成后进行发包。工程完成后进行审计时,如果总承包人实际施工的工程量少于招标工程量,此时审计机关一般会按照实际施工的工程量审减工程价款。发包人主张按照审计结果进行工程结算,承包人不同意,往往会就此形成争议。

一、"以审计结果作为政府投资建设项目竣工结算依据"需以约定为前提

《审计法》第22条规定:"审计机关对政府投资和以政府投资为主的建设项目的预算执行情况和决算,进行审计监督。"因此,当工程总承包项目采用政府投资或者以政府投资为主时,审计机关在建设项目完成后会对该建设工程的工程价款进行审计并出具审计结论。根据《政府投资项目审计规定》第5条的规定,审计机关对政府重点投资项目以及涉及公共利益和民生的城市基础设施、保障性住房、学校、医院等工程,应当有重点地对其建设和管理情况实施跟踪审计。近年来,随着国家推行工程建设总承包方式,个别地方针对工程总承包建设项目的特点,进一步提倡审计机关提前介入,实施全过程审计监督。例如,湖

北省水利厅2016年6月22日印发的《湖北省水利建设项目工程总承包指导意见(试行)》第19条第3款即规定:“项目法人为加强资金管理,宜提请审计单位提前介入,接受全过程审计。”

为了使工程结算与行政审计结论保持一致,不少地方性法规曾经明确规定,在政府投资或以政府投资为主的建设项目中,应在招标文件或合同中明确以审计结论作为结算工程价款的依据。如2012年7月27日发布的《北京市审计条例》第23条曾经规定:“政府投资和以政府投资为主的建设项目,建设单位应当与承接项目的单位或者个人在合同中约定,建设项目纳入审计项目计划的,双方应当配合、接受审计,审计结论作为双方工程结算的依据;依法进行招标的,招标人应当在招标文件中载明上述内容”。《上海市审计条例》第14条第3款曾经规定:“政府投资和以政府投资为主的建设项目,按照国家和本市规定应当经审计机关审计的,建设单位或者代建单位应当在招标文件以及与施工单位签订的合同中明确以审计结果作为工程竣工结算的依据。审计机关的审计涉及工程价款的,以招标投标文件和合同关于工程价款及调整的约定作为审计的基础。”

2015年5月,中国建筑业协会向全国人大常委会法工委寄送《关于申请对规定“以审计结果作为建设工程竣工结算依据”的地方性法规进行立法审查的函》。2017年6月5日,全国人大常委会法工委出具《全国人民代表大会常务委员会法制工作委员会法规备案审查室关于对地方性法规中以审计结果作为政府投资建设项目竣工结算依据有关规定提出的审查建议的复函》(法工备函〔2017〕22号),认为“地方性法规中直接以审计结果作为竣工结算依据和应当在招标文件中载明或者在合同中约定以审计结果作为竣工结算依据的规定,限制了民事权利,超越了地方立法权限,应当予以纠正”。同时,全国人大常委会法工委将《对地方性法规中以审计结果作为政府投资建设项目竣工结算依据有关规定的研究意见》印送各省、自治区、直辖市人大常委会,要求有关地方人大常委会对地方性法规中的相关规定自行清理、纠正。2017年5月24日,国务院法制办公室也向各省、市、设区的市人民政府办公厅(室)下发《关于纠正处理地方政府规章中以审计结果作为政府投资建设项目竣工结算依据的有关规定的函》(国法秘备函〔2017〕447号),督促地方政府纠正地方政府规章中“以审计结果作为政府投资建设项目竣工结算依据”的有关规定。

之后,各地纷纷对地方性法规以及地方政府规章中的相关规定进行了修改。2017年9月22日,北京市第十四届人大常委会第四十一次会议作出决定,将《北京市审计条例》第23条修改为:“政府投资和以政府投资为主的建设项目纳入审计项目计划的,建设单位可以与承接项目的单位或者个人在合同中约定,双方配合接受审计,审计结论作为双方工程结算的依据;依法进行招标的,招标人可以在招标文件中载明上述内容。”2017年11月23日,上海市第十四届人大常委会第四十一次会议通过《上海市人民代表大会常务委员会关于修改本市部分地方性法规的决定》,将《上海市审计条例》第14条第3款修改为:“政府投资和以政府投资为主的建设项目,按照国家和本市规定应当经审计机关审计的,建设单位或者代建单位应当在招标文件以及与施工单位签订的合同中明确以审计结果作为工程竣工结算的依据。审计机关的审计涉及工程价款的,以招标投标文件和合同关于工程价款及调整的约定作为审计的基础。”

可见,以立法或者其他规范性文件的形式直接规定以审计结果作为竣工结算依据或者要求发包人在招标文件中载明或者在合同中约定以审计结果作为竣工结算依据,均属于限制当事人民事权利的越权行为。

但是,如果当事人在工程总承包合同中明确约定“以审计结论作为工程结算依据”,则应当尊重当事人的意思自治。

因此,作为行政监督措施,在没有当事人明确约定的情况下,行政审计结论一般不能作为结算工程价款的依据。最高院《关于政府审计的答复(2001)》认为:“审计是国家对建设单位的一种行政监督,不影响建设单位与承建单位的合同效力。建设工程承包合同案件应以当事人的约定作为法院判决的依据。只有在合同明确约定以审计结论作为结算依据或者合同约定不明确、合同约定无效的情况下,才能将审计结论作为判决的依据。”《2011全国民事审判纪要》规定:“当事人以审计机关作出的审计报告、财政评审机构作出的评审结论,主张变更有效的建设工程施工合同约定的工程价款数额的,不予支持。”

地方法院也有类似规定。四川高院《解答》第17条规定:“政府投资的建设工程施工合同结算纠纷,发包人主张以政府审计部门审计结果作为工程造价结算依据的原则上不予支持,但当事人在合同中有明确约定的除外。当事人在合同中明确约定工程价款以政府审计部门审付结果作为结算依据,并约定了审计时间,在合同约定的审计时间内非因承包人原因未作出审计结论,或虽未约定审计时间,经承包人催告,发包人未在合理期限内送变政府审计部门审计的,承包人主张按照双方签章确认的送审结算价结算工程价款的,可予支持。政府审计部门审计结论明确部分项目已经超出政府投资项目，但合同明确约定属于施工内容的，承包人主张支付工程价款的，应予支持。”

二、审计机关“久审不决”的处理

应当注意的是，实践中，部分政府投资项目审计机关久审不决，发包人则以未完成审计为由，拒绝与承包人办理工程结算和支付工程款，使承包人不堪重负，并直接影响对材料、设备供应商和劳务企业的结算和支付。国务院办公厅2017年2月21日发布《关于促进建筑业持续健康发展的意见》（国办发〔2017〕19号），该意见明确：“审计机关应依法加强对以政府投资为主的公共工程建设项目的审计监督，建设单位不得将未完成审计作为延期工程结算、拖欠工程款的理由。”2018年6月15日，海南省人民政府办公厅发布的《关于促进建筑业持续健康发展的实施意见》（琼府办〔2018〕32号）也规定：“严格执行工程造价管理制度，不得强制对依法应当招标的项目中标价进行财政评审，不得将财政评审和未出具审计结果作为延期办理工程结算、拖欠和拒付工程款的理由，不得强制以审计结果作为工程竣工结算依据。”

为了解决审计机关久审不决造成的当事人利益失衡问题，部分地方法院出台指导意见，明确允许通过司法鉴定方式来确定工程价款。江苏高院《解答》第10条规定：“当事人约定以行政审计、财政评审作为工程款结算依据的，按照约定处理。但行政审计、财政评审部门明确表示无法进行审计或者无正当理由长期未出具审计结论，当事人申请进行司法鉴定的，可以准许。”广东高院《解答》第11条规定：“当事人约定以财政、审计等部门的审核、审计结果作为工程款结算依据的，按照约定处理。如果财政、审计等部门明确表示无法进行审核、审计或者无正当理由长期未出具审核、审计结论，经当事人申请，且符合具备进行司法鉴定条件的，人民法院可以通过司法鉴定方式确定工程价款。”

三、约定以审计结果为准，但审计结果错误时的处理

虽然当事人明确约定以审计结果作为结算依据，但是如果审计结论确有错误时，仍可不以审计结论进行结算。《2015全国民事审判纪要》第49条规定：“依法有效的建设工程施工合同，双方当事人均应依约履行。除合同另有约定，当事人请求以审计机关作出的审计报告、财政评审机构作出的评审结论作为工程价款结算依据的，一般不予支持。合同约定以审计机关出具的审计意见作为

工程价款结算依据的,应当遵循当事人缔约本意,将合同约定的工程价款结算依据确定为真实有效的审计结论。承包人提供证据证明审计机关的审计意见具有不真实、不客观情形,人民法院可以准许当事人补充鉴定、重新质证或者补充质证等方法纠正审计意见存在的缺陷。上述方法不能解决的,应当准许当事人申请对工程造价进行鉴定。”可见,当事人明确约定以审计结果作为结算依据的情况下,如果承包人能够举证证明审计机关的审计意见不真实、不客观,仍可以采用补充鉴定、重新质证或者补充质证等方式纠正,仍不能解决的,准许当事人申请工程造价鉴定。

四、部分地区对于政府投资的工程总承包项目仅对变更部分进行审计

由于工程总承包项目多采用固定总价形式,因此部分地方规定审计机关在审计时仅对变更调整部分进行审核,对合同约定的固定价包干部分不再审核。例如,浙江省住建厅 2016 年 3 月 23 日印发的《关于深化建设工程实施方式改革积极推进工程总承包发展的指导意见》(浙建〔2016〕5 号)第 19 条规定:“采用固定总价合同的工程总承包项目在计价结算和审计时,可仅对符合工程总承包合同约定的变更调整部分进行审核,对工程总承包合同中的固定总价包干部分不再另行审核。”2017 年 8 月浙江省政府办公厅印发的《关于加快建筑业改革与发展的实施意见》(浙政办发〔2017〕89 号)规定:“对于采用固定总价合同的工程总承包项目,在工程结算审核(审计)时,仅审核(审计)其建设的规模、标准及所用的主要材料、设备等是否符合合同条款要求。”2017 年 11 月江苏省政府印发的《关于促进建筑业改革发展的意见》(苏政发〔2017〕151 号)规定:“采用固定总价合同的工程总承包项目,在计价结算和审计时,重点对约定的变更调整部分和暂估价部分进行审核。”上海市住建委 2016 年 12 月 19 日印发的《上海市工程总承包试点项目管理办法》(沪建建管〔2016〕1151 号)第 21 条规定:“采用固定总价合同的工程总承包项目在计价结算和审计时,仅对符合工程总承包合同约定的变更调整部分进行审核,对工程总承包合同中的固定总价包干部分不再另行审核,审计部门可以对工程总承包合同中的固定总价的依据进行调查。”福建省住建厅 2016 年 12 月 28 日印发的《福建省政府投资的房屋建筑和市政基础设施工程开展工程总承包试点工作方案》(闽建筑〔2016〕41 号)规定:“在财政审核和审计时,仅对建设单位依法依规新增变更部分进行审核,对固定总价包干部分仅审核、审计其建设的规模、标准及所用的主要材料、设备

等是否符合原设计方案和总承包合同条款要求。结算价款调整应符合合同条款的约定。”2017 年 11 月江西省政府办公厅印发的《关于促进建筑业持续健康发展的实施意见》(赣府厅发〔2017〕93 号)规定:“在财政审核和审计部门审计时,仅对建设单位新增变更部分进行审核,对固定总价包干部分仅审核、审计其建设内容是否符合原设计方案和总承包合同条款要求。”2018 年 4 月 23 日吉林省政府办公厅印发的《关于促进建筑业改革发展的若干意见》(吉政办发〔2018〕12 号)规定:“工程总承包宜采用总价包干的固定总价合同形式,除招标文件或工程总承包合同中约定的调价原则外,一般不予调整;在计价结算和财审时,仅对工程总承包合同约定的变更调整部分进行审核,对工程总承包合同中的固定总价包干部分不再另行审核。”

如果审计机关仅对合同约定的变更调整部分进行审计,则一般不会出现本条所涉的争议。

五、合同没有明确约定,发包人要求按照审计结果减少工程价款,不予支持

《房建市政工程总承包管理办法》第 16 条规定:“企业投资项目的工程总承包宜采用总价合同,政府投资项目的工程总承包应当合理确定合同价格形式。采用总价合同的,除合同约定可以调整的情形外,合同总价一般不予调整。”鉴于政府投资项目必须接受审计监督,且政府往往要求不能突破概算,所以该办法并未要求政府投资项目的工程总承包项目必须采用总价合同。

当前国际上的工程总承包项目通常都采用固定总价模式,FIDIC 银皮书和黄皮书合同协议书中的合同价格形式均为固定总价。国内已经发布的政策性文件也倾向于沿用国际上通行的方式,将固定总价作为工程总承包主要的合同价格形式。住建部《关于进一步推进工程总承包发展的若干意见》(建市〔2016〕93 号)规定:“工程总承包项目可以采用总价合同或者成本加酬金合同,合同价格应当在充分竞争的基础上合理确定,合同的制订可以参照住房城乡建设部、工商总局联合印发的建设项目工程总承包合同示范文本。”上海市住建委发布的《上海市工程总承包试点项目管理办法》(沪建建管〔2016〕1151 号)第 19 条规定:“工程总承包项目宜采用总价包干的固定总价合同,合同价格应当在充分竞争的基础上合理确定,除招标文件或者工程总承包合同中约定的调价原则外,工程总承包合同价格一般不予调整。”山西、浙江、福建等地也有相同的

规定。

《工程总承包合同示范文本》《标准设计施工总承包招标文件》都采用了固定总价的计价模式,实践中很多政府投资的工程总承包项目也是采用固定总价形式计价的。总价固定和不得突破概算在审计时往往会产生冲突。除了明确规定审计部门只对变更调整部分进行审计的地方外,其他地方的审计部门对于未形成变更的减少工作量,一般会依据实际完成的工作量审减工程价款。为规避未来可能承担的行政责任,发包人天然具有依据审计结论减少结算价款的动力,这种情况下,如果合同并未明确约定以审计结论作为结算的依据,不应支持发包人减少结算价款的要求。《标准设计施工总承包招标文件》通用合同条款第17.1款约定:"……合同约定工程的某部分按照实际完成的工程量进行支付的,应按照专用合同条款的约定进行计量和估价,并据此调整合同价格。"可见,只有合同有约定的情况下,才可以按照实际完成的工程量进行计量和估价,并调整合同价格。工程总承包的特点在于"按约施工",而非"按图施工",只要最终的建设项目符合发包人要求,实现了合同目的,那么发包人就应当按照合同约定的固定总价进行结算并支付。

六、本条也适用于财政评审项目中评审结论对工程价款是否产生影响的情形

根据《财政投资评审管理规定》第2条的规定,财政评审是财政部门通过对财政性资金投资项目预(概)算和竣工决(结)算进行评价与审查,对财政性资金投资项目资金使用情况,以及其他财政专项资金使用情况进行的专项核查及追踪问效。财政投资评审的范围包括:(1)财政预算内基本建设资金(含国债)安排的建设项目;(2)财政预算内专项资金安排的建设项目;(3)政府性基金、预算外资金等安排的建设项目;(4)政府性融资安排的建设项目;(5)其他财政性资金安排的建设项目;(6)需进行专项核查及追踪问效的其他项目或专项资金。

最高院《关于政府审计的答复(2008)》中同样明确规定:"财政部门对财政投资的评定审核是国家对建设单位基本建设资金的监督管理,不影响建设单位与承建单位的合同效力及履行。但是,建设合同中明确约定以财政投资的审核结论作为结算依据的,审核结论应当作为结算的依据。"因此,使用财政性资金的工程总承包项目实行固定总价的,实际施工工程量少于投标工程量,发包人

主张固定总价范围部分应当依照财政评审部门的评审结论减少工程价款的，不予支持，合同有明确约定的除外。

第4.16条　【工程总承包合同在未履行完毕时解除的结算规则】工程总承包合同采用总价合同模式，合同因发包人原因解除，且设计费、采购费和施工价款分别列明，已完成的设计、采购、工程质量符合发包人要求的，结算价款按各部分实际完成的比例分别折算后累加。

合同因发包人原因解除，设计费、采购费和施工价款未单独列明的，已完成的设计、采购、工程质量符合发包人要求的，由发包人和承包人协商结算价款；协商不成的，可参考以下方法分别结算：

（1）施工图设计已经完成的，参照设计相关收费标准、设备市场价格、预算定额计算出设计费、采购费和施工价款，以合同总价除以前述价款之和得出下浮率，用该下浮率分别乘以各部分的价款得出合同总价中的设计费、采购费和施工价款，再按各部分实际完成的比例分别折算后累加得出合同结算价款；

（2）初步设计已经完成、施工图设计未完成的，参照设计相关收费标准、设备市场价格、概算定额计算出设计费、采购费和施工价款，以合同总价除以前述价款之和得出下浮率，用该下浮率分别乘以各部分的价款得出合同总价中的设计费、采购费和施工价款，再按各部分实际完成的比例分别折算后累加得出合同结算价款；

（3）初步设计未完成的，参照设计相关收费标准、设备市场价格、工程定额并参考市场下浮率分别计算出设计费、采购费和施工价款后累加得出合同结算价款。

工程总承包合同对下浮率有约定的，适用合同约定的下浮率。

合同因承包人原因解除，承包人已完成的工作符合发包人要求的，按上述方法结算合同价款。但发包人能够证明承包人已完成的工作对发包人后续工作没有价值的，发包人有权拒绝支付合同价款。

【条文主旨】

本条旨在解决采用总价合同的工程总承包合同解除后的结算问题。

第1款旨在解决设计费、采购费和施工价款已在合同中单独列明的工程总承包合同解除后的结算问题;

第2款旨在解决设计费、采购费和施工价款均未单独列明,仅有一个包含上述价款固定总价的工程总承包合同解除后的结算问题;

第3款旨在解决工程总承包合同中已约定的价格下浮率的适用问题;

第4款旨在解决工程总承包合同解除原因对结算的影响问题。

【理解与适用】

一、采用总价合同的工程总承包合同,设计费、采购费和施工价款分别列明的,合同因发包人原因解除后的结算问题

因设计费、采购费和施工价款已在合同中单独列明,根据《民法典》第119条的规定,"依法成立的合同,对当事人具有法律约束力",故,此时结算价款应按各部分实际完成的比例分别折算后累加,具体结算方式如下:

(一)设计部分

《建筑法》第52条第1款规定:"建筑工程勘察、设计、施工的质量必须符合国家有关建筑工程安全标准的要求,具体管理办法由国务院规定。"《建设工程勘察设计管理条例》第5条第2款规定:"建设工程勘察、设计单位必须依法进行建设工程勘察、设计,严格执行工程建设强制性标准,并对建设工程勘察、设计的质量负责。"第24条规定:"建设工程勘察、设计发包方与承包方应当执行国家有关建设工程勘察费、设计费的管理规定。"此外,《2016版工程设计深度规定》对方案设计、初步设计、施工图设计及专项设计的设计深度提出了详细要求。

基于上述规定和规范,设计部分结算的基本条件应为设计成果同时符合法定和约定的标准。即已完成的设计符合国家有关强制性标准和合同要求的,总承包人要求发包人支付设计费的,应予支持,如设计费已在合同中单独列明,则参照设计相关收费标准,按实际完成的比例乘以合同约定的设计费进行结算。实践中,常参照的设计相关收费标准包括2002年版《工程勘察设计收费标准》

（该文件已被废止，但是文件规定的计费标准仍然在实践中广泛适用）、中国勘察设计协会 2015 年版《建筑设计服务计费指导》《关于建筑设计服务成本要素信息统计分析情况的通报》（中设协字〔2016〕8 号）等。

需要说明的是，设计工作因设计文件性质的不同而异，确定已完工作的比例也应按不同设计文件的性质具体认定。以下结合实务中常见的设计阶段，分别分析已完设计占全部设计工作比例的确定：

1. 各设计阶段有独立价格的，已完成的设计阶段，按清单中的价格结算；各设计阶段无独立价格的，可按行业费率计算该设计阶段在设计费总价中所占的比例确定。

设计阶段分为方案设计、初步设计、施工图设计。在将三个设计阶段一并发包的工程总承包项目中，即使设计费总价包干，但承包人在投标中一般也会列明各设计阶段的不同价款。例如，《工程总承包计价计量规范意见稿》第 4.2 条中，编码为 0002 的设计费项目下，明确由 000201 方案设计费、000202 初步设计费、000203 施工图设计费、000204 施工图编制费四项组成设计费总价。同时，推行模拟清单的省份，也有相应的清单，如《福建省房屋建筑和市政基础设施工程总承包模拟清单计价与计量规则（2020 年版）》中，模拟的设计费即由初步设计费、施工图设计费、竣工图编制费、非标准设备设计费、BIM 专项设计费组成，各子项组成"总表 3《勘察设计费汇总表》"。因此，如各设计阶段有独立价格的，承包人完成某一阶段的设计时，该已完成阶段的设计费可按该阶段设计工作的价款确定；如已完成的设计阶段在设计费总价中没有独立价格的，可按行业费率计算已完成阶段的设计费占全部设计工作的比例折算计取。即各阶段的设计费全部按行业费率计算，得出方案设计、初步设计、施工图设计的阶段设计费各占总设计费用的比例，根据该比例，计算得出方案设计、初步设计、施工图设计在设计费总价中各占多少金额。

2. 某设计阶段工作未全部完成的，该设计阶段的设计费应结合已完成设计深度及工作量的比例进行估算或折算。

《2016 版工程设计深度规定》中，对方案设计、初步设计、施工图设计及专项设计均有工作成果要求，已完成设计工作的设计费可根据设计已完成的深度及工作量占全部工作的比例确定。

以施工图设计为例，设计成果包括总平图、建筑图、结构图、建筑电气、给水排水、供暖通风与空气调节、热能动力等。如承包人只完成了其中部分专业的设计,可按已完成专业占总专业数量比例估算已完成工作的比例,如已完成总平图、建筑图、结构图,还有建筑电气、给水排水、供暖通风与空气调节、热能动力未完成,则大致可将已完工作的比例进行估算;如项目包括多个单体,承包人完成了某个单体建筑的总平图、建筑图、结构图、建筑电气、给水排水、供暖通风与空气调节、热能动力等全部成果,则可按该单体建筑面积占总建筑面积的比例乘设计费总价计算出该单体的设计费。

总之,已完设计成果占总设计成果的比例,与工程类别(如房建、公路、水利等)、设计深度(如初步设计、施工图设计等)、阶段设计中已完工作量占比等均有关,实务中应视具体情况而定,双方存在争议时可委托鉴定确定完成比例。

(二)采购部分

工程总承包合同解除后,已采购的设备符合发包人要求的,总承包人要求发包人支付采购费的,应予支持,具体金额以合同约定或双方确认的设备清单为基础,按照实际采购金额的比例进行结算,但总承包人不能证明设备费的真实性和合理性的除外。

(三)施工部分

对于施工部分,相比施工总承包模式而言,工程总承包模式从传统的"按图施工"转变为"按约施工",工程总承包的承包方最终应根据合同约定向发包人提交一个满足发包人要求的工程项目。简言之,工程总承包合同双方进行结算的前提条件为"满足合同约定的发包人要求"。满足这一前提条件后,对于总承包人已完工程部分,其施工价款的确定分为以下两个步骤:

第一步:确定已完成工程量占总工程量的比例。根据《2016 版工程设计深度规定》第 1.0.5 条的规定:"各阶段设计文件编制深度应按以下原则进行:1. 方案设计文件,应满足编制初步设计文件的需要,应满足方案审批或报批的需要。2. 初步设计文件,应满足编制施工图设计文件的需要,应满足初步设计审批的需要。3. 施工图设计文件,应满足设备材料采购、非标准设备制作和施工的需要。"即根据上述规定,如工程总承包合同解除时已完成施工图设计,则可依据施工图设计确定已完工程占总工程量(工程预算对应的工程量)的比例;如工程总承包合同解除时已完成初步设计,则可依据初步设计确定已完工程占总工程量(工程概算对应的工程量)的比例;如初步设计尚未完成,则参照投标报价清单,由总承包人对其已完成工程量占总工程量的比例进行举证。

第二步:确定已完工程部分的价款。以已完工程量占总工程量的比例为系数,以合同约定的施工部分总价乘以该系数得出总承包人应得的已完工程价款。

二、采用总价合同的工程总承包合同,设计费、采购费和施工价款未单独列明的,合同因发包人原因解除后的结算问题

设计费、采购费和施工价款均未单独列明,仅有一个包含上述价款固定总价的工程总承包合同因发包人原因解除,首先应由双方协商结算;协商不成的,可以根据设计实际完成的进度(施工图设计已经完成/初步设计已经完成、施工图设计未完成/初步设计未完成)分别处理:

1. 施工图设计已经完成的,可以参照设计相关收费标准、设备市场价格、预算定额计算出设计费、采购费和施工价款。

2. 初步设计已经完成、施工图设计未完成的,可以参照设计相关收费标准、设备市场价格、概算定额计算出设计费、采购费和施工价款。

需要特别说明的是,因工程总承包模式具有设计、采购和施工深度融合的特征,传统计算方式下得出的单项设计费、采购费和施工价款之和一般不会与合同约定的固定总价相一致,且合同约定的固定总价一般会小于设计费、采购费和施工价款三者之和,此时可以合同总价除以前述价款之和得出下浮率,对已完成部分的设计费、采购费和施工价款分别进行下浮。

3. 初步设计未完成,则无法对合同约定的固定总价进行拆分,如双方未能就结算协商一致的,则可以参照设计相关收费标准、工程定额以及设备市场价格情况,据实计算出设计、施工和采购的价款,然后参照设计、设备、施工价格的市场上的一般下浮率确定合同价款,但工程总承包合同中约定了价格下浮率的,适用约定的下浮率确定合同价款。

三、工程总承包合同解除的原因对结算的影响

不同于施工总承包,工程总承包合同的履行由“按图施工”转为“按约施工”,已完成的设计、施工或已采购的设备,不仅需要符合一般质量要求,还需要满足发包人要求,即便已完成的设计、施工或已采购的设备质量合格,也可能存在因不能满足发包人要求而导致无实际价值的情形,故应考虑工程总承包合同解除的原因,已完成的设计、采购、工程质量是否符合发包人的要求以及是否对发包人后续工作有价值等因素。

如工程总承包合同因发包人原因解除的,因发包人存在过错且承包人的人力、物力均已物化在已完成的设计、采购、工程中,承包人主张相应价款的,应予以支持;但如果工程总承包合同系因承包人原因解除的,则承包人主张相应价款的,应当是由其举证已完成的设计、采购、工程的质量符合发包人要求。发包人能够证明承包人已完成的工作对其后续工作没有价值,发包人有权拒绝支付合同价款。

第 4.17 条 【工程总承包合同解除后不平衡报价的调整问题】工程总承包合同解除后,已完工程结算时,如果合同在约定总价的同时,还分别约定了设计费、建筑安装工程费、设备购置费、总承包其他费等各项价款,发包人或者承包人认为在各项价款之间存在不平衡报价要求调整的,应当对存在不平衡报价承担举证责任。人民法院或者仲裁机构可以委托工程造价鉴定机构对于是否存在不平衡报价以及不平衡幅度出具专业意见。鉴定机构认定存在不平衡报价的,人民法院或者仲裁机构应区分合同解除的阶段以及造成合同解除的过错分别进行处理。总承包人在投标时承诺不存在不平衡报价,合同解除时又要求调整合同价款的,不予支持。设计与施工阶段无法区分的,人民法院或者仲裁机构可以依据不平衡报价的幅度、解除合同的过错结合公平原则进行裁判。

设计阶段因发包人原因解除合同,发包人认为设计费约定过高要求调整的,不予支持;总承包人认为设计费约定过低要求调整,且设计费明显低于市场价格的,应当酌情予以调整。

设计阶段因总承包人原因解除合同,总承包人认为设计费约定过低要求调整的,不予支持;发包人认为设计费约定过高要求调整,且设计费明显高于市场价格的,应当酌情予以调整。

施工阶段因发包人原因解除合同,建筑安装工程费各分部分项存在不平衡报价的,且总承包人认为建筑安装工程部分完成比例较低,按照合同约定的价格结算对总承包人利益明显失衡的,人民法院或仲裁庭可以委托造价鉴定机构进行鉴定,参照定额标准和(或)市场报价情况据实结算。完成比例是否较低,可个案裁量确定。发包人认为不平衡报价导致按照合同约定的价格结算将对发包人利益明显失衡要求调整的,不予支持。

施工阶段因总承包人原因解除合同，建筑安装工程费各分部分项存在不平衡报价，发包人认为按照合同约定的价格结算对发包人利益明显失衡的，人民法院或仲裁庭可以委托造价鉴定机构进行鉴定，参照定额标准和（或）市场报价情况据实结算。总承包人认为不平衡报价导致按照合同约定的价格结算将对承包人利益明显失衡要求调整的，不予支持。

【条文主旨】

本条是关于工程总承包合同解除后，设计、采购、施工各阶段价格不平衡或者建筑安装工程费中各分部分项工程存在不平衡报价时如何处理的规定。

本条第1款规定了合同既有总价，也有设计费、建安费、设备购置费等分项价款时，如果当事人主张存在不平衡报价而要求调整的举证责任的分配问题以及存在不平衡报价时应如何处理的原则。

本条第2款至第5款根据合同解除时合同所处的履行阶段和造成合同解除的过错主体，区分不同情形分别进行规定。本条第2款、第3款分别规定了在设计阶段因发包人原因和总承包人原因解除合同，存在不平衡报价时的处理办法。第4款、第5款分别规定了在施工阶段因发包人原因和总承包人原因解除合同，各分部分项工程之间存在不平衡报价时的处理办法。

【理解与适用】

一、不平衡报价及其在工程总承包项目中的运用

不平衡报价是相对通常的平衡报价（正常报价）而言的，是在工程项目的投标总价确定后，根据招标文件的付款条件，合理地调整投标文件中子项目的报价，在不提高总价以免影响中标（商务得分）的前提下，实施项目时能够尽早、更多地结算工程款，并能够赢得更多利润的一种投标报价方法。投标人确定投标总价后，根据投标的具体情况及对竞争对手的情况分析和判断，对承包范围内的各个阶段费用以及建筑安装工程中各分部分项工程的费用重新进行分配和调整，以期改善投标人的资金流动或获取额外的盈利。例如，在投标报价中将工作范围内较早完成的工作内容单价提高，同时适当降低后期工作内容单价，这样在合同额不变的前提下，只要承包商按照工程进度履行合同，就能较早回收成本,减少内部管理资金的占用,体现资金的时间价值,还可以加快资金周转,从而缓和承包商在资金方面的压力。这种收支方式在国际上被称为"头重脚轻"(front loading)配置法,其核心就是力争内部管理资金的负占用。在工程总承包项目中,可以根据"合同总价里程碑支付进度表"的规定,将总价表中项目早期就能结算的项目价格适当提高,如动迁、项目详细设计等部分比重适当提高,同时调低竣工文件和担保期费用,使报价表"头重脚轻"。① 再如,对中标后有分包计划的部分,适当降低报价。对于单价表中后期工程量可能会增加的适当提高单价,工程量可能减少的适当降低单价,以便在业主下达变更通知后可以申请变更工程量的结算。对施工方案实施可能性大的报高价,对实施可能性小的报低价。例如,在某市某银行基础工程的投标中,某施工企业就是采用这种方案夺标的。银行基础工程主要包括地下室4层及挖孔桩。地下室的施工采用连续墙封闭后,土方分层开挖,连续墙加设4~6层锚杆加固,土方开挖后进行挖孔桩施工及地下室施工。该公司考虑到银行地处繁华商业区和密集的居住区,是交通十分繁忙的交通枢纽,采用爆破方法不太可行,因此在投标时将该方案的单价报的很低;而将采用机械辅以人工破碎凿除基岩方案报价较高。由于按原设计方案报价较低而中标。施工中,正如该公司预料的以上因素,公安部门不予批准爆破,业主只好同意采用机械辅以人工破碎开挖,其不但中标,而且取得了较好的经济效益。②

二、不平衡报价的司法处理

(一)不平衡报价合法有效

我国相关法律和行政法规未对不平衡报价问题作出规制。民法以意思自治原则为核心原则,体现在合同法中即合同自由原则,法律行为在不违反法律、法规强制性规定时,原则上应认定其有效。民法作为市民社会的基本法,是规范平等主体之间财产关系和人身关系的基本法,最大限度保护民事主体的自由意愿,民事主体可在法律允许的范围内从事民事活动,公权力不能随意介入。③公平原则系对意思自治原则的补充,根据《民法典》第151条的规定,若合同条

---

① 杨超慈、刘毅:《论不平衡报价在国际EPC管道工程投标报价中的应用》,载《石油天然气学报》2013年第8期。

② 王伍仁编著:《EPC工程总承包管理》,中国建筑工业出版社2008年版,第106页。

③ 李克武:《合同法专题研究》,华中师范大学出版社2011年版,第92~96页。

款存在显失公平的情况，属于可撤销的合同，但不能以此来否定合同的效力。从我国目前的法律规定来看，并未禁止不平衡报价，因此法院或仲裁机构不能径直认定合同无效。

实践中，部分省市针对特定建设工程项目出台了招标管理办法，对不平衡报价作出了禁止、限制或者提示。例如，2014 年《安徽省财政厅关于进一步加强农业综合开发项目建设招标投标管理的意见》第 4 条规定："各市招投标活动必须满足以下要求：……投标单位承诺投标文件中无不平衡报价，若单项子目单价过高或过低，经评标专家评审认定属于不平衡报价，直接以废标处理。"

又如，2014 年《山东省房屋建筑和市政工程施工招标评标办法》附件二第 3 条规定："商务标评审……对商务标中投标报价进行核对、比较、筛选，确认投标报价中是否存在……不平衡报价的内容，向投标人提出书面澄清、说明或补正要求……投标人采取不平衡报价，且构成恶意竞争的，评标委员会可作不利于投标人中标的评判。"

再如，2016 年《深圳市住建局关于印发〈建设工程招标文件定性评审要素设置规则〉的通知》第 4 条规定："商务标一般通过计算机自动评审以下内容……是否存在不平衡报价情况……并指出不平衡报价、签订合同前应注意和澄清的事项。"

但应注意，上述招标管理办法的效力等级一般为部门规章或其他规范性文件，且各地区对规制不平衡报价的程度不一，由轻至重依次为提示、限制或作出负面评价、禁止。因此，在不存在《民法典》关于民事法律行为无效的情形下，违反招标管理办法的相关规定并不会直接影响中标效力或导致中标合同中的不平衡报价条款无效。若发包人在评标时未发现不平衡报价并与总承包人签订合同，在工程结算阶段提出招标过程中存在不平衡报价，并以违反地方招标管理办法为由主张不平衡报价条款无效的，裁判机关应不予支持。

同时，《民法典》第 151 条规定："一方利用对方处于危困状态、缺乏判断能力等情形，致使民事法律行为成立时显失公平的，受损害方有权请求人民法院或者仲裁机构予以撤销。"可见，当事人以"显失公平"为由请求撤销合同的，要以存在一方"处于危困状态、缺乏判断能力等情形"作为前提条件。不平衡报价作为投标报价的一种方式，在工程招投标实践中十分常见，属于投标人的市场行为，在法律行政法规未予禁止的情况下，应当认可其合理性。在发包人没有证据证明其在合同签订时存在"处于危困状态、缺乏判断能力等情形"的情况下，其以“显失公平”为由请求撤销合同的，应当不予支持。

如四川泸州中院(2017)川05民终183号认为：“在总价控制的招投标工程中，投标人根据工程量清单进行不平衡组价，是招投标行业的既有惯例。被上诉人投标时的报价是投标文件的组成部分，上诉人在确定中标单位之前，应当审查被上诉人的投标文件，包括包干总价及工程量清单对应的分部分项报价，上诉人确定被上诉人中标、并与被上诉人签订主合同、同时在主合同中约定工程变量执行被上诉人已有或者类似的分部分项报价的行为，足以证明上诉人认可被上诉人的分项分部工程报价。要判断是防腐工程报价是存在否显失公平或者重大误解，应当从整个被上诉人承包的工程量及工程价款来进行，而不是单就本案诉争防腐工程价款进行单独评价。在被上诉人明确表示同意按四川省2009定额下浮6%对整个工程进行重新结算而上诉人坚决表示不同意的情况下，上诉人单独就本案诉争防腐工程主张存在显失公平或者重大误解，明显没有相应的事实根据和法律依据。”

(二)不平衡报价的规范与限制

1. 工程量偏差时的调整

在工程实践中，通常会有一些原因如工程变更等，导致某些子项目的工程量偏差过大，超过了当事人在签订合同时的预期。如实际施工中一个子项目工程量较投标时有大幅度的增加，那么当总承包人在投标时运用不平衡报价的手段将该子项目的报价定的远高于正常价格，总承包人显然能获取更多的利益，但对于发包人而言，显然要负担更多的成本。相反，如总承包人对该子项目的报价远低于正常价格，那么对于总承包人而言可能就会出现亏损。虽然不平衡报价是当事人对合同履行的风险预估和自由安排，但如果不平衡报价导致了发、总承包人双方利益的严重不平衡，则有必要对其进行调整。

《2017版施工合同示范文本》通用合同条款第10.4.1项约定了“变更估价原则”，即“变更导致实际完成的变更工程量与已标价工程量清单或预算书中列明的该项目工程量的变化幅度超过15%的，或已标价工程量清单或预算书中无相同项目及类似项目单价的，按照合理的成本与利润构成的原则，由合同当事人按照第4.4款(商定或确定)确定变更工作的单价。”《2013版清单计价规范》第9.6.2条规定：“对于任一招标工程量清单项目，如果因本条规定的工程量偏差和第9.3条规定的工程变更等原因导致工程量偏差超过15%，调整的原因应当是工程量增加15%以上时，其增加部分的工程量的综合单价应予调低；当工程量减少 15% 以上时,减少后剩余部分的工程量的综合单价应予调高。"

上述两个文件将工程量的变化幅度标准确定为 15%,一方面在一定程度上尊重了当事人的意思自治,另一方面也平衡了当事人之间的利益。

例如,浙江丽水中院(2016)浙 11 民终 585 号认为:"案涉工程招投标时虽然未禁止不平衡报价,但仍应在合理范围内进行,本案中,上诉人承包案涉工程的负责人李敬松在招投标和增加工程量等方面采取了不正当的手段,明显存在恶意;上诉人不仅投标单价畸高,而且实际工程量比标底增加约 10 倍,上诉人的上述行为,不仅有违民事活动应遵循的诚实信用原则,更有损社会公共利益、扰乱社会经济秩序。一审法院对超投标范围 15% 以内工程量按中标价计算工程价款,对超投标范围 15% 以外工程量按鉴定机构重新组价下浮后造价 12880 元作为工程价款,并无不当。"

2. 合同解除时的调整

江苏高院《解答》第 8 条规定:"建设工程施工合同约定工程价款实行固定总价结算……建设工程仅完成一小部分,如果合同不能履行的原因归责于发包人,因不平衡报价导致按照当事人合同约定的固定价结算将对承包人利益明显失衡的,可以参照定额标准和市场报价情况据实结算。"

根据该处理原则反推可知:

(1)在总承包人报价"前低后高"时:①发包人原因导致合同解除的,因发包人过错导致合同未能履行给总承包人造成损失,可以按定额或市场价结算,以达到损失赔偿的效果;②总承包人或其他原因(非发包人原因)导致合同解除的,根据诚实信用原则,总承包人应受其意思表示拘束;③双方过错导致合同解除的,按照过错比例,将总承包人报价与市场价差额部分酌情分配。

(2)在总承包人报价"前高后低"时:①发包人原因或其他原因(非总承包人原因)导致合同解除的,发包人应受工程量清单价格拘束;②总承包人原因导致合同解除的,总承包人作为过错方,为避免对发包人利益失衡,可以参照定额标准或市场价据实结算;③双方过错导致合同解除的,按照过错比例,将总承包人报价与市场价差额部分酌情分配。

不平衡报价是以全部工程的通盘考虑为基础,但在施工合同解除后,因工程尚未全部完成,如果径直按照前期过高或过低的不平衡价格来结算价款,可能对发、承包一方当事人存在不公。但是人民法院或仲裁机构不能以存在不公径直调整合同价格,还需要考虑合同解除的原因,即当事人是否存在违约行为。

《民法典》第 566 条第 2 款规定:“合同因违约解除的,解除权人可以请求违约方承担违约责任,但是当事人另有约定的除外。”因此,在合同解除后,当事人仍然可以请求违约方承担违约责任。同时根据《民法典》第 584 条的规定,当事人一方不履行合同义务或者履行合同义务不符合约定时所承担的违约赔偿范围,包括合同履行后可以获得的利益。因此,对于合同中途解除后的不平衡报价调整可作以下分析:

(1)在总承包人报价“前低后高”时,总承包人前期施工价格所产生的“亏损差价”会通过后期施工的高价得到弥补。①在因发包人原因导致合同解除时,前期施工的“亏损差价”在法律上应体现为“履行利益”,总承包人可以要求发包人承担违约赔偿责任,按照定额或市场价进行结算。②在因总承包人原因导致合同解除时,总承包人作为违约方则无权要求发包人赔偿履行利益,应当按照合同约定进行结算。

(2)在总承包人报价“前高后低”时,总承包人前期施工价格过高,但发包人可以通过总承包人后期施工价格较低得到弥补。①在因总承包人原因导致合同解除时,发包人因总承包人前期施工相较于正常价格所多支付的差价,在法律上通用可以视为“履行利益”,发包人可以要求总承包人承担违约赔偿责任,按照定额或市场价进行结算。②在因发包人原因导致合同解除时,发包人作为违约方则无权要求总承包人赔偿履行利益,应当按照合同约定进行结算。

三、工程总承包合同解除后,存在不平衡报价的结算问题

工程总承包合同解除后,当事人就已完工程进行结算时,如果合同在约定总价的同时,还分别约定了设计费、建筑安装工程费、设备购置费、总承包其他费等各项价款,发包人或者总承包人认为在各项价款之间存在不平衡报价要求调整的,应当对存在不平衡报价承担举证责任。人民法院或者仲裁机构可以委托工程造价鉴定机构对于是否存在不平衡报价以及不平衡幅度出具专业意见。鉴定机构认定存在不平衡报价的,人民法院或者仲裁机构应区分解除合同的阶段以及造成合同解除的过错分别进行处理。需要指出的是,总承包人在投标文件中明确声明不存在不平衡报价,但是事实上又采取了不平衡报价的,因违反诚信原则,在合同解除时对于总承包人因存在不平衡报价要求调整价款的请求不应予以支持。

(一)设计阶段解除合同

1. 设计阶段因发包人原因解除合同,总承包人认为设计费约定过低要求调整,且设计费确实明显低于市场价格的,应当酌情予以调整。发包人认为设计费约定过高要求调整的,不予支持。这一处理规则贯彻了过错和公平原则。

实践中,工程总承包人可能会基于各种商业考虑,在投标时设计费用报价较低(甚至可能低于成本),而将施工阶段的建安费用报价提高,其利润主要在施工阶段获得。如果因为发包人的过错造成合同在设计阶段解除,此时工程总承包人即因发包人的过错丧失了在施工阶段因履行合同而获取利润的机会,而其按照合同约定能够获得的设计费用又远低于市场价格,这对于总承包人而言有失公平,因此应当允许对于合同约定的设计费用进行调整。同时,此种情形下并不是只要低于市场价格就进行调整,而是远低于市场价格,才能进行调整,我们建议不平衡幅度按照15%进行考虑。之所以将低于市场价格15%认定为远低于市场价格,是考虑到勘察设计行业的利润水平较低。据资料统计,2018年我国工程勘察设计企业利润率和净利率分别为4.7%和3.9%,较2011年分别下降了3.2%和2.5%,行业竞争程度上升,且行业整体向EPC、PPP业务拓展,从而拉低了整体利润率。① 另外,各企业之间会存在差异,我国目前工程总承包商的整体实力强于其他普通勘察设计企业,因而确定低于市场价格15%,应当进行调整,至于如何调整,应当结合案件具体情况酌情确定。关于设计费用的市场价格,2015年2月11日国家发展改革委发布《关于进一步放开建设项目专业服务价格的通知》(发改价格〔2015〕299号),全面放开工程勘察设计收费,实行市场调节价。2016年1月1日国家发展和改革委员会《关于废止部分规章和规范性文件的决定》(发改委令第31号)废止了《工程勘察设计收费管理规定》(计价格〔2002〕10号)及其附件《工程设计收费标准》(以下简称《2002版设计收费标准》)。中国勘察设计协会建筑设计分会于2015年9月发布《建筑设计服务计费指导》,为设计费用实行市场价格提供了参考依据。实践中,部分工程项目发承包双方仍然约定适用《2002版设计收费标准》中规定的计费标准。这两种计费标准内容大同小异,人民法院或仲裁机构审理案件时均可以作

---

① 《2018年我国工程勘察设计企业共实现营业收入5.19万亿元,行业保持高速增长态势,总体呈回暖趋势》,载中国产业信息网:https://www.chyxx.com/industry/201908/771803.html,2020年2月19日最后访问。

为设计费市场价格的参考。基于过错原则,对发包人提出设计费用过高的调整要求,则不予支持。

2. 同理,在设计阶段由于总承包人的过错造成合同解除,总承包人认为设计费用过低要求调整的,不予支持。发包人认为设计费约定过高要求调整,且设计费确实高于市场价格超过15%的,应当予以调整。

(二)施工阶段解除合同

1. 工程总承包合同在施工阶段解除,由于工程总承包合同固定总价的特点,可以参照固定总价的施工合同解除进行结算。如前条文所述,可采用两种"按比例折算"方式确定已完工程价款。但如果施工阶段因发包人原因解除合同,总承包人认为建安部分完成比例较低,合同不能履行的原因归责于发包人,因不平衡报价导致按照当事人合同约定的固定价结算将对总承包人利益明显失衡的,可以委托造价鉴定,参照定额标准和(或)市场报价情况据实结算。对于如何确定完成比例较低,应个案裁量,我们建议对于房屋建筑一般可以施工到±0作为标准。当然,对于"半拉子"工程,如果双方均同意按实结算的,系双方真实意思表示,可予准许。[①] 而对于明显失衡如何量化,我们也建议按照15%的标准进行考量。之所以将明显失衡的标准也定为15%,一方面是参照上述勘察设计费阶段解除的情况,另一方面也借鉴了《2013版清单计价规范》第9.6.2条关于工程量偏差超过或者减少15%,进行价格调整的规定。

同样基于过错原则,施工阶段由于发包人原因解除合同后,发包人认为工程总承包合同建筑安装工程费中各分部分项存在不平衡报价导致按照合同约定的价格结算将对发包人利益明显失衡要求调整的,不予支持。

2. 同理,工程总承包合同在施工阶段因总承包人原因解除合同,发包人认为工程总承包合同建筑安装工程费中各分部分项存在不平衡报价导致按照合同约定的价格结算将对发包人利益明显失衡的,法院或仲裁庭可以委托造价鉴定机构进行鉴定,参照定额标准和(或)市场报价情况据实结算。总承包人认为工程总承包合同建筑安装工程费中各分部分项存在不平衡报价导致按照合同约定的价格结算将对总承包人利益明显失衡要求调整的,不予支持。

(三)合同解除时设计和施工阶段无法区分的情形

由于工程总承包设计和施工深度融合的特性,部分项目在合同解除时可能

---

① 潘军锋:《建设工程价款结算审判疑难问题研究》,载《法律适用》2019年第5期。

无法明确区分工程处于设计阶段还是施工阶段,此时,如果一方当事人已经证明确实存在不平衡报价并要求调整合同价款的,人民法院或者仲裁机构可以依据不平衡报价的幅度、解除合同的过错,并结合公平原则进行裁判。

第五章　优先受偿权

第 5.1 条　【工程总承包人依据《民法典》第八百零七条的规定主张工程价款优先受偿权的处理】工程总承包合同的总承包人依据《民法典》第八百零七条规定主张建设工程价款优先受偿权的,应予支持。

【条文主旨】

本条是关于工程总承包合同的总承包人是建设工程价款优先受偿权适格权利主体的规定,其有权依据《民法典》第 807 条(《合同法》第 286 条)的规定主张权利。

【理解与适用】

《民法典》第 807 条规定的建设工程价款优先受偿权适用于建设工程合同。《建设工程司法解释(二)》第 17 条规定,将有权主张建设工程优先权的主体限定为"与发包人订立建设工程施工合同的承包人"。

实务中,与建设工程发包人直接建立承发包关系的总承包人通常包括施工总承包人和工程总承包人。因前述最高法院司法解释规范的对象为建设工程施工合同,因此其规定中的"与发包人订立建设工程施工合同的承包人"主要是指施工总承包人,而对于是否包括工程总承包人则语焉不详。比较而言,施工总承包模式下,工程承包范围仅为施工内容,而依照《房建市政工程总承包管理办法》第 3 条的规定,工程总承包模式中的承包范围则包括工程设计 + 采购 + 施工(即 EPC 总承包)和工程设计 + 施工(即 DB 总承包)两类。

实践中,对于工程总承包合同的性质存在一定的争议。有观点认为,按照合同法相关规定,建设工程合同包括勘查、设计、施工合同,发包人可以与总承包人订立建设工程合同，也可以分别与勘察人、设计人、施工人订立勘察、设计、施工承包合同，工程总承包合同包含设计、施工的内容，故应当属于建设工程合同。也有观点认为，建设工程合同法律关系不能涵盖工程总承包合同全部内容，双方约定的工作范围不仅包含土建施工、设备安装施工等工程建设内容，而且包含大量采购、调试、服务等内容，符合承揽合同所要求的承揽人按照定作人的要求完成工作，交付工作成果的特征，应认定为承揽合同。还有观点认为，工程总承包合同涉及内容比较广泛，将其定性为建设工程合同、承揽合同或买卖合同任何一种有名合同都不准确，应属于无名合同，具体可以参照最相类似的合同处理。

工程总承包合同无论采用 EPC 还是 DB 模式，其合同目的均是由承包人为发包人提供符合要求的建设工程，最终建设成果均是向发包人移交包含地上建筑物、构筑物的项目成果，最终的建设工程中包含承包人物化的劳动，在根本意义上包含建设工程施工合同的特征。退一步讲，仅基于工程总承包合同的承包范围包含建设工程施工的内容，工程总承包人成为建设工程优先权的适格权利主体也是毋庸置疑的，其有权就其完成的建设工程折价、拍卖的价款优先受偿。该观点已有生效判决予以支持，如最高院（2017）最高法民终 894 号认为，EPC 工程总承包人对涉案工程享有优先受偿权，其法律依据为《民法典》第 807 条（《合同法》第 286 条）的规定。

第 5.2 条 【就设计部分的价款主张工程总承包价款优先受偿权的处理】发包人以设计费用不属于建设工程价款优先受偿的范围提出抗辩的，不予支持。

【条文主旨】

本条是关于工程总承包合同下建设工程价款优先受偿的范围是否包含设计费用的规定，设计费用不宜被排除在优先受偿的担保债权范围之外。

【理解与适用】

工程总承包合同的承包范围包括设计工作，实务中的争议在于工程款中对应的设计费用是否包含在建设工程价款优先受偿的范围之内。

有观点认为,《建设工程司法解释(二)》第17条规定将有权主张建设工程优先权的主体限定为施工合同的承包人,第21条将优先受偿的范围限定为建设工程价款,其目的在于解决施工合同中严重的工程款拖欠,特别是作为弱势群体的建筑工人的工资利益保护问题,而设计人并不在该条文保护的辐射范围之内。实务中的通说也认为建设工程设计的承包人不是建设工程优先权的主体。如安徽高院《意见》第16条规定:工程勘察人或设计人就工程勘察或设计费主张优先受偿权,不予支持。广东高院《适用286条意见》第3条规定:《合同法》第286条所规定的建设工程价款优先受偿权适用于建设工程施工合同。

我们认为,上述观点有一定的道理,但似乎忽视了施工总承包和工程总承包两种不同承包模式的区别,工程总承包合同中的设计费是建设工程价款的一部分,不宜被排除在建设工程价款优先受偿的范围之外。具体理由如下:

1. 工程总承包合同虽然也包含设计工作,但其合同目的与建设工程设计合同并不相同。在施工总承包模式下,发包人就建设工程的勘察、设计、施工分阶段分别进行发包,分别签订勘察、设计和施工合同。此时,设计合同的目的是设计人为发包人提供合格的设计文件,为此后的工程施工提供设计依据。设计人的智力劳动最终凝聚成的成果是设计文件,而非建设工程实体,设计人的设计费债权与施工人的工程款债权是相互独立的。而在工程总承包模式下,合同目的是承包人为业主提供符合其要求的建设工程,承包人交付的最终产品是建设工程,其中的设计工作只是实现合同目的的手段,产生的设计文件也是实现合同目的的一个具体环节,作为向发包人交付的建设工程也是承包人设计工作的最终成果。

2. 与施工总承包相比,工程总承包人的价值主要体现在对工程的设计、采购和施工的组织实施采用统一策划、统一组织、统一指挥、统一协调的全过程控制和管理,在满足发包人要求的基础上使发包人投资利益最大化,因此工程总承包人的设计、采购、施工是一个紧密联系的整体行为,与传统的先设计、再施工的模式存在显著差别。工程总承包模式下,承包人进行设计与施工的目的相同,工作融合、交叉程度很高,设计行为可能随着工程的施工不断进行优化、深化,甚至贯穿于工程的始终,设计工作所形成的债权与工程施工债权属于同一法律关系,密不可分。

3. 实践中许多工程总承包合同并不单独约定设计费用的具体金额,而是将其包含在整个合同的固定总价中,承发包双方有时在结算中也不将设计费用单独列项，设计费用的数额难以准确确定或者从工程款中予以合理拆分，因此将设计费用一概排除在优先受偿范围之外在实践中往往不具有可操作性，一概通过鉴定的方式予以拆分既不经济，也未必合理。

4. 司法实务中对于工程总承包人主张建设工程价款优先受偿的范围包含设计费用持肯定态度，已有生效判例予以支持。如黑龙江高院（2012）黑民初字第3号认为，EPC工程总承包人对涉案工程享有优先受偿权，且优先受偿的范围包含了勘察设计费用。

第5.3条 【工程总承包项下的分包人或实际施工人代位行使工程总承包人工程价款优先受偿权的处理】与工程总承包人具有施工合同关系的分包人、实际施工人，根据《民法典》第八百零七条规定向发包人请求其承建工程的价款就工程折价或者拍卖的价款优先受偿的，不予支持。

总承包人怠于行使建设工程价款优先受偿权，影响前款施工分包人、实际施工人债权实现的，分包人，实际施工人可依据《民法典》第535条、第537条的规定，在其承建工程价款范围内可以向发包人主张优先受偿权。

与发包人直接签订施工分包合同的分包人，就其承建工程的价款向发包人主张建设工程价款优先受偿权的，应予支持。与发包人直接签订设计、采购分包合同的分包人，就其分包工程的价款向发包人主张建设工程价款优先受偿权的，不予支持。

【条文主旨】

本条是关于工程总承包模式下分包人、实际施工人是否享有建设工程价款优先受偿权的规定。

【理解与适用】

一、优先受偿权的权利主体

优先受偿权的权利主体是指根据《民法典》第807条的规定，在建设工程合同的发包人未按约定支付价款情况下，可以就该建设工程折价或者拍卖的价款享有优先受偿权利的主体。

《民法典》第 807 条规定:“发包人未按照约定支付价款的,承包人可以催告发包人在合理期限内支付价款。发包人逾期不支付的,除根据建设工程的性质不宜折价、拍卖外,承包人可以与发包人协议将该工程折价,也可以请求人民法院将该工程依法拍卖。建设工程的价款就该工程折价或者拍卖的价款优先受偿。”

建设工程价款优先受偿权是一种法定的优先权,顺位上优于不动产抵押权,且不以占有或者登记为公示要件,这就使权利主体范围的界定尤为重要。由于《民法典》第 807 条对建设工程价款优先受偿权的规定较为原则,实践中对其权利主体范围产生了诸多争议:与发包人签订了工程总承包合同的工程总承包人属于该权利主体当无异议,但分包人、实际施工人等主体是否属于该权利主体,均存在较大争议。

工程总承包合同的内容通常都包括设计、采购和施工等内容,因此工程总承包合同项下的分包就不仅仅是指施工分包,还包括设计分包和采购分包。在讨论分包人是否享有优先受偿权的时候,还应当对施工分包、设计分包、采购分包进行区分。

二、与总承包人具有施工合同关系的分包人、实际施工人是否享有建设工程价款优先受偿权

1. 基于合同相对性原则,与总承包人具有施工合同关系的分包人、实际施工人一般不得直接向发包人主张建设工程价款优先受偿权。

《建设工程司法解释(二)》第 17 条规定:“与发包人订立建设工程施工合同的承包人,根据合同法第二百八十六条规定请求其承建工程的价款就工程折价或者拍卖的价款优先受偿的,人民法院应予支持。”依据该规定,只有与发包人订立了施工合同的总承包人才是建设工程价款优先受偿权的权利主体。与总承包人具有合同关系的分包人、实际施工人,因其与发包人之间不存在合同关系,基于合同相对性原则,发包人对分包人、实际施工人不存在直接支付工程款的义务。基于建设工程价款优先受偿权的从属性,分包人、实际施工人自然无权直接向发包人主张建设工程价款优先受偿权。工程总承包与施工总承包在此问题上并无不同,亦应参照该规定适用。

2. 总承包人怠于行使建设工程价款优先受偿权,影响施工分包人、实际施工人工程款债权实现的,与总承包人具有施工合同关系的分包人、实际施工人可以向发包人主张建设工程价款优先受偿权。

《民法典》第535条规定:因债务人怠于行使其债权或者与该债权有关的从权利,影响债权人的到期债权实现的,债权人可以向人民法院请求以自己的名义代位行使债务人对相对人的权利,但是该权利专属于债务人自身的除外。代位权的行使范围以债权人的到期债权为限。债权人行使代位权的必要费用,由债务人负担。相对人对债务人的抗辩,可以向债权人主张。

《合同法》第73条规定代位权的行使范围以债权人的债权为限。《民法典》第535条将其扩展为债务人的债权及与该债权有关的从权利。建设工程价款优先受偿权性质上属于优先权,系工程款债权的从属性权利,应当属于可以行使代位权的权利。因此,如果总承包人怠于行使建设工程价款优先受偿权,影响施工分包人、实际施工人工程款债权实现的,与总承包人具有施工合同关系的分包人、实际施工人可以依据前述民法典的规定行使建设工程价款优先受偿权。当然,施工分包人、实际施工人可以行使优先权的债权范围以其承建工程总承包人欠付工程款为限。同时,发包人对总承包人的抗辩,均可以向施工分包人、实际施工人主张。

《民法典》第537条规定:"人民法院认定代位权成立的,由债务人的相对人向债权人履行义务,债权人接受履行后,债权人与债务人、债务人与相对人之间相应的权利义务终止。债务人对相对人的债权或者与该债权有关的从权利被采取保全、执行措施,或者债务人破产的,依照相关法律的规定处理。"根据该条规定,如果施工分包人、实际施工人的代位权成立,则发包人应当向施工分包人、实际施工人支付相应的工程价款。发包人未支付工程价款的,则施工分包人、实际施工人可以根据《民法典》第807条的规定向发包人主张享有建设工程价款优先受偿权。

三、与发包人直接签订分包合同的分包人是否享有建设工程价款优先受偿权

工程总承包合同的内容一般包括设计、采购和施工等内容。实践中,在工程总承包合同项下,与发包人直接签订分包合同的分包人一般包括设计分包人、采购分包人和施工分包人等。其中,发包人直接签订分包合同将部分工程交由分包人施工,双方之间系建设工程施工分包法律关系,如发包人欠付工程款,施工分包人依据前述《建设工程司法解释(二)》第17条的规定向发包人主张建设工程价款优先受偿权应当予以支持。但是,如果发包人直接签订分包合

同将工程的设计工作或设备采购工作交由分包人完成,双方之间系工程设计合同或买卖合同法律关系,分包人享有的是设计费或设备采购款债权,在发包人未按期支付相应款项的情况下,设计分包人、采购分包人直接向发包人主张建设工程价款优先受偿权似缺乏实体法上的依据,不应当得到支持。

第 5.4 条 【总承包联合体行使工程价款优先受偿权取得的价款,不足清偿全部总承包价款的,联合体成员之间分配价款的规则】工程总承包联合体行使工程价款优先受偿权所取得的工程价款,不足以清偿全部总承包价款的,联合体成员之间对此没有约定的,应按各方应取得价款的比例进行分配。

联合体任何一方已取得价款超过其应得比例的,其他联合体成员有权要求其予以返还。

【条文主旨】

设计及采购费用是否包括在工程总承包合同价款优先受偿权范围之内,目前争议较大。本条规则认为工程总承包联合体通过主张工程价款优先权所取得的工程价款,一般包括了设计及施工费用,因此联合体成员可以要求对所取得的款项进行分配。

如果所取得的款项不足以清偿全部债务时,联合体成员之间则存在如何进行分配的问题。如联合体协议有约定,则按约定分配;没有约定的,应该按各个联合体成员所应当获得的工程价款的比例进行分配。

在实践中,可能出现一方联合体成员已经收取了超过其应得份额价款的情况,此时,其他联合体成员有权要求多收取款项的联合体成员就多收取的部分予以返还。

【理解与适用】

一、总承包联合体通过主张工程价款优先受偿权方式所取得的工程价款不局限于施工部分价款

讨论总承包联合体对于通过优先受偿权取得的价款不足而分配的问题,首先需要明确的一点是，工程总承包合同中的设计价款或采购价款是否可以通过主张优先受偿权的方式而获得，或者说通过主张优先受偿权的方式所取的价款中是否包括设计及采购部分的价款，如果答案是肯定的，才有进一步讨论如何在联合体内部进行分配的可能；如果答案是否定的，只有施工部分的价款可以主张优先受偿权的话，下一步的分配问题自然无从谈起。

（一）设计费用是否属于优先受偿权范围

首先，对于设计费用是否应含在工程价款优先受偿权范围之内，因在传统施工总承包语境下，部分观点认为设计费用不可以主张优先受偿权，如浙江高院《优先权解答》第 6 条第 2 款规定："工程勘察人或设计人就工程勘察或设计费主张优先受偿权的，不予支持。"因此，在工程总承包中，有观点认为应根据设计款在工程总承包价款中是否可分作为工程总承包中设计费用是否能够主张优先受偿的判断标准，如果设计费可分，则应该从优先受偿权范围中剔除。

多数观点则认为，从体系解释的角度，设计合同属于建设工程合同，本身即可主张优先受偿权，因此在工程总承包人主张优先受偿权时当然应该包括设计费用。如有观点认为："鉴于建设工程优先受偿权源于《合同法》的规定，因此从文义解释与体系解释入手进行分析。《合同法》第十六章标题为建设工程合同。该章项下首个条文开宗明义，第二百六十九条规定，'建设工程合同是承包人进行工程建设，发包人支付价款的合同。（第一款）建设工程合同包括工程勘察、设计、施工合同。（第二款）'从文义解读，该条的'承包人'属于广义概念，显然包括了勘察合同的勘察人、设计合同的设计人以及施工合同中的施工人。从体系解释，同一章节上下文中的'承包人'语词含义应当保持一致。同法第二百七十二条第一款规定，发包人可以与总承包人订立建设工程合同，也可以分别与勘察人、设计人、施工人订立勘察、设计、施工承包合同。可见，该条第一款第一句明确规定了 EPC 工程总承包模式，第二句规定了分别发包即分体式的施工（总）承包。第二百八十六条规定，发包人未按照约定支付价款的，承包人可以催告发包人在合理期限内支付价款。发包人逾期不支付的，除按照建设工程的性质不宜折价、拍卖的以外，承包人可以与发包人协议将该工程折价，也可以申请人民法院将该工程依法拍卖。建设工程的价款就该工程折价或者拍卖的价款优先受偿。综上分析，第二百八十六条中优先受偿权的'承包人'，文义上涵盖了设计(承包)合同中的设计人。”①

其次,对于设计费用应该属于工程价款优先受偿权范围的另一个解释的角度是,无论是工程总承包合同还是施工总承包合同,设计的成果总是通过施工物化于工程之上,即便我们在施工总承包的语境下讨论这个问题,在建筑物拍卖变卖之时,也不可能将其中的设计和施工各对建筑物作出了多少份额的贡献区分开来,因此,在工程总承包合同标的物拍卖变卖折价之时,其中必然包含设计人的工作成果,如果此时不允许就设计费用主张优先受偿权显然从逻辑上是存在问题的。

(二)采购费用是否属于优先受偿权范围

与设计费用相比,工程总承包合同中的采购费用是否属于优先权范围则存在更大的争议。从上述对设计费用属于优先受偿权范围的各种理由来看,如果采用体系解释的方法,那么买卖合同显然不属于建设工程合同项下;如果用通过施工物化于工程这个理由,则也难以解释在施工占比非常小甚至没有施工内容的工程总承包合同中应如何处理的问题。

有少数观点认为,工程总承包项下的设备等采购和施工总承包中施工人自购的材料用于工程之中,在法律性质上并无区别,既然允许施工总承包合同中施工人采购的材料在工程中一并主张优先受偿权,自然也应该允许就工程总承包中的设备主张优先受偿权。但这种观点首先一个不确定之处即在于,施工总承包中的少量施工人自购材料和工程总承包中的设备等采购,究竟是否应该适用同样的法律规范解决。因为在工程总承包中,关于设备采购的部分,我们总是优先适用买卖合同相关法律规范,而在施工总承包中少量的采购,一般会吸收入施工合同法律关系一并处理。

在目前工程总承包合同法律性质及适用法律规范存在较大争议的情况下,从实践层面来讨论采购部分是否已物化于工程,是否可以从工程中独立出来,似乎是目前在没有定论的情况下相对合适的办法。如果采购的设备等还没有在工程上进行安装,独立于工程,则此时设备还属于承包人控制下,承包人可直接主张抗辩权拒绝交付,无须再适用优先受偿权制度予以保护;如果采购的设备等已经安装,与工程形成一个整体,则此时可以采用与设计费用类似的思路,

---

① 王琦:《EPC 模式下的建设工程优先受偿权问题探析》,载不动产法帮:https://mp.weixin.qq.com/s/C3wzdMek1FShgaWxW5t7fA,2020 年 7 月 25 日最后访问。

在工程拍卖变卖折价时因无法区分采购费用,此时采购费用应当一并予以优先受偿。

二、工程价款不足以清偿所有联合体成员时如何分配

联合体的法律性质目前没有准确的定性,传统上多采用“合伙型联营”的观点,但在《民法典》中并没有规定联营合同,仅规定了合伙合同,但联合体通常情况下各方的意思显然不是共担风险、共享收益,与合伙合同的特征有较为明显的区别。有观点认为,联合体成员必须一起向发包人履行债务,而发包人也仅能请求全部联合体成员一起履行债务,因此属于不可分之债中的协同之债的类型。虽然我国传统上按份之债和连带之债的划分方法没有给协同之债留下操作空间,但该观点对于我们判断联合体的责任划分、利益分配等还是具有参考价值的。

联合体成员虽对发包人连带承担债务,但根据联合体协议,其每一个成员的债务实际上是独立的,每一个成员也是根据自己的工作收取对应的款项。因此,完全可以将发包人对联合体成员的债务视为对同一债权人(即联合体)负担的数项债务,其特点仅仅在于该债务应当由联合体成员一并要求履行而已。

根据《民法典》第560条的规定,“债务人对同一债权人负担的数项债务种类相同,债务人的给付不足以清偿全部债务的,除当事人另有约定外,由债务人在清偿时指定其履行的债务。债务人未作指定的,应当优先履行已经到期的债务;数项债务均到期的,优先履行对债权人缺乏担保或者担保最少的债务;均无担保或者担保相等的,优先履行债务人负担较重的债务;负担相同的,按照债务到期的先后顺序履行;到期时间相同的,按照债务比例履行”。

对于联合体成员的数项债务而言,其既然应当一并履行,则其到期顺序、担保、负担等显然是一致的,唯一有区别的只有各个债务的数额不同,因此,在发包人的给付不足以清偿全部债务之时,如联合体成员就此没有约定,应按联合体各个成员债务的比例,即其应得价款的数额之比例而履行。如某一联合体成员所收取的价款已经超过了其应得份额,其他联合体成员有权要求其返还多收取的工程价款。

第六章　质　量

第 6.1 条　【工程总承包模式下工程质量缺陷标准的认定】工程总承包模式下,发包人以工程总承包项目质量存在下列情形之一而主张工程质量缺陷的,应予支持:

(1)不满足设计文件的要求;

(2)不满足施工任务书(技术标准)的要求;

(3)不满足合同约定或发包人的要求;

(4)不满足工程项目功能和性能要求;

(5)不满足工程建设强制性标准的要求;

(6)违反法律法规强制性规定的要求。

发、承包人就工程总承包项目质量标准约定不明的,一方当事人请求参照《民法典》第五百一十一条第一项确定质量标准的,应当予以支持。

【条文主旨】

工程质量是工程总承包合同的核心内容之一,工程总承包模式下的工程质量缺陷与传统施工总承包模式下的工程质量缺陷在认定上有着较大区别。在工程质量概念上,工程总承包模式下的工程质量边界要大于施工总承包模式下的工程质量,其不仅包含所形成的工程实体质量要求的内涵,还包含形成工程实体质量过程中所涉及的所有环节工作的工作质量,以及实现工程总承包合同预期目的要求的质量内涵。本条明确了认定工程总承包模式下工程质量缺陷的六种情形,并对第四种工程总承包模式下比较特殊的缺陷认定情形进行了深入的探讨。

【理解与适用】

一、工程总承包模式下工程质量的内涵

工程质量存在广义和狭义的两个概念。狭义概念上的工程质量是指工程实体的质量。在传统施工总承包模式下，狭义工程质量的概念是指工程的等级要求，通过设计图纸和施工说明书、施工技术标准加以确定[①]。《建筑工程施工质量验收统一标准》(GB 50300－2013)(已失效)对于施工质量等级进行了"合格"与"不合格"的划分。因此，传统施工总承包模式下，按照《建筑工程施工质量验收统一标准》(GB 50300－2013)所确定的"合格"标准为狭义工程质量(工程实体质量)的最低要求。

《建筑法》第55条规定："建筑工程实行总承包的，工程质量由工程总承包单位负责，总承包单位将建筑工程分包给其他单位的，应当对分包工程的质量与分包单位承担连带责任。分包单位应当接受总承包单位的质量管理。"第58条规定："建筑施工企业对工程的施工质量负责。建筑施工企业必须按照工程设计图纸和施工技术标准施工，不得偷工减料。工程设计的修改由原设计单位负责，建筑施工企业不得擅自修改工程设计。"《建设工程质量管理条例》第26条规定："……建设工程实行总承包的，总承包单位应当对全部建设工程质量负责……"第28条第1款规定："施工单位必须按照工程设计图纸和施工技术标准施工，不得擅自修改工程设计，不得偷工减料。"

《建筑法》《建设工程质量管理条例》等对于传统承包模式下的工程质量提出了要求，即工程质量应符合工程设计图纸、施工技术标准、国家有关建设工程安全标准、法律法规等，这是现行法律法规对于传统模式下工程质量内涵的一种诠释。

显然，工程总承包模式下的工程质量内涵与传统模式下工程质量的内涵存在一定的差异。根据《房建市政工程总承包管理办法》第3条有关工程总承包的定义，工程总承包的范围涵盖工程设计、采购、施工或者设计、施工等阶段，并对工程的质量、安全、工期和造价等全面负责的工程建设组织实施方式。又根据《房建市政工程总承包管理办法》第9条的规定，发包人应在招标文件中列明

---

① 胡康生主编：《中华人民共和国合同法释义》，法律出版社1999年版。

项目的目标、范围、设计和其他技术标准,包括对项目的内容、范围、规模、标准、功能、质量、安全、节约能源、生态环境保护、工期、验收等的明确要求。

换言之,工程总承包人应向发包人提供一个能满足合同约定并符合约定预期目标的工程项目。同样的,FIDIC 银皮书 4.1 款规定,EPC 模式下的承包商在竣工时,工程应能满足合同规定的工程预期目标。除此之外,工程还要满足雇主要求或合同隐含要求的任何工作以及(合同虽未提及但)为工程稳定、完成、安全和有效运行所需的所有工作。

由此可见,对于工程总承包模式而言,其质量责任的范围因责任主体数量的增多而有所延伸,如果仍以是否按工程设计图纸施工或是否按施工技术标准作为评定其履行质量责任的标准,则难以适用。换言之,就工程质量在工程总承包模式下的内涵,不能机械地将原设计、施工、勘察等主体质量要求进行简单的叠加,而应是在探讨工程总承包模式与传统施工总承包模式本质差异的基础上进行工程总承包模式下质量内涵的探讨,即由"按图施工"转变为"按约施工"后,质量内涵所发生的变化。

因此,工程总承包模式下,其质量内涵不仅应包含原传统模式下设计、施工质量的内涵,还应包含(合同虽未提及但)为工程稳定、完成、安全和有效运行所需的与工程质量相关的其他要求,其内涵边界则是工程性能与功能的要求。进一步来说,可以认为工程总承包模式下,工程质量是一种广义概念上的工程质量,即不仅包含工程实体质量的概念,还包含形成这一工程实体并为达到合同预期目的的所有环节的质量要求。

二、工程总承包模式下工程质量缺陷的认定标准

工程总承包模式下工程质量要求是基于传统模式下设计、施工质量要求基础上做的延伸。因此,除了涵盖传统模式下设计、施工质量要求外,还包括工程项目的功能和性能要求。这里的功能是指使用功能,即能达到发包人对于该建设项目的使用目的。这里的性能是指性能保证指标,包括(但不限于)产能性能指标、环保性能指标、安全性能指标等。因此,本部分内容仅对工程质量为何要包含项目的功能和性能要求进行论述。

勘察、设计的质量是决定整个建设工程质量的基础,如果勘察、设计的质量存在问题,整个建设工程质量也就没有保障,因此工程的勘察、设计必须符合质量要求。进一步来说,可以理解为,作为勘察、设计人对于所提交的建设工程的

勘察、设计文件应当符合以下要求：

1. 符合有关法律、行政法规的规定；

2. 符合建设工程质量、安全标准；

3. 符合建设工程勘察、设计的技术规范；

4. 符合合同的约定。

这里需要说明的是，勘察、设计文件是对工程性能和功能的具象诠释，也是工程功能和性能的一项载体性文件，在符合法律、行政法规的规定和有关质量、安全标准的前提下，还应当符合勘察、设计合同约定的特殊质量要求，如发包人对勘察设计工作提出的标准要求，发包人对于工程最终功能实现的预期等。相似的，建设工程的施工人为保证工程的施工质量，必须做到严格按照工程设计图纸和施工技术标准施工，不得偷工减料。工程设计图纸是设计单位根据工程的功能、质量等方面的要求所作出的设计工作的最终成果，其中的施工图是对建设工程的建筑物、设备、管线等工程对象的尺寸、布置、选用材料、构造、相互关系、施工及安装质量要求的详细图纸和说明，是指导施工的直接依据。进行建设工程的各项施工活动，包括土建工程的施工、给排水系统的施工、供热供暖系统的施工等，都必须按照相应的施工图纸的要求进行。建设工程施工人除必须严格按照工程设计图纸施工外，还必须按照建设工程施工的技术标准的要求进行施工。只有严格履行上述质量义务，施工人才能保证最终完成的工程符合发包人的预期。因此，作为工程总承包人，同时承担设计质量义务和施工质量义务，也即承担着以建设项目的性能与功能为目标的质量义务。

从另一个角度看，在传统施工总承包模式下，勘察、设计、施工、监理各自为营，均听从于业主指令，因此业主对于工程具有绝对的控制力。在工程项目实施中，一旦出现不符合业主预期的情形，可随时纠偏。但工程总承包模式下，总承包人承担着设计（或勘察）、施工、采购、试运行等多项任务，发包人对于工程的控制力被弱化，在此种情况下，如果仅要求总承包人按照工程建设标准或约定的质量要求承担质量责任，显然对发包人不公。作为发包人而言，其采用工程总承包建设模式的初衷即希望最终接收的工程能达到预期的功能和性能目标。当然，这里的功能和性能也应当与既定的建设项目相匹配，如发包人初衷是想建一座发电站，但最终交付的发电站不能实现发电功能，这显然是违背了发包人的初衷，或者可以理解为承包人并未向发包人交付一件合格的工程产品，当然应承担相应的质量缺陷责任。

FIDIC 系列合同中,有关第 4.1 条(承包人的一般义务)和第 5.4 条(技术标准和法规),指出承包人负责的设计、施工、承包商文件(包括设计图纸、竣工记录、运维手册等)应符合合同规定和项目所在国的法律要求、技术标准和规范及合同约定的其他技术标准,工程竣工后应符合预期使用目的(FFP)①。这是 FIDIC 系列合同对于工程总承包项目的质量提出的总体要求。

三、工程总承包模式下工程性能要求的理解与认定

(一)性能标准的理解

FIDIC 合同范本里"performance criteria"被翻译为性能标准,在合同范本中也多次使用"performance criteria"的概念。设定"performance criteria"的概念,主要是为了检验工程竣工后是否达到了发包人预期的性能标准。通常情况下,发包人可以将"performance criteria"的具体要求写入性能保证表。

对于 FIDIC 的性能标准,可以从三个概念层级进行理解:第一个概念层级的性能标准是发包人(预期的)性能标准,即 FIDIC 合同范本里提到的"performance criteria specified in the Employer's Requirements"。第二个概念层级的性能标准是发包人最低可接受的性能标准,即 FIDIC 合同范本里提到的"minimum acceptable performance criteria"。第三个概念层级是(项目本身的)最低性能标准。即当没有相应的标准约定或描述时,应满足项目本身最低的性能标准,即 2017 版 FIDIC 合同范本里提到的"fit for their ordinary purpose(s)",详见表 1。

表 1 性能标准的层级概念释义

性能层级	性能定义	FIDIC	释义
最低层级	(项目本身的)最低性能标准	fit for their ordinary purpose(s)	目标对象本身固有的、内在要求,无须约定
发包人可接受的最低层级	最低(可接受的)性能标准	minimum acceptable performance criteria	发包人最低可接受的标准,需要约定

① 陈勇强、吕文学、张水波等编著:《FIDIC 2017 版系列合同条件解析》,中国建筑工业出版社 2019 年版,第 58 页。

续表

性能层级	性能定义	FIDIC	释义
目标层级	(预期的)性能标准	performance criteria specified in the Employer's Requirements	发包人预期的性能标准,需要约定

(二)性能标准的维度划分

采用工程总承包模式的建设项目,特别是对于机电工程项目而言(或者以机电工程作为主要组成部分的建设工程项目,如部分新基建项目),常要求工程完工后达到某一性能标准。这里的标准并非仅指某一项具体的规范标准,而是对于某些关键项的性能要求,可以是针对具体某一类设备(或部件),也可以是某一系统、某一单位工程,当然还可以是针对整体(或区段工程)建设项目,如表2所示。

表2 性能标准的维度划分

维度	性能项	示例	性能指标示例
设备(或部件)	设备性能	柴油发电机	如:柴油机的转速、输出功率、电压等
系统	系统性能	供配电系统	如:电能利用效率
单位工程(子单位工程)	集成系统性能	微模方①	如:抗震性能、装机率、PUE
单项工程(整体工程)	生产能力、环保指标、安全级别等	垃圾处理站、污水处理厂	如:日处理垃圾吨数、污水处理厂的出水水质标准

备注:某些工程的性能要求,与其可依赖的基本物理输入条件相关,如水处理厂的原水水质标准对于出水水质则有较大影响性。

由表2可知,对于性能标准要求的对象可以是多个维度,而不同维度的对象所依赖的性能评价指标也将体现相应的维度性。如对于某一类设备的性能指标,则其性能要求可能仅来源于与该设备密切相关的单一标准规范。而对于

① 微模方是中国移动通信集团设计院自主研发,为解决单层仓储式机房高大空间利用率不足,在业界首创的一种双层双联微模块产品,可为ICT设备提供实现独立运营功能的一种标准化模块单元。

某一个单项工程(整体项目)而言,则其性能要求可能来源与本项目及本项目关键指标相关的数个标准规范,因此其性能指标的体现也存在多维度性和综合性。这便需要发包人将性能的具体要求及相应的依据写入性能指标保证表。

(三)工程总承包模式下质量缺陷内涵的边界的讨论

《工程质量保修办法》第3条指出,本法所称的质量缺陷,是指房屋建筑工程的质量不符合工程建设强制性标准以及合同的约定。工程总承包模式下,特别是针对工业建设项目,发包人往往会对性能标准提出专门的要求,显然合同里约定的性能要求应属于质量内涵的一部分。

然而,当出现2017版FIDIC合同里提及的情形,例如:没有相应的标准约定或描述时,作为工程总承包商仍应满足项目本身最低的性能标准。对于此时的“(项目本身的)最低性能标准”是否属于质量内涵的范畴需要进一步的讨论。笔者认为,“(项目本身的)最低性能标准”是建设项目内在的、固有的特性,也是该项目最为本质的特征,其应为质量内涵的延伸,不应包含在工程总承包质量内涵范畴之内。因此,对于满足(项目本身的)最低性能标准,但不满足发包人最低(可接受的)性能标准的情形,对于发包人而言虽可能导致合同目的无法实现,但就工程项目本身而言因其未完全丧失生产和使用价值(对于特定的发包人而言可能已毫无价值,但作为工程项目本身而言其仍存在一定的社会价值),所以可应认定其构成质量缺陷,只是对于发包人而言此种“质量缺陷”属于发包人无法接受的质量缺陷或者符合合同解除条件的“重大质量缺陷”。但对于不满足“最低性能标准”的情形,不应仅认定构成质量缺陷,而应认定为工程项目的根本目的已完全丧失生产和使用价值。

第6.2条 【设计质量缺陷的认定标准】发包人主张工程总承包单位出具的设计成果文件具有质量缺陷的,如工程总承包单位出具的设计成果文件具有下列情形之一的,可以认定为存在设计质量缺陷:

(1)设计成果文件不符合法律法规强制性规定;

(2)设计成果文件违反了工程建设强制性规范的要求;

(3)设计成果文件不符合设计深度的规定;

(4)设计成果文件不符合合同约定或发包人要求。

【条文主旨】

建设工程设计属于工程总承包合同的内容之一,设计成果质量缺陷是工程总承包合同与传统施工总承包合同的显著区别之一,而鉴于设计合同和设计成果的特殊性,实际争议处理中对设计成果质量缺陷如何认定是一个较为棘手的问题。

本条规定了评估设计质量的四个方面的标准:一是建设工程设计要符合设计深度的要求;二是建设工程设计要符合法律法规的强制性规定;三是建设工程设计要符合工程建设强制性标准规范的要求;四是对于工程总承包合同而言,设计文件还应当符合合同的约定或发包人要求。如果设计文件出现不符合上述任何一条要求的情形,就可以认定该设计成果文件存在质量缺陷。

【理解与适用】

一、建设工程设计的特殊性

与施工相比,建设工程设计具有明显的特殊性,这种特殊性主要表现在以下几个方面:

(一)建设工程设计的标的物具有特殊性

建设工程设计的标的物为工程设计成果文件,包括设计图纸以及图纸说明等,它体现的是设计人员的智力劳动和智力成果。这种设计人员的智力劳动和智力成果的特殊性表现在两方面:

一是在设计工作中,优秀的设计人员往往起到非常关键的作用。有些委托人选择某家设计单位,其实是冲着该设计单位的某个设计大师或某个设计团队去的,因此委托方往往要求在合同中对设计团队成员、设计负责人等进行了明确约定。

二是设计工作开始后,设计人员的智力劳动一旦付出就无法恢复原状,无法返还。这样的特性往往会对合同中止或提前解除产生影响。

(二)包含设计内容的合同的履行具有特殊性

包含设计内容的合同履行的特殊性表现在合同的履行过程具有参与性,设计过程是一个设计人员与委托人以及其他参与人之间有效互动、共同参与的一个过程。特别是方案设计或者初步设计阶段,委托人往往只能提出一些抽象的概念性的东西,或提出性能指标类的需求。设计过程中需要双方进行沟通、磋商、交流,设计人员才会把委托人的想法和需求变成看得见摸得着的设计图纸和设计成果。这种特殊性往往体现在设计合同履行过程中,设计成果文件需要经过双方反复多次的修改、调整、补充等。而这种履行过程中的修改、调整、补充并不必然构成设计人的违约。

(三)设计成果的交付具有特殊性

设计成果文件主要体现为工程设计图纸及图纸说明等文件资料,在合同履行和设计成果交付过程中,双方往往通过电子邮件等简便快捷的方式进行设计交流,甚至提交设计成果文件。有时候这种交付方式与合同约定的并不完全一致,但确实已经是该行业的一种习惯,在处理此类争议时,人民法院或仲裁庭要注意到这种行业习惯而对证据处理和事实认定上所带来的影响。

(四)设计工作特殊性而带来的违约行为特殊性

建筑工程设计从设计之初到最后设计完成,一般分为方案设计、初步设计、施工图设计三个阶段。从这三个阶段的内容看,设计人员的创造性、设计人员的智力劳动付出是由高到低的。在方案设计阶段,在什么都没有,什么都是一片空白的情况下,需要设计人员付出巨大的创造性和智力劳动,而到了施工图设计阶段,设计人的主要工作是把方案设计或初步设计的成果深化、细化为可进行施工的图纸,体力劳动、画图的工作量在这一阶段大大增加,但对其创造性和智力劳动付出就有所降低。这也是现在许多中外合作的设计项目中,基本是外方进行方案设计,中方进行施工图设计的原因之一。由于这种特点,有些业主先找一家实力强的设计单位进行方案设计和初步设计,待这两项设计工作完成后,就找各种理由解除设计合同,然后再找一家价格低廉的设计单位进行施工图设计,这样的话既获得了高质量的设计方案,又降低了设计费。当然这也与目前我国设计行业实行的设计收费标准也有一定关系。

有一类违约行为,就是设计方违反合同约定,把设计工作交给合同约定之外的设计团队来完成。一般设计单位中实力强、创造性突出的设计人员或设计团队不是很多,大部分设计单位在投标和签订合同时,都愿意用实力强、社会影响大的设计团队、设计人员作为自己单位的招牌去承揽任务,但是一旦签订了设计合同,就更换其他的设计人员去完成设计任务,这样往往会导致设计成果品质的下降。因此如果当事人在案件中主张此类违约行为,人民法院或仲裁庭还是应当根据设计类合同的特点予以关注。

(五)违约责任条款具有特殊性

鉴于设计合同以及设计成果的特殊性,体现在违约责任条款的安排上也具有区别于其他合同的特殊性。例如,在住建部和国家工商总局颁布的《建设工程设计合同示范文本》中就规定,在设计合同履行期间,委托人要求终止或解除合同,设计人未开始设计工作的,不退还发包人已付的定金;已开始设计工作的,发包人应根据设计人已进行的实际工作量,不足一半时,按该阶段设计费的一半支付;超过一半时,按该阶段设计费的全部支付。这实际上体现了设计人员的智力付出和设计成果无法恢复原状的特点。

二、设计成果文件质量缺陷的认定标准

判断一项设计成果是否存在质量缺陷,一般可以从以下四个方面进行考虑:

(一)设计成果是否符合设计深度的要求

所谓设计深度,是指设计图纸所要达到的深浅程度。建设工程设计是指对建设工程所需的技术、质量、经济、资源、环境等条件进行综合分析、论证,编制建设工程设计文件的活动。建设工程设计本身是一个无形的智力活动过程,如果没有一个统一的标准,难免会出现质量参差不齐,是否合格无法判断的情形。因此,为了保证建设工程设计文件的质量和完整性,住建部颁发了《2016 版工程设计深度规定》,具体规定了不同的设计阶段设计文件的内容所要达到的最低要求。《建设工程质量管理条例》第 21 条具体规定了设计文件应当符合国家规定的设计深度要求。

符合设计深度的规定是对一项设计成果的最低要求,也是一项设计成果形式上是否合格的判断标准,更是判断一项设计成果是否存在质量缺陷的基础性标准。

对于工程设计文件是否符合设计深度的规定,一般应由专业机构或专业设计审查人员对设计文件进行审查后作出判断。如果在设计合同争议中,委托方指称设计方提交的设计文件未达到设计深度的要求,应当提交专业机构出具的审查意见作为证据。在委托方提交了专业的审查意见之后,如果设计方对此仍然予以否认,设计方可以提出由双方共同委托第三方专业审查机构重新进行审查。

(二)设计成果是否违反了法律法规的相关规定

建设工程设计涉及社会公共利益,国家对其管理非常严格。从《建筑法》到

《建设工程质量管理条例》《建设工程安全生产管理条例》《建设工程勘察设计管理条例》等法律法规，都对建设工程设计文件的质量要求作出了明确的规定，工程设计成果必须符合这些法律法规的相关规定。例如：

《建筑法》第56条规定："建筑工程的勘察、设计单位必须对其勘察、设计的质量负责。勘察、设计文件应当符合有关法律、行政法规的规定和建筑工程质量、安全标准、建筑工程勘察、设计技术规范以及合同的约定。设计文件选用的建筑材料、建筑构配件和设备，应当注明其规格、型号、性能等技术指标，其质量要求必须符合国家规定的标准。"第57条规定："建筑设计单位对设计文件选用的建筑材料、建筑构配件和设备，不得指定生产厂、供应商。"

《建设工程质量管理条例》第19条规定："勘察、设计单位必须按照工程建设强制性标准进行勘察、设计、并对勘察、设计的质量负责。"第21条规定："设计单位应当根据勘察成果文件进行建设工程设计。设计文件应当符合国家规定的设计深度要求，注明工程合理使用年限。"第22条规定："设计单位在设计文件中选用的建筑材料、建筑构配件和设备，应当注明规格、型号、性能等技术指标，其质量要求必须符合国家规定的标准。除有特殊要求的建筑材料、专用设备、工艺生产线等外，设计单位不得指定生产厂、供应商。"

《建设工程勘察设计管理条例》第25条第1款规定："编制建设工程勘察、设计文件，应当以下列规定为依据：（一）项目批准文件；（二）城乡规划；（三）工程建设强制性标准；（四）国家规定的建设工程勘察、设计深度要求。"第26条规定："……编制方案设计文件，应当满足编制初步设计文件和控制概算的需要。编制初步设计文件，应当满足编制施工招标文件、主要设备材料订货和编制施工图设计文件的需要。编制施工图设计文件，应当满足设备材料采购、非标准设备制作和施工的需要，并注明建设工程合理使用年限。"

如果设计文件违反了法律法规中的相关规定，一般应认定为设计文件质量存在缺陷。

（三）设计成果是否违反了工程建设强制性标准的规定

工程建设强制性标准，也称工程建设标准强制性条文，是指工程建设标准规范中直接涉及工程质量、安全、卫生及环境保护等方面的工程建设标准强制性条文。工程建设强制性标准作为工程质量的技术依据，对保证建设工程质量具有重要的意义。

根据原建设部发布的《实施工程建设强制性标准监督规定》，国家工程建设标准强制性条文由国务院建设行政主管部门会同国务院有关行政主管部门确定。在中华人民共和国境内从事新建、扩建、改建等工程建设活动，必须执行工程建设强制性标准。

《建设工程质量管理条例》第63条对违反工程建设强制性标准进行设计的行为规定了严厉的处罚措施。对于设计单位未按照工程建设强制性标准进行设计的，责令改正，处以10万元以上30万元以下的罚款。造成工程质量事故的，责令停业整顿，降低资质等级；情节严重的，吊销资质证书；造成损失的，依法承担赔偿责任。

如果设计文件违反了工程建设强制性标准的规定，一般也应当认定为设计文件质量存在缺陷。当然，除工程建设标准强制性条文外，工程建设标准中还包含有大量的非强制性标准，这些标准规范也是进行工程设计所需要遵守和执行的，但由于这些标准规范并非直接涉及工程质量、安全、卫生及环境保护等，政府主管部门对其不做强制性规定。违反了这些标准规范的规定，要看其对工程质量是否造成实质性影响。

（四）设计成果是否符合合同约定以及发包人要求

如果双方在合同中对设计成果的质量要求进行了具体的约定，那么设计人提交的设计成果还应当符合合同的约定。如果发包人对工程项目提出了具体的性能指标、规模标准等方面的要求，那么设计成果还应当符合发包人要求。设计成果是否符合合同的约定以及发包人要求也是设计成果是否存在质量缺陷的一项重要判断标准。

设计合同中除了常见的设计质量要求外，还会出现一些不常见的要求。例如，建筑设计还往往蕴含着文化、思想的因素，往往需要体现投资者的价值观，要符合一国、一地、一民族的文化、风俗。工业设计中还应当符合节能、环保等方面的要求。对于这样一些要求，委托人往往会在设计合同或相关文件中体现出来。

但双方在设计合同中对设计成果质量的约定不得违反国家法律法规、工程建设强制性标准以及设计深度的规定，否则该项约定因违反了法律行政法规的强制性规定而无效。例如，在《建设工程质量管理条例》中就规定，建设单位不得明示或暗示设计单位违反工程建设强制性标准，降低建设工程质量。

第6.3条 【工程总承包项目性能标准及最低性能标准的认定与责任承担】工程总承包项目的发承包双方在工程总承包合同中未明确约定最低性能标准的，可结合双方的合同约定及相关证据，按照符合合同根本目的的标准合理确定项目的最低性能标准。合同中既未明确约定最低性能标准，当事人也未能举证证明合同根本目的能否实现的，以强制性国家标准、推荐性国家标准或行业标准为最低性能标准。

工程总承包项目如安排有竣工试验，则在按照合同约定的程序进行相应的试验后无法实现发包人要求的性能标准但满足最低性能标准的，发包人有权要求承包人更换、重作并赔偿相关损失，或直接要求承包人减少工程价款并赔偿相关损失而免除承包人就此性能标准的保证义务。

工程总承包项目如安排有竣工后试验，则在按照合同约定的程序进行相应的试验后无法实现发包人要求的性能标准但满足最低性能标准的，发包人有权要求承包人维修并赔偿相关损失，或直接要求承包人支付相应的赔偿金而免除承包人就此性能标准的保证义务。

工程总承包项目在按照合同约定的程序进行相应的试验后无法实现最低性能标准的，发包人请求解除合同并要求承包人承担违约责任的，人民法院或仲裁机构应予支持。

【条文主旨】

性能标准是工程总承包项目中较为常见的一项约定。本条规则共分四款，第1款规定了工程总承包项目的最低性能标准的认定依据；第2款规定了如设置有竣工验收试验程序的，有关发包人要求的性能标准无法实现的处理原则；第3款规定了如设置有竣工验收后试验程序的，有关发包人要求的性能标准无法实现的处理原则；第4款规定了有关最低性能标准无法实现的处理原则。

【理解与适用】

性能标准在工程总承包项目中较为常见。不同于传统的施工总承包项目，工程总承包模式在实践中较多的为能源类、化工类、生产、生活基础设施类（如污水厂）项目中使用。除了完成最为基本的土建、安装任务以外，作为集设计、施工于一体的工程总承包人需要对此类工程总承包项目在投入运营以后的有关运转性能予以保证。而对于此类工程总承包项目的建成后评判，除了传统施工总承包视角下的土建、安装质量无瑕疵以外，就工程设计、施工、设备联动等综合要素予以考量，以实现符合发包人要求的性能指标，是其题中应有之义。而后者的评判尺度，即关涉性能标准及最低性能标准的概念。

一、性能标准的概念

(一)国内

就此概念，当前在我国工程法律体系中，尚无明确定义。但在已有的相关工程总承包合同示范文本中，或可看出一些端倪：

1. 住建部2011版《工程总承包合同示范文本》

该示范文本第1.1.23条规定："竣工试验，指工程和(或)单项工程被发包人接收前，应由承包人负责进行的机械、设备、部件、线缆和管道等性能试验。"第1.1.27条规定，"竣工后试验，指工程被发包人接收后，按合同约定由发包人自行或在发包人组织领导下由承包人指导进行的工程的生产和(或)使用功能试验。"第1.1.28条规定，"试运行考核，指根据合同约定，在工程完成竣工试验后，由发包人自行或在发包人的组织领导下由承包人指导下进行的包括合同目标考核验收在内的全部试验。"

就这三项定义来讲，虽未明确规定性能标准的概念，但所谓"性能试验"、"使用功能试验"和"合同目标考核验收"，势必离不开相关标准的制定。

2. 2012版九部委《标准设计施工总承包招标文件》

该招标文件所附的合同条款第18.1.2(3)条规定："第三阶段，当工程能安全运行时，承包人应通知监理人，可以进行其他竣工试验，包括各种性能测试，以证明工程符合发包人要求中列明的性能保证指标。"此处虽亦未能直接规定性能标准的概念，但却指出了工程总承包项目中发包人要求的性能保证指标的说法。这显然也是有别于我们传统房建和市政项目中的工程质量标准的。

(二)国外

在国内的语境下，谈论国外的工程总承包合同，离不开对FIDIC合同条件的讨论。

1999版FIDIC银皮书第9.1条承包商的义务规定："……在试运行期间，当工程正在稳定条件下运行时，承包商应通知雇主，告知工程已可以做任何其他竣工试验，包括各种性能试验，以证明工程是否符合雇主要求中规定的标准和履约保证。”由此可见,性能标准是由发包人在发包人要求或其他合同文件中提出的,主要是为了检验工程竣工后是否到达到了发包人预期的性能标准。

综上,采用工程总承包模式的建设项目,特别是对于机电工程项目而言,常要求工程完工后达到某一性能标准。所谓性能标准,是指工程总承包项目中,发包人在发包人要求或其他合同文件中提出的,工程建设完成后应当满足的性能要求。此类性能标准一般在“业主的要求”中规定,通常包括:能源等消耗指标(利用效率)、产出率等,如太阳能发电产能、柴油机输出功率、锅炉产量、出水水质标准等。

二、最低性能标准的概念及认定

(一)最低性能标准的概念

有时,虽然工程按照合同约定的程序进行相应的试验后无法实现发包人要求的性能标准,但工程仍可以正常运行,如工程不断整修再检验,循环往复,会极大影响业主的投产和收益,此时可采用最低性能标准的条款来使得业主实现尽早投产、尽早收益,避免双方产生巨额救济成本。

1999 版 FIDIC 银皮书专用条件编写指南第 9.4 款规定:“如果在专用条件或雇主要求中,要规定本款最后一项中提出的要根据未通过试验的影响程度确定减少额,则对可接受的最低性能标准也应作出规定。”第 12.4 款规定:“如果本款第一部分适用,在专用条件或雇主要求中,应规定未履约损害赔偿费(根据未通过试验的影响程度)的计算方法,还应规定可接受的最低性能标准。”这两款分别对应的是通用条件第 9.4 款“未能通过竣工验收”和第 12.4 款“未能通过竣工后试验”。

结合 FIDIC 合同条件的相关规定,基本可得出,所谓最低性能标准,是指工程总承包项目中,工程建设完成后无法满足发包人在发包人要求或其他合同文件中提出的性能要求的情况下,发包人可接受的最低性能要求。

(二)实践中最低性能标准的认定标准

实践中我们主要分三个层面来认定:

1. 合同约定

如 1999 版 FIDIC 银皮书专用条件编写指南中所言,最低性能标准首先应当是由发承包双方在合同中直接予以约定。在工程总承包项目中,最低性能标准的明确约定,对发承包双方而言都意义重大。一方面,对于大型、专业度高、复杂的工程总承包项目来讲，一旦日后发承包双方产生争议，较难找寻专业第三方来给予具体的衡量、评判，即便有机构可以进行专业测评，也可能造成十分高昂的测评费用，不利于双方之间矛盾争议的解决。另一方面，最低性能标准的确定，将以此为基础再结合发包人的要求来进行违约索赔的标准细化，否则同样造成日后违约索赔的评估难度。

2. 考虑合同根本目的能否得以实现

参照《民法典》第511条关于“当事人就有关合同内容约定不明确，依据前条规定仍不能确定的，适用下列规定：（一）质量要求不明确的，按照强制性国家标准履行；没有强制性国家标准的，按照推荐性国家标准履行；没有推荐性国家标准的，按照行业标准履行；没有国家标准、行业标准的，按照通常标准或者符合合同目的的特定标准履行”的规定，并考虑到性能标准有别于质量要求的特殊性，若发承包双方在工程总承包合同中未能予以直接约定的，在双方产生争议时，首先应由双方当事人举证证明合同的根本目的，以合同根本目的能否得以实现为尺度合理确定最低性能标准。

在判断合同根本目的能否得以实现时，应结合双方当事人的证据、合同约定及相关的合同组成文件，由人民法院或仲裁机构予以综合考量。参考住建部2011版《工程总承包合同示范文本》通用条款第1.2.1条的规定，工程总承包合同的组成文件应包括但不限于：（1）本合同协议书；（2）本合同专用条款；（3）中标通知书；（4）招投标文件及其附件；（5）本合同通用条款；（6）合同附件；（7）标准、规范及有关技术文件；（8）设计文件、资料和图纸；（9）双方约定构成合同组成部分的其他文件等。

基于此，我们认为，工程总承包项目的发承包双方在工程总承包合同中未明确约定最低性能标准的，可结合双方的举证情况、合同约定，以及包含有发包人相关要求的招标文件、已有设计文件及有关技术文件等，合理确定合同的根本目的，以合同根本目的能否得以实现为尺度，合理确定最低性能标准。

3. 法定标准或行业标准

若合同中既未直接约定最低性能标准、当事人也无法举证证明其合同根本目的能否实现的，以国家有强制力的法律、法规、规范、标准所确定的界限（“强制性国家标准”）为最低性能标准，也可称为项目本身的最低性能标准。例如：《建筑法》第54条规定，“建设单位不得以任何理由，要求建筑设计单位或者建筑施工企业在工程设计或者施工作业中，违反法律、行政法规和建筑工程质量、安全标准,降低工程质量。建筑设计单位和建筑施工企业对建设单位违反前款规定提出的降低工程质量的要求,应当予以拒绝。”第56条规定,“建筑工程的勘察、设计单位必须对其勘察、设计的质量负责。勘察、设计文件应当符合有关法律、行政法规的规定和建筑工程质量、安全标准、建筑工程勘察、设计技术规范以及合同的约定。设计文件选用的建筑材料、建筑构配件和设备,应当注明其规格、型号、性能等技术指标,其质量要求必须符合国家规定的标准”。

另外,由于我国正处于标准体制改革阶段,后期将形成统一的全文强制性技术规范,将目前零散于各个国标、行标里的强制性条款抽离后形成强制性规范,也称为技术法规。但由于技术法规的出台比较漫长,而在实务中,虽然目前行业已达成共识的推荐性条款还未被写入强制性条款,却基本上是按照强制性条款执行的,故在本条中将其与强制性国家标准并列。没有强制性国家标准的,按照推荐性国家标准履行;没有推荐性国家标准的,按照行业标准履行。

基于此,我们认为,工程总承包项目的发承包双方在工程总承包合同中未明确约定发包人可接受的最低性能标准、双方也无法举证证明合同根本目的能否实现的,以强制性国家标准、推荐性国家标准或行业标准为最低性能标准。

三、性能标准无法实现的责任承担

在此,我们区分竣工验收试验与竣工验收后试验两个程序来谈不同的看法。因为前者尚未就工程进行竣工验收交付,而后者则不然。

(一)对于竣工试验程序

若经竣工试验程序发现某工程总承包项目的性能指标无法实现发包人的性能标准要求,但满足最低性能标准要求,则此时参照《民法典》第582条关于“履行不符合约定的,应当按照当事人的约定承担违约责任。对违约责任没有约定或者约定不明确,依据本法第五百一十条的规定仍不能确定的,受损害方根据标的的性质以及损失的大小,可以合理选择请求对方承担修理、重作、更换、退货、减少价款或者报酬等违约责任”的规定,发包人既可要求承包人更换、重作,也可要求承包人减少价款并赔偿损失。

对于前者而言,因工程尚未竣工,发包人要求承包人更换、重作以符合合同之根本目的,实属无可厚非。

对于后者来讲,如承包人确实无法实现该等性能标准要求,但基于整个工程项目未置完全无法使用的境地,可酌情减价,等于变更合同约定的标准。具体的法律依据，或可参照《商品房买卖司法解释》第23条之规定，“标的物质量不符合约定，买受人依照合同法第一百一十一条的规定要求减少价款的，人民法院应予支持。当事人主张以符合约定的标的物和实际交付的标的物按交付时的市场价值计算差价的，人民法院应予支持。价款已经支付，买受人主张返还减价后多出部分价款的，人民法院应予支持。”如此方法，也将避免合同双方陷入“僵局”。

（二）对于竣工后试验程序

竣工后试验情形下的处理原则与竣工试验大致相当。区别在于：竣工试验属于竣工验收交付之前的程序，在此阶段，一个工程总承包项目尚未完全联动、持续运转；而一旦竣工验收之后，则进入保修期。在此阶段，随意要求承包人更换、重作的代价可能过于高昂。基于此，首先仍应允许承包人予以维修并赔偿相关损失，其次发包人同样也可与承包人就赔偿金额达成一致，并相应免除承包人对相关性能标准的保证义务。

四、最低性能标准无法实现的责任承担

（一）原则

如前所述，最低性能标准的认定主要划分为三个层次，根据上述三个不同层次，最低性能标准或为合同中约定的发包人最低可接受的性能要求，或为合同根本目的得以实现的最低性能要求，或为强制性国家标准/推荐性国家标准/行业标准（即项目的最低保障性要求）。

无论属于上述哪一种情形，无法实现最低性能标准显然会致使当事人合同目的无法实现，构成根本违约。根据《民法典》第563条的规定，当事人一方迟延履行债务或者有其他违约行为致使不能实现合同目的，当事人可以解除合同。第566条第1款规定：“合同解除后，尚未履行的，终止履行；已经履行的，根据履行情况和合同性质，当事人可以请求恢复原状或者采取其他补救措施，并有权请求赔偿损失。”故，此时发包人有权请求解除合同并要求承包人承担违约责任。

（二）例外情况

需要特别提示的是，若只是部分设备或单位工程无法满足发包人最低可接受的性能要求或达不到法定标准/行业推荐性标准，应参照本条第2款、第3款的规定处理。此时发包人如请求解除合同，则不应予以支持，除非其能够举证证

明该设备/单位工程无法实现最低性能标准导致整个合同根本目的无法实现。

五、实践中应当注意的问题

1. 工程总承包项目的发承包双方应当尽量在合同中细化约定发包人所要求的最低性能标准,以及未能实现合同中约定的发包人所要求的性能标准的损害赔偿费的计算方法,从而尽最大可能减少发承包双方未来不必要的争议,以及围绕争议所可能发生的巨额救济成本。

2. 有关性能指标的检验程序,应当允许可超过 1 次,但也不能超过合理限度,即在赋予承包人合理限度的自行"纠错"机制的同时,也要注意平衡好无过错的发包人利益的保护。例如:住建部 2011 版《工程总承包合同示范文本》通用条款第 8.6.2 条规定:"因承包人原因未能通过竣工试验,该项竣工试验允许再进行,但再进行最多为两次,两次试验后仍不符合验收条件的,相关费用、竣工日期及相关事项,下述约定处理。"依据 1999 版 FIDIC 银皮书通用条件第 9.4(a)条的规定,也同样存在不超过两次的规定。

第 6.4 条 【工程总承包模式下发包人设计质量缺陷责任的承担】因下述原因造成设计质量缺陷,工程总承包人主张由发包人承担过错责任的,应予支持:

(1)发包人要求错误;

(2)指定设计人承担设计任务。

工程总承包人有过错的,也应当承担相应的过错责任。

发包人指令变更工程设计违反工程建设强制性标准规定造成设计质量缺陷的,适用第 6.10 条的规定。

发包人提供的项目基础资料或现场障碍资料有缺陷造成工程质量缺陷的,合同对责任承担有约定的,按照合同约定执行。合同没有约定的,且发包人也未给予总承包人充分的时间和条件复核前期资料的,或者该前期资料是总承包人无法通过通常的方法进行复核的,由发包人承担相应的过错责任。

对于非因承包人过错的法律法规变化、不可预见的地质情况等原因导致的设计质量缺陷,双方在合同中对于此类风险的责任承担没有约定的,由发包人承担相应的责任。

【条文主旨】

本条是关于因发包人原因,造成建设工程项目设计质量缺陷,其是否应承担相应责任的规定。

在施工总承包模式下,设计与施工是分开的,由发包人分别与设计人签订设计合同,与施工人签订施工合同。在施工合同中,通常所称的建设工程质量缺陷,一般均是指施工质量缺陷,设计质量缺陷是造成施工质量缺陷的原因之一。由于在施工合同中提供设计图纸是发包人的义务,因此就施工合同双方而言,由于设计质量缺陷造成的工程质量缺陷的,发包人应当承担过错责任。

《建设工程司法解释》第12条规定:“发包人具有下列情形之一,造成建设工程质量缺陷,应当承担过错责任:(一)提供的设计有缺陷……”因此,对于施工合同中发包人与承包人而言,如果工程质量出现问题是由于设计造成的,那么首先由发包人承担责任。发包人承担责任后,如果认为属于设计人的责任,发包人可根据设计合同另行追究设计人的责任。

在工程总承包模式下,设计属于工程总承包合同内容的一部分。这种情况下的建设工程质量问题就应当包括:设计质量缺陷、施工质量缺陷。

首先,如果由于发包人的原因,导致设计质量瑕疵,发包人应当承担过错责任,类似于设计合同项下发包人对于设计人的质量缺陷过错责任。

其次,如果由于发包人的原因,导致施工质量瑕疵,如提供或指定购买的建筑材料、建筑构配件、设备不符合强制性标准,直接指定分包人分包专业工程等,发包人仍应承担相应的过错责任。

最后,由于设计质量缺陷导致的施工质量缺陷,如果该设计质量缺陷是由于发包人原因引起,则工程总承包人可以依据《建设工程司法解释》第12条的规定向发包人提出主张。

本条规定包含以下几项内容:

1. 在工程总承包模式下,工程设计属于工程总承包合同的内容之一,因发包人原因造成的设计质量缺陷,其应承担过错责任。

2. 本条列举了因发包人原因,可能造成设计质量缺陷的几种情形,包括:提供的项目基础资料或现场障碍资料有缺陷、发包人指令变更工程设计违反工程建设强制性标准规定、发包人要求错误、指定设计人承担设计任务。

3. 工程总承包人对此有过错的,也应当承担相应的过错责任。

4. 对于发包人指令变更工程设计违反工程建设强制性标准规定造成设计质量缺陷的，适用第6.10条的规定。

5. 对于发包人提供的项目基础资料或现场障碍资料有缺陷造成工程质量缺陷的，如双方在合同中对此没有约定的，且发包人也未给予总承包人充分的时间和条件复核前期资料的，或者该前期资料是总承包人无法通过通常的方法进行复核的，由发包人承担相应的过错责任。

6. 对于非因发包人过错的法律法规变化、不可预见的地质情况、不可抗力等原因导致的设计质量缺陷，如双方在合同中对于此类风险的责任承担没有约定的，由发包人承担相应的责任。

【理解与适用】

根据本条规定，由于发包人原因造成设计质量缺陷的责任承担，主要有以下几种情形：

（一）发包人要求错误

《标准设计施工总承包招标文件》第四章第一节通用合同条款第1.1.1.6款对发包人要求定义为，构成合同文件组成部分的名为发包人要求的文件，包括招标项目的目的、范围、设计与其他技术标准和要求，以及合同双方当事人约定对其所作的修改或补充。该定义与FIDIC银皮书第1.1.1.3款关于“雇主要求”的概念相同。《标准设计施工总承包招标文件》在其第五章“发包人要求”中，列出了发包人要求通常包括的内容，主要有：功能要求、工程范围、工艺安排或要求、时间要求、技术要求、竣工试验、竣工验收、竣工后试验、文件要求、工程项目管理规定、其他诸如承包人主要人员资格、培训、分包、设备供应商等要求。在FIDIC银皮书的《专用条件编写指南》中对于“雇主要求”特别说明雇主要求中应规定竣工工程在功能方面的特定要求，包括质量和范围的详细要求，还可以包括要求承包商供应的物品，如消耗品等。

发包人要求是承包人履行合同的重要依据，如果发包人要求出现错误，就可能会对设计质量产生影响，甚至会招致设计质量出现缺陷。

FIDIC黄皮书第1.9款就规定了雇主要求错误情况下，承包商的索赔权以及索赔条件等。但根据该款的规定，雇主要求的错误必须是一个有经验的承包商经过认真核查也无法发现的，承包商才可以提起索赔，该条款赋予了承包商更高的审查义务。

《工程总承包合同示范文本》第5.1.2条对由发包人提供工艺技术和(或)建筑设计方案的要求和责任约定为:“发包人负责提供的生产工艺技术(含专利技术、专有技术、工艺包)和(或)建筑设计方案(含总体布局、功能分区、建筑造型、主体结构,或发包人委托第三方设计单位提供的建筑设计方案)时,应对所提供的工艺流程、工艺技术数据、工艺条件、软件、分析手册、操作指导书、设备制造指导书和其他承包人的文件资料、发包人的要求,和(或)总体布局、功能分区、建筑造型、主体结构等,或第三方设计单位提供的建筑设计方案负责。发包人有义务指导、审查由承包人根据发包人提供的上述资料所进行的生产工艺设计和(或)建筑设计,并予以确认……”

结合国内的实际,我们认为,如果发包人要求错误导致设计出现质量缺陷,首先发包人要承担相应的过错责任,如果承包人未尽到在合理的时间内审核并发现错误的义务,则可以认定承包人对此也有过错,承包人对此也承担相应的过错责任。

发包人要求的范围较为广泛,一般认为主要是发包人要求中有关项目的目的、引用的原始数据和资料、对工程范围的说明、工程或其任何部分的功能要求、对工程的工艺安排或要求、技术要求、试验和检验标准等会影响到设计质量。如果发包人要求中的这些要求出现错误,则应当由发包人承担相应的过错责任。

(二)指定设计人承担设计任务

发包人指定设计人承担设计任务,包括发包人指定设计人加入联合体与施工人共同组成联合体承揽工程;以及工程总承包人中标后,指定设计分包人分包设计任务,并由指定的设计分包人与工程总承包人签订设计分包合同等两种情形。

《建设工程勘察设计管理条例》第19条规定,“除建设工程主体部分的勘察、设计外,经发包方书面同意,承包方可以将建设工程其他部分的勘察、设计再分包给其他具有相应资质等级的建设工程勘察、设计单位”。

《民法典》第791条规定:“发包人可以与总承包人订立建设工程合同,也可以分别与勘察人、设计人、施工人订立勘察、设计、施工承包合同。发包人不得将应当由一个承包人完成的建设工程支解成若干部分发包给数个承包人。

总承包人或者勘察、设计、施工承包人经发包人同意,可以将自己承包的部分工作交由第三人完成。第三人就其完成的工作成果与总承包人或者勘察、设计、施工承包人向发包人承担连带责任。承包人不得将其承包的全部建设工程转包给第三人或者将其承包的全部建设工程肢解以后以分包的名义分别转包给第三人。

禁止承包人将工程分包给不具备相应资质条件的单位。禁止分包单位将其承包的工程再分包。建设工程主体结构的施工必须由承包人自行完成。”

《民法典》等法律法规对建设工程分包的规定主要是针对总承包人，其目的是限制总承包人利用分包损害发包人利益。《建设工程司法解释》第12条规定了发包人直接指定分包人分包专业工程，造成建设工程质量缺陷的，发包人应当承担过错责任，即对实践中争议较大的、因发包人指定分包产生的工程质量缺陷责任承担问题进行了规定。

在工程总承包模式下，也可能存在发包人指定设计单位或指定设计分包的情形。我们认为，在这种情况下，发包人也应当对其指定行为导致的设计质量缺陷承担相应的责任。

在工程总承包模式下，发包人指定设计单位可能存在两种情形：

一是在以施工人牵头组成联合体承揽工程时，发包人指定设计人与施工人组成联合体承揽工程。此种情形下，虽然发包人指定的设计人是以与施工人组成联合体的形式承接工程的，但由于联合体成员需要共同对发包人承担连带责任，因此，如果由于指定的设计人原因导致出现设计质量缺陷，发包人也应承担相应的责任。

二是工程总承包人需要将设计进行分包的，发包人指定设计分包人承接设计分包任务，这种情形与施工合同中的指定分包较为近似，如果由于指定分包人的原因导致出现设计质量缺陷，发包人也应承担相应的责任。

（三）工程总承包人有过错的，也应当承担相应的过错责任

该款规定的是在因上述情形导致设计质量缺陷发包人承担责任的情形下，工程总承包人是否也需要承担相应的责任？

1. 我们认为，工程总承包人对发包人提供的资料、发包人要求等有复核的义务，如果在核实过程中明知或应当知道发包人提供的基础资料、地下障碍资料存在错漏的，或在设计过程中发现存在错误的，而没有及时提出的，承包人应当承担过错责任。《工程总承包合同示范文本》第5.2.2条“承包人的义务”中约定：对项目基础资料、现场障碍资料中的短缺、遗漏、错误、疑问，承包人应在收到发包人提供的上述资料后15日内向发包人提出进一步的要求。因承包人

未能在上述时间内提出要求而发生的损失由承包人自行承担。”但是针对承包人的复核义务还需要考虑到承包人复核的时间、成本、可行性以及承包人的经验。如果发包人要求或发包人提供的资料中的错误、失误或缺陷是一个有经验的承包人在合同约定的期限内并尽到了合理注意义务之后仍无法发现的，那么承包人对此不应当承担责任。例如，FIDIC 黄皮书第 1.9 款对“雇主要求的错误”规定为，如果雇主要求中的错误而使承包商遭受延误和(或)招致增加费用，且此错误是一个有经验的承包商在根据第 5.1 款[设计义务一般要求]的规定，对雇主要求进行认真详查也难以发现的，则承包商有权索赔工期、费用和合理的利润。

2.《建筑法》第 54 条规定：“建设单位不得以任何理由，要求建筑设计单位或者建筑施工企业在工程设计或者施工作业中，违反法律、行政法规和建筑工程质量、安全标准，降低工程质量。建筑设计单位和建筑施工企业对建设单位违反前款规定提出的降低工程质量的要求，应当予以拒绝。”对发包人提出的违反法律、行政法规和工程建设强制性标准，降低工程质量要求的设计变更等，工程总承包人不予拒绝而继续设计的，由此导致设计质量缺陷，承包人也应承担相应的责任。

3. 对发包人指定设计人承担设计任务，无论是联合体模式下还是设计分包模式下，作为联合体一方或作为总承包人均应负有管理、协作和配合等义务的，如果承包人疏于配合与管理，导致设计质量缺陷的，也应承担相应的责任。

(四)提供的项目基础资料或现场障碍资料有缺陷

根据《工程总承包合同示范文本》第 1.1.18 条、第 1.1.19 条的规定，项目基础资料是指发包人提供给承包人的经有关部门对项目批准或核准的文件、报告(如选厂报告、资源报告、勘察报告等)、资料(如气象、水文、地质等)、协议(如原料、燃料、水、电、气、运输等)和有关数据等，以及设计所需的其他基础资料。现场障碍资料是指发包人需向承包人提供的进行工程设计、现场施工所需的地上和地下已有的建筑物、构筑物、线缆、管道、受保护的古建筑、古树木等坐标方位、数据和其他相关资料。项目基础资料和现场障碍资料是发包人应当向工程总承包人提供的前期资料。

《民法典》第 805 条规定：“因发包人变更计划，提供的资料不准确，或者未按照期限提供必需的勘察、设计工作条件而造成勘察、设计的返工、停工或者修改设计，发包人应当按照勘察人、设计人实际消耗的工作量增付费用。”《建设工程质量管理条例》第9条规定:“建设单位必须向有关的勘察、设计、施工、工程监理等单位提供与建设工程有关的原始资料。原始资料必须真实、准确、齐全。”从上述规定可以看出,在设计合同关系中,发包人的一个重要义务就是提供真实、准确、齐全的与工程有关的原始资料。

《工程总承包合同示范文本》第5.2.1条对发包人提供前期资料的义务约定如下:

1. 提供项目基础资料。发包人应按合同约定、法律或行业规定,向承包人提供设计需要的项目基础资料,并对其真实性、准确性、齐全性和及时性负责。上述项目基础资料不真实、不准确或不齐全时,发包人有义务按约定的时间向承包人提供进一步补充资料。

2. 提供现场障碍资料。除专用条款另有约定外,发包人应按合同约定和适用法律规定,在设计开始前,提供与设计、施工有关的地上、地下已有的建筑物、构筑物等现场障碍资料,并对其真实性、准确性、齐全性和及时性负责。

3. 承包人无法核实发包人所提供的项目基础资料中的数据、条件和资料的,发包人有义务给予进一步确认。

《标准设计施工总承包招标文件》第四章第一节“通用合同条款”第4.10.1款也对发包人应当提供前期资料的义务约定为,发包人应向承包人提供施工场地及毗邻区域内的供水、排水、供电、供气、供热、通信、广播电视等地下管线资料、气象和水文观测资料,相邻建筑物和构筑物、地下工程的有关资料,以及其他与建设工程有关的原始资料,并承担原始资料错误造成的全部责任。

但在FIDIC黄皮书与FIDIC银皮书中,对发包人提供前期资料瑕疵的责任作出了不一样的约定。FIDIC黄皮书第4.10款“现场数据”中的约定为:“雇主应在基准日期前,将其取得的现场地下、水文条件及环境方面的所有有关资料,提供给承包商。同样地,雇主在基准日期之后得到的所有此类资料,也应提供给承包商。承包商应负责解释所有此类资料。”

FIDIC银皮书则约定为:“……承包商应负责核实和解释所有此类资料。除第5.1款[设计义务一般要求]提出的情况以外,雇主对这些资料的准确性、充分性和完整性不承担责任。”第5.1条“设计义务一般要求”中约定:“……雇主应对雇主要求中的下列部分,以及由(或代表)雇主提供的下列数据和资料的正确性负责:(a)在合同中规定的由雇主负责的、或不可变的部分、数据和资料,(b)对工程或其任何部分的预期目的的说明,(c)竣工工程的试验和性能的标准，(d)除合同另有说明外，承包商不能核实的部分、数据和资料。”也就是说，在FIDIC银皮书的条件下，前期资料准确性、充分性和完整性由承包人核实并负责，发包人对此不承担责任。

但是FIDIC银皮书的适用需要具备一定的前提条件。FIDIC银皮书在其第一版序言中，强调该合同条件不适用于下列情况：(1)如果投标人没有足够时间或资料，以仔细研究和核查雇主要求，或进行他们的设计、风险评估和估算；(2)如果建设内容涉及相当数量的地下工程，或投标人未能调查的区域内的工程；(3)如果雇主要严密监督或控制承包商的工作，或要审核大部分施工图纸；……FIDIC建议，上述情况下由承包商(或以其名义)设计的工程，可以采用FIDIC黄皮书。

因此，结合中国国内的实际以及工程总承包的特点，我们建议由于发包人提供的项目基础资料或现场障碍资料有缺陷而导致的建设工程质量缺陷，合同对此有约定的，按照合同约定执行。合同没有约定的，应当视发包人是否给予了总承包人充分的时间和条件复核发包人提供的前期资料，以及该前期资料的真实性和准确性是否可以由总承包人通过合理的复核而进行确认，来确定谁应当对前期资料的缺陷承担责任。如果发包人未给予总承包人充分的时间和条件复核前期资料的，或者该前期资料是总承包人无法通过通常的方法进行复核的，由此造成的质量缺陷由发包人承担。

关于勘察资料是否属于前期资料的问题。建设工程的勘察、设计、施工是建设工程质量得以保证的三个重要环节，通常的习惯是把勘察与设计连在一起，合并称为勘察设计。但实际上勘察和设计是完全两个独立的细分行业，其各自采用的资质要求、技术标准等都是完全不一样的。其中勘察是设计的基础，如果勘察的质量出现问题，即使设计水平再高，也会出现设计问题，建设工程的质量也难以保证。

由于通常勘察不在工程总承包范围之内，勘察资料由发包人提供，因此此处所指的项目基础资料，也应当包括勘察资料，勘察资料属于发包人需要提供给工程总承包人的必需的资料之一。《民法典》第800条规定：“勘察、设计的质量不符合要求或者未按照期限提交勘察、设计文件拖延工期，造成发包人损失的，勘察人、设计人应当继续完善勘察、设计，减收或者免收勘察、设计费并赔偿损失。”在工程总承包模式下，如果发包人提交给总承包人提交的勘察成果有缺陷，则发包人应当对工程总承包人承担过错责任，如果勘察成果缺陷是由于勘察人原因,则发包人可在向工程总承包人承担责任后向勘察人追责。根据勘察工作所处的阶段不同,勘察又可分为可研阶段的勘察、初步勘察、详细勘察,分别对应可行性研究、初步设计、施工图设计阶段。如果勘察不包括在工程总承包合同范围内,则发包人应当提供详细勘察阶段的勘察资料和报告。

但是,由于目前国内某些工程总承包合同中也包括勘察在内,这种情况下勘察就属于工程总承包人的合同义务,相应地,包含在合同内的勘察资料也就不属于发包人应当提供的项目基础资料。但是与可行性研究、初步设计相关的勘察资料,则属于发包人应当提供的前期资料之一。

(五)对于非因发包人过错的法律法规变化、不可预见的地质情况等原因导致的设计质量缺陷,双方在合同中对于此类风险的责任承担没有约定的,建议由发包人承担相应的责任

在住建部和国家发展改革委印发的《房建市政工程总承包管理办法》第15条中,把法律法规变化、不可预见地质条件等风险归属于发包人,如果由于此类风险导致了设计质量缺陷,双方在合同中对于此类风险的责任承担没有约定的,则应当由发包人承担相应的责任。但实践中对此是存在不同的风险分配模式的。在《标准设计施工总承包招标文件》中推荐了两种风险分担模式,FIDIC银皮书和黄皮书对此也作出不同的推荐。

《标准设计施工总承包招标文件》合同条件中对此规定了A、B两款约定,供当事人选择。其中A款约定,承包人遇到不可预见物质条件时,应采取适应不利物质条件的合理措施继续设计和(或)施工,并及时通知监理人,通知应载明不利物质条件的内容以及承包人认为不可预见的理由。监理人应当及时发出指示,指示构成变更的,按第15条约定执行。监理人没有发出指示的,承包人因采取合理措施而增加的费用和(或)工期延误,由发包人承担。

而B款则约定为,除合同另有约定外,承包人应视为已取得工程有关风险、意外事件和其他情况的全部必要资料,并预见工程所有困难和费用。承包人遇到不可预见的困难和费用时,合同价格不予调整。

《标准设计施工总承包招标文件》中的A、B两款分别约定,是借鉴参考了FIDIC银皮书和黄皮书的做法,把FIDIC两个合同条件的约定放在一起,供当事人选择。

FIDIC银皮书第4.12条“不可预见的困难”中约定:“除合同另有说明外:(a)承包商应被认为已取得了对工程可能产生影响或作用的有关风险、意外事

件和其他情况的全部必要资料;(b)通过签署合同,承包商接受对预见到的为顺利完成工程的所有困难和费用的全部职责;(c)合同价格对任何未预见到的困难和费用不应考虑予以调整。”

FIDIC 黄皮书第 4.12 条“不可预见的物质条件”中则约定:如果承包商遇到不可预见的物质条件,并发出通知,因这些条件达到遭受延误和(或)增加费用的程度,承包商有权提出索赔。

结合中国国内的实际,我们仍然建议如果合同对此没有明确约定的,则此类风险应当考虑由发包人承担。

第 6.5 条 【工程总承包模式下发包人工程质量缺陷责任的承担】发包人具有下列情形之一,造成建设工程质量缺陷的,工程总承包人主张发包人承担相应过错责任的,应予支持:

(1)提供或者指定购买的设备违反强制性标准或不符合最低性能标准,或达不到发包人要求;

(2)提供或者指定购买的建筑材料、建筑构配件等不符合强制性标准;

(3)直接指定分包人分包专业工程;

(4)发包人提供的工艺技术方案或标准不成熟或已经被淘汰。

工程总承包人有过错的,也应当承担相应的过错责任。

发包人提供的项目基础资料或现场障碍资料有缺陷造成工程质量缺陷的,合同对责任承担有约定的,按照合同约定执行。合同没有约定的,且发包人也未给予总承包人充分的时间和条件复核前期资料的,或者该前期资料是总承包人无法通过通常的方法进行复核的,由发包人承担相应的过错责任。

【条文主旨】

在工程总承包模式下,设计属于工程总承包合同内容的一部分。这种情况下的建设工程质量问题就应当包括:设计质量缺陷、施工质量缺陷。首先,如果由于发包人的原因,导致设计质量瑕疵,发包人应当承担过错责任,类似于设计合同项下发包人对于设计人的质量缺陷过错责任。其次,如果由于发包人的原因,导致施工质量瑕疵,例如,提供或指定购买的建筑材料、建筑构配件、设备不符合强制性标准,直接指定分包人分包专业工程等,发包人仍应承担相应的过错责任。最后,由于设计质量缺陷导致的施工质量缺陷,如果该设计质量缺陷是由于发包人原因引起,则工程总承包人可以依据《建设工程司法解释》第12条的规定向发包人提出主张。

本条是关于因发包人原因,造成建设工程施工质量缺陷,其是否应承担相应责任的规定。

《建设工程司法解释》第12条第1款规定:"发包人具有下列情形之一,造成建设工程质量缺陷,应当承担过错责任:(一)提供的设计有缺陷;(二)提供或者指定购买的建筑材料、建筑构配件、设备不符合强制性标准;(三)直接指定分包人分包专业工程。"该条规定了就发包人原因造成的建设工程质量缺陷,其应承担过错责任的几种情形。

在工程总承包模式下,发包人的质量缺陷责任发生了变化,本条对此进行了具体的规定,主要包含以下几项内容:(1)因发包人原因造成的建设工程质量缺陷,其应承担过错责任。(2)本条列举了因发包人原因,可能造成建设质量缺陷的几种情形,包括:提供或者指定购买的设备违反强制性标准或不符合最低性能标准,或达不到发包人要求;提供或者指定购买的建筑材料、建筑构配件等不符合强制性标准;直接指定分包人分包专业工程;发包人提供技术不成熟或者技术已经被淘汰。(3)规定了工程总承包人对此有过错的,也应当承担相应的过错责任。(4)对于发包人提供的项目基础资料或现场障碍资料有缺陷的情形,如果合同有约定的,按照合同约定执行。合同没有约定的,且发包人也未给予总承包人充分的时间和条件复核前期资料的,由此造成的质量缺陷由发包人承担。工程总承包人对此有过错的,也应承担相应的责任。

【理解与适用】

根据本条规定,由于发包人原因造成建设工程质量缺陷的责任承担,主要有以下几种情形:

(一)提供或者指定购买的设备违反强制性标准或不符合最低性能标准,或达不到发包人要求

设备采购是工程总承包合同的主要内容之一,对于工业类项目的工程总承包项目而言,设备也是工程项目的关键内容。通常情况下,设备采购由发包人提出要求,由总承包人负责采购。如果设备的选型、采购等由发包人负责或发

包人指定了设备的品牌等要求，则发包人应当保证其提供或指定购买的设备符合国家标准规范、项目的最低性能标准以及发包人要求。

《标准设计施工总承包招标文件》第四章第一节通用合同条款第6.2条对发包人提供的材料和工程设备约定如下："（1）专用合同条款约定发包人提供部分材料和工程设备的，应写明材料和工程设备的名称、规格、数量、价格、交货方式、交货地点等。（2）承包人应根据合同进度计划的安排，向监理人报送要求发包人交货的日期计划。发包人应按照监理人与合同双方当事人商定的交货日期，向承包人提交材料和工程设备。（3）发包人应在材料和工程设备到货7天前通知承包人，承包人应会同监理人在约定的时间内，赴交货地点共同进行验收。除专用合同条款另有约定外，发包人提供的材料和工程设备验收后，由承包人负责接收、运输和保管。（4）发包人要求向承包人提前交货的，承包人不得拒绝，但发包人应承担承包人由此增加的费用。（5）承包人要求更改交货日期或地点的，应事先报请监理人批准。由于承包人要求更改交货时间或地点所增加的费用和（或）工期延误由承包人承担。（6）发包人提供的材料和工程设备的规格、数量或质量不符合合同要求，或由于发包人原因发生交货日期延误及交货地点变更等情况的，发包人应承担由此增加的费用和（或）工期延误，并向承包人支付合理利润。"

另外，第6.5.3条约定，发包人提供的材料或工程设备不符合合同要求的，承包人有权拒绝，并可要求发包人更换，由此增加的费用和（或）工期延误由发包人承担。

因此，如果发包人提供或指定购买的设备存在质量缺陷，则应当由发包人承担责任。

（二）提供或者指定购买的建筑材料、建筑构配件等不符合强制性标准

与前述情形类似，按照国家有关规定及合同约定，由发包人提供建筑材料、建筑构配件等，应当保证建筑材料、建筑构配件符合标准规范、设计文件及合同的要求。发包人不得明示或者暗示承包人使用不合格的建筑材料、建筑构配件等。

《工程总承包合同示范文本》第6.1.1条对发包人提供的工程物资约定如下："（1）发包人依据5.2.3款第（3）项设计文件规定的技术参数、技术条件、性能要求、使用要求和数量，负责组织工程物资（包括其备品备件、专用工具及厂商提交的技术文件）的采购，负责运抵现场，并对其需用量、质量检查结果和性

能负责。由发包人负责提供的工程物资的类别、数量,在专用条款中列出。(2)因发包人采购提供的工程物资(包括建筑构件等)不符合国家强制性标准、规范的规定,存在质量缺陷、延误抵达现场,给承包人造成窝工、停工或导致关键路径延误的,按13条变更和合同价调整的约定执行。在履行合同过程中,由于国家新颁布的强制性标准、规范,造成发包人负责提供的工程物资(包括建筑构件等)不符合新颁布的强制性标准时,由发包人负资修复或重新订货。如委托承包人修复,作为变更处理。(3)发包人请承包人参加境外采购工作时,所发生的费用由发包人承担。"第6.5.1条约定:"依据6.1.1款及6.3.1款的约定,由发包人负责提供的工程物资存在缺陷时,经发包人组织修复仍不合格的,由发包人负责重新订货并运抵现场。因此造成承包人停工、窝工的,由发包人承担所发生的实际费用;导致关键路径延误时,竣工日期相应顺延。"

发包人提供的材料设备在使用前,由承包人负责检验或者试验,不合格的不得使用,并通知发包人予以退换。检验或试验的费用由发包人承担。建筑材料、建筑构配件不合格是建设工程至问题的直接原因之一,因此对发包人提供的建筑材料、建筑构配件进行检验试验是保证建设工程质量的重要手段。承包人应当依据国家标准规范、设计文件要求、合同约定等对建筑材料、建筑构配件进行检验,这也是承包人的合同义务。如果由于承包人没有进行检验试验、检验试验后不合格仍然使用等行为导致质量缺陷的,承包人应当承担相应的责任。

(三)直接指定分包人分包专业工程

一般来说,分包工程是指总承包人承接建设工程后,再将部分工程分包给其他承包人。实践中也存在由发包人直接指定分包人承接分包工程的情形。本条规定即对此种情形下,发包人的责任进行了规范,即发包人如果在工程分包时直接指定分包人分包工程的,如果工程出现质量缺陷,建设单位应当承担相应的责任。

我国《建筑法》和《民法典》均有对工程分包的相关规定。

《建筑法》第29条规定:"建筑工程总承包单位可以将承包工程中的部分工程发包给具有相应资质条件的分包单位;但是,除总承包合同中约定的分包外,必须经建设单位认可。施工总承包的,建筑工程主体结构的施工必须由总承包单位自行完成。建筑工程总承包单位按照总承包合同的约定对建设单位负责;分包单位按照分包合同的约定对总承包单位负责。总承包单位和分包单位就分包工程对建设单位承担连带责任。禁止总承包单位将工程分包给不具备相应资质条件的单位。禁止分包单位将其承包的工程再分包。”

《民法典》第791条也作了类似的规定。由于建设工程施工的专业性,允许总承包人在遵守一定条件的前提下,将自己总承包工程项目中的部分劳务工程或者自己不擅长的专业工程项目分别给其他承包人,发挥各自优势,对于提高施工效率、保证工程质量、缩短工期及降低工程造价都大有好处。

《建筑法》《民法典》对于分包工程的限制性规定主要是:(1)总承包人只能将工程分包给具有相应资质的单位。(2)总承包人分包工程必须经发包人认可,或者在总承包合同中约定。(3)建设工程的主体结构部分,必须由总承包人自行完成,不得分包。(4)分包单位承接分包工程后,不得进行再分包。

对于建设工程质量而言,建筑工程总承包单位按照总承包合同的约定对建设单位负责;分包单位按照分包合同的约定对总承包单位负责。总承包单位和分包单位就分包工程对建设单位承担连带责任。如果该分包工程是由发包人指定的,那么由此导致建设工程质量缺陷,发包人亦应承担相应的责任。

(四)发包人提供工艺技术方案或标准不成熟或已经被淘汰

工程总承包项目中经常涉及配套的工艺技术方案。一般情况下由发包人提出要求,由总承包人提供工艺技术方案。实践中,也有发包人提供工艺技术方案的情形。

《工程总承包合同示范文本》第5.1.2条对于发包人提供的工艺技术和(或)建筑设计方案约定如下:“发包人负责提供的生产工艺技术(含专利技术、专有技术、工艺包)和(或)建筑设计方案(含总体布局、功能分区、建筑造型、主体结构,或发包人委托第三方设计单位提供的建筑设计方案)时,应对所提供的工艺流程、工艺技术数据、工艺条件、软件、分析手册、操作指导书、设备制造指导书和其他承包人的文件资料、发包人的要求,和(或)总体布局、功能分区、建筑造型、主体结构等,或第三方设计单位提供的建筑设计方案负责。发包人有义务指导、审查由承包人根据发包人提供的上述资料所进行的生产工艺设计和(或)建筑设计,并予以确认。工程和(或)单项工程试运行考核的各项保证值、或使用功能保证说明及双方各自应承担的考核责任,在专用条款中约定,并作为发包人根据10.3.3款进行试运行考核和考核责任的评价依据。”

工艺技术方案,具有一定的特殊性,技术应用于工程项目也具有一定的局限性,如技术是否成熟、是否已经过时或者即将被淘汰。技术方案是否具有特定的使用条件等。这些特点都会对工程质量,特别是性能指标的实现产生影响。如果由于发包人提供的技术方案不成熟或者已经淘汰等导致建设工程质量缺陷,则应当由发包人承担相应的责任。

(五)工程总承包人有过错的,建议也应当承担相应的过错责任

该款规定的是在因上述情形导致建设质量缺陷发包人承担责任的情形下,工程总承包人是否也需要承担相应的责任?

对于发包人提供的建筑材料、建筑构配件和设备等,承包人应当依照有关规定进行检验试验,对于经检验试验不合格的材料等不得使用。如果承包人应进行检验而未检验、未按照规定进行检验、对检验不合格的材料仍然使用等,承包人也应承担相应的责任。

对于发包人直接指定分包人分包工程的,实践中有两种情形:

第一种情形是,该分包人由发包人指定,但是由总承包人与分包人签订分包合同。这种情形下,由于与分包人签订分包合同的仍然是总承包人,因此根据《建筑法》《民法典》的相应规定,仍应由承包人与发包人对分包工程的工程质量承担连带责任。但由于该分包人是发包人指定,在发包人的分包工程出现质量缺陷时,发包人也要承担相应的责任。

第二种情形是,发包人直接与该分包工程的承包人签订施工合同。在这种情形下,总承包人仍应负有相应的管理义务和责任,督促发包人履行法律规定以及合同约定的质量义务。如果承包人以该施工人是发包人直接指定为由怠于履行对该施工人的管理职责,甚至放纵对于该施工人的管理,承包人也应承担相应的责任。

对于发包人提供工艺技术方案的,总承包人负有审核、评估工艺技术方案可行性、先进性等责任。而且相对于发包人来说,总承包人更加专业,更具有专业能力对技术方案进行审核、评估。如果承包人未适当履行其审核、评估职责,也应承担相应的责任。

(六)提供的项目基础资料或现场障碍资料有缺陷的

根据《工程总承包合同示范文本》第1.1.18条、第1.1.19条的规定:项目基础资料是指发包人提供给承包人的经有关部门对项目批准或核准的文件、报告(如选厂报告、资源报告、勘察报告等)、资料(如气象、水文、地质等)、协议(如原料、燃料、水、电、气、运输等)和有关数据等,以及设计所需的其他基础资料。现场障碍资料是指发包人需向承包人提供的进行工程设计、现场施工所需

的地上和地下已有的建筑物、构筑物、线缆、管道、受保护的古建筑、古树木等坐标方位、数据和其他相关资料。项目基础资料和现场障碍资料是发包人应当向工程总承包人提供的前期资料。

《建设工程质量管理条例》第9条规定:“建设单位必须向有关的勘察、设计、施工、工程监理等单位提供与建设工程有关的原始资料。原始资料必须真实、准确、齐全。”

《工程总承包合同示范文本》第5.2.1条对发包人提供前期资料的义务约定如下:

1. 提供项目基础资料。发包人应按合同约定、法律或行业规定,向承包人提供设计需要的项目基础资料,并对其真实性、准确性、齐全性和及时性负责。上述项目基础资料不真实、不准确或不齐全时,发包人有义务按约定的时间向承包人提供进一步补充资料。

2. 提供现场障碍资料。除专用条款另有约定外,发包人应按合同约定和适用法律规定,在设计开始前,提供与设计、施工有关的地上、地下已有的建筑物、构筑物等现场障碍资料,并对其真实性、准确性、齐全性和及时性负责。

3. 承包人无法核实发包人所提供的项目基础资料中的数据、条件和资料的,发包人有义务给予进一步确认。

《标准设计施工总承包招标文件》第四章第一节“通用合同条款”第4.10.1款也对发包人应当提供前期资料的义务约定为,发包人应向承包人提供施工场地及毗邻区域内的供水、排水、供电、供气、供热、通信、广播电视等地下管线资料、气象和水文观测资料,相邻建筑物和构筑物、地下工程的有关资料,以及其他与建设工程有关的原始资料,并承担原始资料错误造成的全部责任。

但在FIDIC黄皮书与FIDIC银皮书中,对发包人提供前期资料瑕疵的责任作出了不一样的约定。FIDIC黄皮书第4.10款中的“现场数据”约定为:“雇主应在基准日期前,将其取得的现场地下、水文条件及环境方面的所有有关资料,提供给承包商。同样地,雇主在基准日期之后得到的所有此类资料,也应提供给承包商。承包商应负责解释所有此类资料。”

而FIDIC银皮书则约定为:“……承包商应负责核实和解释所有此类资料。除第5.1款[设计义务一般要求]提出的情况以外,雇主对这些资料的准确性、充分性和完整性不承担责任。”第5.1款“设计义务一般要求”中约定:“……雇主应对雇主要求中的下列部分,以及由(或代表)雇主提供的下列数据和资料的正确性负责:(a)在合同中规定的由雇主负责的,或不可变的部分、数据和资料,(b)对工程或其任何部分的预期目的的说明,(c)竣工工程的试验和性能的标准,(d)除合同另有说明外,承包商不能核实的部分、数据和资料。”也就是说,在FIDIC银皮书的条件下,前期资料准确性、充分性和完整性由承包人核实并负责,发包人对此不承担责任。

但是FIDIC银皮书的适用需要具备一定的前提条件。FIDIC银皮书在其第一版序言中,强调该合同条件不适用于下列情况:(1)如果投标人没有足够时间或资料,以仔细研究和核查雇主要求,或进行他们的设计、风险评估和估算;(2)如果建设内容涉及相当数量的地下工程,或投标人未能调查的区域内的工程;(3)如果雇主要严密监督或控制承包商的工作,或要审核大部分施工图纸;……FIDIC建议,上述情况下由承包商(或以其名义)设计的工程,可以采用FIDIC黄皮书。

因此,结合中国国内的实际以及工程总承包的特点,认为对于发包人提供的项目基础资料或现场障碍资料有缺陷而导致的建设工程质量缺陷,合同对此有约定的,按照合同约定执行。合同没有约定的,应当视发包人是否给予了总承包人充分的时间和条件复核发包人提供的前期资料,以及该前期资料的真实性和准确性是否可以由总承包人通过合理的复核而进行确认,来确定谁应当对前期资料的缺陷承担责任。如果发包人未给予总承包人充分的时间和条件复核前期资料的,或者该前期资料是总承包人无法通过通常的方法进行复核的,由此造成的质量缺陷由发包人承担。

由于通常勘察不在工程总承包范围之内,勘察资料由发包人提供,因此此处所指的项目基础资料,也应当包括勘察资料,勘察资料属于发包人需要提供给工程总承包人的必需的资料之一。《民法典》第800条规定:“勘察、设计的质量不符合要求或者未按照期限提交勘察、设计文件拖延工期,造成发包人损失的,勘察人、设计人应当继续完善勘察、设计,减收或者免收勘察、设计费并赔偿损失。”在工程总承包模式下,如果发包人提交给总承包人提交的勘察成果有缺陷,则发包人应当对工程总承包人承担过错责任,如果勘察成果缺陷是由于勘察人原因,则发包人可在向工程总承包人承担责任后向勘察人追责。根据勘察工作所处的阶段不同,勘察又可分为可研阶段的勘察、初步勘察、详细勘察,分别对应可行性研究、初步设计、施工图设计阶段。如果勘察不包括在工程总承包合同范围内,则发包人应当提供详细勘察阶段的勘察资料和报告。但是,由于目前国内某些工程总承包合同中也包括勘察在内，这种情况下勘察就属于工程总承包人的合同义务，相应地，包含在合同内的勘察资料也就不属于发包人应当提供的项目基础资料。但是与可行性研究、初步设计相关的勘察资料，则属于发包人应当提供的前期资料之一。

第6.6条　【工程总承包模式下联合体成员的质量责任分配】联合体多个成员之间因各自原因共同造成工程质量非正常状态的，成员之间应按照联合体协议承担相应责任。联合体协议对此没有约定或约定不明的，可在查明各个联合体成员的质量风险行为的基础上，根据联合体成员造成工程质量问题的原因力大小及过错程度，综合判定各联合体成员应当承担的责任份额。

质量风险行为可以考虑按照技术缺陷类风险行为、违法违规类风险行为、不规范类风险行为的类别进行区分。根据质量风险行为的类型、具体表现形式、行为严重性等确定造成工程质量非正常状态的原因力大小及其行为主体的过错程度。

【条文主旨】

工程总承包模式下，联合体成员共同导致工程质量非正常状态发生而引起的赔偿责任分配争议是一种多主体质量争议的具象情形，具有工程质量争议固有的专业性、复杂性和滞后性等多种特性。特别是涉及多个主体时，如何“判定各方责任主体所承担的责任比例”是实务中的一大难题。对于裁判者来说，最公平的做法莫过于达到“责任与过错相等”的状态，即实现分配正义意义上的“应得”。为了更好地实现分配正义（即采用最为合适的分配标准进行分配），本条文对于联合体成员因各自原因共同导致工程质量非正常状态发生而引起的责任分配问题提供了一种原则和参考方法。

【理解与适用】

工程质量非正常状态按照其对工程质量的危害性质和损害程度分为工程

质量偏差、工程质量缺陷、工程质量事故①。工程质量非正常状态产生的过程就是质量风险行为不断发生的过程,往往一个工程质量非正常状态的产生是由一个或多个不同主体实施一个或一系列工程质量风险行为而导致的。对于这类因多行为多主体导致的结果进行综合评价和责任判定是一项极为复杂的智力活动,需借助一些数学理论和决策方法。

对于联合体共同导致工程质量非正常状态出现的责任分配问题是一类混合责任分配问题。在综合评判如何划分此类法律责任时,所考虑的基本因素主要有两个方面:(1)各行为主体的过错程度;(2)行为与损害结果之间的原因力。同时也应考虑上述两个因素的关联关系。因此,在分析联合体成员各自应承担的责任份额时,应将原因力及过错程度作为主要考量因素,综合考虑两者因素之间的关联关系。对于一项工程质量非正常状态的产生,往往是由一个或多个不同主体实施一个或一系列工程质量风险行为而导致的,不同的风险行为类型与工程质量问题存在一定的关联性,风险行为表现形式(对应行为严重程度)又反映了行为主体的过错程度。因此,通过联合体主体所实施的工程质量风险行为所对应的类型、风险行为的表现形式并综合考虑两者之间的关联关系后,可以建立一套以工程质量风险行为为基础的联合体责任分配方法。

借助模糊数学原理,可将综合决策问题简化为单因素评判问题。对于一项由双方共同导致的工程质量非正常状态,其中一方的责任比例可采用以下数学表达式:

$$(原因力论域)R(过错程度论域) = (责任比例论域)$$

式中:原因力论域,是指各个质量风险行为对工程质量产生危害和损害的原因力大小描述,由$(X_1X_2\ldots X_m)$组成。过错程度论域,是指某主体所实施的该风险行为的严重程度,从而推断该行为主体存在的过错程度,由$(Y_1Y_2\ldots Y_n)$组成。责任比例论域,是指实施质量风险行为的主体应承担的质量责任比例,由K表示。即为:

$$(X_1X_2\ldots X_m)R(Y_1Y_2\ldots Y_n) = K$$

式中:K为该风险行为对应责任主体质量责任的计算值,R为算子。

当R采用矩阵乘法运算时,以双方质量责任主体T_1和T_2为例,T_1和T_2共同实施了一系列质量风险行为导致了工程质量非正常状态的产生,可将双方应承

① 高霁芳:《季宏民建设工程质量非正常状态等级划分异议》,载《建设监理》2007年第4期。

担的相应质量责任比例表示为：

$$(\{A_{11}\ldots A_{1m}\},\{A_{21}\ldots A_{2m}\}\ldots\{A_{n1}\ldots A_{nm}\})\begin{pmatrix}C_1\\C_2\\\cdots\\C_n\end{pmatrix}=K_1$$

$$(\{B_{11}\ldots B_{1m}\},\{B_{21}\ldots B_{2m}\}\ldots\{B_{n1}\ldots B_{nm}\})\begin{pmatrix}C_1\\C_2\\\cdots\\C_n\end{pmatrix}=K_2$$

其中，$\{A_{n1}\ldots A_{nm}\}$，$\{B_{n1}\ldots B_{nm}\}$ 为对应风险类型 C_n 的质量风险行为集。

工程质量风险行为集和质量风险行为类型关联度集（原因力程度），需满足以下两个条件：

1. 质量风险行为集应满足 $A_{nm}B_{nm}\in[0,1]$ 和 $\sum_{i=1}^{m}(A_{ni}+B_{ni})=1, n=1,2,3\ldots$

2. 质量风险类型集（原因力程度）$C_i\in[0,1]$ 和 $\sum_{i=1}^{n}C_i=1$

通过上述公式计算，可得出 T_1 和 T_2 责任主体应承担各自的质量比例为：

T_1 的综合评定责任比例为：$T_1=\frac{K_1}{K_1+K_2}\%$；

T_2 的综合评定责任比例为：$T_2=\frac{K_2}{K_1+K_2}\%$

一、工程质量风险行为类型

为了归纳总结联合体成员质量风险行为的表现形式及特点，根据《建筑法》、《建设工程质量管理条例》、《建设工程勘察设计管理条例》、住房城乡建设部《工程质量安全手册（试行）》并结合相关学术著作及工程实践经验，将联合体成员可能出现的质量风险行为进行分类，详见表3。

表3 联合体成员的质量风险行为分类表①

类别	依据	特点
技术缺陷类质量风险行为（以下简称技术类）	《建筑法》《建设工程质量管理条例》《建设工程勘察设计管理条例》等	可由鉴定机构鉴定
违规管理类质量风险行为（以下简称违规管理类）	《建筑法》《建设工程质量管理条例》《建设工程勘察设计管理条例》等	无法鉴定，由法律法规明确规定
不规范类质量风险行为（以下简称不规范类）	《工程质量安全手册（试行）》、相关学术著作和工程实践经验	无法鉴定，法律法规无明确规定

需要指出的是，不同类别的质量风险行为所对应的原因力存在较大差异，如技术缺陷类质量风险行为，其完全由司法鉴定机构所确认，即为造成工程质量非正常状态最为直接和最易追溯的原因，因此该类风险行为与缺陷结果之间存在较大的原因力。违规管理类、不规范类质量风险行为属于间接性原因，与损害结果的原因力不及技术缺陷类风险行为。因此，在原因力考量权重系数时应根据不同类型的质量风险行为区分确定。

考虑到联合体成员可能是勘察单位、设计单位或施工单位，因此将上述三类主体的具体风险行为表现梳理如表4～表6所示②。

表4 勘察单位质量风险行为情况表

责任主体	序号	质量风险行为的具体表现	类型
勘察单位	1	未按照工程建设强制性标准进行勘察	技术缺陷类
	2	提供的地质、测量、水文等勘察成果有缺陷	技术缺陷类
	3	转包或违法分包所承揽的工程	违规管理类
	4	未按规定向施工、监理单位说明勘察意图，解释勘察文件	违规管理类
	5	未取得资质或者超越其资质等级许可的范围或者以其他单位的名义承揽工程	违规管理类
	6	施工中发现的勘察问题，未及时解决	违规管理类
	7	未按规定参与施工验收	不规范类

① 陈鸣飞、刘育民：《工程质量责任主体质量风险行为分类研究》，载《中国工程咨询》2019年第8期。

② 陈鸣飞、刘育民、谭敬慧：《工程项目多方质量主体责任划分模型研究》，载《建筑经济》2019年第10期。

表5 设计单位质量风险行为情况

责任主体	序号	质量风险行为的具体表现	类型
设计单位	1	未按照工程建设强制性标准进行设计	技术缺陷类
	2	设计文件中选用的建筑材料、建筑构配件和设备,其注明规格、型号、性能等技术指标,不符合国家规定的标准	技术缺陷类
	3	未根据勘察文件进行设计	技术缺陷类
	4	未取得资质或者超越其资质等级许可的范围或者以其他单位的名义承揽工程	违规管理类
	5	指定建筑材料、建筑构配件的生产厂、供应商	违规管理类
	6	在工程施工前,未就审查合格的施工图设计文件向施工单位和监理单位作出详细说明	违规管理类
	7	施工中发现的设计问题,未及时解决	违规管理类
	8	未按规定参与施工验槽	不规范类
	9	未按规定向施工单位做技术交底	不规范类

表6 施工单位质量风险行为情况

责任主体	序号	质量风险行为的具体表现	类型
施工单位	1	不按设计图纸施工	技术缺陷类
	2	违背施工技术标准施工	技术缺陷类
	3	偷工减料或使用不合格的建筑材料、建筑构配件和设备	技术缺陷类
	4	未取得资质或者超越其资质等级许可的范围或者以其他单位的名义承揽工程	违规管理类
	5	未按规定对建筑材料、建筑构配件、设备和商品混凝土进行检验;未对有要求和涉及结构安全的试块、试件及有关材料进行取样检测	违规管理类
	6	不履行或拖延履行保修义务	违规管理类
	7	违法分包、转包工程	违规管理类

续表

责任主体	序号	质量风险行为的具体表现	类型
施工单位	8	项目经理资格不符合要求或未到岗履职	违规管理类
	9	由建设单位委托见证取样检测的建筑材料、建筑构配件和设备等，未经监理单位见证取样并经检验合格的，擅自使用；按规定由施工单位负责进行进场检验的建筑材料、建筑构配件和设备，应报监理单位审查的，未经监理单位审查合格的擅自使用	违规管理类
	10	擅自修改设计文件	违规管理类
	11	未按要求做好施工过程中的各类质量检查和记录	违规管理类
	12	未设置项目质量管理机构或设置质量管理机构，但未配备质量管理人员	不规范类
	13	未配备齐全该项目涉及的设计图集、施工规范及相关标准	不规范类
	14	未按要求编制并实施施工组织设计和施工方案	不规范类
	15	未按规定进行技术交底	不规范类

需要指出的是，对于不同的责任主体，某一质量风险行为可能存在多种不同的表现形式。例如，施工单位的技术类行为中"不按设计图纸施工"，其表现形式就比较多样化，可以表现为"不按设计图纸中结构构件的尺寸施工"，也可以表现为"不按设计图纸中非结构构件的尺寸施工"。很显然，不同的表现形式，其严重性是存在差异的。作为专业实施主体（勘察或设计或施工单位），理应明知所实施的风险行为可能带来的后果，因此，在实务判定中，应根据具体表现形式及严重程度以确定实施主体的过错程度。

二、联合体成员多主体质量责任判定的分配方法

鉴于工程质量纠纷的争议具有专业性、复杂性的特点，呈现明显的多层次多元性特征，需要采用较为科学的责任分配方法进行多主体责任量化判定。

以多方联合体成员为例（勘察单位、设计单位、施工单位），在一次涉及多方工程质量责任争议中，质量责任主体的过错表现为：该工程质量责任主体实施了一项或者多项"工程质量风险行为"，即所实施的具体质量风险行为的严重程

度作为实施主体过错程度的判定，同时对每一项"工程质量风险行为"应按技术缺陷类、违规管理类、不规范类进行原因力的判定。对于联合体的组成模式，按照较为常见的双联合体和三联合体形式考虑。其中，双联合体形式采用最普遍的模式①：设计＋施工。三方联合体形式采用较常见的模式②：勘察＋设计＋施工。据此，建立工程质量责任的比例判定层次模型，如图1所示。

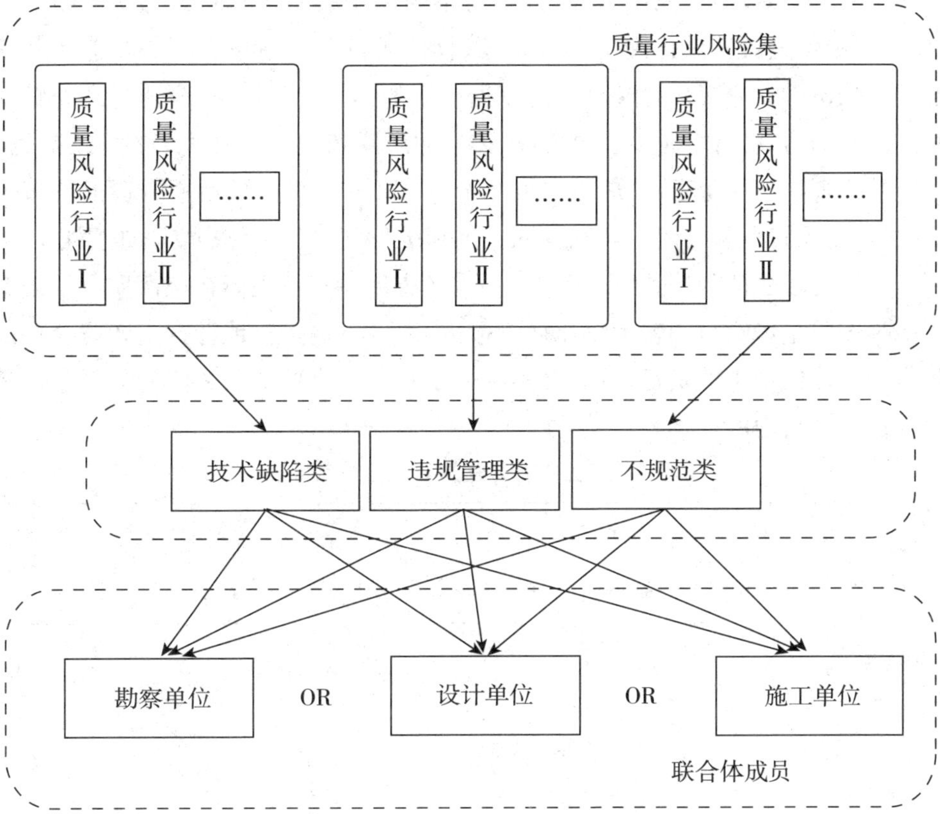

图1　工程质量责任的比例判定层次模型

① 勘察＋设计、勘察＋施工的联合体模式在实务中虽然存在出现的可能性，但并非主流模式，因此本书在论述时暂不考虑该类特殊的联合体模式。

② 三联合体模式在实务中还可能是：方案公司＋设计＋施工，由于该种模式因方案公司的存在，使方案公司与设计机构在设计方面的责任界面不易区分，故该种模式在本文论述中暂不考虑。

三、联合体多主体质量责任分配方法介绍

工程质量责任主体质量风险行为分类的目的是将不同表现形式的质量风险行为按照其特点及表现形式进行归类梳理,从而将工程总承包建设项目中,联合体成员主体复杂多变的质量风险行为进行类型化识别。基于上述类型化识别结果,运用合适的决策方法,能够对不同类型的质量风险行为所产生的原因力、严重性进行定量化判定,从而为联合体成员共同造成工程质量非正常状态的责任份额划分提供科学合理的依据。例如:对于某一次工程质量非正常状态的问题而言,将联合体成员主体所实施的质量风险行为按照“技术缺陷类”“违规管理类”“不规范类”进行识别和梳理(如表4所示),运用合适的决策方法,可以对质量风险行为的类别及同一类别的不同责任主体所实施的质量风险行为进行比较赋值(如表7所示),然后将各方质量责任主体在该次质量缺陷中所实施的质量风险行为转为量化评价指标,便可以定量化地计算出各联合体成员责任主体应承担的责任比例(如表8所示),为联合体成员之间的质量争议解决提供合理科学的依据。

表7 两方联合体质量风险行为赋值表

质量风险行为	设计单位A			施工单位B		
	$Behavior_{J1}$	$Behavior_{W1}$	$Behavior_{B1}$	$Behavior_{J1}$	$Behavior_{W1}$	$Behavior_{B1}$
技术缺陷类	Γ_1	—	—	Γ_2	—	—
违规管理类	—	μ_1	—	—	μ_2	—
不规范类	—	—	η_1	—	—	η_2

备注:$\Gamma_1+\Gamma_2=1$;$\mu_1+\mu_2=1$;$\eta_1+\eta_2=1$;$Behavior_{J1}$,$Behavior_{W1}$,$Behavior_{B1}$分别代表技术缺陷类、违规管理类、不规范类的具体质量风险行为,表中,每一类风险行为仅考虑发生一项具体风险行为项。

表 8 两方联合体质量责任分配表

联合体成员单位	技术缺陷类	违规管理类	不规范类	责任分担比例
	权重 β_s	权重 β_b	权重 β_p	
设计单位 A	$\varGamma_1$	μ_1	η_1	$\frac{Z_1}{Z_1+Z_2}$
施工单位 B	$\varGamma_2$	μ_2	η_2	$\frac{Z_2}{Z_1+Z_2}$

备注：$\beta_s+\beta_b+\beta_p=1$；$Z_1=\varGamma_1\times\beta_s+\mu_1\times\beta_b+\eta_1\times\beta_p$；$Z_2=\varGamma_2\times\beta_s+\mu_2\times\beta_b+\eta_2\times\beta_p$

四、联合体多主体质量责任分配示例

由设计单位 A 和勘察单位 B 组成的联合体共同为某建设项目提供勘察设计服务。住宅楼建成后不久，建筑物开始出现不均沉降，墙体出现裂痕等，后查明因联合体双方分别实施了系列质量风险行为从而造成工程质量问题，联合体双方的质量风险行为详见表 9 所示。

表 9 责任主体的质量风险行为情况表

责任主体	质量风险行为情况		
	技术类	违规管理类	不规范类
设计单位 A	擅自修改原设计方案（$Behavior_{J1}$）	无设计资质（$Behavior_{W1}$）	未尽到设计注意义务（$Behavior_{B1}$）
勘察单位 B	勘察报告给设计施工单位提供的作为主要技术依据的数据不完整、不准确（$Behavior_{J2}$）	忽视详勘应收集的资料，在不具备条件的情况下，违反工作程序，盲目提高勘察程度。（$Behavior_{W2}$）	勘探方法和手段选择不当（$Behavior_{B2}$）

根据表 9 的情况表，建立本次联合体双方质量责任划分的层次模型如图 2 所示。

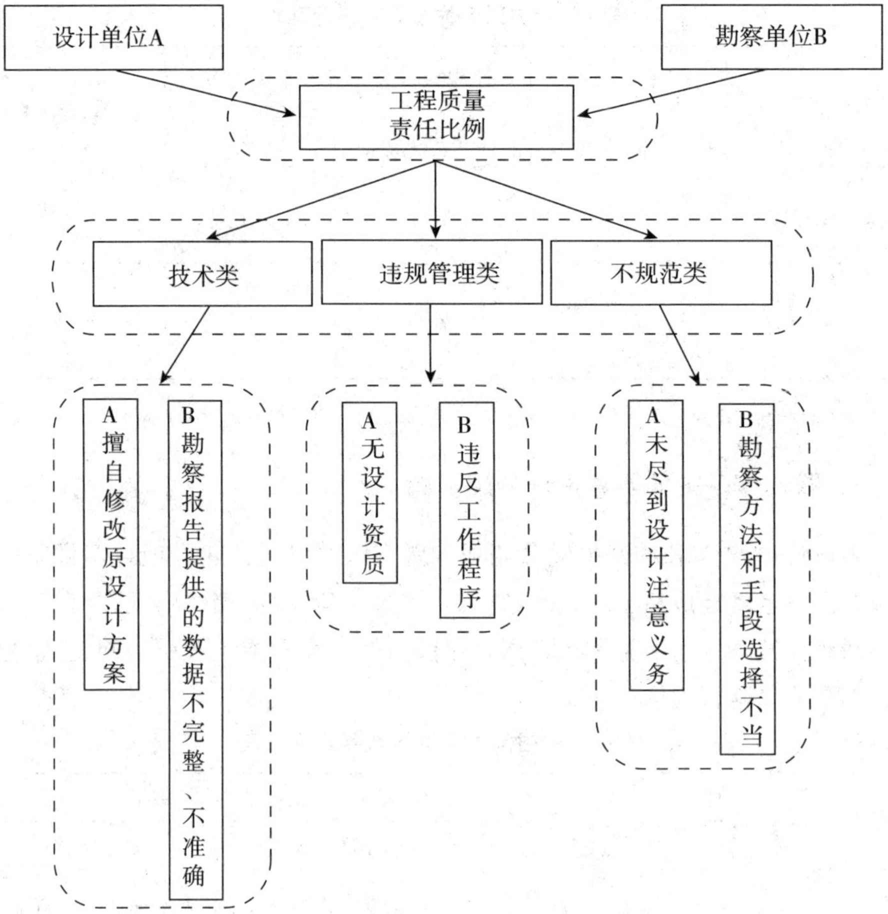

图 2　工程质量责任量化划分的层次模型

其中,设计单位 A 的责任计算方程可写为:

$$(\{A_{11}\},\{A_{21}\},\{A_{31}\})\begin{pmatrix}C_1\\C_2\\C_3\end{pmatrix}=K_1$$

式中:

A_{11}表示设计单位 A 归于 C_1类型的质量风险行为:擅自修改原设计方案

A_{21}表示设计单位 A 归于 C_2类型的质量风险行为:无设计资质

A_{31}表示设计单位 A 归于 C_3类型的质量风险行为:未尽到设计注意义务

勘察单位 B 的责任计算方程可写为：$(\{B_{11}\},\{B_{21}\},\{B_{31}\})\begin{pmatrix}C_1\\C_2\\C_3\end{pmatrix}=K_1$

式中：

B_{11}表示勘察单位 B 归于 C_1类型的质量风险行为：提供的勘察报告数据不完整、不准确

B_{21}表示勘察单位 B 归于 C_2类型的质量风险行为：违反工作程序

B_{31}表示勘察单位 B 归于 C_3类型的质量风险行为：勘察方法和手段选择不当

其中：C_1、C_2、C_3分别代表技术类质量风险行为关联度、违规管理类质量风险行为关联度、不规范类质量风险关联度，其相应计算数值由相关文献[①]研究表明可取为：$C_1=0.604$，$C_2=0.326$，$C_3=0.070$。

A_{11}和 B_{11}同属于 C_1类型的质量风险行为，应根据两种质量风险行为对于工程质量问题的危害度进行比较并赋予权重系数，在 A_{11}和 B_{11}遵循 0－1 律的原则下满足 $A_{11}+B_{11}=1$，具体数值的确定可通过选择合适的决策方法进行赋值。本示例通过征询 5 位工程法学专家和 5 位工程质量司法鉴定专家的比较判断意见后，采用 *AHP* 法计算得到 $A_{11}=0.2$，$B_{11}=0.8$。同理，计算得到 $A_{21}=0.5$，$B_{21}=0.5$；$A_{31}=0.6$，$B_{31}=0.4$；将上述计算结果填入表 10，通过加权运算得到联合体双方责任比例权重详见表 11。

表 10 两方联合体质量风险行为赋值表

质量风险行为	设计单位 A			勘察单位 B		
	$Behavior_{J1}$	$Behavior_{W1}$	$Behavior_{B1}$	$Behavior_{J1}$	$Behavior_{W1}$	$Behavior_{B1}$
技术缺陷类	0.2	—	—	0.8	—	—
违规管理类	—	0.5	—	—	0.5	—
不规范类	—	—	0.6	—	—	0.4

① 陈鸣飞、刘育民、谭敬慧：《工程项目多方质量主体责任划分模型研究》，载《建筑经济》2019 年第 10 期。

表 11　责任主体的工程质量责任比例权重汇总

责任主体	模型计算			模拟计算值
	技术类 0.604	违规管理类 0.326	不规范类 0.070	
设计单位 A	0.2	0.5	0.6	32.58%
勘察单位 B	0.8	0.5	0.4	67.42%

根据表 11 所计算的责任比重值，建议对于本示例中因联合体各自原因导致工程质量损害赔偿问题的责任分配比重为设计单位 A 承担 30%，勘察单位 B 承担 70%。

第 6.7 条　【工程总承包联合体模式下分包人、实际施工人造成质量或工期问题的联合体内部责任承担】因分包合同承包人的原因造成工程质量或工期问题，联合体对发包人承担责任后，联合体成员以其并非分包合同发包人为由在联合体内部主张不承担责任的，除联合体协议另有约定外，应予支持。

因转包人、违法分包人、挂靠人等的原因造成工程质量或工期问题的，参照上述规定处理。

【条文主旨】

根据《建筑法》第 29 条第 2 款、《民法典》第 791 条第 2 款等规定，分包人就分包工程与总承包人向发包人承担连带责任。但总承包人为联合体时，与分包人存在合同关系的往往只是某一联合体成员，那么该分包人的工作应视为该联合体成员的工作，那么因分包导致的质量或工期问题，在联合体内部应由签订分包合同的联合体成员承担，联合体协议另有约定的除外。

转包人、违法分包人、挂靠人等实际施工人就其设计、施工的工程质量和工期与总承包人向发包人承担连带责任，在联合体内部应最终由作为实际设计人、施工人的合同相对方的联合体成员承担责任。

【理解与适用】

《建筑法》第29条第2款规定："建筑工程总承包单位按照总承包合同的约定对建设单位负责；分包单位按照分包合同的约定对总承包单位负责。总承包单位和分包单位就分包工程对建设单位承担连带责任。"《民法典》第791条第2款规定："总承包人或者勘察、设计、施工承包人经发包人同意，可以将自己承包的部分工作交由第三人完成。第三人就其完成的工作成果与总承包人或者勘察、设计、施工承包人向发包人承担连带责任。承包人不得将其承包的全部建设工程转包给第三人或者将其承包的全部建设工程支解以后以分包的名义分别转包给第三人。"

就分包工程的质量与工期问题，总承包人与分包人向发包人承担连带责任，但总承包人为联合体时，鉴于联合体是经发包人同意、由两个或两个以上法人或者其他组织组成的作为工程承包人的临时机构，那么该质量责任在联合体内部应有最终的责任承担者。最终责任承担者的确定，首先应以联合体协议为准，在联合体协议无约定时，理应由签订分包合同的联合体成员作为联合体内部的最终责任承担者，因为被分包的工程本就是属于该联合体成员的工作范畴，其应就该工作的质量和工期负责，这是联合体的应有之义，所以其他联合体成员以其并非分包合同的发包人为由主张在联合体内部不承担责任的，应获得支持。

需要注意的是，如果联合体成员之一主张并能够证明分包合同系其接受其他联合体成员委托而以自己名义签订的，则因分包合同承包人原因造成质量或工期问题，应由联合体成员中的委托人在联合体内部承担责任。联合体成员中的委托人在承担责任后，可以依照《民法典》第925条、第926条规定向分包合同的相对人主张权利。

实际施工人并非我国现行法律规定的一种民事主体，该表述源于《建设工程司法解释》第1条、第25条及第26条，该主体与名义上的承包人、分包人相对，是指合同无效情形下的实际完成工程建设的主体，相关规定及司法判例认为，实际施工人包括转包情况下的转承包人、违法分包情况下的承包人、挂靠人三种情形，北京高院《解答》第18条、四川高院《解答》第12条、山东高院《2011

审判工作纪要》第3条第(六)点均作出了类似的规定。[①]

就实际施工人完成的工程,实际施工人与总承包人同样要向发包人承担连带责任,《建筑法》第65条、第66条和第67条,《建设工程司法解释》第25条,《建设工程司法解释(二)》第4条,四川高院《解答》第15条等对此均有所规定。有观点认为,基于《建筑法》第26条、第28条、第29条等相关规定,为维护建筑安全等公共利益,建筑行业从业人员均应对实际施工人进行否定性评价,所以在其他联合体成员明知转包、违法分包、挂靠等行为存在而未提异议的,应在联合体内部承担一定过错责任。但对实际施工人造成的质量问题,实际施工人是责任的最终承担者,所有联合体成员均应对发包人承担连带责任,在联合体内部进行责任分担只是一个过渡状态,强调其他联合体成员是否明知实际施工人而决定是否承担过错责任,容易使法律关系复杂化,不利于联合体成员向实际施工人追责,也会影响到联合体在工程上的相互配合,所以无论其他联合体成员是否明知,由实际施工人的相对方在联合体内部担责再进行追责是最为合适的。

需要注意的是,在对实际施工人进行判断时,应考虑工程总承包模式的特殊性。新疆高院(2017)新民申2166号再审案例中,工程总承包人石油工程设计公司将部分施工内容分包给了中石化建公司,后中石化建公司又将其中的专业施工内容分包给了江苏鑫鹏公司。原审法院认为,中石化建公司作为具备相应资质条件的分包方将其承包的工程再分包,违反了《建筑法》第29条第3款规定的禁止再分包的强制性规定,其再分包合同无效。该案已被新疆高院指令再审,尚未能检索到最终结果,《建筑法》更多的是针对施工总承包模式的具体规定,在工程总承包模式下应避免机械适用;工程总承包模式下,工程总承包人将工程分包给施工总承包人后,就工程总承包的施工环节而言,施工总承包人是施工总承包人,应允许其进行专业分包,此举不会扰乱建筑市场秩序和管理,也不违反建筑管理法律法规的立法本意和法律价值,且更加符合工程总承包项目的特征与实际需求。[②]

实践中,已有地方对工程总承包模式下的再分包问题作了专门规定。《上

---

① 常设中国建设工程法律论坛第八工作组:《中国建设工程施工合同法律全书词条释义与实务指引》,法律出版社2019年版,第27页。

② 朱树英主编:《工程总承包(EPC/DB)诉讼实务:基于裁判文书网之大数据检索研析》,法律出版社2020年版,第95~105页。

海市建设工程招标投标管理办法》(沪府令第50号)第9条规定:"工程总承包单位依法将其承接的勘察、设计或者施工依法再发包给具有相应资质企业的,可以采用招标发包或者直接发包;相应的设计、施工总承包企业可以依法将部分专业工程分包。"上海市住房和城乡建设管理委员会《上海市工程总承包试点项目管理办法》(沪建建管〔2016〕1151号)第17条规定:"工程总承包企业和再发包承包单位应当自行完成承包工程范围内的主体工作,但可根据合同约定依法将其承包工程范围内的非主体工作分包给具有相应资质的分包单位。"浙江省住建厅《关于深化建设工程实施方式改革积极推进工程总承包发展的指导意见》第13条规定:"经工程总承包企业同意,设计、施工企业可以将合同范围内非主体、非关键性工作分包给其他具有相应资质的专业企业完成。施工专业企业除建筑劳务外,不得再分包工程。"

第6.8条　【工程总承包联合体与第三方之间的质量责任承担问题】因第三方造成的质量问题,联合体向发包人承担质量责任后,联合体选择基于合同关系向第三方主张违约责任的,基于合同相对性,若与第三方的合同并非联合体全体成员签订的,则原则上应由签订合同的联合体成员进行主张。

与第三方的合同虽是联合体中部分成员签订的,未签订合同的联合体其他成员能够证明其与签订合同的联合体成员就该合同存在委托代理关系,未签订合同的联合体成员可以根据《民法典》第925条、第926条规定向第三方主张权利。

与第三方签订合同的联合体成员怠于向第三方追偿的,已经向发包人实际承担质量责任的联合体其他成员可以根据《民法典》第535条规定提起代位权诉讼。

因第三方造成的质量问题,无论第三方与联合体之间是否存在合同关系,联合体全体成员或任一成员均可选择基于侵权法律关系向第三方主张赔偿责任。

【条文主旨】

联合体基于工程总承包合同以及联合体协议,就质量问题对发包人承担连带责任。但联合体与造成质量问题的第三方之间,有合同法律关系和侵权法律关系两种可能。

联合体部分成员与第三方存在合同法律关系的,工程因该第三方的瑕疵供货等原因出现质量问题的,原则上应基于合同相对性由与第三方签订合同的联合体成员向第三方主张的权利。但在合同法律关系框架下,联合体其他成员也有可能直接向第三方主张的权利:其一,与第三方签订合同的联合体成员与其他成员就该合同存在委托代理关系的,可以依据《民法典》第925条规定的委托人介入权和第926条规定的委托人对第三人的权利,直接向第三人主张权利;其二,与第三方签订合同的联合体成员怠于行使权利且对已实际承担责任的联合体成员造成损害的,满足《民法典》第535条规定的代位权行使条件的,可以由已实际承担责任的联合体成员直接据此向第三方提起代位权诉讼。

因联合体需要就工程质量向发包人承担连带责任,则第三方造成工程质量问题的,也侵犯了联合体利益,可以由联合体全体成员或任一成员主张侵权责任,尤其是在该第三方与联合体成员均不存在合同关系或无法根据合同相对性主张权利的情况下可以适用。

【理解与适用】

一、联合体特定成员与造成质量问题的第三方存在合同关系的,原则上应遵守合同相对性

根据住建部《工程总承包合同示范文本》第1.1.7项的定义:“联合体,指经发包人同意由两个或两个以上法人或者其他组织组成的,作为工程承包人的临时机构,联合体各方向发包人承担连带责任。联合体各方应指定其中一方作为牵头人。”对联合体的责任承担,《招标投标法》第31条第3款规定:“联合体各方应当签订共同投标协议,明确约定各方拟承担的工作和责任,并将共同投标协议连同投标文件一并提交招标人。联合体中标的,联合体各方应当共同与招标人签订合同,就中标项目向招标人承担连带责任。”从联合体的概念与责任承担方式来看,联合体概念在工程总承包人模式下,仅是相对于发包人而言的作为总承包方的一种主体表现形式,对第三方而言并不存在联合体概念。

虽然《建筑法》第27条第1款规定:“大型建筑工程或者结构复杂的建筑工程,可以由两个以上的承包单位联合共同承包。共同承包的各方对承包合同的履行承担连带责任。”但是,此处的“对承包合同的履行承担连带责任”,应进行

限缩解释,仅指向发包人。国外,联合体对下的主张权利和承担责任一般遵循合同相对性原则,由与第三方签订合同的联合体一方,单独向第三方主张权益或承担责任。例如:国际商会(ICC)联合体协议范本(ICC MODEL CONSORTIUM AGREEMENT)第13.1款载明:“在涉第三方索赔的情况下,联合体成员应就引发索赔的具体事件承担单独的责任。”

合同系是存在于特定当事人之间的权利义务关系,原则上仅在合同当事人之间发生效力,并不及于第三人。《民法典》第593条规定:“当事人一方因第三人的原因造成违约的,应当依法向对方承担违约责任。当事人一方和第三人之间的纠纷,依照法律规定或者按照约定处理。”该条间接地确立了合同相对性原则。[①] 相对性意味着联合体方对第三方而言并不存在“联合体”概念,第三方只知合同的相对人,向该相对人主张合同权利、承担合同义务,联合体其他方均是合同外的第三人。

哈尔滨锅炉厂有限责任公司与黑龙江龙唐电力工程有限公司、国电双鸭山发电有限公司、吉林飞特电站设备制造有限公司建设工程施工合同纠纷案[②],发包人国电双电公司与总承包人哈锅公司签订了EPC总承包工程合同及补充协议,后哈锅公司与吉林飞特公司签订土建施工、设备安装分包合同,但工程由龙唐公司实际施工完毕并经验收合格交付使用,法院认定龙唐公司与哈锅公司形成事实合同关系。在判断龙唐公司能否请求工程总承包人哈锅公司对欠付工程款承担连带清偿责任的问题上,三级法院均坚持了合同的相对性,否认了龙唐公司的该项主张。

二、与第三方签订合同的联合体成员与其他成员就该合同存在委托代理关系的,未签订合同的联合体其他成员也可以根据《民法典》第925条、第926条规定向第三方主张权利

《民法典》第925条规定:“受托人以自己的名义,在委托人的授权范围内与第三人订立的合同,第三人在订立合同时知道受托人与委托人之间的代理关系的,该合同直接约束委托人和第三人;但是,有确切证据证明该合同只约束受托

① 韩世远:《合同法总论》,法律出版社2011年版,第12~13页。

② 一审:双鸭山市中级人民法院(2015)双民初13号;二审:黑龙江省高级人民法院(2018)黑民终28号;再审:最高人民法院(2019)最高法民申1034号。

人和第三人的除外。”第926条第1款规定：“受托人以自己的名义与第三人订立合同时，第三人不知道受托人与委托人之间的代理关系的，受托人因第三人的原因对委托人不履行义务，受托人应当向委托人披露第三人，委托人因此可以行使受托人对第三人的权利。但是，第三人与受托人订立合同时如果知道该委托人就不会订立合同的除外。”就与第三方签订的合同存在委托代理关系的联合体成员，可以视该第三方签订合同时是否知道该代理关系选择行使介入权或对第三人的权利。

贵州省冶金建设公司、四川省冶金设计研究院建设工程施工合同纠纷案①，华硅公司与贵冶公司、川冶设计院签订《联合体协议书》，约定组成德铁公司环保技改搬迁项目的总承包联合体，由华硅公司作为牵头人。华硅公司与德铁公司签订《总承包合同》后，与唐勇、王善池签订《土建工程施工承包合同》。唐勇、王善池实际施工案涉工程并已交付投产使用。对唐勇、王善池要求联合体成员贵冶公司、川冶设计院共同承担支付工程款的责任，三级法院均予以支持。最高人民法院给出了以下理由：《联合体协议书》第4条是对“联合体”成员在工程具体实施过程中职责分工的约定，故华硅公司有权在涉案工程施工过程中代表“联合体”对外签订合同，原判认定华硅公司与唐勇、王善池签订的《土建工程施工承包合同》应约束川冶设计院和贵冶公司，并无不当；华硅公司代表“联合体”投标、与德铁公司签订《联合体协议书》并实际实施工程，以及在工程建设过程中与唐勇、王善池签订的《土建工程施工承包合同》等行为均系其履行协议的行为，也是根据协议约定代表“联合体”实施的行为；《联合体协议书》第3条约定“联合体将严格按照招标文件的各项要求，递交投标文件，履行合同，并对外承担连带责任”，而实施工程的行为属于履行总承包合同的行为。

上述案例中，三级法院判决背后都是基于《联合体协议书》中关于贵冶公司、川冶设计院与华硅公司成立委托代理关系的描述以及其所明确的委托代理权限，然后根据《民法典》关于委托代理合同的精神，由委托代理关系产生了对第三方的连带责任。另有学者介绍，根据波兰在2013年12月24日生效的政府采购法修正案的相关规定，如果在联合体一方签订的分包合同中，该联合体方未能直接向分包商及时足额支付分包款项的，则政府缔约方有权直接在总包合

① 一审：四川省凉山彝族自治州中级人民法院(2014)川凉中民初字第156号；二审：四川省高级人民法院(2015)川民终字第664号；再审：最高人民法院(2018)最高法民申2076号。

同价款的限额内向有关的分包商直接付款，并在此后要求联合体各方承担连带责任，也就是间接规定联合体各方应当向其他第三方承担连带责任。[①]

三、实际承担责任的联合体成员有权根据《民法典》第535条规定，向第三方提起代位权诉讼

债权人代位权，是指债权人为了保全自己的债权，以自己的名义行使属于债务人权利的权利。[②]《民法典》第535条第1款规定："因债务人怠于行使其债权或者与该债权有关的从权利，影响债权人的到期债权实现的，债权人可以向人民法院请求以自己的名义代位行使债务人对相对人的权利，但是该权利专属于债务人自身的除外。"

联合体对发包人而言是连带责任，对内则是依据联合体协议的约定进行处理，一般而言，已承担责任的联合体方可向应承担责任的联合体方进行追偿，该追偿在性质上是一种普通债权。所以，已承担责任的联合体方在向造成工程质量问题的第三方提起代位权诉讼时，仍应满足《合同法解释（一）》第11条的规定："债权人依照合同法第七十三条的规定提起代位权诉讼，应当符合下列条件：（一）债权人对债务人的债权合法；（二）债务人怠于行使其到期债权，对债权人造成损害；（三）债务人的债权已到期；（四）债务人的债权不是专属于债务人自身的债权。"

四、因联合体对工程有自身经济利益，所以第三方造成工程质量问题时，联合体全体成员或任一成员可基于侵权法律关系向第三方主张赔偿责任

工程总承包模式下，联合体需要就工程质量向发包人承担连带责任，在工程质量上有其经济利益，因第三人的原因造成质量问题时，联合体已因该其他第三方的侵权行为遭受了损失，该损失与其他第三方侵权行为之间存在直接的因果关系，所以联合体有权要求该第三方承担侵权责任。

《民法典》第186条规定："因当事人一方的违约行为，损害对方人身权益、财产权益的，受损害方有权选择请求其承担违约责任或者侵权责任。"尽管在第

---

① 上海市建纬律师事务所编著：《工程总承包（EPC/DB）诉讼实务：基于裁判文书网之大数据检索研析》，法律出版社2020年版，第164页。

② 韩世远：《合同法总论》（第三版），法律出版社2011年版，第325页。

三方导致的工程质量问题上存在侵权责任和违约责任的竞合,但侵权责任相比违约责任而言,在损失、因果关系等举证责任方面难度较大,所以实践中多是基于合同法律关系进行诉讼,只有在合同诉讼发生障碍时才会产生侵权之诉的可能,主要可以分为主体上和内容上两种情况:一种情况是无法顺利按照合同相对性进行主张,比如在第三方导致的工程质量问题尚未发生时,与该第三方签订合同的联合体方因破产、被注销等原因丧失了主体资格,其他联合体方继续按照合同关系要求第三方承担责任存在诸多障碍;另一种情况是造成质量问题的第三方根本与联合体方不存在合同关系,根本无法按照合同关系进行诉讼。

第6.9条 【工程总承包模式下联合体内部保修费用的承担】联合体成员单位之一对发包人承担保修义务后,主张联合体其他成员承担保修费用的,应当根据保修的原因和责任予以确定:

(1)属于联合体其他成员原因的,由该成员承担保修费用。

(2)属于联合体多个成员混合原因的,参照第6.6条处理。

(3)无法确定属于设计方、采购方还是施工方责任的,由裁判机构根据公平原则予以确定,但能够证明己方没有责任的除外。

【条文主旨】

本条探讨了工程总承包模式下联合体内部保修费用的承担问题。工程总承包模式下,一般而言,应由工程总承包人承担保修责任;联合体工程总承包模式下,即由联合体各方对质量问题向发包人承担连带责任。联合体成员单位之一对发包人承担保修义务后,其可根据保修项目的原因和责任主张其他成员承担保修费用,具体分为三种情形:(1)属于某一个联合体成员单位原因的,由该单位承担保修费用;(2)联合体多个成员之间因各自原因共同造成工程质量问题或其他缺陷的,根据联合体成员违约行为与违约后果之间的因果关系强弱程度及过错程度,综合判定各联合体成员应当承担的责任份额;(3)如无法确定属于联合体内部哪一方原因和责任的,由裁判机构结合具体案件的实际情况,根据公平原则酌定各方责任,但若能够举证证明己方没有责任的除外。

【理解与适用】

《建筑法》第62条第1款规定:“建筑工程实行质量保修制度。”基于此,《建设工程质量管理条例》第39条进一步明确规定:“建设工程实行质量保修制度。建设工程承包单位在向建设单位提交工程竣工验收报告时,应当向建设单位出具质量保修书。质量保修书中应当明确建设工程的保修范围、保修期限和保修责任等。”据此,履行质量保修义务是建设工程承包单位的法定义务,无论传统的施工总承包模式,还是当下的工程总承包模式,均如此。而质量保修义务的基础,又是来源于建设工程承包单位自身的法定质量责任。具体到工程总承包模式之下,例如:《建筑法》第55条规定:“建筑工程实行总承包的,工程质量由工程总承包单位负责……”《建设工程质量管理条例》第26条第3款规定:“建设工程实行总承包的,总承包单位应当对全部建设工程质量负责;建设工程勘察、设计、施工、设备采购的一项或者多项实行总承包的,总承包单位应当对其承包的建设工程或者采购的设备的质量负责。”

也正是在此逻辑之下,《房建市政工程总承包管理办法》第25条明确规定:“工程保修书由建设单位与工程总承包单位签署,保修期内工程总承包单位应当根据法律法规规定以及合同约定承担保修责任,工程总承包单位不得以其与分包单位之间保修责任划分而拒绝履行保修责任。”显然,在工程总承包模式下,工程总承包单位应当承担法定保修责任似无可争辩。但实践中的问题在于,当下的工程总承包模式较多地采用联合体的方式进行,联合体共同对于建设单位承担保修义务的连带责任较易理解,但当联合体一方完成了针对建设单位的保修责任之时,就有关的保修费用该如何在联合体之间进行分摊,则往往会产生争议。

保修费用在联合体之间如何分摊实质上是联合体内部责任如何划分的问题,要解决这个问题,首先要确定联合体内部追责的请求权基础。

《招标投标法》第31条第2款规定:“联合体各方应当签订共同投标协议,明确约定各方拟承担的工作和责任,并将共同投标协议连同投标文件一并提交招标人。”通常情况下,联合体成员之间会签署联合体协议,约定联合体成员各方的权利义务。故,联合体内部可根据联合体协议追究联合体成员的违约责任。

《民法典》第1165条第1款规定:“行为人因过错侵害他人民事权益造成损

害的,应当承担侵权责任。”据此,联合体成员也可要求其他联合体成员承担侵权责任。

一、基于违约责任的归责原则

(一)以严格责任为主

《民法典》第577条关于“当事人一方不履行合同义务或者履行合同义务不符合约定的,应当承担继续履行、采取补救措施或者赔偿损失等违约责任”的规定,将严格责任原则确立为我国合同领域的基本归责原则。严格责任通常仅关注当事人是否有违约行为,且该行为是否造成了违约后果,确立要件是违约方的违约行为同违约后果之间存在因果关系。在严格责任下,违约方通常仅仅是在可以证明其违约是由于不可抗力或第三方责任等因素导致的,才可以被免责。

在确定联合体内部责任划分时,应以严格责任作为主要归责原则,原因主要有以下几点:

1. 严格责任更符合联合体成员签订联合体协议的本意

联合体协议约定了联合体成员各方的权利义务,是各方自愿达成的约定,某一联合体成员未履行或未完全履行其在协议项下的义务,应承担相应的违约后果,不必再增加主观上的过错使之更具说服力和合理性。

2. 严格责任便于裁判,可以节约诉讼资源

在严格责任之下,责任的构成仅以不履行合同义务作为要件,违约方如要免责,则必须存在法定的免责事由,并且需要其举证。因为不履行与免责事由是客观存在的,属于事实问题,对其进行证明与判断较为容易。同时,过错在实质上是主观心理问题,对其进行证明和判断相对较难。[①] 不过度考虑违约方的主观过错,可以较大幅度地减轻守约方的举证负担,同时,也较方便法院和仲裁机构的裁判,有助于提高法院等机构处理民事纠纷的效率,从而节省诉讼资源。

(二)以过错责任为辅

同时,我们也注意到,《民法典》中某些违约责任也会考虑违约方的过错程度。在确定联合体内部责任划分时,我们也可以适当考虑适用过错原则,这种考虑主要是基于减轻损失规则。例如,联合体成员施工方明知或应知设计方或

---

① 任尔昕、霍吉栋:《论合同法中的严格责任》,载《甘肃社会科学》2002年第3期。

采购方提供的设计或材料设备等不符合要求时，怠于采取措施避免损失扩大，仍然继续施工，则其应当对由此扩大的损失承担责任。

二、基于侵权责任的归责原则

（一）以原因力比例原则为主

该原则来源于最高院《关于审理人身损害赔偿案件适用法律若干问题的解释》第3条第2款规定："二人以上没有共同故意或者共同过失，但其分别实施的数个行为间接结合发生同一损害后果的，应当根据过失大小或者原因力比例各自承担相应的赔偿责任。"前述规定对联合体内部责任划分亦有参考价值。

1. 属于某联合体成员原因的

参照《民法典》第1170条的规定，能够确定具体侵权人的，由侵权人承担责任，因此，若能够确定属于某一个联合体成员单位原因的，由该单位承担保修费用。

2. 属于联合体多个成员混合原因的

《民法典》第1171条规定："二人以上分别实施侵权行为造成同一损害，每个人的侵权行为都足以造成全部损害的，行为人承担连带责任。"第1172条规定："二人以上分别实施侵权行为造成同一损害，能够确定责任大小的，各自承担相应的责任；难以确定责任大小的，平均承担责任。"

如前款条文所述，不同类别的质量风险行为所对应的原因力存在较大差异，如技术缺陷类质量风险行为与缺陷结果之间存在较大的原因力；违规管理类、不规范类质量风险行为属于间接性行为因素，与损害结果的原因力不及技术缺陷类风险行为。因此，具体到某个保修项目，如属于多个联合体成员混合原因的，还要考虑各个联合体成员单位的质量风险行为与损害结果之间的因果关系以及关联程度。

3. 无法确定属于设计方、采购方还是施工方责任的

《民法典》第1172条规定："二人以上分别实施侵权行为造成同一损害，能够确定责任大小的，各自承担相应的责任；难以确定责任大小的，平均承担责任。"在无法确定属于联合体内部哪一方原因的情况下划分联合体内部责任时，不应机械地适用平均承担责任的规定，还要兼顾公平和利益平衡原则。由于通常情况下设计方在整个工程款中所占比例较轻，其承担的风险程度应与所获得收益相匹配，如机械地按照平均原则划分责任份额，则可能会加重设计方的责

任,对其不公平。裁判机构应结合具体的权利义务约定、证据材料等,根据公平原则酌定各成员方的责任。如其中某一方成员认为自己无须承担保修费用,则该方应举证证明自己没有责任。

(二)以过错责任原则为辅

在划分连带责任人内部责任份额时还应当要考虑各责任人的过错程度,按照其过错程度大小来划分应承担责任的份额。如对质量缺陷具有主观故意的连带责任人的责任份额应当大于主观过失,主观上有重大过失的连带责任人的责任份额应当大于主观上有轻微过失的。具体到某个保修项目,如属于多个联合体成员混合原因的,应考虑各联合体成员对其导致质量缺陷的质量风险行为是否存在故意或是否应合理预见等。

三、实践中的具体情形

具体到本条所涉联合体内部保修费用的承担问题,可参考以下情形予以确定:

1. 施工单位未按国家有关工程建设规范、标准和设计要求施工,造成质量缺陷的,应由施工单位承担保修费用。

2. 属于勘察或设计方面的原因造成的质量缺陷,保修费用应由勘察单位或设计单位承担。联合体施工方明知设计方提供的设计图纸存在问题,而没有及时提出意见和建议并继续施工的,也应承担部分保修费用。

3. 因建筑材料、建筑构配件和设备质量不合格引起的质量缺陷,由采购方承担保修费用。联合体施工方没有按照工程设计要求、施工技术标准和合同的约定,对建筑材料、建筑构配件和设备进行必要的检验的,或检验不合格仍然使用的,也应承担部分保修费用。

4. 涉及联合体多个成员之间因各自原因共同造成工程质量缺陷的,应根据各方的举证情况综合判断各方的违约行为与违约后果的因果关系强弱程度,由联合体各成员按比例分担。详见第 6.6 条。

5. 如无法确定属于联合体内部哪一方原因和责任的,要兼顾公平和利益平衡原则,结合具体案件实际情况予以确定。如其中某一方成员认为自己无须承担保修费用,由该方举证证明自己没有责任。

第 6.10 条 【工程总承包模式下因发包人错误指令、通知等造成的质量问题的责任承担方式】工程总承包模式下，因发包人在合同履行过程中发出的错误指令、通知等造成的工程质量问题，若总承包人未能举证证明曾对此提出过合理异议的，对总承包人减轻或免除质量责任的主张不予支持，但合同另有约定或法律另有规定的除外。

工程总承包联合体模式下，联合体能举证证明牵头方曾对发包人发出的错误指令、通知等提出合理异议的，对联合体各方减轻或免除质量责任的主张，应予以支持；若联合体仅能举证证明非牵头方曾提出合理异议的，但在合同履行过程中仍执行了发包人的错误指令、通知等，应视为联合体内部未就合理异议达成一致意见，仍应就该工程质量问题承担连带责任，但在联合体内部应减轻或免除异议方的责任。

【条文主旨】

工程总承包模式下，工程质量责任承担应根据发承包双方签订的工程总承包合同的约定进行处理，一般而言，应由工程总承包人承担责任。但如果该质量问题是发包人原因造成的，如发包人指令改变设计、指令不按设计施工、指令改变设计时应采用的设备导致质量问题的，应根据总承包人是否提出异议的情况作出区分。总承包人作为有充分经验的工程总承包人，理应发现问题并提出合理异议，除非总承包合同有特殊约定，否则总承包人不提出异议并按发包人指令完成工程造成质量问题的，应就该质量问题承担责任。

工程总承包联合体模式下，联合体牵头方基于联合体协议，有权代表联合体，牵头方的异议可以视为联合体的异议；非牵头方曾提出异议，但联合体仍执行了发包人的错误指令或通知的，应认为联合体内部未就异议内容达成一致，仍应向发包人就质量问题承担连带责任，但提出异议方可以在联合体内部减轻或免除责任。

【理解与适用】

工程总承包模式的理想状态即“交钥匙”项目，发包人在总承包合同中明确表达工程预期目的，总承包人对设计、采购、施工进行深度融合优化，最终在竣工日期时交付一个可直接使用的工程项目。但合同履行过程中，总会出现发包人对工程项目进行干预的情况,而总承包人往往很难拒绝这种干预,同时又要承担由此产生的风险。具体到工程质量问题,可能出现发包人指令使用错误的设计或不按图施工、指令改变设计时应采用的设备等情况,由此导致的质量问题,是否仍由总承包人承担责任值得研究。

工程总承包模式中,总承包人一般被认为是具有足够行业经验的专业人员,而发包人并不要求具有相应工程经验,两者在专业知识、行业经验上的差距,导致两者具有不同的注意义务,所以即使发包人发出了错误指示,总承包人也有基于专业角度进行审核并提出合理异议的义务。工程实践中有的工程总承包合同会特别约定总承包人在执行发包人指令时的免责条款,基于总承包合同的商事属性,应以双方当事人的约定优先。《工程总承包合同示范文本》第13.3.2款规定:“承包人接到发包人的变更通知后,有义务在10日内向发包人提交书面建议报告……(2)如承包人不接受发包人变更通知中的变更时,建议报告中应包括不支持此项变更的理由,理由包括:1)此变更不符合法律、法规等有关规定;2)承包人难以取得变更所需的特殊设备、材料、部件;3)承包人难以取得变更所需的工艺、技术;4)变更将降低工程的安全性、稳定性、适用性;5)对生产性能保证值、使用功能保证的实现产生不利影响等。”发包人对承包人根据第13.3.2款第(2)项提交的不接受此项变更的理由进行审查后,将发出继续执行、改变、提出进一步补充资料的书面通知,承包人应予以执行,此时承包人应被视为已通过书面建议报告提出了异议,尽到了足够注意义务。

FIDIC 2017版黄皮书和银皮书相比1999版,在变更条款中新增加了三项承包商可以拒绝业主提出的变更的条件,分别是:承包商不可预见的业主要求中提及的工作范围或工作性质的改变、严重影响健康安全和环境保护的变更、严重影响承包商达到“满足合同规定的工程预期目的”[Fit For the Purpose(s),FFP]要求的变更。

FIDIC 2017版银皮书第13.1款【变更权】规定,承包商应谨遵工程师或业主提出的每项变更并不拖延地开展进一步的工作,除非承包商立即向工程师或业主发出通知,写明(并附详细支持材料):“1)从业主要求中明确的工作范围和性质方面看,此项变更要求为不可预见的;2)承包商难以获得此变更所需要的货物;3)此变更将对承包商遵守第4.8款【健康和安全义务】和/或第4.18款【环境保护】造成严重不良影响;4)此变更将对承包商达到性能保证表的目标产生不利影响;或5)此变更可能对承包商完成工程已实现按照第4.1款【承包商的一般义务】规定的工程预期目的产生负面影响。”在项目执行过程中,如果承包商认为业主发出的变更指示(包括承包商文件的审核意见导致或构成的变更)不可预见、客观难以实现、影响安全和环境、影响工程性能或可能影响预期目的实现,承包商按照合同要求立即发出的异议通知、理由及附加的详细支持文件,在后续执行过程中一旦因此产生风险和后果,该异议通知将被视为承包商的“护身符”。[①]

FIDIC 2017 版银皮书第 3.4 款【指令】也规定:“……在不违反本条款下列规定的前提下,承包商应遵守业主代表或受托助理就与合同有关的任何事项所作的指示。如果指示表明其构成一项变更,则应适用第 13.3.1 项[指示变更]。如果指示没有进行说明,但承包商认为该指示:(a)构成一项变更(或涉及已为现有变更一部分的工作);或者(b)不符合适用法律或者将降低工程的安全性,或者在技术上不可能实现。则在开始执行指示有关的任何工作之前,承包商应立即向业主发出通知并告知理由。如果业主在收到该通知 7 天内(或双方约定的其他时间)未能通过发出通知对该指示进行确认、取消或变更,应视为业主撤销了指示。否则,承包商应遵守业主答复的内容并受其约束。”

但即便总承包人已就发包人的错误要求提出了异议,也要求该异议能够构成合理异议才能免责,否则总承包人出于风险规避等考虑因素,可能会针对发包人的任何要求都提异议,造成工程施工混乱与时间延误等问题,无法发挥工程总承包制度的优势,也不利于发包人的利益保护。

工程总承包联合体模式下,因联合体是设计、施工、采购等多方主体的联合,在接收发包人错误指令与提出异议上可能存在主体错位的情况,此时,是否仍要坚持联合体各方的连带责任值得商榷。

有观点认为,联合体各方承担连带责任的前提应该是联合体各方基于共同的目的实施共同的行为,那么在接收发包人错误指示与提出异议存在主体错位的情况下,该前提存在被切断的可能性;接收发包人错误指示的联合体一方未提出异议的,基于其过错理应承担质量责任;对于联合体其他方而言,如果根本不知道发包人的错误指示,或者已经就该错误指示提出了异议,那么该联合体其他方应被视为与执行错误指示的联合体一方的行为进行了切割,免于就此问

---

① 陈勇强、吕文学、张水波等编著:《FIDIC 2017 版系列合同条件解析》,中国建筑工业出版社 2019 年版,第 44 页。

题承担连带责任。

但我们认为，应坚持联合体各方的连带责任表现形式，即联合体对发包人而言应被视为一个整体，联合体各方均负有以全部履行为内容的责任，对于发包人而言，联合体应只存在一个声音，即要么联合体全体成员或可代表联合体的牵头方提出了合理异议，可以构成联合体对质量问题的抗辩；要么联合体非牵头方虽提出了异议，但未被其他联合体成员接受，仍执行了发包人的错误指令、通知等，应视为联合体未就该错误达到一致的异议意见，基于联合体整体专业性的考量，联合体仍应就该质量问题承担连带责任，但在联合体内容进行责任分担时，提出异议的联合体方应减轻或免除责任。

需要注意的是，发包人在合同履行过程中发出的错误指令、通知并强令推进进而导致的质量问题，与发包人在招投标阶段提供的资料错误、发包人要求错误导致的质量问题有所不同，后者可参见本指引的其他条款。

第 6.11 条 【工程总承包模式下保修责任承担方式】工程总承包工程在质量保修期内出现质量问题的，原则上应由总承包人承担维修责任；但存在以下情况时，发包人直接要求总承包人承担赔偿责任的，应予支持：

1. 合同明确约定发包人就质量责任承担方式有选择权或优先适用赔偿责任；
2. 总承包人明确拒绝维修或愿意以赔偿责任替代维修责任；
3. 总承包人不具备维修能力；
4. 其他不适合由总承包人维修的情况。

总承包人为联合体时，实际承担责任的联合体成员根据联合体协议向有责任的联合体成员进行追偿的，应予支持。

【条文主旨】

工程总承包模式是设计、采购、施工的一体化，那么在工程出现质量问题时，总承包人应当是维修的最佳选择，无论是维修方案的设计、维修工程的施工还是维修材料的选购，均能在最大限度上保证与整体工程的配套；且由总承包人自行维修时，维修后工程的质量保修、质量问题的最终追责等问题都能得到妥善解决。所以，工程总承包模式下发包人原则上应优先要求总承包人履行维修责任，而非损失赔偿责任。但如果有相关法律规定、合同约定或根据客观情况已无法或不适合由总承包人进行维修的，应允许发包人自行维修并要求总承包人承担赔偿责任。

总承包人为联合体时，尽管联合体对工程质量问题向发包人承担连带责任，但质量责任在联合体内部亦应有最终承担者，应允许实际承担责任的联合体方根据联合体协议或法律规定在联合体内部进行追偿。

【理解与适用】

《民法典》第 577 条规定："当事人一方不履行合同义务或者履行合同义务不符合约定的，应当承担继续履行、采取补救措施或者赔偿损失等违约责任。"继续履行、赔偿损失都是违约责任的承担方式，不能以法律规定的先后次序而认为有适用上的先后次序，二者是并列关系，可以由债权人进行选择。韩世远教授在分析强制履行与赔偿损失的关系时，便认为虽然二者在不同法系有不同的表现，英美普通法以损害赔偿为基本的救济方式，强制履行仅为衡平法上的救济方式；大陆法系，德国法以强制履行为不履行合同的基本的救济方式，法国法则区分作为（不作为）债务与给付财产的债务而分别决定能否适用强制履行；但总的来说，在实效论的层面上，仍然是损害赔偿适用得广。①

但在建设工程合同中，质量问题的违约责任应有所不同。工程竣工验收合格前发生的质量问题，仍属于承包人施工合同主要义务的履行范围，应由承包人继续施工，《建设工程质量管理条例》第 32 条规定："施工单位对施工中出现质量问题的建设工程或者竣工验收不合格的建设工程，应当负责返修。"除非该质量问题非常严重以致可解除合同，否则可能出现支解发包、甲指分包、引入质量责任争议、承包人不配合退场、过程文件缺失导致未来无法竣备等种种问题。

工程竣工验收合格后发生的质量问题，应适用《建筑法》第 62 条确定的质量保修制度。建筑工程质量保修制度是指建筑工程直接办理交工验收手续后，在规定的保修期限内，因勘查设计、施工、材料等原因造成的质量缺陷，应当由施工单位负责维修的制度。建筑工程质量保修制度对于促进承包方加强质量管理，保护用户及消费者的合法权益起着相当重要的作用。②《建设工程质量管

① 韩世远：《合同法总论》（第三版），法律出版社 2011 年版，第 612 页。

② 孙镇平：《建设工程合同》，人民法院出版社 2000 年版，第 135 页。

理条例》第41条规定:“建设工程在保修范围和保修期限内发生质量问题的,施工单位应当履行保修义务,并对造成的损失承担赔偿责任。”《建设工程司法解释》第11条规定:“因承包人的过错造成建设工程质量不符合约定,承包人拒绝修理、返工或者改建,发包人请求减少支付工程价款的,应予支持。”从条文表述来看,发包人就质量问题要求修理、返工或改建的主张应优先于以金钱给付为内容的损失赔偿责任。对在保修期限和保修范围内发生质量问题的,一般是先由建设单位组织勘查、设计、施工等单位分析质量问题的原因,确定保修方案,由施工单位负责保修。

《建设项目工程总承包管理规范》(GB/T 50358－2017)第11.4.3条规定:“工程总承包企业应依据合同约定对保修期或缺陷责任期内发生的质量问题提供保修服务。”工程总承包模式下,就质量问题的维修责任更应优先于损失赔偿责任。《房建市政工程总承包管理办法》第3条对工程总承包的定义为:“本办法所称工程总承包,是指承包单位按照与建设单位签订的合同,对工程设计、采购、施工或者设计、施工等阶段实行总承包,并对工程的质量、安全、工期和造价等全面负责的工程建设组织实施方式。”根据该定义,工程总承包模式下的总承包人,整合了设计、采购、施工等阶段优势力量为一体,对工程质量全面负责。住房城乡建设部《关于进一步推进工程总承包发展的若干意见》(建市〔2016〕93号)明确指出:“大力推进工程总承包,有利于提升项目可行性研究和初步设计深度,实现设计、采购、施工等各阶段工作的深度融合,提高工程建设水平;有利于发挥工程总承包企业的技术和管理优势,促进企业做优做强,推动产业转型升级,服务于‘一带一路’战略实施。”

一般而言,建设工程保修期间的质量责任划分原则是:施工单位未按国家有关规范、标准和设计要求施工,造成的质量缺陷,由施工单位负责返修并承担经济责任;属于设计方面的原因造成的质量缺陷,由施工单位负责返修,其费用通过建设单位向设计单位索赔;因建筑材料、构配件和设备质量不合格引起的质量缺陷,属于施工单位负责采购的,施工单位承担经济责任。[①]

但在工程总承包模式下,得益于设计、采购、施工等阶段工作的深度融合,发包人无须区分质量问题的原因,即可直接要求总承包人承担质量责任。就本工程质量问题,总承包人相比其他施工企业而言,能更快更好地找出质量问题

---

① 孙镇平:《建设工程承包合同》,中国政法大学出版社1996年版,第96页。

的根源并设计出维修方案、采购更匹配的维修设备、完成符合整体工程要求的维修施工;同时,就该质量维修工程的质保义务也可以直接定位到总承包人,不会产生推诿、扯皮问题。同时,由总承包人自行承担维修责任,可以便于其确定质量问题发生原因,寻找质量问题的最终责任者。

如果发包人直接就质量问题要求总承包人承担损失赔偿责任,而非维修责任,则会存在两种情况:一种情况是发包人尚未进行维修,那么就该质量问题的金钱赔偿数额将难以确定,甚至可能需要进行维修方案的造价鉴定加以确定,对双方当事人和司法资源而言都是一种浪费;另一种情况是发包人已经进行了维修,直接要求总承包人承担该维修费用,这种情况下发包人将负担沉重的举证责任,不仅应说明其不依约通知总承包人进行维修的必要性和合理性;更应证明维修已实际发生,已实际用于案涉工程,且能确保维修成本核算的合理性。最高院(2018)最高法民终207号案例中,发包人文越公司主张代总承包人昆仑公司支付的维修费用应从保修金中扣除,但最高院认为文越公司提交的维修及付款凭证只能证明发生了维修费用,不足以证明上述维修费用系因昆仑公司总包施工范围内的工程存在质量问题而发生,亦不能证明系因昆仑公司拒绝维修而发生,最终对文越公司的主张未予支持。

当然,在无法或不适合由总承包人履行维修责任的情况下,应允许发包人直接要求其承担金钱赔偿责任。《民法典》第580条第1款规定:"当事人一方不履行非金钱债务或者履行非金钱债务不符合约定的,对方可以请求履行,但是有下列情形之一的除外:(一)法律上或者事实上不能履行;(二)债务的标的不适于强制履行或者履行费用过高;(三)债权人在合理期限内未请求履行。"具体到工程质量问题上,主要有以下几种情况:

1. 合同明确约定发包人就质量责任承担方式有选择权或优先适用赔偿责任。工程总承包合同是商事合同,双方当事人均为商事主体,在商事领域,如无法律特殊规定,司法机关应尊重当事人的意思自治。《九民会纪要》针对合同纠纷案件,也明确强调:"人民法院在审理合同纠纷案件时,要坚持鼓励交易原则,充分尊重当事人的意思自治。"

2. 总承包人明确拒绝维修或愿意以赔偿责任替代维修责任。总承包人的拒绝可以分为诉前和诉中两种情况:总承包人诉前拒绝维修,指的是发生质量问题后,经发包人多次通知,总承包人以实际行为或意思表示拒绝维修,发包人为及时减损,自行安排维修的,此时已无总承包人维修的可能性;总承包人诉中拒绝维修,指的是经发包人多次通知,总承包人以实际行为或意思表示拒绝维修,且在诉讼或仲裁过程中经法院或仲裁机构释明,仍明确拒绝维修的,应允许发包人直接要求总承包人承担赔偿责任。总承包人明确作出了以赔偿责任替代维修责任的意思表示,且发包人也愿意接受赔偿,应视为双方就质量责任承担方式达成了合意,该意思自治应得到尊重。

3. 总承包人不具备维修能力,主要是总承包人存在客观能力上的问题无法进行维修。比如,总承包人缺乏相应资质,已经导致工程总承包合同无效的情形下,那么根据《建设工程司法解释》第 1 条的规定,该工程总承包合同无效,但根据该司法解释第 3 条的规定,合同无效并不妨碍发包人请求总承包人承担质量责任,只是发包人有过错的,也应承担相应的民事责任。

最高院针对该司法解释第 1 条规定的理解与适用明确说明,“建设工程质量是建设工程的生命,而建筑施工企业的建筑施工能力是保证建设工程质量的前提条件,故而《建筑法》对建筑施工企业实行资质强制管理制度”,“任何对‘建筑施工企业承揽工程必须与其资质等级相一致’的放宽,都会给建筑工程质量带来隐患,与《建筑法》的立法目的相抵触”,如果允许总承包人承担维修责任,是违背了国家资质管理制度,与《建筑法》立法目的相悖。

所以,如果是总承包人在签订合同时有资质,但合同履行过程中资质降级或被取消的,虽然不影响合同效力,但应认为总承包人丧失维修施工能力,无法履行维修义务,应根据合同承担违约责任,即进行赔偿或者减收、免收工程款。但需要注意的是,在工程总承包人为设计单资质的情形时,施工为合法分包,在此情况下可以将工程总承包人与施工分包人作为共同被告或共同被申请人,要求其承担维修责任。

4. 其他不适合由总承包人维修的情况。工程总承包涉及的各方主体多、事项繁杂、时间跨度大,所以应赋予法院或仲裁机构自由裁量权,让其自行判断是否存在总承包人进行维修的可能性。所以,即使总承包人在诉讼或仲裁过程中,自愿承担维修责任,但法院或仲裁机构在查明事实后认为存在发包人和总承包人矛盾过大,或总承包人的承诺并不具有实现可能性等情况,那么应直接由总承包人承担赔偿责任。

第6.12条　【工程总承包项目保修期的计算问题】工程总承包项目的保修期,自工程实际竣工之日起计算。如发承包双方约定的保修期的起算点晚于工程实际竣工之日的,视为保修期自工程实际竣工之日至约定的保修期的起算点之日进行了顺延。

工程总承包项目的保修期应不少于法定的最短期限。发承包双方约定竣工后有试验程序的,有关部分的保修期的计算,应结合实际竣工之日至竣工后试验合格之日的期限,做相应的顺延。

【条文主旨】

工程总承包项目保修期的起算点为工程实际竣工之日,如果对工程实际竣工日期存在争议的,应根据相关规定推定工程实际竣工日期。发承包双方约定保修期的起算点晚于工程实际竣工之日的,不免除承包人自工程实际竣工之日至约定的保修期起算点之间的保修责任,其约定应视为对保修期予以相应顺延。发承包人双方也可约定保修期的期限,但不得少于法定的最短期限。

不同于传统的施工总承包模式,对于工程总承包来讲,工程竣工验收合格并不足以评判发包人的要求能否最终实现。特别是对于不少能源、化工等项目来讲,还设有竣工后试验程序,以此来检验合同目的之顺利实现与否。在此情形下,有关部分的保修期的计算,应结合竣工验收后的试验期限,做相应的顺延。

【理解与适用】

一、相关概念的理解

(一)“保修期”与“缺陷责任期”

工程实践中,存在“保修期”“质量保修期”“质保期”“缺陷责任期”“缺陷责任通知期”“缺陷通知期”等多个关于承包方质量责任期间的概念,但其渊源、含义、期间不尽相同。主要来讲,前述概念可区分为“保修期”和“缺陷责任期”两类:

“保修期”通常也可称为“质量保修期”“质保期”等。在我国,其源于建筑工程实行的质量保修制度[①],建筑工程在保修范围和保修期限内发生质量问题的,承包方应当履行保修义务,并对造成的损失承担赔偿责任。而国务院在2000年颁布的《建设工程质量管理条例》,则进一步拓宽了适用质量保修制度的工程范围,从传统的建筑工程延展到所有的建设工程。该法第40条规定,建设工程的保修期自竣工验收合格之日起计算,并明确了部分项目的最低保修期限[②]。

"缺陷责任期"(Defects Liability Period)这一概念最早源于1987版FIDIC《土木工程施工合同条件》第49.1条[③],其名称容易使人误解为只有在缺陷责任期内,承包人才承担修复缺陷的义务。而实际上在FIDIC合同条件下,承包人的修复缺陷义务并不仅仅存在于缺陷责任期内,在履约证书颁发之前的任何阶段,承包人均负有这一义务。[④] 为此,1999版FIDIC各类合同条件中将其修改为"缺陷通知期限"(Defects Notification Period)[⑤]。

我国相关工程立法中仍较多采用"缺陷责任期"的表述,其内涵除承包人承担缺陷修复责任外,主要与工程质量保证金的返还直接挂钩。《工程质保金管理办法》对缺陷责任期间各方权利义务作了较为详尽的规定:如第2条规定"缺陷责任期一般为1年,最长不超过2年,由发、承包双方在合同中约定",第8条

---

① 《建筑法》第62条规定:"建筑工程实行质量保修制度。建筑工程的保修范围应当包括地基基础工程、主体结构工程、屋面防水工程和其他土建工程,以及电气管线、上下水管线的安装工程,供热、供冷系统工程等项目;保修的期限应当按照保证建筑物合理寿命年限内正常使用,维护使用者合法权益的原则确定。具体的保修范围和最低保修期限由国务院规定。"《建设工程质量管理条例》第39条规定:"建设工程实行质量保修制度。建设工程承包单位在向建设单位提交工程竣工验收报告时,应当向建设单位出具质量保修书。质量保修书中应当明确建设工程的保修范围、保修期限和保修责任等。"

② 《建设工程质量管理条例》第40条规定:"在正常使用条件下,建设工程的最低保修期限为:(一)基础设施工程、房屋建筑的地基基础工程和主体结构工程,为设计文件规定的该工程的合理使用年限;(二)屋面防水工程、有防水要求的卫生间、房间和外墙面的防渗漏,为5年;(三)供热与供冷系统,为2个采暖期、供冷期;(四)电气管线、给排水管道、设备安装和装修工程,为2年。其他项目的保修期限由发包方与承包方约定。建设工程的保修期,自竣工验收合格之日起计算。"

③ FIDIC《土木工程施工合同条件》(1987版)通用条件第49.1条缺陷责任期约定:"在本合同条款中,'缺陷责任期'一词应指投标书附录中指定的缺陷责任期,其时间自:(a)由工程师根据第48条规定发给了接收证书,工程竣工之日算起;(b)在工程师根据第48条规定发给不止一份接收证书的情况下,应从各证书的签发之日分别算起。与缺陷责任期相关的'工程'一词的含义应按此作相应理解。"

④ 高印立、赵怡红:《中国法下与建设工程质量相关的期间和责任概念辨析》,载《北京仲裁》2018年第2期。

⑤ FIDIC银皮书通用条件第1.1.3.7条约定:"缺陷通知期限系指专用条件中规定的,自工程或某单位工程(视情况)根据第10.1款[工程和单位工程的接收]的规定证明的竣工日期算起,至根据第11.1款[完成扫尾工作和修补缺陷]的规定通知工程或单位工程存在缺陷的期限(连同根据第11.3款[缺陷通知期限的延长]的规定提出的任何延长期)。如果专用条件中没有提出这一期限,该期限应为一年。"

规定“缺陷责任期从工程通过竣工验收之日起计”等。《工程总承包合同示范文本》通用条款第1.1.48条、第11.1.1条等条款、九部委《标准设计施工总承包招标文件》(发改法规〔2011〕3018号)通用合同条款第1.1.4.5条、第19.1条等条款也均采用“缺陷责任期”这一概念。

简言之,“保修期”和“缺陷责任期”均是承包人承担质量维修义务的期间,其最大的差异在于缺陷责任期往往用于质量保证金返还期限的对照之用。应注意的是,在工程总承包实践中,既存在名为“缺陷责任期”实指“保修期”的情形;也存在名为“保修期”实为“缺陷责任期”,即质量保证金返还期的情况。因此,工程总承包合同的发承包双方在约定保修期时,应明确描述该期限的含义、性质以及该期限内发承包双方的权利义务。

(二)“竣工试验”、“竣工验收”与“竣工后试验”

工程总承包模式下,存在“竣工试验”“竣工验收”“竣工后试验”三个容易混淆的概念,有必要首先予以明晰:

首先是“竣工试验”。根据住建部、国家工商总局《工程总承包合同示范文本》通用条款条1.1.23条竣工试验的定义,它是指:“工程或(和)单项工程被发包人接收前,应由承包人负责进行的机械、设备、部件、线缆和管道等性能试验。”通用条款第8条对竣工试验的日期、内容等进行了较为详尽的约定。九部委《标准设计施工总承包招标文件》(发改法规〔2011〕3018号)通用合同条款第1.1.4.8条和第18.1条也对竣工试验进行了约定。简言之,竣工试验是竣工验收前,承包人按要求进行的试验。

其次是“竣工验收”(也称“工程竣工验收”)。根据住建部、国家工商总局《工程总承包合同示范文本》通用条款第1.1.30条对工程竣工验收的定义,它是指:“承包人接到考核验收证书、完成扫尾工程和缺陷修复,并按合同约定提交竣工验收报告、竣工资料、竣工结算资料,由发包人组织的工程结算与验收。”第12.2条对竣工验收的时限、内容等进行了较为详尽的约定。九部委《标准设计施工总承包招标文件》通用合同条款第1.1.4.9条、第2.6条、第11.2条等条款也对竣工验收的进行了约定。可以看出,竣工验收是发包人按合同要求组织的检验和工程接收。

最后是“竣工后试验”。根据住建部、国家工商总局《工程总承包合同示范文本》通用条款第1.1.27条对竣工后试验的定义,它是指:“工程被发包人接收后,按合同约定由发包人自行或在发包人组织领导下由承包人指导进行的工程的生产或(和)使用功能试验。”通用条款第 10 条对竣工后试验的内容等进行了约定。九部委《标准设计施工总承包招标文件》通用合同条款第 1.1.4.10 条、第 18.9 条等条款也对竣工后试验进行了约定。据此,竣工后试验是在竣工验收后进行的,一般在工程接收后的某一时间段内进行。

需注意的是,竣工验收后试验程序,并非一定完全无缝对接于竣工验收合格之日。根据 1999 版 FIDIC 银皮书第 12.1 条的规定:“竣工后试验应在工程或单位工程被雇主接收后的合理可行的时间内尽快进行。雇主应提前 21 天将开始进行竣工后试验的日期通知承包商。除非另有商定,这些试验应在该日期后 14 天内,在雇主确定的某日或某几日进行。”

此外,在 1999 版 FIDIC 银皮书下,也有“竣工试验”与“竣工后试验”两个程序。其中“竣工试验”又包括“启动前试验”“启动试验”“试运行”三个环节。根据通用条件第 8.2 条、第 9.1 条、第 9.4 条、第 10.1 条的约定,竣工试验是承包商的义务,是雇主接收工程的前提。根据通用条件第 12 条的约定,竣工后试验是雇主的权利和义务,是在接收工程后进行的检验。

简言之,“竣工试验”与“竣工验收”虽仅有一字之差,但“竣工试验”实为“竣工验收”的前置程序。包括试运行,也系为检验工程是否满足验收条件的前提。而“竣工后试验”则相对较易理解,显然是针对竣工验收之后而言的。特别是对于能源、化工等生产型项目来讲,竣工验收合格不代表工程总承包合同中发包人的要求完全能够得以实现,例如:发包人在固定期限内的效率要求、产能要求,这都有待于竣工后试验程序来加以进一步的检验。

二、条文的适用

(一)工程总承包项目保修期的起算点应为工程“实际竣工之日”

现阶段,大多数法律、法规的立法思维仍以传统施工总承包模式(DBB)为出发点,认定建设工程的保修期自工程“竣工验收”合格后起算。如《建设工程质量管理条例》第 40 条第 3 款规定:“建设工程的保修期,自竣工验收合格之日起计算。”《工程质保金管理办法》第 8 条规定:“缺陷责任期从工程通过竣工验收之日起计……”

至于工程项目在竣工验收阶段存在纠纷,导致未能如期正常进行竣工验收程序时“竣工验收合格之日”的认定,可以参照《建设工程司法解释》第 14 条的规定,以实际竣工日期的确定作为工程质量保修期的起算点。该条款规定:“当事人对建设工程实际竣工日期有争议的,按照以下情形分别处理:(一)建设工程经竣工验收合格的,以竣工验收合格之日为竣工日期;(二)承包人已经提交竣工验收报告,发包人拖延验收的,以承包人提交验收报告之日为竣工日期;(三)建设工程未经竣工验收,发包人擅自使用的,以转移占有建设工程之日为竣工日期。"可见,在传统施工总承包模式(DBB)下,"竣工验收之日"与"实际竣工之日"有着高度的重合性。

在国内工程总承包模式下,各示范文本均约定了工程保修期的起算点为"实际竣工之日",而非"竣工验收之日"。九部委《标准设计施工总承包招标文件》通用合同条款第19.7条保修责任中明确约定:"合同当事人根据有关法律规定,在专用合同条款中约定工程质量保修范围、期限和责任。保修期自实际竣工日期起计算。在全部工程竣工验收前,已经发包人提前验收的区段工程,其保修期的起算日期相应提前。"

住建部、国家工商总局《工程总承包合同示范文本》(建市〔2011〕139号)通用条款的约定更为"含蓄",其通用条款第11.1.1条约定了:"第9.2.1款接收证书中写明的单项工程和(或)工程的接收日期,或单项工程和(或)工程视为被接收的日期,是承包人保修责任开始的日期,也是缺陷责任期的开始日期。"第9.2.1条中约定:"工程的接收以第8.2.6款第(3)项约定的日期,作为接收日期。"第8.2.6条中约定:"(3)工程的竣工试验日期和时间:按最后一个单项工程通过竣工试验的日期和时间,作为整个工程竣工试验验收的日期和时间。"第4.4.3(1)条约定:"……3)工程中最后一个单项工程通过竣工试验的日期,为工程的实际竣工日期。"即在住建部、国家工商总局《工程总承包合同示范文本》中,承包人保修责任开始的日期也为实际竣工日期。

官方发布的两部工程总承包合同示范文本不约而同地约定了工程保修期的起算点为实际竣工之日而非竣工验收之日,有其特殊的考量。

不同于传统的房建和市政项目,较多的能源项目、化工项目、城市基础设施项目,在采用工程总承包模式的情况下,对于承包人还设置有竣工后试验程序,以此来检验发包人要求这一工程总承包合同根本目的的实现与否。大量的问题,也都需要在一般意义上的物理检验、工程接收之后,通过一段期限的竣工后试验程序来加以发现。如住建部发布的示范文本中,第9条约定了"工程接收"程序,第10条约定了"竣工后试验"程序,之后才是第12条约定的"工程竣工验收"程序。对此,工程总承包项目如按照《建设工程质量管理条例》第40条"建设工程的保修期,自竣工验收合格之日起计算"的规定,将竣工后试验程序的期间也包括计算在合同约定的保修期之内,这显然对于发包人是不公平的。

另外,就"工程接收"至"工程竣工验收"合格之间的期间是否属于承包人保修期的范围,也容易引起争议。因此,将工程总承包的保修期起算点认定为实际竣工之日更为合理。

(二)工程总承包项目约定的保修期限应不低于法律、行政法规关于最低保修期限的规定,低于法定最低保修期限的约定无效

《建筑法》第62条第2款规定:"建筑工程的保修范围应当包括地基基础工程、主体结构工程、屋面防水工程和其他土建工程,以及电气管线、上下水管线的安装工程,供热、供冷系统工程等项目;保修的期限应当按照保证建筑物合理寿命年限内正常使用,维护使用者合法权益的原则确定。具体的保修范围和最低保修期限由国务院规定。"《建设工程质量管理条例》第40条规定:"在正常使用条件下,建设工程的最低保修期限为:(一)基础设施工程、房屋建筑的地基基础工程和主体结构工程,为设计文件规定的该工程的合理使用年限;(二)屋面防水工程、有防水要求的卫生间、房间和外墙面的防渗漏,为5年;(三)供热与供冷系统,为2个采暖期、供冷期;(四)电气管线、给排水管道、设备安装和装修工程,为2年。其他项目的保修期限由发包方与承包方约定。建设工程的保修期,自竣工验收合格之日起计算。"发、承包人若要对工程质量保修期进行约定,其约定应符合上述法律、行政法规规定的最低保修期。

其中,基础设施工程、房屋建筑的地基基础工程和主体结构工程的最低保修期限为设计文件规定的该工程的合理使用年限。根据住建部《民用建筑设计统一标准》(住建部公告2019年第57号)关于民用建筑的设计使用年限的规定(见表12),发、承包人对基础工程、主体结构工程保修期的约定也应符合该设计使用年限的要求。

表12　住建部《民用建筑设计统一标准》(住建部公告2019年第57号)设计使用年限分类

类别	设计使用年限(年)	示例
1	5	临时性建筑
2	25	易于替换结构构件的建筑
3	50	普通建筑和构筑物
4	100	纪念性建筑和特别重要的建筑

(三)发承包双方另行约定保修期的起算点晚于工程实际竣工之日的,合同约定的保修期做相应的顺延

如前所述,工程总承包项目的保修期应当自工程实际竣工之日起计算。实践中,对于保修期的起算点,双方在工程合同中不可能约定的早于工程实际竣工之日。因为在工程尚未完工、尚未通过竣工试验的情形下,所谓的保修期的起算点也无从提及。

但却存在发承包双方可能约定保修期的起算点晚于工程实际竣工之日的情形。例如,在深圳市华剑建设集团有限公司与北京立创商贸有限公司、交通运输部公路科学研究所建设工程合同纠纷案[北京第三中院(2017)京03民终第339号]中,双方在合同第36.3条即约定:"质量保修期从本工程竣工验收备案完成后开始……"对此种约定,有观点认为,《建设工程质量管理条例》在立法层级上属于行政法规,有关保修期的起算点应当严格遵照于此执行,发承包双方不得自由约定。如果约定的起算点不同于该法规规定的,应属无效,仍遵照法规的规定执行。但是,我们认为,《建设工程质量管理条例》虽属行政法规,而关于保修期的起算点的规定并非效力性强制性规定,有关保修期的起算应遵照双方当事人的自由约定。例如,在前述司法裁判案例中,北京三中院在作出判决时即认为:"依法成立的合同受法律保护。华剑公司与立创公司签订的涉案合同系双方真实意思表示,并不违反法律、行政法规的强制性规定,应属合法有效。"

与此同时,有必要进一步表明的是,发承包双方若作出保修期的起算点晚于工程实际竣工之日的约定,其本意应当是要延长相应的保修期至相应的时间节点,而非在保修期限不变的情况下,随意调整起算点。否则自工程实际竣工之日至约定的保修期起算点的这段时间之内,承包人的保修义务将处于义务真空的境地,不利于工程安全、质量这一根本建设目的的实现。因此,如发承包双方约定的保修期的起算点晚于工程实际竣工之日的,视为保修期自工程实际竣工之日至约定的保修期的起算点之日进行了顺延。(见图3)

实践中,如工程总承包合同双方达成合意,欲延长保修期,建议可直接约定延长保修期限或约定保修期计算终点,避免因约定的起算点与工程实际竣工之日不同而产生的争议。

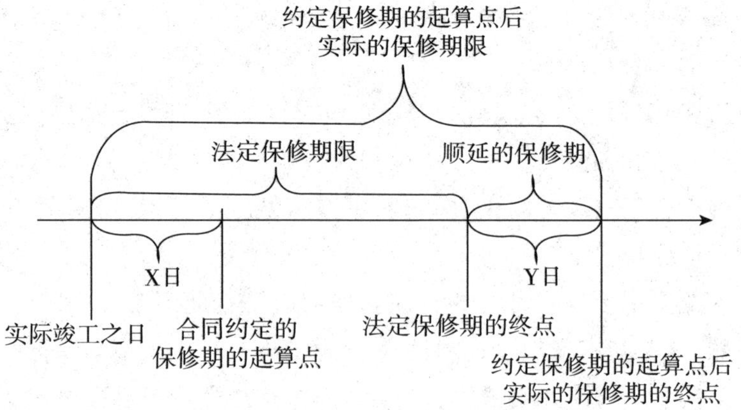

图3　约定的保修期的起算点后实际的保修期限

（四）若实际竣工后还存在试验程序的，有关部分的保修期应结合实际竣工后的试验期限，做相应的顺延。承包人以顺延的期间不属于保修期为由进行抗辩的，不予支持

对于保修期的概念不能做绝对化的僵化理解。不同于传统的房建和市政项目，较多的能源项目、化工项目、城市基础设施项目，在采用工程总承包模式的情况下，对于承包人还设置有竣工后试验程序，以此来检验发包人要求这一工程总承包合同根本目的的实现与否。大量的问题，也都需要在一般意义上的物理检验、竣工验收合格之后，通过一段期限的竣工后试验程序来加以发现。对此，如按照《建设工程质量管理条例》第40条"建设工程的保修期，自竣工验收合格之日起计算"的规定，将竣工后试验程序的期间也包括计算在合同约定的保修期之内，这显然对于发包人是不公平的。

针对此种情形，我们认为应结合具体的工程总承包项目来进一步加以区分。例如：某风电类EPC工程总承包项目，就其中属于传统房建类的组成部分，保修期应自工程整体竣工验收合格之日开始起算，并按照合同约定的保修期限执行。但是对于牵涉产能、生产效率的设备安装类的组成部分，保修期虽同样自工程整体竣工验收合格之日开始起算，可是相应的保修期限应考虑到竣工验收后的试验期限，予以相应的顺延。（见图4）

实践中，因《建设工程质量管理条例》第40条仅对四类工程的最低保修期作了规定，而对于其他部分的保修期所参照适用的合理使用年限并无强制力，建议工程总承包合同双方明确约定其他工程的保修期限。

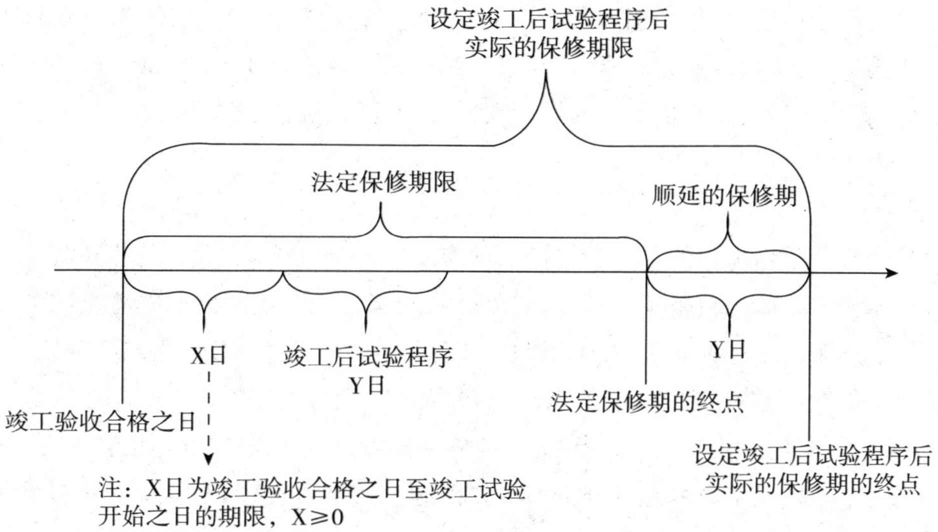

图4 设定竣工后试验程序后实际的保修期限

第6.13条 【工程总承包项目发包人未经竣工验收擅自使用情形下的质量评判标准】对于工程总承包项目，总承包人以发包人未经竣工验收擅自使用为由提出抗辩的，不宜直接适用《建设工程司法解释》第13条的规定。

对于发包人未经竣工验收擅自使用的，有关工程总承包项目的质量评判，仍应结合设计、采购、施工与工程竣工试验、试运行等因素综合认定。

【条文主旨】

由于工程总承包项目在承包范围、发包人要求、竣工验收程序等方面与施工总承包项目存在区别，这导致两种模式下发承包双方各自承担的质量责任也有所区别。本条针对实践中两种模式的区别，规定了工程总承包项目发包人未经竣工验收擅自使用情形下，有关工程质量评判标准的裁判规则。本条共分两款，第1款规定直接指出，针对《建设工程司法解释》第13条的规定，对于工程总承包项目应做区分，不宜直接适用。第2款规定则从正面角度进一步规定指出，就此种情形下工程总承包项目的质量评价，应当根据项目实际情况，综合考量设计质量、采购设备质量、施工质量、项目试运行效果等因素予以综合判断。如在对设备质量负责是承包人主要合同义务的情况下，即便发包人未经竣工验收擅自使用项目,承包人仍可能承担相应的质量责任;而对于已经移交发包人使用的项目,发承包双方对质量问题产生争议的,如有竣工试验、试运行等程序的,也应将项目的运行情况作为评判项目质量是否合格的考量因素。

【理解与适用】

工程总承包项目的质量合格评判标准之所以与施工总承包存在区别,与工程总承包项目的承包范围、发包人要求以及竣工验收程序等方面的特点均存在关联。施工总承包模式下,在发承包双方签约时,施工图一般已构成合同附件,施工图纸各项参数均明确具体,双方当事人对工程的施工范围、质量标准等都能够较为清楚。承包人按图施工,保证施工质量符合约定即可。也就是说,在施工总承包模式下总承包人只需对项目的施工质量负责,而不涉及工程总承包模式下的设计是否存在疏漏、设备质量是否合格、项目整体使用功能是否满足发包人要求等问题。但在工程总承包模式下,总承包人需对项目的设计、采购、施工以及项目的整体使用功能负责,①更加注重设计、采购、施工的衔接和融合以及对项目整体使用运行的试验,总承包人需通过设计完善、设备采购及运行质量合格、施工质量合格以及试运行效果满足发包人要求等"多重质量"考验。显然,工程总承包项目的"施工质量"合格,并不意味着项目的设计质量合格、设备采购质量合格以及设计、设备、施工最终转化成的项目整体使用功能的质量合格。

此外,注重实现项目使用功能的工程总承包项目的质量合格评判标准,无论是设计质量、设备质量还是施工质量,最终都应落脚到对使用功能是否满足"发包人要求"的评判上。基于此,对工程总承包项目的质量评判无疑都需要发包人"使用"工程项目,无论是发包人"擅自使用"还是"移交使用",项目质量是否合格都应结合使用情况予以确定。而在经"试验""试运行"等环节予以考评的情况下,若最终项目没有达到合同约定的质量标准或无法满足发包人要求的使用功能,既有可能是施工质量的原因,也有可能是设计不完善或设备质量不

① 在工程总承包项目中,特别是工业类、能源类工程总承包项目,发承包双方在约定项目"使用功能"的基础上通常还会进一步约定项目的使用效果或者"最低性能标准",如工业类项目约定项目投产运营后的单位产量、能源发电类项目约定单位时间类的发电量等。为避免对"使用功能"理解上的歧义,本书在此不对工程总承包项目的类型作出详细区分,此处的"使用功能"指发承包双方约定的满足"发包人要求"的使用功能。

合格造成的。但是无论哪种原因,无疑总承包人都应当为此承担质量责任。

因此,当同样出现发包人未经竣工验收擅自使用的情形,则相较传统的施工总承包模式,对于《建设工程司法解释》第13条规定的适用,需具体问题具体分析。此时若仍简单地适用《建设工程司法解释》的规定,从施工质量评判逻辑出发,以发包人未经竣工验收擅自使用项目为由,对发包人其他方面正当的质量诉求不予支持,有以偏概全之嫌,无疑有悖于工程总承包项目的合同目的。

一、从法律规定及合同示范文本角度看,施工总承包和工程总承包在竣工验收程序上存在差异,不宜直接采用施工总承包的竣工验收程序标准评判工程总承包项目发包人未经竣工验收的使用行为

(一)法律法规层面关于项目竣工验收需达到的质量标准的规定多针对施工总承包模式下建设工程项目的"施工质量"问题

房屋建筑和市政工程领域有关竣工验收的总纲性规定见于《建筑法》第61条:"交付竣工验收的建筑工程,必须符合规定的建筑工程质量标准,有完整的工程技术经济资料和经签署的工程保修书,并具备国家规定的其他竣工条件。建筑工程竣工经验收合格后,方可交付使用;未经验收或者验收不合格的,不得交付使用。"该条规定并没有详细区分施工总承包项目和工程总承包项目,但是从第1款规定的逻辑可以看出该条规定更多地适用于对施工总承包项目的"施工质量"验收标准进行评判,即项目的质量验收标准就是"规定的建筑工程质量标准",这一规定显然不能完全适用于以满足发包人要求的使用功能作为项目最终质量合格评判标准的工程总承包项目。

在施工总承包模式下,有明确的施工图和建筑工程质量标准作为判断工程施工质量是否符合竣工验收条件的依据,即便是发承包双方在合同中约定高于法定标准的质量标准,该标准也是可预期的客观标准。

同时,结合《建筑法》第61条第2款"建筑工程竣工经验收合格后,方可交付使用;未经验收或者验收不合格的,不得交付使用"的规定,在施工总承包模式下,若发包人未经竣工验收擅自使用工程项目,承包人可以主张应视为工程质量已经合格,即《建设工程司法解释》第13条的规定:"建设工程未经竣工验收,发包人擅自使用后,又以使用部分质量不符合约定为由主张权利的,不予支持。"

但是,工程总承包项目约定的质量标准一般是要求符合"发包人要求"中所

定义的预期目的或使用功能，而要检验是否符合合同约定的标准，须通过"使用"项目即试运行等程序来加以判断，试运行的时间具体由项目业主和总承包商在合同中根据项目的具体类型和实际情况予以约定，可达几个月或几年，试运行通过表明工程的性能合格，达到合同约定的质量要求，此时项目才具备竣工验收的条件。

（二）不同工程总承包合同范本关于竣工验收程序的规定均将满足发包人使用功能的要求作为竣工验收的前提条件

从以上对法律法规关于竣工验收规定的梳理和分析可以看出，目前我国工程竣工验收的条件更多的是从传统房屋建筑和市政基础设施工程施工总承包模式的逻辑加以规定，而注重实现项目使用功能的工程总承包项目的竣工不仅要在"施工质量"上符合国家和地方相关质量标准规范，还应当满足合同约定的使用功能的质量标准，这一点在不同的工程总承包合同示范文本中也有所体现。

1. FIDIC《设计采购施工（EPC）/交钥匙工程合同条件》（1999 版）

首先需要澄清的是 FIDIC 银皮书中并没有"竣工验收"的概念，只有"竣工试验"和"竣工时间"，FIDIC 银皮书体系下竣工试验能否通过关系到竣工时间的确定。而 FIDIC 银皮书第 8.2 条将工程的竣工时间规定为："承包商应在工程或单位工程（视情况而定）的竣工时间内，完成整个工程和每个单位工程（如果有），包括：（a）竣工试验获得通过；（b）完成合同提出的、工程和单位工程按照第 10.1 款[工程和单位工程的接收]规定的接收要求竣工所需要的全部工作。"

即银皮书所规定的竣工时间需满足两个要求：竣工试验通过和合同规定的工作完成。而银皮书中的第 9 条规定的竣工试验包括 3 个阶段：（1）启动前试验，针对的是每项生产设备的试验，应包括适当的检验和性能试验，以证明每项生产设备能够安全地承受下一阶段启动试验；（2）启动试验，针对的是整个工程或单位工程，应包括规定的操作试验，以证明工程或单位工程能够在所有可利用的操作条件下安全地操作；（3）试运行，针对的是整个工程或单位工程，证明工程或单位工程运行可靠，符合合同要求。同时，银皮书第 9 条还规定："试运行不应构成第 10 条[雇主的接收]规定的接收。"

不难看出，银皮书体系下竣工试验的通过是项目竣工的前提，而竣工试验包括的 3 个阶段可以验证项目是否达到质量验收标准即项目能否满足"发包人要求"的使用功能或合同约定的可靠运行;同时合同也明确规定竣工试验阶段的试运行过程中发包人对项目的"使用"并非"交付使用",不构成发包人对项目的接收,承包人仍然需对此阶段的质量承担责任。

2. 住建部、国家工商总局《工程总承包合同示范文本》(建市〔2011〕139 号)

与 FIDIC 银皮书一样,住建部、国家工商总局《工程总承包合同示范文本》(建市〔2011〕139 号)中采用的也是"竣工试验",此部分内容规定于该示范文本通用条款第 8 条"竣工试验"中。例如,通用条款第 8.1.1 条载明:"(4)竣工试验方案应包括如下内容:……4)单件、单体、联动试验的试验程序、试验条件……"示范文本通用条款第 4.4.3 条"竣工日期"规定,"(4)承包人按合同约定,完成施工图纸规定的工程中最后一个单项工程的全部施工作业,且符合合同约定的质量标准的日期,为工程的实际竣工日期。"也即全部工程符合合同约定的质量标准是项目竣工的前提,而工程是否符合合同约定的质量标准,则需通过竣工试验来检验。

住建部、国家工商总局《工程总承包合同示范文本》(建市〔2011〕39 号)明确约定了竣工试验失败,且工程的任何主要部分和(或)整个工程丧失了生产、使用功能,发包人有权指令承包人重新设计、重置相关部分,承包人承担因此增加的费用。发包人有权向承包人提出索赔或解除合同。这表明,工程总承包相比于传统施工总承包模式,更加重视竣工验收合格前的"试验""调试"阶段,确保项目工程正常操作和使用,达到合同约定的生产、使用功能。

3. 九部委《标准设计施工总承包招标文件》(发改法规〔2011〕3018 号)

九部委《标准设计施工总承包招标文件》(发改法规〔2011〕3018 号)第 13.1.1 款明确,工程质量验收按法律规定和合同约定的验收标准执行。通用条款第 18.2 款规定承包人申请竣工验收的前提之一是:"除监理人同意列入缺陷责任期内完成的尾工(甩项)工程和缺陷修补工作外,合同范围内的全部区段工程以及有关工作,包括合同要求的试验和竣工试验均已完成,并符合合同要求。"也就是说,承包人在申请竣工验收之前,项目必须通过第 18.1.2 款规定的竣工试验的三个阶段:第一阶段,承包人进行适当的检查和功能性试验,保证每一项工程设备都满足合同要求,并能安全地进入下一阶段试验;第二阶段,承包人进行试验,保证工程或区段工程满足合同要求,在所有可利用的操作条件下安全运行;第三阶段,当工程能安全运行时,承包人应通知监理人,可以进行其他竣工试验,包括各种性能测试,以证明工程符合发包人要求中列明的性能保证指标。

对比前两个示范文本，九部委印发的2012版《标准设计施工总承包招标文件》可以说是规定了竣工试验阶段最严格的交付责任要求，即若出现质量问题，必须返工至符合法律规定和合同约定，而且还在责任承担上明确竣工验收未通过的必须限期改正，并承担相应合同约定责任。这与FIDIC银皮书体系下发承包双方对项目质量验收标准的约定存在共通之处。

通过以上的简要梳理和分析可以看出，施工总承包和工程总承包在竣工验收程序上存在差异，因此，不宜直接采用施工总承包的竣工验收程序标准评判工程总承包项目发包人未经竣工验收的使用行为。

二、从司法审判实践的角度来看，裁判机关对工程总承包项目的质量合格评判标准通常综合多方因素予以考量，并非简单地以发包人是否擅自“使用”项目为判断依据，直接适用《建设工程司法解释》第13条的规定对工程总承包项目质量问题“一刀切”

注重实现项目使用功能的工程总承包项目的质量合格评判标准不仅要在“施工质量”上符合国家和地方相关质量标准规范，还应当满足合同约定的设计质量、设备质量标准，该标准最终表现为项目需满足发包人要求的使用功能。而要验证项目是否具备合同约定的使用功能，则需将项目实际投入使用，竣工试验阶段的试运行是必不可少的环节。承包人以项目未经竣工验收发包人擅自使用主张项目质量合格与工程总承包项目通常约定的质量合格标准不符，承包人应承担的质量责任不应因发包人未经竣工验收使用项目而免除。司法实践中也不乏法院支持发包人在实际使用项目后主张项目质量不符合合同约定的质量标准承包人应为此承担责任的诉求，同时综合多方因素对工程总承包项目的质量合格标准予以综合判断。

（一）在对设备质量负责是承包人主要合同义务的情况下，即便发包人未经竣工验收擅自使用项目，承包人仍可能承担相应的质量责任

在最高院（2019）民申第1187号[①]案中，承包人江南环保公司主张，案涉工程虽然没有进行168小时行使性能测试考核，但已经实际投入使用，合同目的

① 最高院再审案件：最高院（2019）民申第1187号“江苏新世纪江南环保股份有限公司与陕西奥维乾元化工有限公司建设工程施工合同纠纷再审审查与审判监督民事裁定书”。

已经完全实现。在原审中,经江南环保公司申请陕西省环境保护厅信息公开,该厅以 2018 年第 10 号文答复:“3 ×280t/h 锅炉烟气氨法脱硫及副产物硫铵回收装置已经投入使用。”根据陕西省环境保护厅官网陕西省重点排污企业监测信息发布平台公示的案涉工程的排放数据,案涉工程也已经正常投入使用,并且排放达标。承包人据此主张发包人奥维乾元化工公司是在案涉工程尚未经过验收的情况下擅自使用,案涉工程已经视为通过竣工验收。但是最高院审理后认为:“本案中承包人江南环保公司提供 3 ×280t/h 锅炉烟气氨法脱硫及副产物硫铵回收装置的设计、供货、安装、调试及指导运行服务,对案涉设备质量负责是江南环保公司作为设备供货方的主要合同义务,该义务不因发包人奥维乾元化工公司对案涉设备未竣工验收就使用的行为而免除。”

(二)对于已经移交发包人使用的项目,发承包双方对质量问题产生争议的,也应将项目的运行情况作为评判项目质量是否合格的考量因素

工程总承包项目是否满足竣工验收条件需结合合同约定的质量验收标准进行判断,如前所述,此类标准通常需通过实际投入使用来进行验证。在此情形下,承包人已经移交发包人使用的项目,并不代表已经竣工验收合格,而是应当结合竣工试验和试运行等情况以及多方证据予以综合判断。

在最高院(2019)民终第 250 号案①中,最高院认为:“关于涉案项目电站是否已经竣工并移交、是否存在质量问题,根据山西省电力建设工程质量监督中心站 2017 年 6 月 26 日出具的《工程质量监督检查并网通知单》,涉案项目电站并网试运前阶段通过该站质量监督检查,同意办理并网手续,项目电站实现并网发电;由建设单位、设计单位、施工单位、监理单位 2017 年 9 月 15 日共同所作的《杨兴 20MW 扶贫电站项目竣工验收会议纪要》,亦认定项目电站已于 2017 年 6 月 26 日成功并网发电,已安全运行 81 天,发电 660 万度,同意项目竣工验收;葛洲坝机建公司与光伏农业公司代表 2017 年 10 月 12 日形成的《山西阳曲项目工程款洽谈会会议纪要》,再次确认项目电站于 2017 年 6 月 26 日一次性全额并网成功,安全运行 107 天,项目初步验收合格。由以上事实可知,项目电站已初步验收合格,达到竣工验收条件,并已实际移交光伏农业公司,且并网发电成功,至今正常安全运行;同时根据上述会议纪要及附件,项目电站在达到竣

---

① 最高院二审案件:最高院(2019)民终第 250 号“山西能投光伏农业发展有限公司、中国葛洲坝集团机电建设有限公司建设工程施工合同纠纷二审民事判决书”。

工验收条件的情况下亦存在一定的待整改问题，光伏农业公司还称项目电站设计不合理导致光伏组件阴影遮挡面积未达到要求。”

对此最高院认为：“根据质量监督部门的质监结果、四大主体共同的验收情况及项目电站至今的运行状况，项目电站并未发现质量缺陷，光伏农业公司所提出的问题，均属于一般的质量瑕疵而非重大质量瑕疵，未对项目电站的正常运行构成显著不利影响，在前述的《杨兴20MW扶贫电站项目竣工验收会议纪要》中，各有关单位均未认为有关待整改问题对项目电站达到竣工验收条件造成影响，因此只涉及葛洲坝机建公司的一般质量违约责任及保修责任，不应成为其拒付工程款的抗辩事由。”

从对以上判例的简要总结可以看出，裁判机关对工程总承包项目的质量合格评判标准通常会综合多方因素予以考量，并非简单地以发包人是否“擅自使用”作为判断依据，并非机械适用《建设工程司法解释》第13条的规定，从而对工程总承包项目的质量问题“一刀切”。

第6.14条　【非常规工程总承包情形下的工程质量瑕疵责任承担问题】发包人已经安排前期勘察、设计工作的情况下，要求后续介入的承包单位转为工程总承包人，由工程总承包人另行与前期勘察、设计人签订分包合同，后续因前期勘察、设计人的工作所引发的工程质量瑕疵，前期勘察、设计人对其分包范围内的部分承担直接责任，工程总承包人负总责。

前款情形下，工程总承包人以发包人变相指定分包存在过错进行抗辩，要求减轻或免除自身的质量责任的，应予支持；但是，工程总承包合同中约定工程总承包人对于前期的勘察、设计成果负有复核义务，且同时约定了发包人需支付相关费用的，或者工程总承包合同中有明确的责任承担约定的，工程总承包人再行提出的有关抗辩主张，不予支持。

【条文主旨】

如建设单位要求前期勘察、设计单位与后续承包单位签订工程总承包合同，后续承包单位转变为工程总承包单位的，则一方面，虽然前期勘察、设计单位应对其分包范围内的工程质量瑕疵承担直接责任，但是后续承包单位仍需承担工程总承包单位的法定义务，对整个工程质量负总责。另一方面，因前期勘察、设计单位从业主平行承包单位的角色转变为了建设单位安排下的工程总承包的分包单位,因此,建设单位应当对其指定分包的过错承担相应的法律责任。此种情形之下的工程总承包单位可得以此为由,要求减轻或免除自身的质量责任。但是,工程总承包单位的此种抗辩,同时应当受到工程总承包合同中对工程总承包单位自身责任限制约定的约束。

【理解与适用】

一般来讲,工程总承包涵盖设计、施工两阶段,且在目前法律法规没有明确规制的情况下,有些工程总承包项目还包括前期的勘察阶段。对于工程总承包单位来讲,一旦承揽某个工程总承包项目,也即意味着其应当对包括在其总承包范围之内的勘察(如有)、设计和施工所对应的整个工程质量负相应的法律责任。对往下产生的勘察(如有)、设计等分包部分来讲,即便是由该等分包单位的工作瑕疵导致最终施工完成的工程质量存在缺陷,此时的工程总承包单位也无法有如传统分阶段承包模式(DBB 模式)之下的承包单位,可得免除其作为总承包单位的缺陷责任。但在当前的工程总承包转型发展时期,存在不少建设单位其实已经就前期的勘察、设计工作进行直接发包,而后采用工程总承包模式,并要求将前期已经对外发包的勘察、设计部分纳入后续工程总承包单位的承包范围之内,由工程总承包单位与有关的前期勘察、设计单位签订分包合同。

具体来讲,在实践中既存在施工图设计业已完成之后,再行要求将后续本应采取的施工总承包模式转为工程总承包模式的情形;①也存在大量确属工程总承包模式,例如:符合现行政策法规的规定,在可行性研究、方案设计或者初

① 住建部《关于进一步推进工程总承包发展的若干意见》(建市〔2016〕93 号)中明确规定:“大力推进工程总承包,有利于提升项目可行性研究和初步设计深度,实现设计、采购、施工等各阶段工作的深度融合,提高工程建设水平。”显然,施工图设计以后的所谓工程总承包,已经失去了设计、采购、施工等各阶段工作深度融合的前提基础。在此情形下强行采用工程总承包模式已经背离了工程总承包模式本身的创设初衷。但是当前因国家大力鼓励、推广和培育工程总承包,各地出台了不少有利于工程总承包发承包企业的红利型政策。为此,不少地方在实践中出现了在已经完成施工图设计的情况下,再进行工程总承包的情形。所幸的是,当前已有地方政府主管部门注意到了此类情形,并予以了明文禁止。例如:福建省住建厅 2019 年 11 月 11 日发布的《关于房屋建筑和市政基础设施项目工程总承包招标投标活动有关事项的通知》(闽建办筑函〔2019〕9 号)即明确要求:“已经完成施工图设计的工程,不得实施工程总承包。”

步设计这三个阶段的某一阶段之后进行工程总承包发包，[①]但是建设单位同样要求后续的工程总承包单位与前期勘察、部分阶段的设计单位建立分包关系的情形。此类操作方式，显然有别于通常情形下的工程总承包。在此情形之下因前期勘察、设计单位的工作存在瑕疵，导致工程施工质量存在问题的，在具体的司法裁判中应考量以下三个方面的因素：

一、无论何种情形之下，尽管前期勘察、设计单位需对其分包范围内的工程质量瑕疵承担直接责任，但是工程总承包单位都需对工程质量负总责

《建筑法》第55条规定："建筑工程实行总承包的，工程质量由工程总承包单位负责，总承包单位将建筑工程分包给其他单位的，应当对分包工程的质量与分包单位承担连带责任。分包单位应当接受总承包单位的质量管理。"

国务院办公厅《关于促进建筑业持续健康发展的意见》（国办发〔2017〕19号）规定："按照总承包负总责的原则，落实工程总承包单位在工程质量安全、进度控制、成本管理等方面的责任。"

国家发展改革委和住建部《房建市政工程总承包管理办法》第22条第2款规定："工程总承包单位应当对其承包的全部建设工程质量负责，分包单位对其分包工程的质量负责，分包不免除工程总承包单位对其承包的全部建设工程所负的质量责任。"

因此，无论何种情形之下，例如：建设单位与前期勘察、设计承包单位解除承包合同，由后续工程总承包单位与前期勘察、设计承包单位签订勘察、设计分包合同；或者，建设单位与前期勘察、设计承包单位、施工单位签订权利义务概括转移协议，约定由后续工程总承包单位享有和承受前期勘察、设计承包合同中全部的发包人权利义务的，尽管前期勘察、设计单位需对其分包范围内的工程质量瑕疵承担第一位的直接责任，但是后续工程总承包单位都需对工程质量负总责。

① 住建部《关于进一步推进工程总承包发展的若干意见》（建市〔2016〕93号）规定："建设单位可以根据项目特点，在可行性研究、方案设计或者初步设计完成后，按照确定的建设规模、建设标准、投资限额、工程质量和进度要求等进行工程总承包项目发包。"常见的工程总承包的发包在可行性研究、方案设计或者初步设计这三个阶段。

二、前期勘察、设计单位按照建设单位的要求，纳入后续工程总承包分包范畴的，建设单位应视为对于前期勘察、设计进行了指定分包，工程总承包单位以此为由进行抗辩，要求减轻或免除自身的质量责任的，应予支持

通常情形下，总承包单位对外进行合法分包的，应当就其分包部分与分包单位一道对建设单位承担连带责任。《建筑法》第 29 条第 2 款规定："建筑工程总承包单位按照总承包合同的约定对建设单位负责；分包单位按照分包合同的约定对总承包单位负责。总承包单位和分包单位就分包工程对建设单位承担连带责任。"《民法典》第 791 条第 2 款规定："总承包人或者勘察、设计、施工承包人经发包人同意，可以将自己承包的部分工作交由第三人完成。第三人就其完成的工作成果与总承包人或者勘察、设计、施工承包人向发包人承担连带责任……"

但是与常规情形下的工程总承包不一样，建设单位在已经进行前期勘察、设计发包的情形下，再与后续承包单位签订工程总承包合同，并将有关的前期勘察、设计工作纳入后续承包单位的承包范围，进而要求后续承包单位以工程总承包单位的名义再对外进行分包的，一般可以理解为，作为工程总承包单位的勘察、设计分包单位均系建设单位直接指定。《建设工程司法解释》第 12 条规定："发包人具有下列情形之一，造成建设工程质量缺陷，应当承担过错责任：（一）提供的设计有缺陷；（二）提供或者指定购买的建筑材料、建筑构配件、设备不符合强制性标准；（三）直接指定分包人分包专业工程。承包人有过错的，也应当承担相应的过错责任。"显然，在有关的前期勘察、设计单位系由建设单位指定分包的情况下，建设单位亦应当参照该司法解释的规定，就其直接指定分包所出现的工程质量瑕疵承担相应的过错责任。此种情形之下的工程总承包单位可以此为由，要求减轻或免除自身的质量责任。

三、工程总承包合同中约定工程总承包单位对于前期的勘察、设计成果负有复核义务，且同时约定了建设单位需支付相关费用的，或者工程总承包合同中有明确的责任承担约定的，工程总承包单位再行提出的有关抗辩主张，不予支持

1. 实践中对于非常规工程总承包情形下的工程质量瑕疵责任承担问题，需要避免的是建设单位一方利用自身的优势地位，强行将有关的责任义务转嫁给

合同相对方。权利义务相对等或者说公平原则是合同法的根本原则，理应得到坚守。前述对于工程总承包单位有关抗辩意见予以支持的规定，出发点即在于此。

但若工程总承包合同中，已就此转嫁的责任义务进行了权益的考量与衡平，例如：建设单位虽然明确向工程总承包单位提出了对前期的勘察、设计成果的复核要求，而同时也约定了建设单位需支付相关费用的，此时显然工程总承包单位无权再就此进行抗辩。何况，就工程总承包来讲，即便对于建设单位提供的基础数据资料，工程总承包单位负有相应的复核义务，亦属符合行业惯例的常态。

例如：1999 版 FIDIC 银皮书通用条款第 4.10 条规定："雇主应在基准日期前，将其取得的现场地下、水文条件及环境方面的所有有关资料，提供给承包商。同样地，雇主在基准日期后得到的所有此类资料，也应提供给承包商。承包商应负责核实和解释所有此类资料。除第 5.1 款[设计义务一般要求]提出的情况以外，雇主对这些资料的准确性、充分性和完整性不承担责任。"

再如：住建部、国家工商总局《工程总承包合同示范文本》第 5.2.2 条第(1)项规定："承包人与发包人(及其专利商、第三方设计单位)应以书面形式交接发包人按第 5.2.1 款第(1)项提供与设计有关的项目基础资料、第(2)项提供的与设计有关的现场障碍资料。对这些资料中的短缺、遗漏、错误、疑问，承包人应在收到发包人提供的上述资料后 15 日内向发包人提出进一步的要求。因承包人未能在上述时间内提出要求而发生的损失由承包人自行承担；由此造成工程关键路径延误的，竣工日期不予顺延。其中，对工程场地的基准坐标资料(包括基准控制点、基准控制标高和基准坐标控制线)，承包人有义务约定实测复验的时间并纠正其错误(如果有)，因承包人对此项工作的延误，导致的费用增加和关键路线延误，由承包人承担。"

2. 工程总承包合同归根结底仍属于商事合同。工程总承包项目本身通常经济体量较大，而工程总承包单位也通常均为规模性的商事主体。不同于日常生活中的普通民事主体，商事主体在从事某项经济活动时，作为规模性的经济组织，其自身往往对于该等经济行为的正常商业后果有着合理谨慎的考量与期待。基本不会出现建设单位以欺诈、胁迫的手段，使工程总承包单位在违背真实意思的情况下订立合同的情形。而"意思自治"与"诚实信用"亦属于我国《民法典》的基本原则。一旦商事主体自愿作出某项承诺，通常情形下司法机关不应横加干涉。

充分尊重合同主体的意思自治，在我国当前的建设工程施工合同纠纷的司法审判实践中，也已逐渐达成共识。例如：对于过往争议较大的“逾期失权”约定，《建设工程司法解释(二)》第6条规定：“当事人约定承包人未在约定期限内提出工期顺延申请视为工期不顺延的，按照约定处理。”

最后有必要提示的是，相比传统的分阶段承包模式，工程总承包单位应当意识到自身责任边界的变化。更为重要的是，工程总承包单位应当知晓，勘察、设计单位作为专业知识承包商，其往往承担的是合理技能与谨慎义务，与工程总承包单位自身对于建设单位所需承担的满足使用功能的义务，两者义务的边界或者说责任范围完全不同。实践中，勘察、设计单位对于自身的专业成果，在已妥善尽到合理谨慎义务的前提下，无须承担其他过多的责任。例如：日常的勘察、设计承包合同中，勘察、设计单位的责任边界往往以自身的勘察、设计费为限。而作为工程总承包单位，若因其分包的勘察、设计过错导致的工程质量瑕疵，工程总承包单位显然无法以其勘察、设计分包单位的过错责任边界对抗建设单位。

第6.15条　【工程总承包“假”联合体的质量责任承担问题】设计人与施工人组成联合体承揽工程总承包项目的，联合体各方对工程质量向发包人承担连带责任。

前款情形下的联合体承揽工程总承包项目以后，设计人与施工人又签订施工分包合同的，此后因设计单位的过错导致的工程质量瑕疵，施工单位以其与设计单位之间名为联合体工程总承包，实为施工分包合同关系，并以此为由拒绝向发包人承担质量瑕疵责任的，不应支持。施工单位对发包人承担责任后，可以向设计单位进行追偿。

【条文主旨】

本条规定了设计单位与施工单位组成联合体承揽工程总承包项目后，设计单位又与施工单位签订施工分包合同情形下，因设计单位的原因导致施工质量瑕疵的责任承担问题。设计单位和施工单位组成的联合体共同作为工程总承包人与发包人签订工程总承包合同，应共同就工程质量向发包人承担连带责任,且不论导致工程质量瑕疵的责任是联合体内部的设计单位还是施工单位所造成。即便联合体承揽工程总承包项目后,设计单位又与施工单位签订施工分包合同,对联合体内部之间的分工和责任进行分配,也不影响联合体各方对工程质量向发包人承担连带责任的成立。对发包人而言,施工单位以其与设计单位之间名为联合体实为施工分包、工程质量瑕疵是由设计单位过错导致的、其并非"真实的工程总承包单位"的理由进行抗辩的,不能成立。但就其内部关系而言,施工单位因设计单位的过错对发包人承担责任后,可以向设计单位进行追偿。

【理解与适用】

在工程总承包的项目实践中,因联合体产生的争议一直存在,特别是联合体"名不副实"引发争议的案例时有发生。本条就涉及设计单位为了满足承揽工程总承包项目的资质条件先与施工单位组成联合体,后又与施工单位签订施工分包合同的情形。此种情形只有联合体之名,无联合体之实,是"假"联合体的表现形式之一。因该种情形引发的施工质量瑕疵责任承担问题涉及联合体的组成、联合体成员对发包人的责任承担、联合体内部分工和责任分担等,有必要予以逐一阐释。

一、工程总承包中联合体的构成要件

联合体在《建筑法》中未有明确规定,只有第27条原则性地规定:"联合共同承包",即"大型建筑工程或者结构复杂的建筑工程,可以由两个以上的承包单位联合共同承包"。我国目前的法律体系中,法律层面有关联合体的具体规定,主要集中在《招标投标法》《招标投标法实施条例》《政府采购法》。现将有关联合体的规定梳理如下:

(一)《招标投标法》

《招标投标法》第31条规定:"两个以上法人或者其他组织可以组成一个联合体,以一个投标人的身份共同投标。联合体各方均应当具备承担招标项目的相应能力;国家有关规定或者招标文件对投标人资格条件有规定的,联合体各方均应当具备规定的相应资格条件。由同一专业的单位组成的联合体,按照资质等级较低的单位确定资质等级。联合体各方应当签订共同投标协议,明确约定各方拟承担的工作和责任,并将共同投标协议连同投标文件一并提交招标人。联合体中标的,联合体各方应当共同与招标人签订合同,就中标项目向招标人承担连带责任。招标人不得强制投标人组成联合体共同投标,不得限制投标人之间的竞争。”

(二)《招标投标法实施条例》

《招标投标法实施条例》第37条规定:“招标人应当在资格预审公告、招标公告或者投标邀请书中载明是否接受联合体投标。招标人接受联合体投标并进行资格预审的,联合体应当在提交资格预审申请文件前组成。资格预审后联合体增减、更换成员的,其投标无效。联合体各方在同一招标项目中以自己名义单独投标或者参加其他联合体投标的,相关投标均无效。”第51条规定:“有下列情形之一的,评标委员会应当否决其投标:……(二)投标联合体没有提交共同投标协议……”

(三)《政府采购法》

《政府采购法》第24条第1款规定:“两个以上的自然人、法人或者其他组织可以组成一个联合体,以一个供应商的身份共同参加政府采购。以联合体形式进行政府采购的,参加联合体的供应商均应当具备本法第二十二条规定的条件,并应当向采购人提交联合协议,载明联合体各方承担的工作和义务。联合体各方应当共同与采购人签订采购合同,就采购合同约定的事项对采购人承担连带责任。”

结合以上法律、行政法规的规定,目前工程总承包领域所谓的联合共同承包,以及构成法律意义上的联合体,需要满足以下几个条件:

第一,联合体在招投标阶段(直接发包的项目在合同谈判阶段)形成,联合体成立的前提是发包人接受联合体形式,即联合承包工程必须经发包人同意。

第二,联合体之间应当签订联合体共同投标协议或联合体分工协议提交发包人,明确各方的工作职责和责任划分。没有联合体协议,或虽签订了联合体协议但以一人名义投标的,均不属于联合体。

第三,联合体中标或签约之后,联合体成员应共同与发包人签订工程总承包合同,或在共同投标协议中约定、授权由联合体牵头人与发包人签订合同且发包人对此认可。

以上三个属于必要条件,只有同时满足才可能构成联合体,属于《建筑法》中“联合共同承包”的情形。

二、联合体成员对工程质量承担的责任

（一）工程总承包单位需对工程质量负总责

《建筑法》第55条规定："建筑工程实行总承包的，工程质量由工程总承包单位负责，总承包单位将建筑工程分包给其他单位的，应当对分包工程的质量与分包单位承担连带责任。分包单位应当接受总承包单位的质量管理。"

国务院办公厅《关于促进建筑业持续健康发展的意见》（国办发〔2017〕19号）规定："按照总承包负总责的原则，落实工程总承包单位在工程质量安全、进度控制、成本管理等方面的责任。"

《房建市政工程总承包管理办法》第22条第2款规定："工程总承包单位应当对其承包的全部建设工程质量负责，分包单位对其分包工程的质量负责，分包不免除工程总承包单位对其承包的全部建设工程所负的质量责任。"

根据以上法律和相关政策的规定，任何情形下，工程总承包单位都应当对其承包的全部工程质量负责，不论是否存在分包，也不论工程总承包单位是否由联合体组成。

（二）联合体各方就工程总承包项目承担连带责任

在工程总承包单位是由设计单位与施工单位组成联合体的情况下，联合体中标工程后，应当共同与发包人签订工程总承包合同并对发包人承担连带责任，工程总承包合同内容应覆盖联合体成员的全部工作内容。如联合体分工协议中约定中标后由牵头人与发包人签订合同，或者联合体中标后一方授权另一方代表联合体与发包人签订合同的，依据该分工约定或授权，联合体一方与发包人签订的工程总承包合同，对联合体另一方具有法律约束力。

《房建市政工程总承包管理办法》第10条第2款规定："设计单位和施工单位组成联合体的，应当根据项目的特点和复杂程度，合理确定牵头单位，并在联合体协议中明确联合体成员单位的责任和权利。联合体各方应当共同与建设单位签订工程总承包合同，就工程总承包项目承担连带责任。"

《建筑法》第27条第1款规定："大型建筑工程或者结构复杂的建筑工程，可以由两个以上的承包单位联合共同承包。共同承包的各方对承包合同的履行承担连带责任。"

《招标投标法》第31条第3款明确规定："联合体中标的，联合体各方应当共同与招标人签订合同，就中标项目向招标人承担连带责任。"《政府采购法》第

24 条也明确规定:“联合体各方应当共同与采购人签订采购合同,就采购合同约定的事项对采购人承担连带责任。”

所以,根据以上相关规定,设计单位和施工单位组成联合体承揽工程总承包项目的,应就工程质量向发包人承担连带责任。

三、联合体成员之间的内部分工或责任分担,包括联合体中标后设计单位又另行与施工单位签订施工分包协议的情形,均不影响联合体各方就工程质量对发包人承担连带责任

(一)联合体协议约定的分工和责任承担约束联合体成员之间,联合体各方仍需就工程总承包项目承担连带责任

以联合体形式承揽工程总承包项目的,联合体成员之间通常会存在联合体协议,以明确各成员之间的权利和责任,但联合体协议约定的各方权利和责任只在联合体内部产生约束力,并不影响联合体各方就工程质量向建设单位承担连带责任,且不论这种质量责任是由联合体哪一方造成的。简言之,对发包人承担责任的是工程总承包单位,联合体成员在合同关系中均为工程总承包单位成员,均需就工程总承包项目向发包人承担责任。

(二)联合体协议和施工分包合同的合同相对性应做不同理解

就设计单位和施工单位在投标阶段所签订的联合体协议,虽然该协议的当事人只有设计单位和施工单位,并没有发包人,但该联合体协议作为投标文件的组成部分,而投标文件本身又是工程总承包合同的组成部分,因此,发包人、设计单位和施工单位理应受到联合体协议的约定,即设计单位和施工单位应当按照联合体协议的约定向发包人承担连带责任。

但是,对设计单位与施工单位之间签订的施工分包合同来讲,发包人非合同当事人,此施工分包合同无法约束发包人,施工单位也不应据此分包合同向发包人提出抗辩。

(三)有联合体之名,无联合体之实的“假”联合体形式,不影响联合体各方对发包人的连带责任承担。

通过以上对工程总承包中联合体各项问题的分析,我们可以得出以下结论:无论设计单位和施工单位成立联合体之初的本意是为了满足承揽工程总承包项目的资质要求还是其他目的,也无论造成工程质量瑕疵的责任是由设计单位还是施工单位导致的。对发包人而言,设计单位和施工单位均为工程总承包

单位,均需对工程质量负总责。施工单位以其并非“真实的工程总承包单位”,其与设计单位之间实际上是施工分包关系,工程质量瑕疵是由设计单位过错导致的为理由进行抗辩的,不能成立。

四、施工单位因设计单位过错向建设单位承担责任的,可以向设计单位追偿

根据以上分析,设计单位与施工单位组成联合体承揽工程总承包项目后,又与施工单位签订施工分包合同的“假”联合体情形,并不影响联合体各方对工程质量向发包人承担连带责任。那么联合体内部对此责任又该如何分担?设计单位与施工单位签订的施工分包合同的效力如何?施工单位因设计单位过错向发包人承担责任后是否可以据此向设计单位进行追偿?

我们认为,联合体中标后设计单位与施工单位签订的施工分包合同有效,施工单位因设计单位过错向发包人承担责任的,可以据此向设计单位进行追偿。在设计单位和施工单位签订的施工分包合同关系项下,该施工分包合同是双方的真实意思表示,是对双方工作范围、权利义务的约定,并不违反法律法规的强制性规定。虽然设计单位和施工单位的主体地位与工程总承包合同相比,在施工分包合同中发生了变化,但这种变化发生在联合体内部,并不影响联合体各方对发包人的责任承担。

实践中也同样存在类似的案例,在四会法院(2016)粤 1284 民初第 706 号“天津市振津石油天然气工程有限公司与中国化学工程第十四建设有限公司建设工程合同纠纷案”中,即存在联合体的牵头单位在中标后又与联合体成员签订施工分包的情形。该案中法院裁判认为:“在联合体内部,各联合体成员均为总承包方成员之一;振津公司作为联合体的牵头人,分别与化工十四建公司、天然气滨海分公司之间签订分包协议,明确其余联合体成员的工作范围、权利义务。联合体其余成员对振津公司负责,振津公司对工程发包方,即肇庆中油公司负责;振津公司与化工十四建公司同样成立建设工程合同关系,振津公司的地位相当于子工程的发包方,化工十四建公司及天津滨海分公司相当于子工程的承包人。振津公司与化工十四建公司之间签订的合同内容不违反法律相关规定,为有效合同,受法律保护。”

基于此,施工单位因设计单位的过错向发包人承担责任后,可以向设计单位追偿。

第七章　工　期

第7.1条　【工程总承包模式下实际工程开始日期的认定】工程总承包模式下，当事人对建设工程开始日期有争议的，且合同无明确约定的情形下，可分别按照以下情形予以认定：

(1)工程开始日期为发包人或工程咨询机构发出的工程开始通知载明的开始日期；工程开始通知发出后，尚不具备开始条件的，以开始条件具备的时间为开始日期；因承包人原因导致开始时间推迟的，以工程开始通知载明的时间为开始日期。

(2)承包人经发包人同意已经实际开始工作的，以实际开始第一项工程任务的时间为工程开始日期。

(3)发包人或者工程咨询单位未发出工程开始通知，亦无相关证据证明实际开始日期的，可分别按照以下情形予以认定：

①工程开始日期原则上为承包范围内第一项工程任务开始的时间。

②当第一项工程任务为勘察设计时，承包人收到发包人提供的勘察设计需要的基础资料、现场障碍资料及约定的预付款项后的一定期限作为工程开始日期。

③当第一项工程任务为施工图设计(或详细勘察任务)时，承包人收到发包人提供的施工图设计需要的基础资料(初步设计资料、初步勘察报告等)及约定的预付款项后的一定期限作为工程开工日期。

④因发包人未能按约定提供基础资料、现场障碍资料等相关资料，或者提供的资料达不到勘察设计条件的，或虽达到勘察设计条件但未按约定支付预付款项的，以补充达到勘察设计所需要求的资料时间且支付预付款项后一定期限为工程开工日期。因承包人原因导致开工时间推迟的，以发包人首次提供基础资料并支付预付款项后的一定期限为工程开工日期。

⑤发包人无法证明提供第一项工程任务所需的基础资料、现场障碍资料的时间，也无法证明支付预付款的时间，且无其他相关证据证明实际工程的开始日期的，应当综合考虑工程总承包合同、设计评审纪要表、竣工验收报告或竣工验收备案表等载明的时间，并结合是否具备工程开始条件的事实，认定工程开始日期。

【条文主旨】

工期是从开工起到完成承包合同约定的全部内容，达到竣工验收合格标准所经历的时间，以日历天数表示。建设工期是建设工程合同的实质性内容，意义重大。同时，工期争议也是司法实践中复杂疑难案件的代表之一，而开工日期和竣工日期的认定则成为解决工期争议的关键。

《建设工程司法解释（二）》关于开工日期的认定主要针对施工合同，施工合同的开工日期可理解为开始施工作业的时间。但工程总承包的范围涵盖设计、采购、施工等阶段，故其开工日期与施工总承包模式下的开工日期有所差异（因承包范围不同导致）。《工程总承包合同示范文本》将主要日期分为设计开工日期、施工开工日期、工程竣工日期三类。显然，在无特别约定的情况下，对于工程总承包项目而言，开工日期应理解为工程开始日期，包含设计开工和施工开工两部分内容。根据 FIDIC 银皮书第 8.1 款规定，EPC 项目的开工日期也对应工程设计和施工的开始。因此，结合国内外合同范本的有关规定，在国内现行的工程总承包模式下，工程总承包项目的开始日期应为工程的开始日期，进一步可解释为工程总承包范围内第一项工程任务的开始时间。

虽然建设工程合同中往往会对开工日期进行约定，但实践中，因合同的履行与双方当事人约定的并不一致，经常会导致争议的出现。建设工程行政审批的“阶段性”特征与建设工程当事人的逐利性存在天然的矛盾。发包人和承包人急于开始施工获利，缩短建设工期能给双方带来巨大收益（对于承包人可赢得工期奖励和尽早投入下一个工程项目，对于发包人提前开始运营可以获得市场先机）。有时，承包人为了节约时间，在开工通知载明的开工日期之前进场施工，有时因施工条件尚未具备而在规定的开工日期之后才开始实际施工。即便工程咨询机构发出开工通知，由于开工条件不具备，开工通知上记载的开工日期也未必是实际开工日期。因此，实践中，开工通知上记载的开工日期与实际进场的施工日期存在不一致的情况比比皆是；诉讼中，双方各执一词，给实际开工日期的认定又增加了不少困难。

在工程总承包模式下，此种情况更为复杂。首先，工程总承包模式因承包范围的扩大，在开工日期的定位上不再仅限于施工开工日期，还包括设计开工日期。其次，由于设计、施工由一个承包主体负责，相应的“基本建设程序”边界的认定更为模糊，这也给实务中如何认定实际的开工日期带来难度。本条裁判规则主要针对司法实践中出现的以下问题作出规定（仅讨论工程总承包模式下的情况）：

一、工程总承包模式下，开工日期如何理解

施工总承包模式下，开工日期被解读为施工作业开始的时间，也就是工程设计文件中规定的任何一项永久性工程首次正式破土开槽的开始日期。不需要开槽的工程，以正式开始打桩的日期作为开工日期。工程总承包模式下，开工日期的释义显然与传统模式有所区别。按照FIDIC银皮书的相关规定，EPC项目的开工日期被解释为工程的开始时间。结合《工程总承包合同示范文本》的相关规定，可将我国工程总承包模式下的开工日期解释为工程开始日期，即包括设计开工日期和施工开工日期两部分内容。在无具体约定的情形下，工程开工的日期应以承包范围内第一项工程任务开始的时间为准。

二、当发包人或工程咨询机构签发工程开始通知时，实际工程开始日期的认定

当发包人或工程咨询机构签发工程开始通知时，应以工程开始通知载明的开始日期作为工程开始日期，原则上可按照《建设工程司法解释（二）》有关施工合同中开工日期的原则进行认定。实务中，由于工程总承包项目的特殊性，工程开始通知可能有多种类型，比如可以是勘察或设计委托函、项目启动通知，也可以是正式的开工令等。无论哪种形式，只要该通知的内容属于工程总承包范围内，并为工程总承包范围内的第一项工程任务，其载明的开始日期可认定为实际工程开始时间。当然，尚不具备开始条件的除外。

三、无工程开始通知的情形下，当第一项工程任务为勘察设计时，实际工程开始日期的认定

工程总承包模式下，承包人开始的第一项工程任务往往是勘察设计[①]。通常情况下，实际工程开始时间不明确的原因之一是承包人出于某种原因一直推迟开始，而发包人或工程咨询机构未按照工程实际开始日期将相关证明文件进行修正，从而产生争议。工程总承包模式下，承包人实际推迟开始的原因主要有以下几种：

1. 发包人未向承包人提供约定的设计基础资料、现场障碍资料等相关资料。所谓基础资料主要指发包人提供给承包人的经有关部门对项目批准或核准的文件、报告（如选厂报告、资源报告、勘察报告等）、资料（如气象、水文、地质等）、协议（如原料、燃料、水、电、气、运输等）和有关数据等，以及设计所需的其他基础资料。现场障碍资料，指发包人需向承包人提供的进行工程设计、现场施工所需的地上和地下已有的建筑物、构筑物、线缆、管道、受保护的古建筑、古树木等坐标方位、数据和其他相关资料。在不具备上述完整的项目基础资料和现场障碍资料的前提下，承包人很难开展准确的工程设计，故会出现延迟开始的情形。

2. 发包人虽向承包人提供了约定的设计基础资料、现场障碍资料等相关资料，但提供的资料不真实、不准确或不齐全。此种情形下，总承包人依然无法开展准确的工程设计，因此需要发包人在约定时间向承包人提供进一步补充资料。但对于发包人提供的这些资料，承包人有义务针对其短缺、遗漏、错误之处进行审阅，并在收到发包人提供的资料后及时向发包人提出进一步补充要求，因承包人未能在规定时间内提出要求而发生的开始延迟，由承包人承担责任。

3. 承包人无力按时开始，主要见于发包人未按约定向承包人支付预付款。实践中，应查明承包人无力按时开工的主要原因与延迟开始的关系，进而确定合理的开工日期。

4. 外部原因，不可抗力或情势变更等事件导致承包人推迟开始日期，应以承包人实际开始的时间为开工日期。对于外部原因导致不能如期开工，由承包

---

① 《房建市政工程总承包管理办法》并未将勘察工作任务纳入工程总承包范围，但实践中勘察任务也有可能被纳入工程总承包范围内由发包人打包一并发包给工程总承包单位。

人承担证明开工日期顺延的举证责任。

【理解与适用】

如当事人能够协商一致,应以双方确定的日期为实际工程开始日期。当双方对实际工程开始日期有争议时,应以“工程开始通知”载明的开始时间为准,当无工程开始通知时,亦无相关证据证明实际开始日期的,应分情况予以处理:

1. 开工日期原则上为承包范围内的第一项工程任务开始的时间。《工程总承包合同示范文本》规定了设计开工日期和施工开工日期,并在通用条款第1.1.34款中对施工开工日期做了释义(施工开工日期,是指合同协议书中约定的,承包人开始现场施工的绝对日期或相对日期)。因此,工程总承包模式下的开工日期包括设计开工日期和施工开工日期两部分内容,可理解为工程开始日期。根据承包的范围,可以对工程开始日期进行释义,即为承包范围内的第一项工程任务开始的时间。

2. 当第一项工程任务为勘察设计时,承包人收到发包人提供的勘察设计需要的基础资料、现场障碍资料及约定的预付款项后的一定期限作为工程开始日期。

该条强调的是第一项工程任务为勘察设计时的情形。实务中,工程总承包范围内的第一项工程任务主要是勘察任务或者设计任务。当委托的设计范围从规划设计开始时,第一项工程任务即为设计任务。当委托的设计范围从方案设计开始或初步设计开始时,且含勘察任务的情形下,则第一项工程任务主要是勘察任务。根据《工程总承包合同示范文本》第4.2.2条的规定:承包人收到发包人按第5.2.1款提供的项目基础资料、现场障碍资料,及第14.3.2款的预付款收到后的第5日,作为设计开工日期。因此,对于第一项工程任务为勘察设计时,以发包人提供的基础资料、现场障碍资料作为认定实际工程开工日期的一项依据,这里的基础资料应根据第一项工程任务的不同而有所区别,比如第一项工程任务是规划设计,那么基础资料主要是用地范围、规划指标、市政条件等;如果第一项工程任务是方案设计,那么基础资料则为设计任务书及其他方案设计需要的基础资料等。认定实际工程开工日期的另一项依据为发包人支付约定预付款的时间。当双方对于“一定期限”无明确约定时,可参考《工程总承包合同示范文本》规定的第5日。

3. 当第一项工程任务为施工图设计(或详细勘察任务)时,承包人收到发包人提供的施工图设计(或详细勘察任务)需要的基础资料(初步设计资料、初步勘察报告等)及约定的预付款项后的一定期限作为工程开始日期。因发包人未能按约定提供基础资料、现场障碍资料等相关资料,或者提供的资料达不到施工图设计(或详细勘察任务)条件的,或未按约定支付预付款项的,以补充达到施工图设计(或详细勘察任务)所需要求的资料的时间或支付预付款项后一定期限为工程开始日期。因承包人原因导致开始时间推迟的,以发包人首次提供基础资料并支付预付款项后的一定期限为工程开工日期。

工程总承包的承包范围因投资主体的不同存在差异。根据《房建市政工程总承包管理办法》第7条的规定,政府投资项目原则上应当在初步设计审批完成后进行发包。因此,对于由政府作为投资主体的工程总承包项目,第一项工程任务可能为施工图设计或者详细勘察设计。其他内容说明同第2条。

4. 因发包人未能按约定提供基础资料、现场障碍资料等相关资料,或者提供的资料达不到勘察设计条件的,或虽达到勘察设计条件但未按约定支付预付款项的,以补充达到勘察设计所需要求的资料时间且支付预付款项后一定期限为工程开工日期。因承包人原因导致开工时间推迟的,以发包人首次提供基础资料并支付预付款项后的一定期限为工程开工日期。

实务中在认定工程开始日期时应结合提供资料条件和预付款支付条件两项条件综合确定。完成提供资料条件相当于具备了开展第一项工程任务的条件,完成预付款支付条件相当于发包人对于第一项工程任务的启动予以准允。当有一项条件无法达到时,应以补充达到要求后的日期作为实际工程开始日期。但因承包人原因导致开工时间推迟的,如对于发包人提供的基础资料未尽审查义务,未在约定时间内提出补充资料的要求而导致的开工时间推迟,应由承包人承担相应责任,在实际工程日期认定方面以发包人首次提供基础资料时间为实际工程开始时间。

5. 发包人无法证明提供第一项工程任务所需的基础资料、现场障碍资料的时间,也无法证明支付预付款的时间,且无相关证据证明实际工程的开工日期的,应当综合考虑工程总承包合同、设计评审纪要表、竣工验收报告或竣工验收备案表等载明的时间,并结合是否具备工程开工条件的事实,认定开始日期。

此条主要考虑到实务中,提供资料条件和预付款支付条件为第一项工程任务开始的两个主要依据,该两个条件促成的日期与实际工程开始时间最为接近。当上述两个条件的成就时间无法判断时,可结合合同、设计评审纪要、竣工验收报告或竣工验收备案表等辅助性证明文件认定开始日期。当然,通过上述辅助性的证明文件确定了工程开始日期,但当时仍不具备开展第一项工程任务条件的,亦不能作为工程开始日期。

第7.2条 【工程总承包项目实际竣工日期的认定】当事人对工程总承包项目实际竣工日期有争议的,按照以下情形分别处理:

(1)工程总承包项目经发包人接收的,以接收证书载明的日期为实际竣工日期;

(2)发包人拖延接收的,以承包人提交有关的接收申请之日为实际竣工日期;

(3)工程总承包项目未办理工程接收手续,发包人擅自使用的,以转移占有工程总承包项目之日为实际竣工日期。

【条文主旨】

本条是关于工程总承包项目实际竣工日期的认定规则。当事人对工程总承包项目实际竣工日期有争议时,根据不同的情形,处理方式不同,具体规则包括以下三层含义:

1. 工程总承包项目在被发包人接收前,一般会经过竣工试验程序,若通过竣工试验并被发包人接收的,则接收证书所载明的日期可推定作为实际竣工日期;若未通过竣工试验,则需要承包人按合同约定标准或有关工程质量技术规范进行整改,再次进行竣工试验且通过后,发包人接收工程,以接收证书载明的日期作为实际竣工日期。

2. 工程总承包项目的承包人完成工作后,会向发包人提交有关的接收申请,要求发包人检验、接收,若发包人出于种种目的而拖延接收的,则实际竣工日期的认定就可能延后,此时应以承包人提交有关申请之日作为实际竣工日期。

3. 如果工程总承包项目未经竣工试验、竣工验收就被发包人擅自使用的,则以转移占有之日作为实际竣工日期。

【理解与适用】

一、现行各有关工程总承包合同参考示范文本对竣工日期的规定

(一)九部委《标准设计施工总承包招标文件》(发改法规〔2011〕3018号)

九部委发布的《标准设计施工总承包招标文件》是国内工程总承包合同重要的参考文本之一。该招标文件合同条款中,"竣工日期"存在两个层面的含义,分别是:(1)约定的竣工日期(也可称为计划竣工日期);(2)实际竣工日期。

一方面,通用合同条款第1.1.4.4目前半句约定:"竣工日期:指第1.1.4.3目约定工期届满时的日期。"而第1.1.4.3目约定:"工期:指承包人在投标函中承诺的完成合同工作所需的期限,包括按第11.3款、第11.4款和第11.6款约定所作的变更。"即"竣工日期"为按照合同约定,承包人完成合同工作所需的期限届满之日,该时间节点会因工期延误、工期提前等因素发生变动。

另一方面,通用合同条款第1.1.4.4目后半句约定:"实际竣工日期以工程接收证书中写明的日期为准。"根据第18.3.5项"除专用合同条款另有约定外,经验收合格工程的实际竣工日期,以提交竣工验收申请报告的日期为准,并在工程接收证书中写明"及第18.2款"竣工验收申请报告"有关的内容可知,"实际竣工日期"一般为工程经发包人验收合格后,在工程接收证书中载明的承包人提交竣工验收申请报告的日期。

具体而言,根据九部委《标准设计施工总承包招标文件》通用合同条款的内容,工程总承包项目的竣工验收程序大概为:完成施工工作—竣工试验—提交竣工验收申请报告—竣工验收—出具工程接收证书—竣工后试验(如有)—竣工结算。其中,"提交竣工验收申请报告"和"竣工验收"环节对实际竣工日期的认定尤为重要,实际竣工日期的外在表现形式就是接收证书所载日期、提交竣工验收申请报告的日期,如图5所示。

此外,根据通用合同条款的约定,"竣工后试验"是竣工验收阶段后进行的试验。竣工后试验程序在竣工验收程序后,彼时已签发接收证书,实际竣工日期已经确定,因此,"竣工后试验"并非实际竣工的必然要求,不影响实际竣工日期的认定。

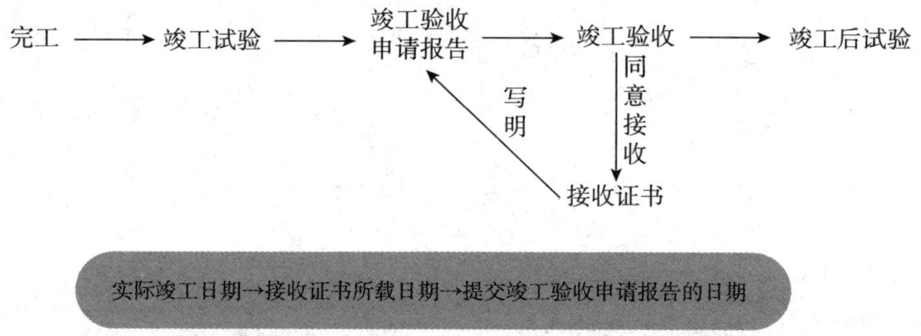

图5 九部委《标准设计施工总承包招标文件》中
工程总承包项目的竣工验收程序

（二）住建部、国家工商总局《工程总承包合同示范文本》（建市〔2011〕139号）

住建部、国家工商总局《工程总承包合同示范文本》是国内工程总承包项目另一重要的参考文本。关于竣工日期，通用条款第1.1.35项作了定义："竣工日期，指合同协议书中约定的，由承包人完成工程施工（含竣工试验）的绝对日期或相对日期，包括合同约定的任何延长日期。"

与九部委发布的合同范本相似，住建部版《建设项目工程总承包合同示范文本》第4.4.3项将竣工日期划分为"计划竣工日期"和"实际竣工日期"，其中，"计划竣工日期"的含义更符合第1.1.35项的定义，即根据合同约定承包人完成施工工作及竣工试验（如有）的日期。

根据第4.4.3项的内容，实际竣工日期的认定分两种情况：一种情况是含竣工试验阶段的，实际竣工日期为通过竣工试验的日期；另一种情况是不含竣工试验阶段的，为承包人完成全部施工作业，且符合合同约定的质量标准的日期。此外，通用条款第9.2.1项和第8.2.6项还约定了工程接收证书所载的工程接收的日期为竣工试验通过的日期。

住建部版合同示范文本与九部委《标准设计施工总承包招标文件》通用合同条款关于竣工验收程序的约定略有不同，可以大致分为：完成施工工作—竣工试验—提交工程接收申请—工程接收—竣工后试验/试运行考核—工程竣工验收—竣工结算。其中，"工程接收"和"竣工试验"环节对实际竣工日期的认定尤为重要，在含竣工试验的情形中，实际竣工日期就是最后一个单项工程通过竣工试验的日期，表现为工程接收证书载明的通过竣工试验的日期。（见图6）

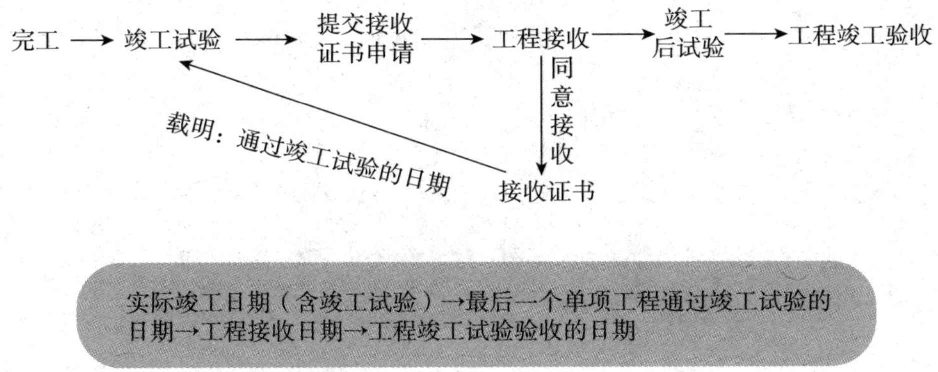

图6　住建部版合同示范文本中的竣工验收程序

需要注意的是,与九部委《标准设计施工总承包招标文件》通用合同条款内容略有不同,住建部版示范文本通用条款第12条"工程竣工验收"程序在竣工后试验之后,并不涉及实际竣工日期的认定,该程序更像是形式上的竣工结算审批程序。

(三)1999版FIDIC银皮书

1999版FIDIC银皮书也为国内工程总承包项目经常借鉴的重要合同示范文本之一。不同于我国前述九部委的招标文件和住建部的示范文本,1999版FIDIC银皮书的语境下,竣工时间并不明确区分为"计划竣工时间"和"实际竣工时间"。

1999版FIDIC银皮书通用条件第1.1.3.3目约定:"'竣工时间'系指专用条件中规定的,自开工日期算起至工程或某单位工程(视情况而定)根据第8.2款[竣工时间]规定的要求竣工(连同根据第8.4款[竣工时间的延长]的规定提出的任何延长期)的全部时间。"其中,第8.2款约定了两个条件:"(a)竣工试验获得通过;(b)完成合同提出的、工程和单位工程按照第10.1款[工程和单位工程的接收]规定的接收要求竣工所需要的全部工作。"第10.1款约定,"向承包商颁发接收证书,注明工程或单位工程按照合同要求竣工的日期"。因此,1999版FIDIC银皮书合同条款中,"竣工时间"为承包商完成全部工作且通过竣工试验后,雇主接收工程向承包商颁发接收证书所注明的"工程或单位工程按照合同要求竣工的日期"。

根据1999版FIDIC银皮书的合同内容,可以大致将竣工验收程序划分为:完成施工工作—竣工试验—提交工程接收申请—雇主的接收—竣工后试验(如有)—递交竣工报表/期中付款—履约证书/最终付款(见图7)。其中,根据第12条的内容,竣工后试验应在工程或单位工程被雇主接收后的合理可行的时间内尽快进行。因此,“竣工后试验”也并非竣工的必然要求,不影响实际竣工日期的认定。

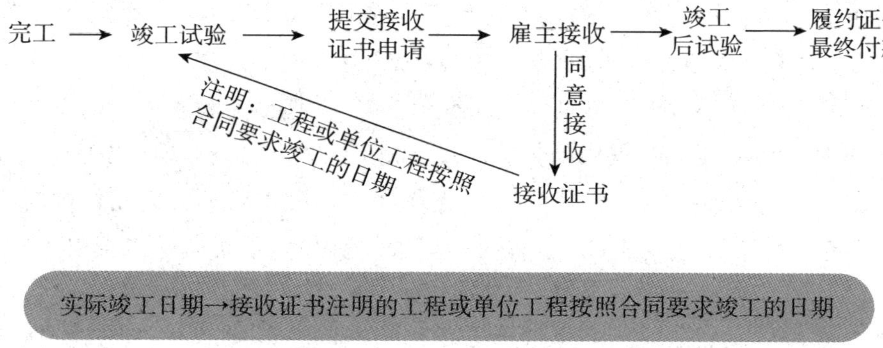

图7 1999版FIDIC银皮书中的竣工验收程序

(四)结合上述不同文本的规定,对工程总承包项目“竣工日期”的理解

结合以上不同工程总承包合同文本的规定,可以看出,在工程总承包模式中,竣工日期可从计划竣工日期与实际竣工日期两个层面予以认定,前者是基于合同约定的,后者是根据实际确定或推定的。

对计划竣工日期可以从以下几方面予以理解:第一,计划竣工日期是一个时间节点,是合同约定的承包人完成合同工作所需的期限届满之日。第二,计划竣工日期的约定可以是明确的日期,也可以根据开工日期和工期予以推定。第三,计划竣工日期是可变的,受工期顺延、工期提前等因素的影响。

对实际竣工日期则可以从以下几方面予以理解:第一,实际竣工日期为承包人按合同约定的质量标准完成工作的时间点;第二,一般通过竣工试验,则表示承包人已按合同约定的质量标准完成了工作,发包人可接收该工程;第三,实际竣工日期一般体现在发包人签发的工程接收证书上,工程接收证书载明的日期可认定为实际竣工日期。

二、工程总承包项目实际竣工日期的认定不可机械套用传统施工承包模式的认定规则

当前传统施工承包模式对于实际竣工日期的认定,在实践中产生争议时,

直接依据的是《建设工程司法解释》第14条的规定："当事人对建设工程实际竣工日期有争议的，按照以下情形分别处理：(一)建设工程经竣工验收合格的，以竣工验收合格之日为竣工日期；(二)承包人已经提交竣工验收报告，发包人拖延验收的，以承包人提交验收报告之日为竣工日期；(三)建设工程未经竣工验收，发包人擅自使用的，以转移占有建设工程之日为竣工日期。"而工程总承包合同则不宜机械式地直接套用《建设工程司法解释》的认定规则。

例如，按住建部版工程总承包合同示范文本的规定，实际竣工日期在"工程接收"程序即可确定。工程总承包项目通过竣工试验后，发包人接收工程，接收证书载明的日期为竣工试验通过之日，也就是实际竣工日期。而与此同时，该合同示范文本第12条约定的"工程竣工验收"的内容，其实质是对项目进行形式上的审查，审查通过后予以竣工结算。"竣工验收"程序甚至在竣工后试验程序之后，实际不影响实际竣工日期的认定。若机械套用《建设工程司法解释》的规定，将该"竣工验收之日"作为实际竣工日期的认定标准，则违背了实际竣工日期认定的本意。

三、工程总承包项目被发包人接收的，以接收证书载明的日期为实际竣工日期

若比对九部委和住建部两个工程总承包合同示范文本，可发现都规定了"竣工试验"程序(九部委版为第18.1款、住建部版为第9条)。

九部委版之下，竣工试验通过后，发包人根据"竣工验收"的程序(第18.3款)同意接收工程的，向承包人发送接收证书，接收证书载明日期为承包人提交竣工验收申请报告的日期(第18.3.5项)，认定为实际竣工日期(第1.1.4.4目)。

住建部版之下，竣工试验通过后，发包人根据"竣工验收"的程序(第9条)同意接收工程的，向承包人发送接收证书，接收证书载明日期为竣工试验通过之日(第8.2.6项、第9.2款)，认定为实际竣工日期(第4.4.3项)。

但两版合同对于接收证书载明日期的约定并不相同。九部委版合同范本中，接收证书载明的日期为承包人提交竣工验收申请报告之日。住建部版合同范本中，接受证书载明的日期为竣工试验通过之日。尽管有此细微差异，却又都能反映实际竣工日期的含义，即以接收证书载明的日期作为实际竣工日期，表示承包人按合同约定的质量标准完成工作的时间点。

四、发包人拖延接收的，以承包人提交有关的接收申请之日为实际竣工日期

工程总承包项目的竣工验收是承包人履行义务（设计、施工等工作）是否如合同约定、质量技术标准进行的检验，也是承包人请求发包人支付合同价款的前提条件。如果发包人为了自己的利益恶意阻止条件成就的，应当视为条件已经成就。即承包人已经提交相应申请文件，而发包人为了达到拖欠工程款等目的而拖延接收的，应以承包人提交有关的接收申请之日作为实际竣工日期，以保护承包人的合法权益，规范发包人恶意阻止合同条件成就的拖延行为。

需注意的是，九部委和住建部两版工程总承包合同范本都规定竣工试验（九部委版为第18.1款、住建部版为第9条）通过后，承包人应提交有关的接收申请，由发包人接收工程。但两版合同范本中，承包人提交的申请文件名称不同，九部委版为“竣工验收申请报告”（第18.2款），住建部版为“工程接收申请”（第9.2款）。但是，该等形式上的表述差异并不会对实际竣工日期的认定产生实质性影响。

五、工程总承包项目未办理工程接收手续，发包人擅自使用的，以工程转移占有之日为实际竣工日期

工程总承包项目同样存在发包人为提前获得收益，而提前擅自使用的情形。这种情形下，发包人擅自使用的行为可视为承包人已履行了合同义务，从而享有请求支付合同价款的权利。由此，实际竣工日期同样可参照《建设工程司法解释》的规定，推定为工程转移占有之日。

在不同合同范本中，虽然存在“竣工试验”“竣工验收”“竣工后试验”等多个程序，但对实际竣工日期认定影响最大的应是“竣工试验”程序。在住建部版和九部委版合同范本中，竣工试验通过后，承包人提交接收申请/竣工验收申请，发包人接收工程，实际竣工日期得以固定。判断的关键在于承包人按合同约定的质量标准完成工作的时间点。若工程总承包项目未经竣工试验，发包人擅自使用，则视为在工程转移占有那个时间点，承包人已按约定履行了合同义务，实际竣工日期也得以推定。因此，本条认定规则将此种情形限定为“未办理工程接收手续”，是对《建设工程司法解释》第14条在工程总承包项目中的具体应用。

第7.3条 【工程总承包模式下对于任意压缩合理工期的认定】发包人应当根据工期定额和发包工程的具体条件计算定额工期，并根据定额工期合理确定发包人要求的工期。发包人压缩定额工期的，应提出保证工程质量、安全和工期的具体技术措施，并根据技术措施测算确定要求工期。

对于采用工程总承包模式的建设项目，合理工期应按设计合理工期、施工合理工期以及合理总工期分别予以认定。对于当事人违反工程建设强制性标准，任意压缩合理工期的约定，应认定无效。对于是否构成任意压缩合理工期，可以从以下几个方面进行认定：

(1)存在压缩定额工期的事实并达到压缩比例警告阈值；

(2)缺乏与约定工期匹配的技术措施、施工方案；

(3)发包人未提供与约定工期匹配的技术措施费与缩短工期赶工费。

对于合同约定的工期条款因构成任意压缩合理工期而被认定无效时，可由当事人进行协商变更，重新约定合理工期。无法协商一致的情况下，可委托鉴定机构对合理工期予以鉴定。

【条文主旨】

本条规定意在解决实务中对于"任意压缩合理工期"问题的认定。从现有司法文件的态度，认为任意压缩合理工期将导致约定无效。而从法院判决来看，绝大多数法院并未因压缩工期而判决该约定无效，还是倾向于认可双方当事人的约定。结合司法文件态度和法院判决意见，本条就"任意压缩合理工期"的认定标准提出了两个维度的裁判意见：维度一是关于具体的压缩比例在何种情形下构成"任意压缩合理工期"的量化标准，维度二是当事人能否提供保证工程质量、安全和工期的具体技术措施。在工程总承包模式下，就该问题的认定，应从设计、施工、总工期等方面分别予以考虑。

【理解与适用】

合同约定的工期是建设单位与施工单位在工期定额的基础上，根据施工条件、技术水平等，经过双方平等协商而共同约定的工期。建设单位不能片面为了早日发挥建设项目的效益，迫使施工单位大量增加人力、物力投入，或者是简化施工程序，任意压缩合理工期。建设工程作为一种特殊的产品，有其内在的客观规律,任何违背科学和客观规律的行为,都属于施工生产安全事故隐患,都有可能导致施工生产安全事故的发生。当然,在符合有关法律、法规和强制性标准的规定并编制了合理施工措施等前提下,建设单位与施工单位就压缩工期的约定应予以认可。

一、工期定额的理解与适用

工期定额一般是国有资金投资工程确定建设工期的依据,非国有资金投资工程往往也会参照执行。同时,工期定额作为施工企业编制施工组织设计、安排施工进度计划、建设工程施工合同工期的编制依据,直接影响到上述建筑活动。目前,工期定额主要包括住建部组织编写的全国统一工期定额和各地建设行政主管部门组织编写的地方统一工期定额。

《建筑安装工程工期定额》(TY 01 - 89 - 2016)(以下简称《国标工期定额》)是依据国家现行产品标准、设计规范、施工及验收规范、质量评定标准和技术、安全操作规程,按照正常施工条件、常用施工方法、合理劳动组织及平均施工技术装备程度和管理水平,并结合当前常见结构及规模建筑安装工程的施工情况编制的。

由于我国幅员辽阔,各地自然条件差别较大,因此《国标工期定额》根据各地气候条件,将我国 31 省按照科学分类的方法分成了Ⅰ、Ⅱ、Ⅲ三类区域。虽然这样的分类在一定程度上解决了区域气候条件差异带来的影响,但在划分的颗粒度上仍过于粗糙,有文献[1]通过人工神经网络模型的分析后认为《国标工期定额》的Ⅰ区域还应进一步分为$Ⅰ_1$区和$Ⅰ_2$区,也有文献[2]通过模糊聚类分析法提出了与现有《国标工期定额》差异较大的三类区域划分。如表 13 所示。

---

① 张云波、胡云昌:《人工神经网络的建设工期定额地域分类》,载《华侨大学学报(自然科学版)》2004 年第 3 期。

② 吴轩第、马永欣、李竞选:《用模糊聚类分析法划分建设工期定额地域类别》,载《西安建筑科技大学学报(自然科学版)》1997 年第 2 期。

表 13　部分文献关于工期定额地域划分的比较

<table>
<tr><th>类别</th><th>国标工期定额</th><th colspan="2">文献</th><th>文献</th></tr>
<tr><td rowspan="2">Ⅰ类地区</td><td rowspan="2">上海、江苏、浙江、安徽、福建、江西、湖北、湖南、广东、广西、四川、贵州、云南、重庆、海南</td><td>I_1类地区</td><td>福建、广东、广西、四川、云南、重庆、海南</td><td rowspan="2">福建、广东、广西、海南、台湾地区</td></tr>
<tr><td>I_2类地区</td><td>上海、江苏、浙江、安徽、江西、湖北、湖南、贵州</td></tr>
<tr><td>Ⅱ类地区</td><td>北京、天津、河北、山西、山东、河南、陕西、甘肃、宁夏</td><td colspan="2">北京、天津、河北、山西、山东、河南、陕西、甘肃、宁夏、西藏</td><td>江苏、浙江、上海、安徽、湖北、湖南、四川、江西、云南、贵州</td></tr>
<tr><td>Ⅲ类地区</td><td>内蒙古、辽宁、吉林、黑龙江、西藏、青海、新疆</td><td colspan="2">内蒙古、辽宁、吉林、黑龙江、青海、新疆</td><td>山东、山西、河南、河北、天津、北京、辽宁、吉林、黑龙江、西藏、内蒙古、青海、宁夏、甘肃、陕西、新疆</td></tr>
</table>

基于《国标工期定额》划分颗粒度过大的问题，各地也出台了一系列地方性的工期定额标准作为本区域内合理建设工期确定的依据，例如：《河北省建设工程工期定额》（2014 版）（以下简称《河北工期定额》）、《深圳市建设工程施工工期定额》（2017 版）（以下简称《深圳工期定额》）、《北京市建设工程工期定额》（2018 版）（以下简称《北京工期定额》）等。

二、合理工期的理解与制定依据

《建设工程质量管理条例释义》①规定："合理工期是指在正常建设条件下，采取科学合理的施工工艺和管理方法，以现行的建设行政主管部门颁布的工期定额为基础，结合项目建设的具体情况，而确定的使投资方，各参加单位均获得满意的经济效益的工期，合理工期要以工期定额为基础确定，但不一定与定额工期完全一致，可依施工条件等作适当调整，这是因为定额工期反映的是社会

① 国务院法制办等编著：《建设工程质量管理条例释义》，中国城市出版社 2000 年版，第 43 页。

平均水平,是经选取的各类典型工程经分析整理后综合取得的数据,由于技术的进步,完成一个既定项目所需的时间会缩短,工期会提前。”由上述定义可知,合理工期不是一个确定的绝对值,而是以工期定额为基础,并综合考虑投资方和各参建方经济效益而确定的一个约定值。

首先,确定合理工期的基础依据一定是工期定额,这里的工期定额应区分国标工期定额与地方工期定额进行适用,适用的原则应以地方法规明文规定为准,当无相应地方法规明文规定时可推定采用国标工期定额。例如:《贵州省建筑市场管理条例》(贵州省第十二届人民代表大会常务委员会公告〔2017〕第22号)第51条规定:“建设工程施工工期参照国家工期定额约定。发包人要求工期提前的,应当确保工程质量和施工安全,并向承包人支付工期提前增加的费用。”该规定明确要求建设工程施工工期参照国家工期定额约定。

《广东省建设工程质量管理条例》(广东省第十二届人民代表大会常务委员会公告第82号)第22条规定:“从事建设工程活动,应当严格执行基本建设程序,尊重客观规律,保证合理造价、合理工期。任何单位和个人不得随意压缩建设工程的合理工期。建设工程施工标准工期定额由省住房城乡建设主管部门或者省交通运输、水行政等主管部门另行制定。”该规定则明确要求工期定额由省住房城乡建设主管部门制定,即采用地方工期定额。

其次,工期定额作为合理工期的编制依据,也是合理工期的上限值,即合理工期势必会小于等于定额工期。而让投资方获得最满意的经济效益的工期值则是合理工期的下限值,即合理工期势必会大于等于让投资方获得最满意的经济效益的工期值。记:合理工期为 T_h,定额工期为 T_d,让投资方获得最满意经济效益的工期值记为 T_t(该工期值以保证工程质量安全的实现作为前提),可以推倒出合理工期的范围值:

$$T_t \leqslant T_h \leqslant T_d \qquad 1-1$$

从1-1式可以看出,合理工期是一个以 T_d 和 T_t 为上、下限的区间值。这个区间值并非一个确定值,而是依据工程项目特点、工程所在地气候条件、投资方评估的经济效益、参建单位评估的经济效益等综合因素所进行调整的动态值。总而言之,在区间范围内,判断工期是否合理的关键是使投资方、各参建单位都获得满意的经济效益。

三、"任意压缩合理工期"的理解与认定

在理解"何为任意压缩合理工期"这个概念前,需要先了解几个不同的工期概念,关于建设工程的工期,目前没有一个统一的标准定义,通常是指建设项目或独立的单项工程在建设过程中所耗用的时间总量。建设工程合同实务中根据工期的确定方式和使用场合的不同,可以分为定额工期(T_1)、合理工期(T_2)、合同工期(T_3)、实际工期(T_4)四种类别(这里暂不讨论设计工期)。

通常情况下,$T_1 > T_2 > T_3$,T_4的值由实际情况确定,在此不做讨论。其中,合理工期通常以定额工期为基础确定,依据施工条件等作适当调整,这是因为定额工期反映的是社会平均水平,是经选取的各类典型工程经分析整理后综合取得的数据,由于技术的进步,完成一个既定项目所需的时间会缩短,工期会提前。实务中,往往将定额工期下浮 15% ~30% 作为合理工期的量化依据,即 $T_2 \approx (0.70 \sim 0.85) T_1$。

(一)地方规范性文件对于"任意压缩合理工期"的认定

住建部颁布的《国标工期定额》是根据全国各地的地理位置、发展程度、施工情况等,制定的各地的工期定额。当然,这种各地是将类似区域进行归类,按各省省会(首府)气候条件为基准划分为Ⅰ、Ⅱ、Ⅲ三类。同时,各地也可在住建部制定的定额基础上,在规定幅度内制定地区工期定额,可想而知,采用地方定额工期为依据所制定的招标工期更接近于实际的合理工期,这也解释了不同地方的规范文件对于"任意压缩合理工期"的认定存在压缩比例上的不同。如河北省[①]、北京市[②]等均认定压缩比例超过 30% 的,视为任意压缩合理工期,即原

① 《河北省住房和城乡建设厅关于加强建设工程工期管理有关工作的通知》(冀建市〔2015〕14 号)第 3 条"进一步加强合同工期管理"规定:"……(一)施工合同约定的工期不得小于定额工期的 70%,否则视为任意压缩合理工期……"

② 《北京市住房和城乡建设委员会关于进一步规范北京市房屋建筑和市政基础设施工程施工发包承包活动的通知》(京建发〔2011〕130 号)第 5 条规定:"建设单位应严格执行本市现行的工期定额及有关规定,任何单位和个人不得任意压缩定额工期。确需调整的,建设单位应当组织专门论证和审定。建设单位要求施工工期小于定额工期时,必须在招标文件中明示增加费用,压缩的工期天数不得超过定额工期的 30%。超过 30% 的,视为任意压缩合理工期,依照《建设工程质量管理条例》处理。"

则上压缩工期比例不得超过30%。浙江省[①]、江苏省[②]则是附条件地允许压缩比例超过30%,但对于压缩比例超过30%的情形,除招标控制价编制时除计取缩短工期增加费外,还应包括相应的施工方案(浙江)或者必须经过专家认证(江苏)。

由此可见,从地方规范性文件可以看出,各地对于"任意压缩合理工期"的认定标准也存在差异。对于浙江和江苏而言,只要确保工程质量安全,经专家充分论证并有相应的措施方案、相应的技术措施费用和提前竣工增加费等,对于压缩的比例似乎并无规定上限值。

从各地方规范性文件有关定额工期的编制依据来看,也存在不同程度的差异。如河北省、北京市明确规定定额工期的编制标准应为《河北工期定额》《北京工期定额》;江苏省则明确规定采用《国标工期定额》;浙江省的规范性文件则未明确,可推定为采用《国标工期定额》。由此可知,部分省份虽然对于构成"任意压缩合理工期"的压缩比例有一定程度上的共识,但由于采用的依据不同,因此难具有对标性。详见表14。

表14　部分省份有关"压缩合理工期"的认定标准

省份	压缩比例上限值	工期定额的编制依据
河北省	30%	《河北工期定额》
北京市	30%	《北京工期定额》
江苏省	允许超过30%(附条件)	《国标工期定额》
浙江省	允许超过30%(附条件)	《国标工期定额》

从表14看出,采用地方性工期定额标准作为合理工期编制依据的省份一般不允许压缩比例超过30%,但采用《国标工期定额》作为合理工期编制依据的省份,只要提供相应的施工方案,确保工程质量和施工安全,对于压缩的比例

① 《浙江省住房和城乡建设厅关于规范建设工程施工招标文件计价条款的指导意见》(浙建〔2016〕2号)第8条规定:"合理确定施工工期。不得盲目压缩工期,原则上不得在招标文件中设置工期比定额工期提前30%以上的要求。确需提前30%以上工期的,招标控制价编制时除计取缩短工期增加费外,还应包括相应的施工方案。同时,招标文件应要求投标人提供与自身报价相应的施工方案,确保工程质量和施工安全。"

② 《江苏省住房和城乡建设厅关于贯彻执行〈建筑安装工程工期定额〉的通知》(苏建价〔2016〕740号)第7条规定:"……建筑安装工程赶工措施费按《江苏省建设工程费用定额》(2014年)规定执行,费率为0.5%~2%。压缩工期超过定额工期30%以上的建筑安装工程,必须经过专家认证。"

限值未做限制。由此可知,地方工期定额标准所反映的本区域的工期定额值已然充分考虑了本区域气候条件和施工管理水平,突破压缩比例上限值后要么难以保证工程质量安全,要么需要付出巨大的经济代价,难以取得让双方当事人满意的经济效益。

(二)司法实践对于"任意压缩合理工期"的认定

2016年11月30日最高人民法院发布的《八民会纪要》第30条规定:"……当事人违反工程建设强制性标准,任意压缩合理工期……应认定无效。"2011年10月9日《2011全国民事审判纪要》第24条亦规定,"对建设工程施工合同中有关违反工程建设强制性标准,任意压缩合理工期……应认定为无效。"按照上述工作会议纪要规定,一旦在诉讼中被认定为构成"任意压缩合理工期",将导致该工期条款归于无效。

然而,司法实践中,多数司法机关在认定构成"任意压缩合理工期"时,并未完全参照地方的规范性文件有关"任意压缩合理工期"的认定标准,而是充分尊重当事人的意思自治。如湖南高院、浙江嘉兴中院、浙江台州中院和广西高院等均对双方当事人约定的工期予以充分尊重,特别是广西高院对于约定工期较定额工期压缩比例达到了50%以上的,仍不认定其构成"任意压缩合理工期"(如表14所示)。然而,也有少部分法院[如浙江省嘉兴市秀洲区人民法院、贵州省铜仁市(地区)中级人民法院等]对于压缩比例超过60%的工期约定认为其构成"任意压缩合理工期"而判定约定的工期条款无效(如表15所示)。

从司法裁判的观点来看,司法机关更倾向于尊重双方当事人的真实意思表示,只有在压缩合理工期的比例过高的情形下(如超过60%),才倾向认定构成"任意压缩合理工期",并未采用地方行政管理上对于"任意压缩合理工期"的认定标准。

表15　部分法院裁判观点(一)

案号	审理法院	压缩比例	裁判观点(摘录)
(2012)湘高法民一终字第98号	湖南省高级人民法院	42%	《全国统一建筑安装工程工期定额》系行业指导性文件,并非全国人大及国务院制定的法律法规,并非强制性法律法规。双方约定的工期系真实意思表示,合同有效(已失效)

续表

案号	审理法院	压缩比例	裁判观点(摘录)
(2013)浙嘉民终字第459号	浙江省嘉兴市中级人民法院	54%	《工期定额》系作为建设单位与施工单位签订建设工程施工合同、确定合理工期及安排施工进度的参考,并不属于强制性法律规定。合同明确约定工程工期系当事人的真实意思表示,对双方具有法律约束力
(2015)浙台民终字第574号	浙江省台州市中级人民法院	45%	《工期定额》并非强制性法律规定,合同约定系双方真实意思表示,且不违反效力性强制性法律规范,故该约定合法有效
(2016)桂民终272号	广西壮族自治区高级人民法院	51%	本案工程的承发包双方当事人均是其所从事领域的专业企业,对工程建设所需要的天数应有较为准确的预判断能力,且双方当事人经过多次协商洽谈后签订了本案合同,在合同不存在无效或被撤销的情形下,应尊重双方合同约定

表16　部分法院裁判观点(二)

案号	审理法院	压缩比例	裁判观点(摘录)
(2011)嘉秀泾民初字第145号	浙江省嘉兴市秀洲区人民法院	60%	双方约定的工期天数仅为定额工期的40%,即压缩的工期天数超过定额工期的60%,显然违反了《建设工程质量管理条例》第10条的规定,因此双方对于工期约定的行为应属无效民事行为
(2017)黔06民终901号	贵州省铜仁市(地区)中级人民法院	71%	双方对工程工期的约定违反我国《建设工程质量管理条例》第10条第1款"建设工程发包单位不得迫使承包方以低于成本的价格竞标,不得任意压缩合理工期"之规定,双方签订的合同任意压缩合理工期违反工程建设强制性标准,应当认定无效

四、工程总承包模式下，对“任意压缩合理工期”认定标准的建议

工程总承包模式下，特别是广泛采用联合体形式的工程总承包项目，对于总承包项目的工期一般按设计（或含勘察）和施工分别进行约定，同时还会就总工期进行约定。此种情形下，对于工期的压缩问题可能会从三个方面分别予以考虑，即针对设计工期的压缩、施工工期的压缩以及总工期的压缩。

工期压缩的争议往往与工期索赔直接联系，如承包人因逾期遭受发包人工期索赔时，会以双方约定的工期属于“任意压缩合理工期”为由，提起“工期条款无效”的抗辩。工程总承包模式下，此种争议较传统模式更为复杂，如上述所言，工程总承包模式下的工期可能存在勘察设计工期、施工工期、总工期几个概念，就工程总承包争议中“任意压缩合理工期”的认定，也需要从这几个方面分别予以考虑。

对于工程总承包的组织建设模式，往往约定的是总工期而非施工工期，在无工程总承包工期定额的情况下，只能对不同阶段的工期进行分别认定，如勘察设计工期、施工工期等。实务中，虽也有针对设计的工期定额，如《全国建筑设计周期定额（2016 版）》，但以上述定额标准确定的设计周期比实际约定周期要大很多，同时也未见各地对于“任意压缩合理设计工期”的认定标准，因此对于设计工期的压缩比例问题目前无据可依，根据实务经验，暂定 50% 可作为压缩比例警告阈值。

针对施工工期的“任意压缩合理工期”的警告阈值认定，参照第三部分“任意压缩合理工期”的理解与认定章节的论述，当采用地方工期定额为认定依据时，压缩比例的警告阈值参照地方规范性文件；当采用国标工期定额时，压缩比例的警告阈值可定为 40% 作为参考值。

针对总工期的“任意压缩合理工期”的警告阈值认定，因缺乏工程总承包定额工期标准和相关地方规范性文件的支撑，对此压缩比例警告阈值的设置难度极大。考虑到设计工期一般在总工期里占比很小（一般情况下 10% ~15%），假定记总工期为 T_t，则设计工期仅为（0. 10 ~0. 15）T_t，施工工期为（0. 85 ~0. 90）T_t。实务中，对于设计工期的压缩由于不存在较多的客观规律约束，且设计工作存在可复制、可复用等特点，在对总工期的警告阈值认定方面可不考虑设计工期值。而施工工期因受最基本的建设规律约束，考虑到采用定额工期可

能依据国标标准或地方标准的差异,因此按照常见的30%压缩比例考虑,则可得出压缩以后的总工期为(0.595~0.630)T_t。因此,对于总工期的“任意压缩合理工期”压缩比例警告阈值,建议确定为40%。

就目前地方性规范文件来看,大多数采用的是以定额工期的30%作为判定依据。但这里的定额并未指明是国家级定额还是地方定额,因此在适用上容易引起争议。从现有地方性规范文件的规定精神来看,似乎可以做这样的理解:按照国家级定额取30%,按照省级定额(项目所在地的省)取10%。超过上述比例值的,应提供具体技术措施或经专家论证其合理性和可行性,无法提供或者未经专家论证的,应视为“任意压缩合理工期”。

五、工程总承包模式下,“任意压缩合理工期”认定的二维度标准

工期与工程质量息息相关,如合同约定工期不合理,将可能影响工程质量,进而产生安全隐患。实务中,对于“任意压缩合理工期”的认定,存在两维度的标准:

其一,在行政管理方面,为更好地规范建筑市场,杜绝赶工期这类不规范行为发生,行政机关在对“任意压缩合理工期”认定上更关注其压缩的比例值。通过确定具体的比例数值,既方便行政管理实务中的认定,也方便行政管理实务中的量刑处罚。

其二,在司法实践方面,司法机关在进行“任意压缩合理工期”认定时,并未照搬各地行政管理所确立的认定标准,而是采取了充分尊重当事人双方意思自治的原则,并综合了个案的实际情况后予以裁判。唯有当压缩比例确实过大时,才倾向于认定构成“任意压缩合理工期”,从而判定工期约定条款无效。

行政管理与司法实践对于“任意压缩合理工期”的认定存在两个维度的标准,使建筑市场的参与主体及相关主体无所适从,不利于建筑市场健康规范地发展。本书在行政管理与司法实践有关“任意压缩合理工期”认定标准差异化基础上,提出一种统一的认定标准:二阶层认定标准,如图8所示。

二阶层认定标准主要由构成要件层和可行期待性层两个阶层构成,其中构成要件层为基础层,主要从形式要件方面来识别“任意压缩合理工期”的外现特征。对于基础性构件要件层的外现特征可以从两个形式要件进行识别。

第一个形式要件是判断是否存在压缩定额工期的事实,判断该要件的前提

是要测算目标项目的定额工期数值,并查明约定的工期数值是否低于定额工期数值。

第二个形式要件是构成要件层的关键性识别要件,即判断该约定的工期较定额工期的压缩比例是否达到警告阈值,此处的警告阈值应根据所依据的工期定额具体情况而区别对待。基于前文分析,对于采用地方工期定额为依据时,应按照各地规范性文件的认定标准确定警告阈值;对于采用国标工期定额为依据时,建议压缩比例的警告阈值定为40%。

可行期待性构成要件层为递进层,只有符合基础性构成要件层的压缩工期情形时,才会对于可行期待性构成要件层进行探讨。可行期待性构成要件层主要对于符合基础性构成要件层的工期压缩情形进行具体的可行性识别,在识别要素上进一步分为关键性要件和非关键性要件。

其中第一个关键性识别要件是对质量安全保障性要件的识别,即在保证建设工程质量安全的前提下,压缩后剩余的建设工期是否具有与之匹配的技术措施与施工方案。换言之,对于建设工期被大幅度压缩以后,是否依然具有实现压缩后目标工期所匹配的实施组织计划,如果连实施组织计划都无法与之匹配,显然这样的建设工期是不合理且无法保证建设工程质量安全的。

第二个识别要件是非关键性要件。换言之,即使缺乏与之匹配的技术措施费用和缩短工期增加费,也可能是承包商为了市场竞争所做出的利益让渡,并不必然导致"任意压缩合理工期"的构成,但可以作为一项参考要件在个案中予以考虑。

只有同时满足两个阶层的条件后,才能认定构成任意压缩合理工期。然而,司法实践中除了通过基础性构成要件层和可行期待性构成要件的识别外,还应关注民事主体双方真实的意思表示(即是否为对于自身权益的处分),并结合个案的具体情况进行裁判。

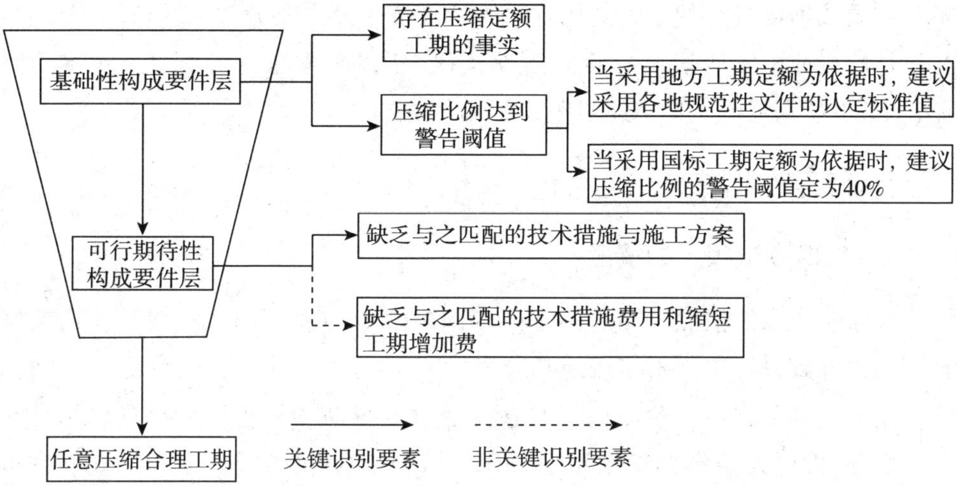

图 8 “任意压缩合理工期”的二维度认定标准

第 7.4 条 【工期顺延的认定】在总承包人合同履行过程中，如发包人未按约向总承包人提供工程设计所需要资料导致设计工作不能按期开展，或未按约向承包人交付施工场地导致总承包人未能按期进场或未能按期开展设计工作的，或因地质灾害等其他不可预见的不利物质条件或不可抗力导致总承包人停、窝工的，承包人主张工期顺延的应予支持。

发包人所提供的水文、环境或地下管线资料存在瑕疵，承包人应当负责复核实而未复核，承包人依资料存在瑕疵为由主张工期应予顺延的，或发包人对总承包人所提交的瑕疵文件资料进行了批准且由于该瑕疵文件导致工期延误的，承包人依此上述两种情形主张工期顺延的，不予支持。

【条文主旨】

考虑到工程总承包与施工总承包的差异性以及工程总承包的特殊性，特别是在工期顺延的方面的差异性。本条着重阐述在合同约定不明的情形下工期应当顺延和不应当顺延的几种情形。对于工期应当顺延的情形从责任的归属来区分主要包括两种情形：是由于发包人的原因导致的或非发、承包人的原因所导致的。对于非发、承包人的原因导致的工期顺延主要集中在因地质条件等不利物质或不可抗力的原因。从时间的阶段来区分主要分为两种情形:分别是在设计阶段或施工阶段所导致的工期延误。同时,考虑到工程总承包本质特征,本条也特别强调工期不应当顺延的几种情形。

【理解与适用】

一、工期应当顺延的情形

1. 发包人未能按照合同所约定的期限向总承包人提供工程设计所需要资料或条件导致设计工作不能按期开展的。

本条规定了在设计阶段由于发包人的原因导致工期应当顺延的情形。在设计之前,发包人应当办理项目的许可、核准或备案,包括建设用地规划许可证、建设工程规划许可证等许可。同时在设计过程中,发包人应当将阶段性的设计结果送审报批。比如,根据《城乡规划法》第 40 条第 2 款的规定,申请建设工程规划许可证的,建设单位应当提交使用土地的有关证明文件、建设工程设计方案等资料,同时建设单位还应当提交修建性详细规划。在建设行政主管部门审批通过之后,设计单位才能继续根据审批的结果进一步进行设计。

另外,在设计的过程中发包人应当向设计人提供设计所需的基础资料,主要包括但不限于项目的立项报告和审批文件、发包人要求即设计任务书、建筑红线图与建筑钉桩图、规划主管部门的规划意见书、自然资源气候条件水文等工程详细的地质勘察报告(如勘察包括在总承包合同范围内的除外)、初步设计确认单、非标设备设计确认单、工程所在地地形图和交通、原料、外部供水、排水、供电、电信等位置、标高、坐标、管径或能力等资料。发包人应及时地在相应工程设计文件提交给发包人前的合理期限内提供,此合理期限应当不以影响设计人的正常设计为限。如何正确地理解本条的“导致”一词?应当主要从充分条件和必要条件的角度来判断,如果部分资料的未能提供与后续设计工资的暂停没有因果关系的,也就不应当给予工期的顺延。

2. 发包人未能按照合同约定向承包人交付施工场地,导致总承包人未能按期进场或未能按期开展设计工作的。

该项规定的承包人的场地进入权,即发包人应当在合同约定的期限内将施工场地交付给承包人,这是发包人的基础义务,也是承包人开展工作的前提条件。如发包人未能将施工场地交付给承包人,承包人将无法进行勘察复验,甚至无法进行施工设计等施工工作，工程项目将无法开展。关于这一点，在工程总承包与施工总承包中是有所区别的，在施工总承包中并未强调发包人的交付场地的义务也没有规定承包人的场地进入权，主要因为在施工总承包对于开工时间的认定原则上是以承包人进入具备施工条件的场地作为开工日期。因此，只要发包人没有向承包人交付施工场地工期尚未起算，当然的不存在工期顺延的情形。根据《建设工程司法解释(二)》第5条的规定，当事人对建设工程开工日期有争议的，人民法院应当分别按照以下情形予以认定：(1)开工日期为发包人或者监理人发出的开工通知载明的开工日期；开工通知发出后，尚不具备开工条件的，以开工条件具备的时间为开工日期；因承包人原因导致开工时间推迟的，以开工通知载明的时间为开工日期。(2)承包人经发包人同意已经实际进场施工的，以实际进场施工时间为开工日期。(3)发包人或者监理人未发出开工通知，亦无相关证据证明实际开工日期的，应当综合考虑开工报告、合同、施工许可证、竣工验收报告或者竣工验收备案表等载明的时间，并结合是否具备开工条件的事实认定开工日期。而在FIDIC银皮书第8.1条规定，雇主应当在不少于7天前向承包人发出开工日期的通知。

3. 因地质灾害等其他不可预见的不利物质条件或不可抗力导致总承包人停、窝工或返工的。

FIDIC银皮书第4.24条和第19.4条约定，如承包人在现场发现了文物化石或承包人遭遇不可抗力导致工期延误的，承包人均有权向发包人主张工期索赔。在此，应当注意不利物质条件和不可抗力的区别。不可抗力是指发包人和承包人在订立合同时不可预见在工程施工过程中不可避免且无法克服的自然灾害或社会突发事件，如地震、瘟疫、骚乱和暴动等。不利物质条件是指有经验的承包人在施工现场遇见了不可预见的自然物质条件、非自然的物质障碍等，如古生物化石或战争期间遗留的炮弹等。两者的区别在于订立合同时是否客观存在，如已客观存在则属不利物质条件，如尚不存在则属于不可抗力。《房建市政工程总承包管理办法意见稿》第16条规定，难以预见的地质自然灾害，不可预知的地下溶洞、采空区或障碍物、有毒气体等重大地质变化等风险责任应由建设单位承担。此类风险不仅包括费用的增加，也包括工期的延误。但如果上述风险能够预见或在处置上述风险过程中因处置不当造成工期延误的，由此所产生的责任就应当由承包人承担。

二、工期不应当顺延的情形

1. 发包人所提供的水文、环境或地下管线资料不全或存在错误，但总承包人应当负责核实而未核实的导致停工或工期延长的。

《工程总承包计价计量规范意见稿》第3.2.1条规定，发包人应当在基准日前，将取得的现场地下水、水文条件及环境方面的所有资料提供给承包人。发包人在基准日后得到的所有此类资料，也应当及时提供给承包人。承包人应负责核实和解释所有此类资料。除合同另有约定外，发包人对这些资料的准确性、充分性和完整性不承担责任。FIDIC银皮书也没有规定雇主有义务向承包商提供相应的基础资料。从工程总承包建设单位风险最小化的原则考虑，如果承包人负责地质勘察的，理所当然地应当对地质情况承担全部责任。即使由发包人负责地质勘察，承包人也应当对发包人所提交的地质勘察资料进行复核，且不得以发包人提交的资料的错误免除承包人的责任。因此，由此所引起的工期延误应当由承包人承担，发包人不予承担。

本条与因不可预见的地质条件导致停、窝工工期应当顺延的区别在于不可预见性。本条所强调的是承包人应当对发包人所提交的基础资料进行复核，如果承包人应当核实上述基础资料但其没有核实的，由此导致的责任应当由承包人自行承担。如果承包人已经核实但所存在不利物质条件是无法按照正常勘察所能获取的，则应属于不可预见的地质条件或不利物质条件，工期责任应当由发包人承担。承包人应当核实的义务主要应当从时间和成本的前提下把握。如果发包人给予承包人充分且必要的时间，承包人有充分的时间进行核实但承包人没有核实，承包人理应承担相应的不利法律后果。同时，如果在总承包费用中已计入相应的复核费用或勘察费用的，也应当认定承包人有相应的复核义务。

2. 发包人对总承包人所提交的错误或瑕疵文件资料进行了批准但并不免除总承包人责任，由于该错误或瑕疵文件导致停工或工期延长的。

《工程总承包计价计量规范意见稿》第3.4.3条规定："承包人文件中出现的错误、遗漏、含糊、不一致、不适当或其他缺陷，即使发包人做出了同意或批准，承包人仍应进行整改，并承担相应费用。"由此所引起的工期延误，也应当由承包人承担责任。在工程总承包中，承包人是对工程项目的勘察、设计、采购和施工等实行全过程中的承包建设，并对工程的质量、安全、工期和造价等全面负责的工程项目的承包方式。比如,关于施工图的错误,在施工总承包中,建设单位未提交交付地质勘察报告施工图未经审查,如导致建设工程质量缺陷的建设单位应当对工程质量问题承担主要责任。但在工程总承包中,由于承包人不仅仅承担施工任务也要承担设计任务,即使施工图经过了发包人组织审核,即使发包人对承包人所提供的方案给予了同意批复,但是由于施工图出现的错误导致工期延误的,承包人也应当承担责任,而与发包人无关。因此,在工程总承包项目中,如果因设计变更导致工程延误的,应当由承包人承担责任,与发包人无关。

第 7.5 条 【工期损失的计算】 因发包人原因导致工期延误给承包人造成损失的,合同对损失计算有约定按照约定处理,合同没有约定的,承包人应就工期延误造成其设计、采购和施工方面的损失承担举证责任。承包人应从设计工作降效、采购仓储费增加和停、窝工损失等方面进行举证以证明其损失的数额。

因承包人原因导致工期延误给发包人造成损失的,合同对损失的计算有约定按照合同约定处理。合同没有约定的,发包人应当就工期延误所给其造成的损失承担举证责任。发包人应当从其租金或经营收入亏损、行政开支成本增加或延长监理服务费等方面进行举证以证明其损失的数额。

【条文主旨】

《民法典》第 577 条规定:"当事人一方不履行合同义务或者履行合同义务不符合约定的,应当承担继续履行、采取补救措施或者赔偿损失等违约责任。"第 583 条规定:"当事人一方不履行合同义务或者履行合同义务不符合约定的,在履行义务或者采取补救措施后,对方还有其他损失的,应当赔偿损失。"在工程总承包项目中,如果因为合同一方的原因导致工期延误给对方造成损失的,应按照本条的规定确定和计算相应的损失范围和数额。

同时,根据《民法典》第 584 条的规定,违约损失的赔偿范围不仅包括实际损失,还包括有可得利益损失。在本条中,并没有规定因不可抗力或不利物质条件等原因造成工期延误的损失补偿范围,主要考虑在于:不可抗力或不利物质条件的发生并非以当事人一方的意志所能决定,而且在工程总承包合同中也已经对此情形进行了明确的约定。在适用本条前应当注意首先从合同约定的本身来判定,以尊重当事人意思自治为前提,只有在合同没有约定或约定不明的情形下,才可以适用本条规定进行判定。

【理解与适用】

一、因发包人原因造成总承包人工期延误损失

在施工总承包中,因发包人原因给施工单位造成的损失主要集中在施工单位在施工过程中所实际发生的损失,并不包括设计和采购方面的损失。但是在工程总承包合同中,因发包人原因给予总承包人造成的损失不仅包括在施工过程中所发生的损失,还包括因发包人原因造成的设计和采购方面的损失。

对于设计方面的损失赔偿。《民法典》第 805 条规定:“因发包人变更计划,提供的资料不准确,或者未按照期限提供必需的勘察、设计工作条件而造成勘察、设计的返工、停工或者修改设计,发包人应当按照勘察人、设计人实际消耗的工作量增付费用。”在此应当注意的是,施工总承包和工程总承包中发包人提供资料的范围和准确性的程度。

在施工总承包情形下,发包人应当向施工单位提供地质勘查、水文、气象和地下管线等全部资料,并对上述资料的准确性承担责任,如因上述资料的错误导致施工单位受到损失或工期延误的,发包人应当承担相应的责任。

但在工程总承包的情形下,发包人应当向总承包人提供相应的现场数据和参照物,主要是指用于参考的原始勘测控制点、基线和参考标高。对于发包人所提供的上述现场数据和参照物,总承包人在考虑可行的成本和时间的前提下应当及时地负责验证和核实上述数据。如果总承包人应当核实而未核实,由此所产生的责任后果应当由总承包人予以承担,不应属于发包人的赔偿范围。

对于施工方面的损失赔偿。《民法典》第 803 条规定:“发包人未按照约定的时间和要求提供原材料、设备、场地、资金、技术资料的,承包人可以顺延工程日期,并有权请求赔偿停工、窝工等损失。”第 804 条规定:“因发包人的原因致使工程中途停建、缓建的,发包人应当采取措施弥补或者减少损失,赔偿承包人因此造成的停工、窝工、倒运、机械设备调迁、材料和构件积压等损失和实际费用。”在施工方面的赔偿范围方面,施工总承包和工程总承包的范围几乎是一致的,主要体现在对人工费、机械台班和周转材料的损失赔偿方面。最高院

(2018)最高法民终字第407号民事判决书认定,关于塔吊、脚手架停滞期间的损失,案涉工程停工原因为发包人建设资金不到位所致,根据《合同法》第284条规定,发包人应承担该部分损失。

另外,应当注意的是,在工程总承包情形下总承包人还需进行相应的设备采购等行为。如因发包人的原因导致工期延误,总承包人采购的设备所增加的仓储费用或由于总承包人未及时提取所采购的设备所引起的索赔费用亦属于总承包人的损失的范围,也应当由发包人予以承担。

二、因总承包人原因造成发包人工期延误损失的赔偿范围

如因总承包人的原因导致工期延误的,总承包人理应按照其与发包人所签订的工程总承包合同的约定,向发包人承担相应的违约责任。但是在合同约定不明时,总承包人如何向发包人承担工期逾期的赔偿责任呢?如何确定总承包人的损失数额?

在司法实践中,操作不一、乱象丛生。有观点认为,发包人的损失可以通过工程造价鉴定的方式予以确定的,理由是承包人的工期损失也是通过工程造价鉴定的方式予以确定的,同理对于发包人的工期损失也应当同等对待。我们认为,发包人因承包人工期延误导致的损失不属于工程造价的范畴,因为工程造价只能是发包人向承包人所支付的相应对价。

还有观点认为,发包人的损失可以通过价格鉴定或资产评估的方式予以确定。我们认为无论是价格鉴定还是资产评估,其所鉴定或评估的对象应当是有形的物或属于资产的范畴,但是发包人的损失不属于资产的范畴,也不应当通过资产评估的方式予以确定损失的数额。

应当注意的是,在《民法典》合同编第十八章建设工程合同中,并没有规定如因承包人的原因导致工期延误的,承包人应向发包人承担赔偿的范围或具体的责任形式。但《民法典》第577条规定:“当事人一方不履行合同义务或者履行合同义务不符合约定的,应当承担继续履行、采取补救措施或者赔偿损失等违约责任。”第582条规定:“履行不符合约定的,应当按照当事人的约定承担违约责任。对违约责任没有约定或者约定不明确,依据本法第五百一十条的规定仍不能确定的,受损害方根据标的的性质以及损失的大小,可以合理选择请求对方承担修理、重作、更换、退货、减少价款或者报酬等违约责任。”

因此,如因总承包人的原因导致工期逾期给发包人造成损失的,总承包人

理应按照《民法典》第577条和第582条规定向发包人承担工期逾期的赔偿责任。

还应当注意的是,《民法典》没有明确规定一个具体的、承包人应当向发包人承担工期逾期赔偿的范围,导致司法实践中就当事人能够主张的范围没有统一的裁判标准。特别是发包人作为业主,常常以竣工后的可预期的经营损失向承包人主张损失赔偿责任,其依据是《民法典》第584条的规定,即"当事人一方不履行合同义务或者履行合同义务不符合约定,造成对方损失的,损失赔偿额应当相当于因违约所造成的损失,包括合同履行后可以获得的利益;但是,不得超过违约一方订立合同时预见到或者应当预见到的因违约可能造成的损失"。基于前述规定,发包人主张以预估生产经营数额作为总承包的赔偿损失的依据,但这种直接以生产经营数额作为损失赔偿的范围是不应当得到支持的。根据最高院《关于当前形势下审理民商事合同纠纷案件若干问题的指导意见》(法发〔2009〕40号)第9条的规定,可得利益主要表现为生产、经营、转售等情况下的利润损失,即可得利益等于"守约方主张的可得利益总额"减去"违约方不可预见的损失"减去"守约方未尽减损义务而扩大的损失"减去"守约方因违约所获利益"减去"守约方与有过失造成的损失"减去"必要的交易成本"。

在工程总承包合同纠纷中,对于发包人所主张的工期逾期损失的索赔,应参照《建设工程司法解释(二)》第3条规定,一方当事人请求对方赔偿工期延误损失的,应当就对方过错、损失大小、过错与损失之间的因果关系承担举证责任。损失大小无法确定的,可以参照合同约定的质量标准、建设工期、工程价款支付时间等内容确定损失大小,并结合双方过错程度、过错与损失之间的因果关系等因素作出认定。因此,在确定发包人的损失的问题上,应当综合考虑发包人的延期租金损失、生产经营损失、延长监理服务费损失、融资产生的财务费用损失等因素综合认定,酌情裁判。

第7.6条 【指定分包单位的工期过错责任】在工程总承包项目中,发包人直接指定分包单位并造成工期延误的,总承包人主张发包人承担相应的过错责任,应予支持。

【条文主旨】

《建设工程司法解释》第 12 条明确规定,发包人直接指定分包人分包专业工程,造成建设工程质量缺陷,应当承担过错责任。承包人有过错的,也应当承担相应的过错责任。在工程总承包项目中,如果发包人直接指定分包单位并造成工期延误的,理应承担相应的过错责任。

【理解与适用】

对于发包人直接指定分包单位行为的法律认定。对于发包人直接指定分包单位的行为,《建筑法》《合同法》并没有明确予以禁止。《建筑法》和《合同法》对建筑工程分包问题的规定主要是为了约束总承包人,限制总承包人利用分包损害建设单位的利益而作出的规定。《招标投标法》也仅仅是禁止发包人在招标文件中不得要求表明特定的生产供应商,此处的生产商主要是指特定的产品的生产厂家而非分包单位属于采购的范畴,并没有明确禁止发包人不得指定分包单位。客观上,在一定情形下发包人本就对分包人的选定具有相应的决定权。《建设工程质量管理条例》第 78 条规定,建设工程总承包合同未有约定,又未经建设单位认可,承包单位将其承包的部分建设工程交由其他单位完成的应认定为违法分包。即在合同未约定分包单位的情形下,分包单位的确定必须取得发包人的认定,否则为违法分包。

在工程总承包项目中,发包人指定分包单位的行为并不当然的违法。同时,发包人指定分包单位的行为也并不必然导致项目工期的延误。只有在因发包人指定分包单位行为和工期延误这一结果有因果关系的,或发包人直接指定的分包单位造成工期延误的,发包人才应当对工期延误所造成的后果承担相应的过错责任。在下列情形下,可以认定发包人指定分包单位的行为具有一定的过错:

一、发包人指定的分包单位或个人缺乏相应资质

《建筑法》第 13 条规定:“从事建筑活动的建筑施工企业、勘察单位、设计单位和工程监理单位,按照其拥有的注册资本、专业技术人员、技术装备和已完成的建筑工程业绩等资质条件,划分为不同的资质等级,经资质审查合格,取得相应等级的资质证书后,方可在其资质等级许可的范围内从事建筑活动。”第 26

条规定:"承包建筑工程的单位应当持有依法取得的资质证书,并在其资质等级许可的业务范围内承揽工程。禁止建筑施工企业超越本企业资质等级许可的业务范围或者以任何形式用其他建筑施工企业的名义承揽工程。禁止建筑施工企业以任何形式允许其他单位或者个人使用本企业的资质证书、营业执照,以本企业的名义承揽工程。"

《建设工程司法解释》第1条也明确规定,承包人未取得建筑施工企业资质或者超越资质等级的或没有资质的实际施工人借用有资质的建筑施工企业的名义所订立的施工合同无效。如果发包人知道或应当知道其所指定的部分专业工程或专业设计的分包单位没有资质或超越资质的,却仍然指定其为分包单位,发包人的行为已经违反了《建筑法》的相关规定,可以理解为发包人的此种指定分包人的行为具有明显的过错。由于分包单位不具有相应资质,其施工组织管理与有资质的分包单位相比存在一定的差距。由于施工组织管理不善,在一定程度上势必会导致工期的延误。

二、属于依法必须招标的分包工程,发包人直接指定分包单位

《房建市政工程总承包管理办法》第21条规定:"工程总承包单位可以采用直接发包的方式进行分包。但以暂估价形式包括在总承包范围内的工程、货物、服务分包时,属于依法必须进行招标的项目范围且达到国家规定规模标准的,应当依法招标。"暂估价工作内容虽然包括在总承包范围内,但由于招标时招标人对功能需求尚未最终明确,或者由于设计深度不够而尚无法明确提出技术标准和要求等,因而无法确定价格,而由招标人在招标文件中暂时估定相关工程、货物、服务的金额。

对于暂估价工作内容,投标人必须按照招标文件给定的价格进行投标报价而不能随意变更,事实上并没有经过竞争。《招标投标法实施条例》第29条也明确规定,对达到法定必须招标规模标准的暂估价工作内容规定应当招标,从而使暂估价工作内容经过充分竞争,提高资金使用效益,实现工程项目建设优质优价。

关于暂估价工程必须招标的规模标准,2018年经国务院批准国家发展改革委发布了《必须招标的工程项目规定》(国家发展改革委令第16号),根据经济社会发展情况,大幅提高了2000年发布的《工程建设项目招标范围和规模标准规定》(国家发展计划委员会令第3号,已失效)规定的必须招标项目的规模标

准。按照新的规定,施工单项合同估算价在400万元人民币以上的;重要设备、材料等货物的采购,单项合同估算价在200万元人民币以上;勘察、设计、监理等服务的采购,单项合同估算价在100万元人民币以上。同一项目中可以合并进行的勘察、设计、施工、监理以及与工程建设有关的重要设备、材料等的采购,合同估算价合计达到前款规定标准的,必须招标。如果分包的设计或施工任务应当进行招投标的,在招投标阶段发包人为承包人指定分包单位的或没有进行招投标程序发包人直接指定分包单位的,都应当认定为发包人存在相应的过错,理应承担相应的过错责任。《建设工程司法解释》第1条规定,建设工程必须进行招标而未招标的,所订立的施工合同无效。

三、将主体工程或主体设计进行指定分包或指定再分包的

《民法典》第791条第3款规定:"禁止承包人将工程分包给不具备相应资质条件的单位。禁止分包单位将其承包的工程再分包。建设工程主体结构的施工必须由承包人自行完成。"《建筑法》第29条亦规定:"……施工总承包的,建筑工程主体结构的施工必须由总承包单位自行完成……禁止总承包单位将工程分包给不具备相应资质条件的单位。禁止分包单位将其承包的工程再分包。"

如果发包人将承包人所承包的主体工程指定分包给其他单位,或者将主体工程的设计指定分包给其他第三人,都应当认为发包人在指定分包的过程中存在相应的过错,其应当就其过错行为承担相应的责任。

应当注意,客观上分包人的工期延误与发包人的指定分包行为没有直接的必然关系,也就是说,发包人的指定分包行为不会必然导致分包人工期延误,分包人的工期延误的也不一定都是发包人指定分包行为所导致的。例如,在实际的施工过程中,即使存在发包人的违法的指定分包行为,但是导致分包人的工期延误的主要原因是承包人没有及时支付工程进度款所导致的,在此情形下就不应当以发包人存在违法的指定分包情形为由,要求发包人向承包人承担相应的责任。否则,将会导致承包人未能按约支付工程进度款的行为非但没有受到相应的惩罚,反而使其因其违约行为而获益。这显然与法律的基本原则和精神是相悖的,不应得到支持。

因此,只有工期延误系分包人自身原因造成的且分包人是发包人的违法指定,在此情形下才可以根据发包人的过错大小,要求发包人向承包人承担相应

的过错责任。但现实中,导致工期延误的原因非常复杂且多种多样,很多情形是"多因一果",比如分包人现场管理不善、分包人没有任何施工资质、承包人没有及时向分包人提供图纸或施工条件的,承包人没有及时向分包人支付工程进度款等最终导致了分包人的工期存在严重逾期。在此,就应当根据发包人和承包人的过错大小,其过错与分包人工期逾期之间的因果关系等因素作出综合判定,而不应机械适用。

第7.7条 【联合体成员节点工期违约问题】发承包双方在总承包合同明确约定了节点工期和相应违约责任的,发包人有权依据总承包合同选择向联合体牵头成员在内的任一联合体成员主张违约责任。

上游联合体成员节点工期延误使下游联合体成员遭遇异常恶劣的气候条件、不可抗力等不利于施工的各种情形,最终造成下游联合体成员节点工期进一步延误,并给下游联合体成员造成损失的,下游联合体成员主张上游联合体成员向其承担节点工期延长损失的,应予支持。下游联合体成员节点工期进一步延误的,上下游联合体成员按过错比例分担延误责任。

【条文主旨】

本条裁判指引关注联合体成员节点工期违约问题。本条裁判规则有两款,第1款是发承包人之间的节点工期违约归责问题,第2款是联合体成员之间节点工期延误与不利施工条件相交叉的问题。

【理解与适用】

一、发承包人之间的节点工期违约归责问题

(一)节点工期具有独立存在价值

在施工总承包项目中,节点工期指项目达到的某个形象进度的时间点,如正负零平口、主体封顶等。节点工期往往与工程款支付时间点密切相关,不少施工合同即直接将节点工期当作工程款支付时间节点。由于工程总承包还包括施工之外的设计和采购环节,工期比单纯施工合同更加不可控,更加凸显节点工期的意义。

联合体模式下，假设成员 A 节点工期违约最终造成总工期延长，发包人除可向联合体进行总工期索赔外，还可向联合体主张节点工期违约金，发包人主张两次补偿的做法是否合理？认为不合理的原因在于：一方面，联合体成员 A 一个工期违约行为，不应带来两个违约后果；另一方面，建筑行业利润率低，双重惩罚不仅对承包人罚则过于沉重，还使发承包人地位更加不平衡，长此以往，不利于建筑行业健康发展。

我们并不认可上述观点，而是认为节点工期具有其独立意义。

首先，一方面，联合体成员 A 节点工期延长的行为本身就违反了节点工期约定，具有第一个可罚性；另一方面，节点工期延长带来不利后果的，这是第二个可罚性。比如，在房建类工程总承包项目中，节点工期延长有可能影响整体工期或者其他诸如发包人办理相关行政手续的环节，直接导致逾期交房后果。

其次，惩罚是否过重与罚多少有关，并不与罚的次数直接相关。

最后，该款有严格的适用条件。发承包双方需要在总承包合同中明确约定节点工期时间点以及违约金金额。若此约定是双方真实意思表示，那么作为承包人的联合体就应当受其约束，出现节点工期延误时应当履行节点工期违约金条款。

（二）发包人有权向任一方联合体成员主张节点工期违约金赔偿

工程总承包模式下，承包人需要按照合同约定向发包人提交一个功能齐全、设施完善的工程。发包人愿意支付较高承包费用的原因在于承包商承担大部分的工程风险，对发包人就工程质量、工期、造价作出明确保证。多部部门规范性文件及规范性法律文件在定义工程总承包项目时，均明确体现承包人需要对发包人负总责。[①] 在工期问题上，工程总承包方也应当负总责，当承包人原因造成工期延长的，也应当向发包人承担工期延长责任。

---

① 2003 年 2 月 13 日，建设部（已撤销）发布《关于培育发展工程总承包和工程项目管理企业的指导意见》（建市〔2003〕30 号），第 2 条第 2 款明确规定工程总承包企业按照合同约定对工程项目的质量、工期、造价等向业主负责。2016 年 5 月 20 日，住建部发布《关于进一步推进工程总承包发展的若干意见》（建市〔2016〕93 号），将工程总承包明确定义为“从事工程总承包的企业按照与建设单位签订的合同，对工程项目的设计、采购、施工等实行全过程的承包，并对工程的质量、安全、工期和造价等全面负责的承包方式”。在经历了 2017 年、2019 年两版征求意见稿后，2020 年年初，住建部印发的《房建市政工程总承包管理办法》第 3 条中将工程总承包定义为从事工程总承包的单位按照与发包人签订的合同，对工程项目的设计、采购、施工等实行全过程或者若干阶段承包，并对工程的质量、安全、工期和造价等全面负责的工程建设组织实施方式。

当以联合体形式进行工程总承包的,各方联合体成员共同作为工程总承包人与发包人签订工程总承包合同,不论工期延长的责任是任一联合体成员造成,应作为整体共同就工程工期向发包人承担连带责任,至于联合体成员间工期责任追责问题则是联合体成员的内部问题,不得向外对抗发包人。关于工程总承包模式下的连带责任承担,主要有以下法律条文体现:

《建筑法》第 27 条第 1 款规定:“大型建筑工程或者结构复杂的建筑工程,可以由两个以上的承包单位联合共同承包。共同承包的各方对承包合同的履行承担连带责任。”

《招标投标法》第 31 条第 3 款规定:“联合体各方应当签订共同投标协议,明确约定各方拟承担的工作和责任,并将共同投标协议连同投标文件一并提交招标人。联合体中标的,联合体各方应当共同与招标人签订合同,就中标项目向招标人承担连带责任。”

《政府采购法》第 24 条第 2 款规定:“以联合体形式进行政府采购的,参加联合体的供应商均应当具备本法第二十二条规定的条件,并应当向采购人提交联合协议,载明联合体各方承担的工作和义务。联合体各方应当共同与采购人签订采购合同,就采购合同约定的事项对采购人承担连带责任。”

连带责任作为民事责任的承担方式,属于共同责任的一种,与按份责任、补充责任并列。连带责任的内涵在于当责任人为多人时,每个人都负有清偿全部债务的责任,各责任人之间存在连带关系。

节点工期违约情形当然属于发承包双方划分工期责任的问题讨论范畴之下,赋予发包人选择联合体成员承担节点工期责任的权利,一方面,体现联合体内部责任承担的最终形式与发包人无关,联合体其余各方都应当就延误的工期对发包人承担连带责任的立法原意;另一方面,由于不同领域联合体成员单位存在实力差距,赋予发包人选择权也更有助于保护发包人利益。

二、节点工期延误遇到不利于施工的情形

(一)不利于施工的各种情形

根据国内外已有的施工总承包合同范本和工程总承包合同范本中,可以找到下列概念与不利于施工的情形有关:

1. 住建部 2017 版《建设工程施工合同示范文本》

该示范文本第 7.6 款约定:“不利物质条件是指有经验的承包人在施工现

场遇到的不可预见的自然物质条件、非自然的物质障碍和污染物,包括地表以下物质条件和水文条件以及专用合同条款约定的其他情形,但不包括气候条件。”第7.7款约定:“异常恶劣的气候条件是指在施工过程中遇到的,有经验的承包人在签订合同时不可预见的,对合同履行造成实质性影响的,但尚未构成不可抗力事件的恶劣气候条件。合同当事人可以在专用合同条款中约定异常恶劣的气候条件的具体情形。”第17.1款约定:“不可抗力是指合同当事人在签订合同时不可预见,在合同履行过程中不可避免且不能克服的自然灾害和社会性突发事件,如地震、海啸、瘟疫、骚乱、戒严、暴动、战争和专用合同条款中约定的其他情形。”

2. 住建部2011版《工程总承包合同示范文本》

该示范文本第1.1.51款约定:“不可抗力,指不能预见、不能避免并不能克服的客观情况。”

3. 1999版FIDIC银皮书

银皮书第19.1款对不可抗力定义如下:“不可抗力”系指(1)一方无法控制的;(2)该方在签订合同前,不能对之进行合理准备的;(3)发生后,该方不能合理避免或克服的;(4)不能主要归因于他方的某种异常的事件或情况。只要满足上述(1)至(4)项条件,不可抗力可以包括但不限于下列各种异常事件或情况:(1)战争、敌对行动(不论宣战与否)、入侵、外敌行为;(2)判乱、恐怖主义、革命、暴动、军事政变或篡夺政权、内战;(3)承包商人员和承包商及其分包商其他雇员以外的人员的骚动、喧闹、混乱、罢工或停工;(4)战争军火、爆炸物资、电离辐射或放射性污染,但可能因承包商使用此类军火、炸药、辐射或放射性引起的除外;(5)自然灾害,如地震、飓风、台风或火山活动。

综上所述,我们可以看到:上述国内外相关示范合同文本中不利物质条件、异常恶劣的气候条件及不可抗力均属于不利于施工的情形。其中不利物质条件的特殊之处在于虽然也是有经验的承包人无法预见,但却客观存在,节点工期的延误和是否遭遇不利物质条件并无关联,因此不属于此处讨论范围。我们认为,这里讨论的不利于施工的情形本质在于发生的不确定性,通常包括异常恶劣的气候条件、不可抗力以及其他不利于施工的情形。

(二)节点工期遇到不利施工的情形

我们假设某项工程总承包工程约定开竣工日期分别为1月1日、1月20日。联合体成员A、B计划的节点工期各10天。为简化模型,假设以下延误皆发生在关键线路上。

联合体成员 A 节点工期延误至 15 日，联合体成员 B 在 16 日开始工作，22 日至 25 日遭遇雨雪天气，整体工程 30 日完工。整体工期延误 10 天，分别是 A 先前延误的 5 天，雨雪天气 3 天，由于雨雪天气持续影响导致 B 工效降低，后期再延长 2 天。此种情形下，假如联合体成员 A 节点工期没有延误，则雨雪天气完全可以避开。

发生上述情形时，我们认为，联合体成员 B 遭遇的雨雪天气原因全部归结于上游联合体成员 A 的节点工期延误，换句话说，如果联合体成员 A 按时在节点工期以内完成工作内容，那么后来的三天雨雪天气加上受雨雪天气影响 B 工效降低延长的两天，共五天的工期延长则完全可以避免。因此，联合体成员 A 要在成员 B 遭受的损失范围内承担全部的工期延长责任，除非 A 联合体成员能够证明 B 联合体成员对工期进一步延误存在过错。

第 7.8 条　【联合体成员内部工期责任划分】联合体成员一方对发包人承担工期延误责任后，要求其他联合体成员承担其对外的工期责任的，按照以下情形分别处理：

（1）联合体内部协议有明确约定的，按照约定处理；

（2）未约定或约定不明的，根据造成工期延误的原因力大小及过错程度确定联合体各方所应承担的工期责任。

上游联合体成员未按约定工期完成，造成工程的关键路径工期延误，下游联合体成员进行赶工确保总工期未延长的，下游联合体成员向上游联合体成员主张赶工费用的，按照以下情形处理：

（1）联合体内部协议明确约定工期责任承担标准的，按照约定处理；

（2）未约定工期责任承担的具体标准，但下游联合体成员能够证明所主张赶工费用的合理性的，应予支持。

【条文主旨】

讨论工期责任划分，有必要讨论联合体模式下联合体成员之间的工期责任划分。本条裁判规则有两部分，前半部分是联合体成员间内部工期责任划分的原则性规定，即约定优先，无约定或约定不明的按照过错责任划分工期责任。

后半部分关注联合体成员之间出现赶工情形时，赶工费用的承担问题。

【理解与适用】

一、联合体成员之间归责的请求权基础

请求权分为作为原权的请求权和作为救济权的请求权。前者如契约之债中的给付请求权即是作为债权的效力而产生，近亲属之间的抚养请求权与赡养请求权则是作为亲属权的效力而产生。后者指当基础性权利遭到不法侵害或有遭侵害的危险时，即发生救济性请求权。① 显然，就联合体成员之间工期责任的归责问题，属于在救济权脉络下展开。

王泽鉴教授认为的请求权包括并按照以下序列：

1. 契约上请求权。

2. 无权代理等类似契约关系上请求权。

3. 无因管理上请求权。

4. 物权关系上请求权。

5. 不当得利请求权。

6. 侵权行为损害赔偿请求权。

7. 其他请求权。②

我们认为，当一联合体成员对外向发包人承担工期责任后，对内向另一联合体成员追责时，若总承包合同或者联合体协议中明确了责任划分，那么此时追责的请求权基础为契约上请求权。若责任划分未约定或约定不明的，那么基于侵权行为损害赔偿请求权向另一方联合体成员主张责任。不同的请求权基础分别对应违约赔偿之诉和侵权赔偿之诉，二者的证明责任存在差异。

《民法典》第 577 条确立了违约责任的归责原则为严格责任。只要客观上有违约行为，不必考虑行为人是否有过错。因此，违约责任的证明责任当然不包含行为人主观上过错的证明。

《民法典》第 1165 条第 1 款规定："行为人因过错侵害他人民事权益造成损害的，应当承担侵权责任。"在法律没有特别规定的情况下，侵权责任都可适用

---

① 朱庆育：《什么是请求权基础》，载高杉峻主编：《民商法实务精要(3)》，中国法制出版社 2016 年版，第 24 页。

② 王泽鉴：《民法思维：请求权基础理论体系》，北京大学出版社 2009 年版，第 58 页。

过错责任原则。

适用过错责任原则应当注意:

第一,即行为人只有在主观方面有过错的情况下,才可能承担民事责任。

第二,无过错即无责任,以过错作为决定行为人承担民事责任的理由、标准或者说最终决定性的根本要素。

第三,贯彻"谁主张权利、谁提供证据"的原则,受害人在请求加害人承担民事责任时,应对加害人在实施侵权行为时主观上有过错负举证责任。如果不能举出证据证明加害人在实施侵权行为时主观上有过错,加害人就可以不承担民事责任。而加害人无须证明自己没有过错。

第四,过错程度与责任相一致,即过错程度决定着责任的形式、范围、减免等。

当联合体内部没有约定或者工期责任划分约定不明时,裁判者依照联合体各方过错程度分担工期责任,实际上就是过错责任原则的应用。

二、上下游联合体成员之间的赶工问题

工程总承包模式下的工期责任划分问题包括发承包人之间的工期责任和联合体成员内部的工期责任划分。与施工总承包相比,无论是哪一种联合体工程总承包模式,对联合体成员之间的配合程度要求更高,更讲究项目分阶段设计、施工、设备采购的科学、有序交叉融合。联合体内部工期责任划分又可以分为两个问题:(1)工程总承包单位承担工期责任后对内追责;(2)工序在前的联合体成员工期延误,工序在后的联合体成员赶工最终总工期没有延误。在当前工程总承包项目联合体成员内部配合普遍不足的情况下,有必要针对第二个问题制定裁判规则。

(一)上游联合体成员的工期延长造成工程关键路径上工期延误

施工进度计划是施工组织设计的核心,合理的施工进度计划可以起到督促工程建设,把握施工进度的作用。复杂工程一般采用关键线路法,运用网络图的形式确定工期。一个项目的关键路径代表通过网络图的最长路径,即代表工期最长的施工计划。如图9所示:

从1到6存在三种不同路径,分别是1-2-4-5-6、1-2-3-4-5-6、1-2-3-5-6,所需天数分别是12天、13天、11天,那么该项工程关键路径就是第二种,即工程完工所需的最长工期是13天。

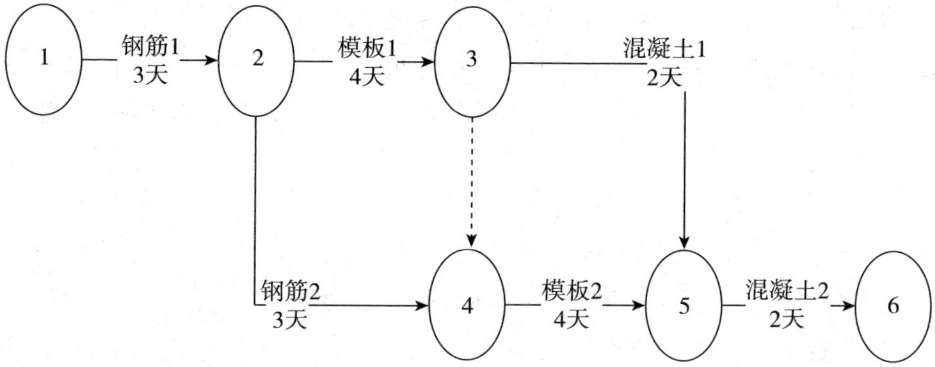

图9 关键线路法确定工期

需要注意的是,关键路径是施工总承包中的概念,工程总承包还包括设计工序和采购工序,因此不能直接适用施工总承包中的关键路径概念。但在工程总承包中,我们可以这样理解:与施工总承包类似,在工程总承包项目中,从开始到结束同样存在多种路径选择,那么整体上必然存在一条工期最长的路径,也就是项目的关键路径。那么,如果上游联合体成员在工期延误行为发生在关键路径上,并且下游联合体成员不赶工,就一定会造成总工期延长。换句话说,上游联合体成员的延误行为不一定造成总工期延长,比如,在设计—采购—施工联合体形式下,设计单位出图时间晚于合同约定的设计节点工期完成时间,但是由于前期采购工作尚未结束,施工工序还没开始,在这种情形下,就算设计单位设计工期延长,由于其延误行为没有发生在关键路径上,因此不会必然造成总工期的延长。下游联合体成员的自费赶工行为是为了联合体的整体利益,再独自承担多支出的赶工费用明显不合理,所以下游联合体成员赶工多支出的合理费用可以按约定或过错比例与上游联合体成员分摊。

(二)下游联合体成员赶工费用支出应该合理

如何判断下游联合体成员自费赶工费用是否合理?工程加速施工往往伴随着人力资源投入、施工设备、临建设施、周转性材料的增加,同时引起管理人员、措施费用等相关费用的增加等①。赶工增加的费用一般包括新增人员、新增机械设备进退场费、夜间施工增加费、夜间施工降效费、节假日施工补贴、材料

① 董雄勇:《建设工程施工索赔费用计算体系研究》,云南出版集团公司、云南科技出版社 2017 年版,第 101 ~ 106 页。

增加费、因赶工新增项目费用(可以细分为:生活及办公设施增加费、生产设施增加费、施工供电、供水、供风增加费以及因赶工产生的其他新增措施项目费)、安全文明生产措施增加费、现场管理费增加部分、人员、机械施工降效补偿费用、加速施工激励费用、资金成本的增加、税金以及其他因工期加速引起的费用增加列项。判断赶工费用合理性时,不仅要关注赶工费用组成,还要关注各项费用支出是否与赶工追回的天数相匹配、是否与项目当地建筑行业人材机费用相符、是否符合当地用工习惯、人材机效率是否合理等方面。

赶工费用的合理性应当由下游联合体成员证明,若下游联合体成员证明确有困难的,建议申请造价鉴定。

第7.9条 【工期共同延误责任划分】工程总承包联合体模式下,工期发生共同延误的,按照下列原则在联合体成员之间划分工期延误责任:

(1)按照过错比例划分联合体成员的工期责任;

(2)过错比例难以确定的,由主导原因的责任方承担责任;

(3)如果共同事件既无法确定过错比例且难以区分主导原因的,按照公平原则分摊相应责任。

【条文主旨】

本条裁判规则关注当联合体成员共同造成工期延误事实的情况下,如何在联合体成员之间划分工期责任的问题,属于联合体内部工期责任划分的问题。

【理解与适用】

现实中工程总承包项目较为复杂,相比其他工程,具有规模大、涉及参建单位多、工期长等特点,因此整个施工过程难以预测,各个环节中都存在潜在的影响工期的不确定因素。上述特点一方面造成工程总承包项目工期问题的复杂性,另一方面使工程总承包项目的工期争议多发。

一、共同延误概念解读

我们认为,不考虑发包人影响,联合体模式下的共同延误,是指在对于同一工期延误的结果,有可归责于两个或两个以上的联合体成员的延误事件造成的影响。共同延误仅限于当多方独立地对关键线路产生影响时,导致事件的一方或多方应该负责分担其对该项目关键线路的影响,由同一方引起的独立的延误事件通常不被定义为共同延误。

据此,联合体成员发生的共同延误有以下前提条件:

1. 延误事件发生在关键线路,任何一个延误事件在没有其他延误事件的情况下必须能够独立地对关键线路产生延误;

2. 联合体成员的延误事件彼此独立,没有相互影响;

3. 两个或多个延误事件由不同相关方负有履约责任,但其中一个可以是第三方事件。

《EPC 工程总承包合同管理与索赔实务》一书中,归纳出了发承包人之间发生工期共同延误事件引发工期索赔的现有处理原则,[①]

第一,初始拖延原则,当在同一时间段内发生两种以上原因的拖延时,首先判断哪一种拖延原因是最先发生的,即确定"初始延误者",由初始延误者对工期延误负责。在初始拖延发生作用期间,其他并发的拖延者不承担延误责任。这种归责原则具有一定逻辑合理性,但是没有考虑交叉时间段内其他因素所引起的延误事件可能造成的交互影响,因此违反了公平原则。

第二,不利于承包商原则。在多干扰事件交叉时段内,只要出现的风险与承包商有关,无论其中是否有业主的原因,一律由承包商承担。该归责原则简单易行,但是不符合公平原则和基本逻辑,也与 FIDIC 等国际惯例相抵触。

第三,按比例分摊责任的原则。根据合同法规定的平等公正原则,凡是某一时间段内发生的工期延误既有承包商原因也有发包人原因或者客观原因,那么工期责任就应当由引起延误的各方负责,按比例分摊。按比例分摊原则虽然公平合理,但是由于责任比例难以确定,因此可操作比例低。

本条文关注联合体成员之间发生共同延误,即承包人内部工期责任划分的问题,因此不宜使用不利于承包人原则。综合考虑,共同延误情形下,联合体成员之间工期责任划分宜按照过错比例、主导原因、公平原则分摊这三种方式优先适用。

---

① 陈津生编著:《EPC 工程总承包合同管理与索赔实务》,中国电力出版社 2018 年版,第 190 页。

二、条文解读

联合体模式下,虽然工期问题发生共同延误的可能性较大,但实践中联合体成员之间很少提前约定好共同延误的责任划分问题,因此当此类延误发生时,联合体成员之间归责的请求权基础多为侵权行为损害赔偿请求权,而非契约上的请求权。

(一)按照过错比例划分工期责任

一方面,过错责任原则是我国三大侵权责任归责原则之一,《民法典》第1165条第1款规定:"行为人因过错侵害他人民事权益造成损害的,应当承担侵权责任。"

另一方面,《民法典》第592条第1款规定:"当事人都违反合同的,应当各自承担相应的责任。"也就是说,联合体成员仅需要对自己造成的延误承担责任,只是共同延误发生时,如何确定联合体成员行为所造成的具体的延误程度变得异常困难。

实践中,共同延误的具体情形种类很多,无法列举穷尽,但延误事件都在联合体成员的义务范围内。联合体成员没有在合同约定时间节点完成自己应当完成的任务,即发生一个延误事件。当多个延误事件同时发生,那么极大可能就会造成共同延误。因此有必要以设计—采购—施工三方联合体为例,梳理三方单位的常见义务:

设计单位:提交和接收建设单位及相关方的资料、信息及指示,配合上报已完工程量及申请支付/回收工程款,负责本工程设计,包括方案设计、初步设计及设计概算、施工图设计、施工过程的设计服务等。

采购单位:采购、制造、检验、货物运达现场、安装(大型设备)、安装、试验、调试与试运行。

施工单位:负责项目整体的施工组织、包括施工部署、施工进度控制、质量控制、安全控制、施工资源管理、现场管理、检验试验、施工报验、施工过程技术服务、竣工验收及竣工图编制、工程资料收集整理、交付使用、工程保修等有关的工作。上报工程量及申请支付工程款。

(二)主导原因归责

原因力是因果关系理论中的重要组成,旨在判断导致受害人同一损害后果的数个原因中,各原因对于该损害后果的发生所发挥的作用力。与条件不同的是，原因必然引起结果发生，而条件只是为发生结果提供可能性。不同于主要原因，主导原因是指在众多影响工期的因素中，起决定全局和占支配地位的因素，其他因素应予以忽略。

如果说按照过错比例划分工期责任是精细的、准确的，那么主导原因则是不那么精准却仍能大致体现公平原则的归责方法。当过错比例无法确定时，由造成主导原因的成员承担全部的工期责任。

（三）按照公平责任原则分摊

当无法确定联合体成员对共同延误发生的过错程度且无法找到主导原因时，显然让任一方联合体成员承担全部的共同延误后果都显失公平，建议此时裁判者按照各方联合体成员的实际情况，按照合理公平理念判定各方应承担的责任比例。人民法院或仲裁庭可参考各联合体成员在该工程中合同金额比例、盈利情况等因素综合考量，若仍无法最终确定，或者仍有违公平原则，则可以平均分配责任比例。

第八章　争议解决程序

第8.1条　【工程总承包合同的管辖】工程总承包合同纠纷宜由工程所在地人民法院专属管辖，当事人约定以仲裁方式解决纠纷的从约定。

【条文主旨】

多数意见认为工程总承包合同属于特殊的建设工程合同，从诉讼便利的角度出发，宜适用专属管辖。但当事人约定以仲裁方式解决其纠纷的，不受诉讼专属管辖之限制。

【理解与适用】

一、工程总承包合同纠纷管辖现状

本条讨论工程总承包合同的管辖，仅限于当事人以诉讼方式解决其纠纷的前提下，根据《仲裁法》第5条之规定："当事人达成仲裁协议，一方向人民法院起诉的，人民法院不予受理，但仲裁协议无效的除外。"第6条第2款规定："仲裁不实行级别管辖和地域管辖。"如果当事人约定了以仲裁方式解决其纠纷的，则应根据其约定确定其管辖，而无须讨论是否应当专属管辖的问题。

《民事诉讼法》第33条规定："下列案件，由本条规定的人民法院专属管辖：(一)因不动产纠纷提起的诉讼，由不动产所在地人民法院管辖……"2015年2月4日起实施的《民诉法解释》第28条第2款规定："农村土地承包经营合同纠纷、房屋租赁合同纠纷、建设工程施工合同纠纷、政策性房屋买卖合同纠纷，按照不动产纠纷确定管辖。"自此，建设工程施工合同纠纷确定由工程所在地人民法院专属管辖，但关于工程总承包合同纠纷的管辖却一直没有定论，实践中出现了各种不同的观点。

现行的《民事案件案由规定》中，建设工程合同纠纷属三级案由，下列九个四级案由，分别为：（1）建设工程勘察合同纠纷；（2）建设工程设计合同纠纷；（3）建设工程施工合同纠纷；（4）建设工程价款优先受偿权纠纷；（5）建设工程分包合同纠纷；（6）建设工程监理合同纠纷；（7）装饰装修合同纠纷；（8）铁路修建合同纠纷；（9）农村建房施工合同纠纷。2011 年 2 月 18 日公布的最高院《关于印发修改后的〈民事案件案由规定〉的通知》（法〔2011〕42 号）第 3 条第 1 款规定："第一审法院立案时应当根据当事人诉争法律关系的性质，首先应适用修改后的《民事案件案由规定》列出的第四级案由；第四级案由没有规定的，适用相应的第三级案由；第三级案由中没有规定的，适用相应的第二级案由；第二级案由没有规定的，适用相应的第一级案由。"

工程总承包合同通常涵盖设计、采购、施工等内容，施工部分显然属四级案由"建设工程施工合同纠纷"，但设计和采购部分却非该四级案由所能囊括。目前对于工程总承包合同的性质尚无明确法律规定，司法实践中，对工程总承包合同的案由确定主要有以下几种：（1）建设工程施工合同纠纷；（2）建设工程合同纠纷；（3）承揽合同纠纷；（4）买卖合同纠纷。因此，对于工程总承包合同的管辖也出现了专属管辖和一般管辖两种截然不同的观点。

二、关于建设工程合同纠纷案件的管辖

《民诉法解释》第 28 条第 2 款规定："农村土地承包经营合同纠纷、房屋租赁合同纠纷、建设工程施工合同纠纷、政策性房屋买卖合同纠纷，按照不动产纠纷确定管辖。"对于为何要将建设工程施工合同纳入不动产所在地专属管辖，最高院解释为："建设工程施工纠纷，往往涉及建筑物工程造价评估、质量鉴定、留置权优先受偿、执行拍卖等，由建筑物所在地法院管辖，有利于案件审理与执行。"[①]由此可见，最高院将建设工程施工合同纳入专属管辖，其出发点是明确的，即诉讼便利与经济原则。

虽然《民诉法解释》第 28 条第 2 款仅将建设工程施工合同纳入专属管辖范围，但署名为高民智的《关于民诉法解释中有关管辖若干问题的理解与适

---

① 沈德咏主编：《最高人民法院民事诉讼法司法解释理解与适用》，人民法院出版社 2015 年版，第 181 页。

用》[①]一文则认为,“适用本条时,对于可以按照不动产纠纷由不动产所在地法院专属管辖的建设工程施工合同纠纷的范围有不同理解。一种观点认为,建设工程施工合同纠纷范围应仅指《民事案件案由规定》的第 100 个第三级案由‘100.建设工程合同纠纷’项下的第三个第四级案由,即‘(3)建设工程施工合同纠纷’。另一种观点认为,建设工程施工合同纠纷应当包括民事案件案由规定中第 100 个第三级案由的全部案件类型,不仅限于该项下的第三个第四级案由。我们认为,应当按照不动产纠纷由不动产所在地法院专属管辖的建设工程施工合同纠纷,不限于《民事案件案由规定》的建设工程合同纠纷项下的第三个第四级案由‘建设工程施工合同纠纷’,应当包括该项下的建设工程施工相关的案件:‘(3)建设工程施工合同纠纷,(4)建设工程价款优先受偿权纠纷,(5)建设工程分包合同纠纷,(6)建设工程监理合同纠纷,(7)装饰装修合同纠纷,(8)铁路修建合同纠纷,(9)农村建房施工合同纠纷。’对此,最高人民法院拟通过正在修改的《民事案件案由规定》予以进一步明确”。由此可见,建设工程合同的专属管辖未必依《民诉法解释》第 28 条第 2 款的文字显示仅限于四级案由“建设工程施工合同纠纷”,而是有可能囊括除施工之外的其他相关的建设工程合同纠纷,且在《民事案件案由规定》的修改中,工程总承包合同纠纷有可能作为一个独立四级案由纳入。

三、工程总承包合同多认为属于特殊的建设工程合同,宜适用专属管辖

工程总承包包括多种模式,但最为典型的还是设计—采购—施工总承包模式和设计—施工总承包模式,住建部及国家发展改革委印发的《房建市政工程总承包管理办法》第 3 条规定:“本办法所称工程总承包,是指承包单位按照与建设单位签订的合同,对工程设计、采购、施工或者设计、施工等阶段实行总承包,并对工程的质量、安全、工期和造价等全面负责的工程建设组织实施方式。”因此,设计和施工通常是工程总承包的核心内容。而如何看待在同一份合同中包含了设计及施工等多个法律关系,多数观点认为,在工程总承包法律关系中,合同的根本目的还是提供合格的建设工程,其中的设计工作是实现合同目的的一个环节,设计的最终成果是向发包人交付建设工程,并不因为工程总承包合

① 高民智:《关于民诉法解释中有关管辖若干问题的理解与适用》,载《人民法院报》2015 年 8 月 27 日,第 5 版。

同中含有设计内容就改变了其以施工为核心的根本属性,因此,工程总承包合同应当属于一种特殊的建设工程合同。依该多数观点,则工程总承包合同的法律适用及管辖理应参照建设工程合同纠纷的法律适用及管辖加以确定。

诉讼经济原则系法经济学的产物,我国《民事诉讼法》虽在部分条文体现了诉讼经济原则,但并无明文规定,理论界对诉讼经济原则的研究也甚为罕见。有学者认为,诉讼经济原则,是指司法机关和诉讼参与人在进行民事诉讼过程中应当通过尽量少的人力、财力、物力和时间的耗费,来实现民事诉讼法的任务。诉讼经济原则的实质是在保证诉讼公正的前提下,民事诉讼法律关系主体以最少的诉讼耗费,取得最大的诉讼效益。[①] 最高院将建设工程施工合同纠纷纳入专属管辖显然是为了诉讼便利及经济原则,因此,工程总承包合同作为一种以施工为核心内容的特殊的建设工程合同,从诉讼经济原则出发,理应由工程所在地人民法院专属管辖。

需要指出的是,对于工程总承包合同的性质不能简单通过其外观来确定,而应根据其具体的内容加以判定。对于名为工程总承包合同,但承包范围中不包含建设工程设计或施工内容,或虽有少量建设工程勘察、设计或施工内容但按其工程规模依法不需要报批报建的,则不宜认定为工程总承包合同,而应根据合同的主要权利义务确定其法律关系,并根据确定的法律关系加以适用法律及确定管辖。

第8.2条　【发包人与同一承包人分别签订的设计、采购、施工合同所发生纠纷如何处理】发包人与同一承包人就同一工程分别签订设计、采购、施工合同的,应根据各合同所约定权利义务的关系,确定其法律适用及是否应合并审理:

(1)如各合同所约定的权利义务没有依存关系,则应分别适用各合同相应典型合同的法律规范,分别提起诉讼/仲裁及审理;

(2)如各合同所约定的权利义务有一定依存关系,则应分别适用各合同相应典型合同的法律规范,可以分别提起诉讼/仲裁及审理,当事人同意时也可以合并审理;

① 王申义:《民事诉讼的经济原则》,载《江西社会科学》1994年第3期。

(3)如各合同的权利义务紧密牵连无法分割,则应认定为混合合同,分别适用各合同对应典型合同的法律规范或是适用主法律关系的法律规范,一般不能拆分提起诉讼/仲裁及审理。

【条文主旨】

发包人与同一承包人就同一工程分别签订的设计、采购、施工合同,一般属合同联立,少数情况下属于混合合同。在具体界定过程中,不应仅根据外观确定其性质,而应根据具体权利义务内容确定其性质,并根据其性质确定法律适用及是否合并审理。

如各合同所约定权利义务没有依存关系,或仅有一定依存关系时,则属合同联立,应当分别适用各合同相应典型合同的法律规范。如根据当事人的约定各合同存在依存关系时,个别合同的无效、被撤销或解除等,将导致其他具有依存关系的合同一体遵循。因我国法律制度中缺乏关于诉的客体合并及强制合并的规定,因此只有在当事人同意的情况下可以合并审理。

如各合同权利义务紧密牵连不可分割,则属于一个混合合同,应当分别适用各合同相应典型合同的法律规范或是适用主法律关系相应典型合同的法律规范。因其属于单一合同,故一般不能拆分提起诉讼/仲裁及审理。

【理解与适用】

一、工程总承包合同拆分签订的原因

工程总承包合同通常的表现形式是发包人与同一承包人签订的包含有设计、采购、施工等内容的一个合同文本或是框架协议之下的多个合同文本,但在实践中,多出现将工程总承包合同拆分为设计、采购、施工等多个合同的情况,其主要原因之一是因为税务机关对于设计、采购、施工等分别适用不同的税率,如作为一个工程总承包合同出现,则会被认定为混合销售并课以较高的税率,如不拆分为三个合同则会造成企业税负较高,且可能在设备部分产生双重征税问题。在海外工程中,这种拆分签订合同的情况则更为普遍,其原因除为降低企业税负之外,还在于可以将合同拆分为离岸与在岸部分,从而降低外汇风险。

二、发包人与同一承包人分别签订的设计、采购、施工合同的性质一般为合同联立

工程总承包合同目前不属我国《民法典》所规定的典型合同种类，因此应以非典型合同加以分析。在发包人与同一承包人将工程总承包合同拆分为数个设计、采购、施工合同签订时，其性质可能的选择应为合同联立或混合合同。

“所谓合同联立，是指数个合同具有互相结合的关系。一种情况是单纯外观的结合，即数个独立的合同仅因缔约行为而结合，相互之间不具有依存关系。于此场合，应分别适用各自的合同规范……另一种情况是依当事人的意思，一份合同的效力或存在，依存于另一份合同的效力或存在。于此场合，各个合同是否有效成立需要分别判断，但在效力上，被依存的合同不成立、无效、被撤销或解除时，依存的合同应同其命运。”“所谓混合合同，是指由数个合同的部分而构成的合同。它在性质上属于一个合同。”①

判断合同联立或混合合同的标准并非简单依据当事人签订的合同从外观来看到底是单数或是复数，在司法实践中，在双方签订的一个合同文本包含多个合同关系时，可能会被认定为合同联立，如最高院（2018）最高法民申862号认为：“双方签订《合作开发协议》实为合同联立，由合作合同和借款合同结合形成。基于有利实现合作开发的经济交易功能，两者被订立于一个合同文本，却为两个互相独立的合同关系，各自产生不同的权利义务关系。”最高院（2018）最高法民申1511号认为：“从约定内容分析，案涉《林木采伐施工合同》实为合同联立，由承包合同和借款合同组成。”反之，当事人签订多份合同时，也可能被认定为混合合同，如最高院（2018）最高法民终904号认为：“坤茂公司与林何何签订涉案三份《认购协议书》和相关四份《补充协议》约定了房地产买卖合同签订、房屋抵押和借款三项内容，在性质上属于混合合同。”

因此，不能简单地从外观上以合同是一个统一的文本还是拆分为不同文本签订作为是合同联立或是混合合同的判断标准。合同联立与混合合同的区别在于“混合合同系以两个以上有名合同应有的内容合并为其内容的单一合同，数个合同间有不可分割之关系。而合同联立系为数个合同便宜上的相互结合，数个合同并无不可分割之关系。由此决定了混合合同是单一的合同，而合同联

---

① 崔建远主编：《合同法》，法律出版社2016年版，第15页。

立则是复数的合同……是否为一个或仅仅是数个独立合同同时成立，必须根据当事人意思表示才能加以确定。”[①]故合同联立和混合合同判断的标准，是多个合同之间是否依当事人的意思表示而不可分割。

工程总承包合同中的设计、采购、施工等内容，可以单独履行是无疑的，因此，除非依当事人合同中的意思表示而不可分割，否则就是必然可以分割的。而既然工程总承包合同的拆分多数是出于税收等方面的考虑，则显然一般不可能将各个合同设置为不可分割。因此，将工程总承包合同拆分为设计、采购、施工合同签订的，一般应理解为合同联立，应分别适用各合同相应的典型合同法律规范。但如果当事人在合同中将各个合同的权利义务约定为存在一定依存关系，则此时，被依存的合同不成立、无效、撤销或解除时，依存的合同应同其命运。例如，当事人虽分别签订了设计、采购及施工合同，但在设计及施工合同中约定，必须按照所采购的特定的设备的技术要求进行设计及施工，此时如采购合同被撤销或解除，设计及施工合同显然无法继续履行；而反之，在前述情形下，如设计及施工合同被撤销或解除，采购合同仍然是可以继续履行的。

如当事人确实在合同约定中将各个合同的权利义务设置为不可分割，则此时不能再作为复数的合同看待，而应界定为单一的混合合同，即一个统一的工程总承包合同。若各个合同关系可区分主从的，则应适用主法律关系相应的典型合同的法律规范；若各个合同关系无法区分主从的，则应分别适用各部分相应的典型合同法律规范。如河南高院（2012）豫法民三终字第26号认为：“从本案《商品房买卖合同》与同日签订的《商品房买卖合同补充条款》的条款看，‘商品房买卖合同’是城市房地产管理法中有规定的合同，而‘回购’在现行的法律法规中尚无名称，故本案争议合同是由一个有名合同和一个无名合同组成的混合合同。对混合合同的处理，根据混合合同是各自独立而混合，还是一‘主合同’吸收另一‘从合同’而混合，法律适用有所不同：前者是分别适用不同的法律；后者一般应根据‘主合同’的性质来适用法律。同时，判断合同的性质不应仅根据合同名称，应以合同的内容，即合同的权利义务条款作为依据。”

三、合同联立的审理

在我国法律规范中，关于合同联立的规定并不多见，较为典型的情况为《商

---

① 崔建远主编：《合同法》，法律出版社2016年版，第16页。

品房买卖司法解释》第24条规定:"因商品房买卖合同被确认无效或者被撤销、解除,致使商品房担保贷款合同的目的无法实现,当事人请求解除商品房担保贷款合同的,应予支持。"由该规范可以看出合同联立的处理原则,商品房买卖合同和贷款担保合同显然系不同法律关系,但贷款担保合同依存于商品房买卖合同,在被依存的合同被确认无效或被撤销、解除时,依存的合同应一体遵循。《商品房买卖司法解释》第25条第1款规定:"以担保贷款为付款方式的商品房买卖合同的当事人一方请求确认商品房买卖合同无效或者撤销、解除合同的,如果担保权人作为有独立请求权第三人提出诉讼请求,应当与商品房担保贷款合同纠纷合并审理;未提出诉讼请求的,仅处理商品房买卖合同纠纷。担保权人就商品房担保贷款合同纠纷另行起诉的,可以与商品房买卖合同纠纷合并审理。"由此可知,在认定为合同联立的情况下,如当事人分别提起诉讼或仲裁,裁判机构审理的原则是可以合并审理。

《民事诉讼法》第52条第1款规定:"当事人一方或者双方为二人以上,其诉讼标的是共同的,或者诉讼标的是同一种类、人民法院认为可以合并审理并经当事人同意的,为共同诉讼。"《民诉法解释》第221条规定:"基于同一事实发生的纠纷,当事人分别向同一人民法院起诉的,人民法院可以合并审理。"因我国并无强制合并审理的规定,故在审理合同联立时,依现有法律规范,需裁判机构认为可以合并审理并经当事人同意方可合并。对于如何理解何谓"基于同一事实发生的纠纷",最高院认为包括以下情形:(1)各个诉的当事人诉求指向同一法律关系;(2)各个诉的当事人诉求基于同一事实而产生,但是存在多个法律关系;(3)各个诉之间涉及的法律关系存在主从关系;(4)各个诉之间的当事人存在不真正连带债务。①

因此,当发包人与同一承包人分别签订设计、采购、施工合同时,如各合同之间没有依存关系时,应当分别提起诉讼/仲裁及审理;如具有一定依存关系,则系各个诉涉及的法律关系存在主从关系,此时可以合并审理,但需经当事人同意;如当事人以其意思表示将各合同设置为不可分割,则此时属单一合同,原则上不能拆分提起诉讼/仲裁,自然应当一并审理。

---

① 沈德咏主编:《最高人民法院民事诉讼法司法解释理解与适用》,人民法院出版社2015年版,第575～576页。

第8.3条 【工程总承包合同约定的争议解决方式是否适用于实际施工人诉发包人在欠付范围内支付工程价款的纠纷】实际施工人诉发包人在欠付范围内支付工程价款时：

（1）如果工程总承包合同约定的管辖方式和工程总承包人与实际施工人签订的合同约定的管辖方式不一致，则受理的裁判机构不应违反工程总承包合同的管辖约定，以对总承包合同进行实体审理的方式查明发包人欠付工程总承包人的建设工程价款数额；

（2）如果工程总承包合同约定的管辖方式和工程总承包人与实际施工人签订的合同约定的管辖方式一致，则受理的裁判机构可以对上述合同合并管辖，并以对总承包合同进行实体审理的方式查明发包人欠付工程总承包人的建设工程价款数额；

（3）人民法院合并管辖时，不得违反级别管辖的规定；仲裁委员会合并管辖时，必须征得各方当事人一致同意。

【条文主旨】

实际施工人诉发包人在欠付范围内支付工程价款时，工程总承包合同约定的管辖方式并不必然适用于上述纠纷。《建设工程司法解释（二）》第24条规定的“在查明发包人欠付转包人或者违法分包人建设工程价款的数额后，判决发包人在欠付建设工程价款范围内对实际施工人承担责任”，与实际施工人诉工程总承包人的纠纷之间，应属于诉的合并。如果约定的管辖方式均为诉讼或为同一仲裁机构，可以合并管辖，如果不同则无法进行诉的合并。人民法院合并管辖时，不能违反级别管辖的规定；仲裁机构虽无级别管辖的限制，但应征得所有当事人同意方可合并管辖。

【理解与适用】

一、在建设工程施工合同纠纷中实际施工人适用发承包合同中仲裁条款的现状

《建设工程司法解释》第26条第2款规定：“实际施工人以发包人为被告主张权利的，人民法院可以追加转包人或者违法分包人为本案当事人。发包人只在欠付工程价款范围内对实际施工人承担责任。”该规定自颁布以来,在司法实践中就一直存在一个问题,即发包人和承包人之间的合同管辖约定与承包人和实际施工人之间转包或违法分包合同管辖约定不一致的情形下如何处理的问题。在实践中,大量发生发包人与承包人之间系仲裁条款,而承包人与实际施工人之间合同形式非常简单,后实际施工人以各种理由将承包人诉至法院,并以此为由在法院诉讼中要求发包人承担付款责任,而发包人则提出其与承包人之间的合同系仲裁管辖的案例。

经文书检索,包括最高院在内,在发生该问题时裁判观点存在明显冲突,在实际施工人依据《建设工程司法解释》第 26 条第 2 款要求发包人承担付款责任,而发包人提出发承包合同系仲裁管辖时,出现了至少四种不同的处理方法:

1. 发包人与承包之间的仲裁条款不影响实际施工人向发包人提起诉讼。最高院(2014)民申字第 1575 号认为:“此外,需要指出的是,存在于双方当事人之间的、合法有效的仲裁协议,是当事人排除人民法院主管采取仲裁方式解决纠纷的必要条件。《最高人民法院关于审理建设工程施工合同纠纷案件适用法律问题的解释》第二十六条第二款规定,实际施工人在一定条件下可以向与其没有合同关系的发包人主张权利。该规定是一定时期及背景下为解决拖欠农民工工资问题的一种特殊制度安排,其不等同于代位权诉讼,不具有代位请求的性质。同时,该条款规定发包人只在欠付工程价款范围内对实际施工人承担责任,目的是防止无端加重发包人的责任,明确工程价款数额方面,发包人仅在欠付承包人的工程价款数额内承担责任,这不是对实际施工人权利范围的界定,更不是对实际施工人程序性诉讼权利的限制。实际施工人向发包人主张权利,不能简单地理解为是对承包人权利的承继,也不应受承包人与发包人之间仲裁条款的约束。事实上,王修虎也无权依据荣盛公司与华星公司之间的仲裁条款向蚌埠仲裁委员会对荣盛公司提起仲裁申请。”对此持类似观点的还有最高院(2013)民一终字第 100 号、最高院(2013)民申字第 1508 号、最高院(2014)民申字第 1591 号等。

2. 发包人与承包人之间存在仲裁条款,并因此驳回实际施工人对发包人的起诉。最高院(2015)民一终字第 170 号认为:“本案系建设工程施工合同纠纷。熊道海作为实际施工人,向发包人森科盐化公司和承包人建安建设公司主张支付工程款的权利,涉及熊道海与建安建设公司、建安建设公司与森科盐化公司之间的工程款结算问题。但是,建安建设公司与森科盐化公司签订的《建设工程施工合同》已经明确约定了仲裁条款,故双方之间的工程款结算和支付等争议,应提交由双方约定的仲裁委员会仲裁解决,不属于人民法院主管范围。一审法院受理熊道海对森科盐化公司的起诉不当,应予驳回。”

3. 发包人与承包人之间的仲裁条款可以直接约束实际施工人。最高院(2013)民提字第148号认为:“无论付洋是否为实际施工人,只要付洋起诉中交二局,就须(需)受项目经理部与龙航公司之间《劳务合作协议》中仲裁条款的约束,付洋无权单方改变仲裁条款的约定;但付洋若仅起诉龙航公司则可不受仲裁条款的约束。”对此持类似观点的还有最高院(2015)民一终字第366号等。

4. 以证据不足以证明欠付范围为由驳回。最高院(2016)民再30号认为:“关于诚投公司应否退还质保金等相关问题,由于质保情况本案中尚不明确,各方当事人可另案解决。”

二、《建设工程司法解释(二)》第24条的程序依据系诉之合并

《建设工程司法解释(二)》第24条规定:“实际施工人以发包人为被告主张权利的,人民法院应当追加转包人或者违法分包人为本案第三人,在查明发包人欠付转包人或者违法分包人建设工程价款的数额后,判决发包人在欠付建设工程价款范围内对实际施工人承担责任。”对于《建设工程司法解释(二)》将《建设工程司法解释》规定的“可以追加”转变为“应当追加”,并要求查明欠付范围的规定,最高院作出如下解释:“实践中,有的法院并未查明发包人欠付工程价款情况,导致发包人向实际施工人承担责任的范围无法确定,判决不能执行。针对这一问题,为查清各方当事人之间欠付工程款的情况,准确认定发包人的责任范围,本条要求人民法院追加转包人或者违法分包人为本案第三人,并查明发包人欠付转包人或者违法分包人建设工程价款的数额。”①

但发包人与承包人之间的合同金额往往远高于实际施工人与承包人之间的合同金额,对于追加后如何查明欠付数额,在查明欠付数额时如果级别管辖不一致如何处理,目前没有进一步更详细的说明,《最高人民法院建设工程施工合同司法解释(二)理解与适用》一书中,对于转包人或违法分包人被追加为第三人后提出请求发包人给付建设工程价款的诉讼请求的,认为应当根据《民事

---

① 最高人民法院民事审判第一庭编著:《最高人民法院建设工程施工合同司法解释(二)理解与适用》,人民法院出版社2019年版,第479~480页。

诉讼法》第140条之规定合并审理。[①] 由此,可以认为最高院对于在实际施工人的案件中“查明发包人欠付转包人或者违法分包人建设工程价款的数额”,是基于诉的合并之考虑。

在工程总承包合同约定的管辖方式和工程总承包人与实际施工人签订的合同约定的管辖方式不一致的情况下,受理的裁判机构本身不具备对工程总承包合同的管辖权,因此无法适用两诉合并的理论,但这只是说受理的裁判机构不能对发承包合同进行实体审理,比如对工程总承包合同进行整体的造价鉴定,而不意味着其不能“查明”欠付范围。《新证据规定》第10条规定:“下列事实,当事人无须举证证明:……(五)已为仲裁机构的生效裁决所确认的事实;(六)已为人民法院发生法律效力的裁判所确认的基本事实……”因此,在受理的裁判机构对总承包合同没有管辖权的情况下,其完全可以根据有管辖权的裁判机构所出具的文书作为裁判的证据,来达到查明欠付范围的目的。

因目前多数观点认为工程总承包合同系特殊的建设工程合同,应类推适用建设工程合同相关法律规范,故工程总承包合同的管辖方式亦应适用建设工程合同纠纷的管辖确定,工程总承包合同约定的管辖方式和工程总承包人与实际施工人签订的合同约定的管辖方式若均为诉讼,则人民法院可以基于诉的合并一并管辖并查明欠付范围。《民诉法解释》第39条第1款规定:“人民法院对管辖异议审查后确定有管辖权的,不因当事人提起反诉、增加或者变更诉讼请求等改变管辖,但违反级别管辖、专属管辖规定的除外。”由此可见,诉的合并并不能对抗级别管辖的规定,如果发生要求查明的欠付范围超过原受理法院管辖级别的情况时,原受理法院基于级别管辖的原因无法继续审理,而应由有管辖权的法院一并管辖。

三、仲裁机构对于诉的合并的处理

发包人与承包人之间合同约定由仲裁进行管辖时的诉的合并问题则会更为复杂。《仲裁法》第4条规定:“当事人采用仲裁方式解决纠纷,应当双方自愿,达成仲裁协议。没有仲裁协议,一方申请仲裁的,仲裁委员会不予受理。”且《仲裁法》中并没有关于追加第三人的规定。目前在仲裁界,虽然对于第三人问

---

① 最高人民法院民事审判第一庭编著:《最高人民法院建设工程施工合同司法解释(二)理解与适用》,人民法院出版社2019年版,第507页。

题多有讨论及争议，但目前主流观点仍然采用比较严格的限制之说，因此，在突破合同相对性时，仲裁机构基本都难以处理。目前国内主要仲裁机构对于追加当事人的规定，几乎无一例外的要求必须征得申请人、被申请人及被追加人的一致同意。例如，《中国国际经济贸易仲裁委员会仲裁规则》(2015 版)第 18 条第 1 项规定："在仲裁程序中，一方当事人依据表面上约束被追加当事人的案涉仲裁协议可以向仲裁委员会申请追加当事人。在仲裁庭组成后申请追加当事人的，如果仲裁庭认为确有必要，应在征求包括被追加当事人在内的各方当事人的意见后，由仲裁委员会作出决定。"《深圳国际仲裁院仲裁规则》(2019 版)第 20 条第 2 项规定："经当事人和案外人一致同意后，案外人可以书面申请加入仲裁程序。是否接受，由仲裁庭作出决定；仲裁庭尚未组成的，由仲裁院作出决定。"在《建设工程司法解释(二)》颁布之前，因规定为"可以追加"，在司法实践中遇到该类问题，尚可将发包人和转包人、违法分包人之间的合同及转包人、违法分包人和实际施工人之间的合同分别由法院及仲裁机构处理，一方以另一方查明的欠付数额作为裁判依据。但《建设工程司法解释(二)》第 24 条规定为"应当追加"之后，在无法取得当事人一致同意的前提下，仲裁机构目前基本无法适用该规定，如果因此否定发包人和承包人之间的仲裁条款，由受理实际施工人起诉的人民法院去查明欠付数额的话，显然又违背了发承包合同设立仲裁管辖的初衷，且极易造成实际施工人和转包人、违法分包人串通以此恶意损害发包人程序利益；同时也无法解决如果发包人依据仲裁条款在仲裁机构诉承包人工程款，仲裁机构和法院之间无法合并审理的问题。

因此，若工程总承包合同约定的管辖方式和工程总承包人与实际施工人签订的合同约定的管辖方式分别为诉讼和仲裁，或约定为不同的仲裁机构处理时，除非各方当事人一致同意，否则受理的仲裁委员会不能适用《建设工程司法解释(二)》第 24 条查明发包人欠付工程价款范围，而应将之界定为当事人的举证证明责任。

四、负责设计、采购工作的当事人及合法分包人是否可以参照实际施工人之规定诉发包人

在工程总承包合同中，会存在设计或采购的违法分包或转包等问题，但承接设计或采购工作的当事人是否可以参照实际施工人向发包人主张权利，目前多数意见认为是不成立的。主要理由在于，实际施工人制度本身是就是为了保

护农民工工资而出台的一项特殊规定,对该制度的适用应当严格限制,不能随意扩大适用范围;另一个比较现实的问题在于,我国目前并没有工程总承包合同纠纷这一案由,在实际施工人诉发包人之时,案由应当是建设工程施工合同纠纷,此时适用施工合同司法解释可能是多数裁判者一个自然的选择,而承接设计或采购工作的当事人起诉之时,其案由一般应该是建设工程设计合同纠纷或买卖合同纠纷,此时要求适用施工合同司法解释可能会存在明显的障碍。需要指出的是,在工程总承包合同转包的情况下,设计、采购、施工等可能本身就是由同一实际施工人负责,如认为其仅能向发包人主张其施工部分价款,而不能主张设计和采购部分的价款,实践中可能难以分割,此种情形下,如何区分施工及设计、采购价款,仍然会成为实践中的难点。

关于合法分包人是否可以参照实际施工人之规定诉请发包人承担责任,少数观点认为,“举重以明轻。既然在分包合同违法的情况下,对分包合同的承包人的权利要特别保护,在分包合同合法的情况下,对分包合同的承包人的权利当然应当予以同等保护。”[①]但多数观点认为,从《建设工程司法解释》到《建设工程司法解释(二)》的立案宗旨来看,一直在强调的是基于对农民工利益的保护,对于实际施工人的范围,目前通说一般认为限于转包情形下的转承包人、违法分包情形下的承包人及挂靠人,即实际施工人之概念仅适用于无效合同。[②]因此,《建设工程司法解释(二)》第24条之规定,一般认为不应适用于合同有效之情形,故合法分包人原则上不能参照实际施工人规定诉发包人。

第8.4条 【工程总承包合同发包人仅诉部分联合体成员如何处理】工程总承包合同发包人可以要求全部联合体成员连带承担责任,也可以仅要求部分联合体成员承担责任。

工程总承包合同发包人仅诉部分联合体成员的,除非发包人同意,裁判机构不能追加其他联合体成员。

---

① 最高人民法院民事审判第一庭编著:《最高人民法院建设工程施工合同司法解释(二)理解与适用》,人民法院出版社2019年版,第509页。

② 常设中国建设工程法律论坛第八工作组:《中国建设工程施工合同法律全书词条释义与实务指引》,法律出版社2019年版,第27页。

【条文主旨】

工程总承包人为联合体的,联合体成员根据法律规定对发包人承担连带责任,发包人有权选择要求全部或部分的联合体成员承担责任。

如发包人仅诉部分联合体成员,因不属于固有必要共同诉讼,其他联合体成员亦不属于第三人,故法院或仲裁机构不能追加其他联合体成员,但发包人同意追加的除外。

【理解与适用】

工程总承包合同发包人是否能够要求联合体成员单独或共同承担责任,在发包人仅诉部分联合体成员时,法院或仲裁机构是否可以追加联合体其他成员,该问题取决于在于工程总承包合同下联合体成员之间的法律关系以及其在诉讼中的地位。

一、联合体的性质及责任承担

《建筑法》第 27 条第 1 款规定:“大型建筑工程或者结构复杂的建筑工程,可以由两个以上的承包单位联合共同承包。共同承包的各方对承包合同的履行承担连带责任。”《招标投标法》第 31 条第 3 款规定:“联合体各方应当签订共同投标协议,明确约定各方拟承担的工作和责任,并将共同投标协议连同投标文件一并提交招标人。联合体中标的,联合体各方应当共同与招标人签订合同,就中标项目向招标人承担连带责任。”《房建市政工程总承包管理办法》第 10 条第 2 款规定:“设计单位和施工单位组成联合体的,应当根据项目的特点和复杂程度,合理确定牵头单位,并在联合体协议中明确联合体成员单位的责任和权利。联合体各方应当共同与建设单位签订工程总承包合同,就工程总承包项目承担连带责任。”根据上述法律及规范性文件等的规定,由联合体进行工程总承包的,联合体成员应当承担连带责任。

在规定联合体成员应对发包人承担连带责任之后,我国法律对联合体的性质却无进一步的明确规定,传统上多数观点认为联合体属于“合伙型联营”,《民法通则》第 52 条规定:“企业之间或者企业、事业单位之间联营,共同经营、不具备法人条件的,由联营各方按照出资比例或者协议的约定,以各自所有的或者经营管理的财产承担民事责任。依照法律的规定或者协议的约定负连带责任的,承担连带责任。”但在《民法典》中,并没有规定联营合同,而是仅有合伙合同的规定,但联合体的性质究竟是否属于《民法典》所规定的合伙,目前来看存在较大的争议。《民法典》第 967 条规定:“合伙合同是两个以上合伙人为了共同的事业目的,订立的共享利益、共担风险的协议。”其与《民法通则》第 52 条关于联营的规定,区别还是比较明显的,在联营中,各方是以各自所有或者经营管理的财产承担民事责任,而在合伙合同的规定中,各方应“共享利益、共担风险”。在通常情况下,联合体内部成员仅仅是对外承担连带责任,而在其内部却一般不会有共享利益、共担风险的意思表示,各方通常是通过联合体协议约定,在其所负责的范围收取相应款项,并承担相应责任。

有观点认为,联合体成员必须一起向发包人履行债务,而发包人也仅能请求全部联合体成员一起履行债务,因此属于不可分之债中的协同之债的类型。但《民法典》第 177 条、第 178 条延续了我国传统上一直以来的按份之债和连带之债的划分方法,并没有给协同之债在法律上留下操作的空间,因此这种观点虽然在理论上有其合理性,但在实践层面目前尚难以得到运用。

二、联合体成员在诉讼中的地位

因我国法律目前对联合体的性质没有明确的定性,理论界也没有形成通说,在此情况下,联合体成员在诉讼中的地位在司法实践中也一直是模糊的,目前只能根据联合体成员承担连带责任这一点来判断其诉讼中的地位。

(一)联合体成员的诉讼地位并非固有必要共同诉讼

连带责任之诉中,因法律规定或合同约定而使债权人可以选择要求债务人中一人或数人承担全部的给付义务。如发包人要求承包人联合体所有成员承担连带责任时,则联合体成员当然系共同诉讼的被告。但如果发包人仅要求部分联合体成员承担责任,此种情形下探讨裁判机构是否可以追加其他联合体成员,其基础在于判断联合体成员是否属于固有必要共同诉讼的当事人。

《民事诉讼法》第 52 条第 1 款规定:“当事人一方或者双方为二人以上,其诉讼标的是共同的,或者诉讼标的是同一种类、人民法院认为可以合并审理并经当事人同意的,为共同诉讼。”此处以共同诉讼人之间对诉讼标的的关系的不同,将共同诉讼分为两类:一类是诉讼标的是“共同的”的共同诉讼,我国民事诉讼法理论上通常称为“必要共同诉讼”;另一类是诉讼标的是“同一种类”的,一般称为“普通共同诉讼”。《民事诉讼法》第 132 条规定:“必须共同进行诉讼的当事人没有参加诉讼的,人民法院应当通知其参加诉讼。"《民诉法解释》第 73 条规定:"必须共同进行诉讼的当事人没有参加诉讼的,人民法院应当依照民事诉讼法第一百三十二条的规定,通知其参加;当事人也可以向人民法院申请追加。人民法院对当事人提出的申请,应当进行审查,申请理由不成立的,裁定驳回;申请理由成立的,书面通知被追加的当事人参加诉讼。"依上述法律规定,如果属于必要共同诉讼的当事人,则裁判机构应当追加,当事人也可以申请裁判机构追加。对于何谓必须共同进行诉讼的当事人,最高院认为:"是指应当参加进入必要的共同诉讼的人,即其与已经参加诉讼的当事人一方的诉讼标的是共同的,具有共同的权利义务,诉讼标的必须合一确定,必须合并审理。否则,遗漏必须共同进行诉讼的当事人,程序上难以保证其合法诉权的行使,实体裁判时也无法将其对诉讼标的的实体权利义务予以固定。"①

但以必要共同诉讼和普通共同诉讼的区分仍然不能很好地解释联合体的诉讼地位问题,联合体成员虽然对发包人承担连带责任,但这并不意味着其必然应当一并应诉。关于连带之债债务人的诉讼地位,我国理论界有固有必要共同诉讼人、类似必要共同诉讼人、普通共同诉讼人等学说。固有必要共同诉讼指对作为诉讼标的的法律关系,全体共同诉讼人必须合一确定,并且必须一同起诉或应诉,当事人方为适格的必要共同诉讼;而类似必要共同诉讼指对作为诉讼标的的法律关系,各个共同诉讼人既可一同起诉或应诉,也可分别起诉或应诉,但一旦选择共同诉讼,则必须对共同诉讼人的诉讼标的合一确定;普通共同诉讼指当事人一方或者双方为两人以上,其诉讼标的是同一种类,仅当事人同意,人民法院认为可以合并审理而将其合并审理的共同诉讼。对于上述三种不同的共同诉讼类型,只有固有必要共同诉讼才属不可分之诉,而类似必要共同诉讼与普通共同诉讼均属可分之诉,应当遵循不告不理原则。最高院(2014)民一终字第 162 号认为,被告等三人提供连带责任保证,原告仅起诉三人中的被告,此属原告自行处分其实体权利和诉讼权利的范畴,被告的合法权益并不因此受到影响。被告认为一审法院未依职权追加其他人参加诉讼,构成程序错误,没有法律依据。

有学者认为:"在实体法上债权人既可以向其中一个债务人行使请求权,也

---

① 沈德咏主编:《最高人民法院民事诉讼法司法解释理解与适用》,人民法院出版社 2015 年版,第 270 页。

可以向债务人的部分或全体行使请求权，因此作为诉讼法上的诉讼请求也当然可以向其中一个债务人行使，也可以向部分债务人或全体债务人行使，并不要求所有债务人必须一同应诉。如果必须一同应诉，那么有一个债务人没有参加诉讼，诉讼就是不合法的，必须要追加被告。从这一观点来看，因连带关系所发生的诉讼就不一定是固有的必要共同诉讼，而应当将其作为类似必要共同诉讼更为妥当。”①

从实体法角度分析，发包人作为债权人享有绝对的选择权，其可以为实现其债权而选择履行的对象、履行的顺序、履行的内容等，如果允许裁判者或被诉的联合体成员追加其他联合体成员，则显然干扰了发包人作为债权人的选择权，影响了其程序权利。只有在发包人同意追加的情况下，裁判机构才可以基于当事人的选择，而将各个当事人作为共同诉讼当事人处理，此时裁判机构可以追加其他联合体成员作为当事人。“当事人与法院在确定当事人形式时考虑的角度是不一样的，如原告的意愿是自身权利保护的简捷与实效，而法院往往考虑纠纷解决的方便与效率。当事人的确定确实要综合平衡自由与干预、权利保护与纠纷解决之间的紧张关系。在当前民事诉讼体制与模式由职权主义向当事人主义转换的趋势下，在确定诉讼形式时应更多考虑当事人的意愿，淡化法院依职权确定主体诉讼地位的习惯做法。当事人主义模式的民事诉讼制度赋予当事人参加诉讼所处攻击防御地位的选择权，而不是由法院依职权‘分配’当事人的角色地位。”②

（二）联合体成员的诉讼地位并非第三人

在实践中，因为我国并没有确立类似必要共同诉讼制度，因此对于连带责任的审理，裁判者会出现作为固有必要共同诉讼、普通共同诉讼，甚至是列为第三人的各种处理方式。

从理论上而言，联合体成员不能列为第三人处理是显而易见的。共同诉讼的特征是多数人之间诉讼标的的同一性或同类性，而第三人制度则不存在这一问题，而是以是否对诉讼标的具有独立请求权作为划分依据。就有独立请求权第三人而言，其必须对诉争的标的具有独立的请求权，但在发包人对部分联合体成员之诉中，其他联合体成员的权利义务与被诉的联合体成员是一致的，显

---

① 张卫平：《民事诉讼法》，法律出版社 2019 年版，第 153 页。

② 胡学军：《论共同诉讼与第三人参加诉讼制度的界分》，载《环球法律评论》2018 年第 1 期。

然不存在独立的请求权。就无独立请求权第三人而言,无论是辅助型第三人还是被告型第三人,均要求第三人不是诉争标的的权利义务主体。实践中多将连带责任人列为无独立请求权第三人的依据通常是《民事诉讼法》第56条第2款之规定,“对当事人双方的诉讼标的,第三人虽然没有独立请求权,但案件处理结果同他有法律上的利害关系的,可以申请参加诉讼,或者由人民法院通知他参加诉讼。人民法院判决承担民事责任的第三人,有当事人的诉讼权利义务”,认为未参加诉讼的连带责任人对于案涉诉讼标的存在利害关系,该观点显然是扩大了在连带责任之诉中,对于所谓“诉讼标的”及“利害关系”范围的判断。债权人对连带责任人之诉,其诉讼标的仅限于连带责任人共同对外承担责任,在该层面上是不解决个别连带责任人承担责任多少的问题的,因此也无所谓个别连带责任人的利害关系问题;而所谓连带责任人的利害关系,其应当在连带责任人内部责任分配之诉中解决。因此,并不能因为在实践中存在将连带责任人列为第三人的情况,就认为这种情况是合理的,其他联合体成员不应当作为第三人追加。

目前实践中对于连带责任人诉讼地位存在混乱的原因是因为我国民事诉讼法上共同诉讼及第三人制度均存在缺陷和矛盾,尚未形成完善制度体系,造成裁判者为迎合实践而作出各种各样的解释,而这种情况更需要我们加强研究,以严谨的理论来指导实践。

第8.5条 【工程总承包合同发包人仅诉总承包人或仅诉分包人、违法分包人、转包人、挂靠人的处理】工程总承包合同发包人要求总承包人与分包人、违法分包人、转包人、挂靠人等就质量问题承担责任时:

(1)发包人仅诉总承包人的,裁判机构不能追加分包人、违法分包人、转包人、挂靠人为被告或被申请人;发包人仅诉分包人、违法分包人、转包人、挂靠人的,裁判机构不能追加总承包人为被告或被申请人;发包人同意追加的,可以追加;

(2)发包人仅诉总承包人或仅诉分包人、违法分包人、转包人、挂靠人的,裁判机构可以将其他当事人追加为无独立请求权第三人。

【条文主旨】

因发包人向工程总承包人及分包人、违法分包人、转包人、挂靠人主张权利的请求权基础存在差别，工程总承包人与分包人、违法分包人、转包人、挂靠人对发包人承担的连带责任属于不真正连带责任，因此发包人仅诉总承包人或仅诉分包人、违法分包人、转包人、挂靠人的，法院或仲裁机构不能超越发包人主张的请求范围追加其他当事人，但发包人同意追加的除外。因该连带责任并不属于共同债务下的连带责任，故可以适用第三人制度。

【理解与适用】

在工程总承包合同中，根据相关法律规定，工程总承包人与负责设计及施工的分包人、违法分包人、转包人、挂靠人等应当向发包人就质量问题承担连带责任，但其责任性质及诉讼地位问题需予以明确。

因在采购部分并无关于连带责任适用的空间，故无须考虑发包人仅诉总承包人或仅诉采购分包人时是否需要追加另一方的问题。在设计及施工部分，发包人就质量问题诉工程总承包人及分包人、违法分包人、转包人、挂靠人时，因总承包人与分包人、违法分包人、转包人、挂靠人对发包人应连带承担责任，故其在诉讼中应作为一方当事人出现，属于共同诉讼的当事人。但在发包人仅诉总承包或仅诉分包人、违法分包人、转包人、挂靠人时，被诉的当事人是否有权追加其他当事人，则需要从该连带责任的性质出发予以考虑。

一、工程总承包人与分包人、违法分包人、转包人、挂靠人向发包人承担的连带责任为不真正连带责任

《民法典》第178条规定："二人以上依法承担连带责任的，权利人有权请求部分或者全部连带责任人承担责任。连带责任人的责任份额根据各自责任大小确定；难以确定责任大小的，平均承担责任。实际承担责任超过自己责任份额的连带责任人，有权向其他连带责任人追偿。连带责任，由法律规定或者当事人约定。"连带之债指多数债权人中的任何一人都有权请求对方履行全部债务，或者多数债务人中的任何一人都有义务向债权人履行全部债务的债。因

此,连带之债的多数人一方相互之间有连带关系。[①]

连带之债除依当事人约定产生外,只能依法律规定产生,一般多见于共同侵权、概括继受、共同借用、合伙人责任、共同保证等。但在实践中,还存在不真正连带债务类型,王泽鉴先生认为:“不真正连带债务,指数债务人本于个别原因发生,对债权人各付全部给付义务之债。例如甲委任乙保管A瓶,乙疏于注意,致该瓶为丙不慎毁损灭失时,甲得向乙请求债务不履行损害赔偿,甲并得向丙请求侵权行为损害赔偿。在此情形,乙或丙对甲为全部给付时,亦得使债务消灭,但乙或丙之间并无分担部分,应由丙负终局的责任,故丙对甲为损害赔偿者,对乙并无求偿权。乙为对甲为给付,则得对丙为全部求偿。由此例可知,所谓‘不真正连带债务’与‘连带债务’相类似的,仅在于给付目的之实现,实无类推适用连带债务的余地。”[②]

在总承包人与分包人、违法分包人、转包人、挂靠人承担连带责任的场合,发包人与总承包人直接发生合同关系,其要求总承包人承担违约责任或侵权责任自无问题。《民法典》第186条规定:“因当事人一方的违约行为,损害对方人身权益、财产权益的,受损害方有权选择请求其承担违约责任或者侵权责任。”但发包人与分包人、违法分包人、转包人、挂靠人之间并无合同关系,发包人主张权利当然不可能以违约责任来主张,而只能以侵权责任来主张。

此外,发包人要求分包人、违法分包人、转包人、挂靠人承担责任,亦不可能是基于突破合同相对性。众所周知,实际施工人突破合同相对性之设定,只是基于对农民工工资的保护的一种特殊安排,而发包人反向向实际施工人主张权利的,根据《建筑法》的规定仅限于质量问题,而要求实际施工人承担质量责任显然是基于其实际施工行为所致,而不是基于对合同相对性的突破。《民法典》第465条第2款规定:“依法成立的合同,仅对当事人具有法律约束力,但是法律另有规定的除外。”该条款中的“仅”系对合同相对性的一种强调,在法律上并没有发包人反向突破合同相对性的法律依据存在,因此,发包人要求分包人、违法分包人、转包人、挂靠人,只能是基于侵权责任。

因发包人向总承包人及向分包人、违法分包人、转包人、挂靠人主张的赔偿请求权基础根本不同,因此其当然有权选择仅诉总承包人或仅诉分包人、违法

① 王利明、杨立新、王轶、程啸:《民法学》,法律出版社2008年版,第473页。

② 王泽鉴:《民法概要》(第二版),北京大学出版社2011年版,第225页。

分包人、转包人、挂靠人,该连带责任属于不真正连带责任,任何一方对发包人为给付的,都会导致债务的消灭,但如分包人、违法分包人、转包人、挂靠人对质量问题具有责任的,总承包人对发包人给付之后,可向分包人、违法分包人、转包人、挂靠人进行追偿。

二、发包人仅诉总承包人或仅诉分包人、违法分包人、转包人、挂靠人的,裁判机构不能将其他当事人追加为被告或被申请人

对于连带责任人属类似必要共同诉讼当事人的论述,详见第 8.4 条。而不真正连带责任仅仅是在对债权人的权利外观表现上和连带责任一致,本身并不是连带责任,因此显然不能以固有必要共同诉讼来看待。虽然我国并没有明确设立类似必要共同诉讼人制度,在司法实践中,类似问题在相应条款的设定上采纳了类似必要共同诉讼人的观点。

《民诉法解释》第 54 条规定:"以挂靠形式从事民事活动,当事人请求由挂靠人和被挂靠人依法承担民事责任的,该挂靠人和被挂靠人为共同诉讼人。"对于该条款,最高院认为:"并不是说,实体上承担连带责任的,在诉讼中就全部列为共同诉讼人……连带责任并非固有的必要共同诉讼,而是类似的必要共同诉讼……是否列挂靠人和被挂靠人为共同诉讼人,要根据当事人的选择。"[①]因此,当事人仅起诉总承包人或仅起诉分包人、违法分包人、转包人、挂靠人的,裁判机构不能将其他当事人追加为共同诉讼的被告或被申请人。

三、当事人仅诉总承包人的,裁判机构可以将分包人、违法分包人、转包人、挂靠人追加为无独立请求权第三人;当事人仅诉分包人、违法分包人、转包人、挂靠人的,裁判机构可以将总承包人追加为无独立请求权第三人

与联合体中不同联合体成员的权利义务是一致的不同,在不真正连带之债中,各个债务人的责任基础是不同的,不能直接适用连带责任的相关法律规范,因此,对于其诉讼地位的处理,并不能因为其采用了类似必要共同诉讼的处理方式,就否定其可以适用第三人制度。因总承包人与分包人、违法分包人、转包人、挂靠人之间,完全可能存在责任分配的问题,裁判者对其中一个当事人责任

① 沈德咏主编:《最高人民法院民事诉讼法司法解释理解与适用》,人民法院出版社 2015 年版,第 231 页。

的认定,不可避免的会影响到对其他当事人责任的判断。因此根据《民事诉讼法》第56条第2款之规定:“对当事人双方的诉讼标的,第三人虽然没有独立请求权,但案件处理结果同他有法律上的利害关系的,可以申请参加诉讼,或者由人民法院通知他参加诉讼。人民法院判决承担民事责任的第三人,有当事人的诉讼权利义务。”裁判者可以将其他当事人追加为无独立请求权第三人。

需要指出的是,因《仲裁法》中并没有关于第三人的规定,目前在仲裁中是否能纳入第三人制度一直还处于理论探讨的阶段,因此如果发包人根据发承包合同中的仲裁条款仅诉总承包人的,要求在仲裁程序中将分包人、违法分包人、转包人、挂靠人作为第三人追加在实践中可行性极低。而如果发包人仅诉分包人、违法分包人、转包人、挂靠人的,因为其之间并没有直接的合同关系,除非双方达成补充仲裁协议,否则发包人根本无法在仲裁机构提起申请。

第8.6条 【涉外工程总承包合同的管辖】涉外工程总承包合同不适用工程所在地专属管辖的规定。

当事人约定选择仲裁方式解决争议的,应根据双方当事人的约定确定管辖。

当事人约定选择国外法院解决争议的,除非该约定属于排他性选择,否则中国法院有权管辖。

当事人约定选择中国法院解决争议的,可以约定由被告住所地、合同履行地、合同签订地、原告住所地、标的物所在地人民法院管辖。

当事人未约定争议解决方式的,对在中国领域内没有住所的被告提起的诉讼,由合同签订地、合同履行地、诉讼标的物所在地、可供扣押财产所在地、侵权行为地或者代表机构住所地人民法院管辖;对在中国领域内有住所的被告提起的诉讼,由被告住所地或者合同履行地人民法院管辖。

【条文主旨】

工程总承包合同虽多数观点认为应专属管辖,但其具有涉外因素时,不适用专属管辖规定,而应适用涉外民事诉讼程序的特别规定。

当事人选择仲裁方式解决争议的,应尊重当事人的选择权,由当事人选择的仲裁机构管辖,如该仲裁机构所属国及执行国均为《承认及执行外国仲裁裁决公约》(以下简称《纽约公约》)缔约国,则执行国法院应根据该公约予以协助执行。

当事人约定选择国外法院解决争议的,并不必然排除中国法院的管辖权,中国法院有权根据该约定是否属于排他性选择而确定中国法院是否予以管辖。

当事人未约定争议解决方式的,中国法院有权根据我国关于涉外民事诉讼的规定确定是否予以管辖。

【理解与适用】

一、涉外工程总承包合同不适用专属管辖规定

相对于国内工程,海外工程更多的会采用工程总承包模式。《民事诉讼法》第四编“涉外民事诉讼程序的特别规定”第 259 条规定:“在中华人民共和国领域内进行涉外民事诉讼,适用本编规定。本编没有规定的,适用本法其他有关规定。”第 265 条规定:“因合同纠纷或者其他财产权益纠纷,对在中华人民共和国领域内没有住所的被告提起的诉讼,如果合同在中华人民共和国领域内签订或者履行,或者诉讼标的物在中华人民共和国领域内,或者被告在中华人民共和国领域内有可供扣押的财产,或者被告在中华人民共和国领域内设有代表机构,可以由合同签订地、合同履行地、诉讼标的物所在地、可供扣押财产所在地、侵权行为地或者代表机构住所地人民法院管辖。”因此,如案涉争议具有涉外因素,则不再适用《民事诉讼法》第 33 条及《民诉法解释》第 28 条专属管辖的规定。

《民诉法解释》第 522 条规定:“有下列情形之一,人民法院可以认定为涉外民事案件:(一)当事人一方或者双方是外国人、无国籍人、外国企业或者组织的;(二)当事人一方或者双方的经常居所地在中华人民共和国领域外的;(三)标的物在中华人民共和国领域外的;(四)产生、变更或者消灭民事关系的法律事实发生在中华人民共和国领域外的;(五)可以认定为涉外民事案件的其他情形。”因此,如工程所在地虽在国内,但合同的一方或双方是外国当事人,或是虽合同双方均系国内企业,但工程所在地在海外的,案涉争议即应遵循涉外民事诉讼特别程序。

根据《民事诉讼法》第 265 条之规定,在涉外诉讼程序中对在中国领域内没有住所的被告提起的诉讼,可以由合同签订地、合同履行地、诉讼标的物所在

地、可供扣押财产所在地、侵权行为地或者代表机构住所地人民法院管辖，该条文未规定对在中国领域内有住所的被告提起的诉讼应如何管辖，根据《民事诉讼法》第259条之规定，涉外民事诉讼程序编没有规定的，则应适用《民事诉讼法》的一般规定。

《民事诉讼法》第23条规定："因合同纠纷提起的诉讼，由被告住所地或者合同履行地人民法院管辖。"第34条规定："合同或者其他财产权益纠纷的当事人可以书面协议选择被告住所地、合同履行地、合同签订地、原告住所地、标的物所在地等与争议有实际联系的地点的人民法院管辖，但不得违反本法对级别管辖和专属管辖的规定。"故对在中国领域内有住所的被告提起的诉讼，当事人可以约定由被告住所地、合同履行地、合同签订地、原告住所地、标的物所在地之一管辖；当事人没有约定的，则由被告住所地或者合同履行地人民法院管辖。

二、涉外民事诉讼应遵循国际条约之规定

《民事诉讼法》第260条规定："中华人民共和国缔结或者参加的国际条约同本法有不同规定的，适用该国际条约的规定，但中华人民共和国声明保留的条款除外。"

就仲裁方面而言，相关国际条约为《纽约公约》，第六届全国人民代表大会常务委员会第18次会议于1986年12月2日决定加入该公约，该公约于1987年4月22日正式对我国生效。因此，具有涉外因素的工程案件选择仲裁方式解决相关争议的，只要约定的仲裁机构所属国为《纽约公约》的缔约国，我国即会予以承认与执行，如非《纽约公约》缔约国的仲裁机构所作出的裁决，则应按照互惠原则办理。《民事诉讼法》第283条规定："国外仲裁机构的裁决，需要中华人民共和国人民法院承认和执行的，应当由当事人直接向被执行人住所地或者其财产所在地的中级人民法院申请，人民法院应当依照中华人民共和国缔结或者参加的国际条约，或者按照互惠原则办理。"需要指出的是，《纽约公约》第3条规定："任何国家得于签署、批准或加入本公约时，或于本公约第十条通知推广适用时，本交互原则声明该国适用本公约，以承认及执行在另一缔约国领土内作成之裁决为限。任何国家亦得声明，该国唯于争议起于法律关系，不论其为契约性质与否，而依提出声明国家之国内法认为系属商事关系者，始适用本公约。"我国加入公约时，根据该条作出声明："(1)中华人民共和国只在互惠的

基础上对在另一缔约国领土内作出的仲裁裁决的承认和执行适用该公约;(2)中华人民共和国只对根据中华人民共和国法律认定为属于契约性和非契约性商事法律关系所引起的争议适用该公约。”

就诉讼方面而言,1999 年,海牙国际私法会议即开始了《承认与执行外国民商事判决公约》的起草工作,但由于各国对公约内容存在很大的分歧,导致谈判工作停滞。2005 年,海牙国际私法会议将部分内容分出,形成《选择法院协议公约》,该公约于 2005 年 6 月 30 日由海牙国际私法会议第二十次外交大会通过,2015 年 10 月 1 日起生效,中国于 2017 年 9 月 12 日签署该公约,目前尚未正式批准。2012 年,海牙国际私法会议重启《承认与执行外国民商事判决公约》项目,2019 年 7 月 2 日,随着海牙国际私法会议第 22 届外交大会通过了《承认与执行外国民商事判决公约》,我国代表确认了该文本,但我国目前尚未签署和批准该公约。

三、我国涉外民事诉讼的管辖冲突的解决

与国际商事仲裁一般尊重当事人的选择权不同,国际民事管辖权作为一种司法管辖权,具有法定性和强制性,一般不允许当事人协商约定或选择。我国目前对于涉外民事诉讼,在《选择法院协议公约》与《承认与执行外国民商事判决公约》目前在我国均未批准的情况下,可能会与其他国家或者地区的法院发生管辖冲突。

《民诉法解释》第 532 条规定:“涉外民事案件同时符合下列情形的,人民法院可以裁定驳回原告的起诉,告知其向更方便的外国法院提起诉讼:(一)被告提出案件应由更方便外国法院管辖的请求,或者提出管辖异议;(二)当事人之间不存在选择中华人民共和国法院管辖的协议;(三)案件不属于中华人民共和国法院专属管辖;(四)案件不涉及中华人民共和国国家、公民、法人或者其他组织的利益;(五)案件争议的主要事实不是发生在中华人民共和国境内,且案件不适用中华人民共和国法律,人民法院审理案件在认定事实和适用法律方面存在重大困难;(六)外国法院对案件享有管辖权,且审理该案件更加方便。”最高院《第二次全国涉外商事海事审判工作会议纪要》(法发〔2005〕26 号)第 11 条指出,我国法院在审理涉外商事纠纷案件过程中,如发现案件存在不方便管辖的因素,可以根据“不方便法院原则”裁定驳回原告的起诉,并规定了“不方便法院原则”的适用应符合的条件。

《民诉法解释》第533条第1款规定:“中华人民共和国法院和外国法院都有管辖权的案件,一方当事人向外国法院起诉,而另一方当事人向中华人民共和国法院起诉的,人民法院可予受理。判决后,外国法院申请或者当事人请求人民法院承认和执行外国法院对本案作出的判决、裁定的,不予准许;但双方共同缔结或者参加的国际条约另有规定的除外。”最高院《第二次全国涉外商事海事审判工作会议纪要》(法发〔2005〕26号)第12条指出:“涉外商事纠纷案件的当事人协议约定外国法院对其争议享有非排他性管辖权时,可以认定该协议并没有排除其他国家有管辖权法院的管辖权。”基于上述规定,在发生平行诉讼时,我国并未如国内民事诉讼一样,采纳先受理法院管辖原则。

《选择法院协议公约》第3条“排他性选择法院协议”规定:“为本公约的目的:a)‘排他性选择法院协议’,是指由双方或多方当事人订立的协议符合c)款,以解决与某一特定法律关系有关的业已产生或可能产生的争议为目的,而指定一个缔约国法院或一个缔约国的一个或多个法院,以排除其他任何法院的管辖权。b)指定的一个缔约国法院,或一个缔约国的一个或多个特定法院的选择法院协议应认为具有排他性,除非当事人明确地作出相反表示。c)排他性选择法院协议必须是可断定的或有文件认证的:i)书面的;或ii)通过其他任何通信方式可以表现可理解的信息以便用于其后参考;d)排他性选择法院协议构成合同的一部分应被认为是独立于合同其他条款的一个协议。不能仅基于合同是无效的,而否定排他性选择法院协议的有效性。”

目前,我国并未批准《选择法院协议公约》,但在个别案件中,法院参照了该公约第3条“排他性选择法院协议”解决管辖冲突问题。最高院(2017)最高法民申4205号认为,当事人可以根据我国台湾地区的相关规定向台湾地区某一法院起诉,同样具有确定性,同时排除了大陆法院对本案的管辖权,并无不当。由于大陆法院对本案无管辖权,再审申请人以原审法院审理本案更为方便为由,主张本案应由原审法院管辖,没有法律依据。

因目前我国尚未批准《选择法院协议公约》及《承认与执行外国民商事判决公约》,涉外工程约定诉讼管辖时,因会发生与国外法院的管辖冲突而存在较大的不确定性,故建议涉外工程优先选择仲裁方式解决争议。

图书在版编目(CIP)数据

建设工程总承包合同纠纷裁判指引 / 常设中国建设工程法律论坛第十工作组著. -- 北京 : 法律出版社, 2020
ISBN 978 -7 -5197 -4944 -6

Ⅰ. ①建… Ⅱ. ①常… Ⅲ. ①建筑工程-承包合同-合同纠纷-审判-中国 Ⅳ. ①D923.65

中国版本图书馆 CIP 数据核字(2020)第 177138 号

建设工程总承包合同纠纷裁判指引
JIANSHE GONGCHENG ZONGCHENGBAO HETONG JIUFEN CAIPAN ZHIYIN

常设中国建设工程法律论坛第十工作组 著

责任编辑 慕雪丹 章 雯
装帧设计 汪奇峰

编辑统筹 法商出版分社
出版 法律出版社
开本 710 毫米×1000 毫米 1/16
总发行 中国法律图书有限公司
印张 30
经销 新华书店
字数 487 千
印刷 固安华明印业有限公司
版本 2020 年 11 月第 1 版
责任印制 胡晓雅
印次 2020 年 11 月第 1 次印刷

法律出版社/北京市丰台区莲花池西里 7 号(100073)
网址/www.lawpress.com.cn
投稿邮箱/info@lawpress.com.cn
举报维权邮箱/jbwq@lawpress.com.cn
销售热线/400-660-8393
咨询电话/010-63939796

中国法律图书有限公司/北京市丰台区莲花池西里 7 号(100073)
全国各地中法图分、子公司销售电话:
统一销售客服/400-660-8393/6393
第一法律书店/010-83938432/8433 西安分公司/029-85330678 重庆分公司/023-67453036
上海分公司/021-62071010/1636 深圳分公司/0755-83072995

书号:ISBN 978-7-5197-4944-6 **定价**:128.00 元